Alfred Kerr
Warum fließt der Rhein
nicht durch Berlin?

Alfred Kerr 1898

Alfred Kerr

Warum fließt der Rhein nicht durch Berlin?

Briefe
eines europäischen Flaneurs
1895–1900

*Herausgegeben
von Günther Rühle*

Aufbau-Verlag

ISBN 3-351-02874-1

1. Auflage 1999
© Aufbau-Verlag GmbH, Berlin 1999
© Judith Kerr-Kneale und Michael Kerr, 1999
Frontispiz Alfred-Kerr-Archiv,
Stiftung Archiv der Akademie der Künste, Berlin
Einbandgestaltung Heinz Hellmis
Satz Dörlemann Satz GmbH Lemförde
Druck und Binden Clausen & Bosse, Leck
Printed in Germany

1895

Während der alte Friedrich Haase, der geschminkte und frisierte Gastspiel-Ahasverus, seine alten kleinen Künste im Lessing-Theater zum besten gibt – in einem Stück mit dem vielsagenden Titel »Am Spieltisch des Lebens« –, hat man im Deutschen Theater ein neues Schauspiel von Rudolf Stratz gespielt: »Drohnen«. Man könnte den Inhalt dieses vieraktigen Werkes, das einigen Beifall beim Publikum fand, in dem fatalen Ton eines Näherinnen-Romans erzählen und würde dadurch eine Art von Charakteristik liefern. In dem hocheleganten Salon des Millionärs Witt, der eine schöne und arme Tattersall-Abenteurerin geheiratet hatte, saßen der Diener Robert und die Zofe Elise auf einem der mit schwerem Sammet überzogenen Fauteuils und taten sich an einer Flasche Rheinwein gütlich. Die Herrschaft war nicht zu Hause; der Millionär befand sich in seinem Klub, während seine Gemahlin in einer Loge des Opernhauses saß, um den »Fliegenden Holländer« zu hören. Roberts und Elisens schäkerndes Gespräch wurde plötzlich durch das Eintreten eines zweifelhaft aussehenden Menschen unterbrochen, der von Herrn Witt bestellt zu sein angab. Es war der berüchtigte Wucherer, Kommissionär und Heiratsvermittler Hempel, der erst vor kurzem dem Bruder der schönen Frau zu ungeheuren Zinsen Geld vorgestreckt hatte. Es währte nicht lange, so erschien Herr Witt selbst, eine große Gestalt mit kaltem bleichem Gesicht und einer eigentümlichen Schärfe in den Mundwinkeln. Ein lauernder Blick fiel von Zeit zu Zeit auf eins der Klubmitglieder, die mit ihm gekommen waren, den Grafen Franz von Greiff, einen blasierten Lebemann von schönen, wenn auch müden und abgelebten Zügen und nachlässigen eleganten Manieren. Man setzte sich zum Spiel

hin, dessen Seele Graf Greiff war. Er hatte erst in den letzten Tagen ungeheure Verluste erlitten und verlor nun wieder. Vergebens mahnte der alte weißbärtige General von
Hessing zur Mäßigung – die Leidenschaft des Spiels, von
welcher der interessante Mann mit dem matten Blick
ergriffen war, schien ihr Opfer fordern zu wollen. Von
neuem erhitzten sich die Gemüter, Graf Greiff spielte fieberhaft – als sich die Tür öffnete und die Gemahlin des
Millionärs eintrat.

Wenn es mir nicht zu langweilig wäre, könnte ich so
weiter erzählen. Genug, Frau Witt erscheint, und ihr Bruder macht den Millionär aufmerksam, daß sie mit dem
Grafen Greiff durch irgend etwas Zartes verknüpft zu sein
scheint. Er schließt das aus einem Brief, den Greiff der Zofe
heimlich zugesteckt. Herr Stratz müßte nicht auf alte Büh-
nenkniffe erpicht sein, wenn dieser Brief nicht sogleich in
der Schürze der Zofe gefunden würde! Eine kurze erregte
Szene zwischen den Gatten läßt Herrn Witt zu der naiven
Erkenntnis gelangen, daß die Beziehungen ganz platonisch
sind. Immerhin beschließt er, sich am Grafen Greiff zu rächen. Er wird ihn durch das Spiel vernichten und schlägt
ihm ein bis zwei Partiechen zu fünfzigtausend Mark vor.
Er hofft, daß Greiff verlieren und sich wegen Zahlungsun-
fähigkeit in das bekannte unentdeckte Land begeben wird,
aus des Bezirk kein Wanderer wiederkehrt. Richtig: Graf
Greiff verliert; und damit schließt der Abend und der Akt.

Ein Hörer fragte mich im Zwischenakt, was wohl eintreten würde, wenn der Zufall den Grafen Greiff gewinnen
ließe; ich konnte ihm leider darauf keine Auskunft geben.
Jedenfalls kommt Greiff mit zwei Freunden zu später
Nachtstunde nach Hause; die Stimmung ist gedrückt, weil
er in vierundzwanzig Stunden hundertzwanzigtausend
Mark Ehrenschulden bezahlen muß und nur ein paar ruppige Goldstücke noch besitzt. Der Wucherer Hempel wird
herumgeholt – notabene um halb zwei, aber der Mann hat
die Liebenswürdigkeit, immer so lange im Comptoir auf-
zubleiben und außerdem nebenan zu wohnen. Er weigert
sich, das Geld vorzuschießen, weil der Millionär es ihm un-

tersagt hat. Greiff sieht, daß er sich töten muß. Gedämpfte,
düstere Stimmung mit ironischen Blitzen. Die Freunde gehen weg, nicht ohne daß Graf Greiff einige Verse aus den
alten indischen Veden vor sich hin gemurmelt hätte, mit
denen ich selbst einmal die Grundstimmung von Otto
Brahms Wesen in einer Zeitschrift kennzeichnete:

Ist einer Welt Besitz für dich zerronnen,
Sei nicht im Leid darüber, es ist nichts;
Und hast du einer Welt Besitz gewonnen,
Sei nicht erfreut darüber, es ist nichts;
Vorübergeh'n die Schmerzen und die Wonnen –
Geh an der Welt vorüber, es ist nichts.

Und diese Verse weiß Graf Greiff, der doch sein Leben
zwischen Rennbahn, Tattersall und Spieltisch geteilt hat,
auswendig; alle Achtung, er sagt nicht einmal, daß sie im
Schopenhauer, Band II, Seite 118, stehen, sondern er zitiert
ausdrücklich die indischen Veden. Schließlich setzt sich
der reichbelesene Mann vor den Spiegel und will sich erschießen; da erscheint rechtzeitig Frau Witt, die noch später als der so spät aufbleibende Herr Hempel diesem
Hause einen Besuch macht. Sie wird entfernt, als es reichlich zwei Uhr ist, und es naht sich zu dieser immerhin auffallenden Besuchszeit ihr Gatte, der, wie das der Zufall so
mit sich bringt, vom Verschwinden der Frau nichts ge-
merkt hat. Herr Witt will jetzt den Selbstmord des Grafen
nicht mehr; er fürchtet die bekannte Kluft, die dann ewig
zwischen ihm selbst und seiner Gattin bestehen würde. Er
ist bereit, dem Grafen die Ehrenscheine zurückzugeben,
falls er morgen mittag von Gabriele unter lächerlichem
Vorwand Abschied nimmt und für immer verschwindet.
Greiff willigt ein.

Inmitten einer Lunch-Gesellschaft setzt er sich am nächsten Vormittag mit der Geliebten auseinander. Er sagt ihr,
daß er sie nicht mehr liebe. Die Frau ist verzweifelt, und
ohne zu wissen, wie alles angezettelt war, sieht sie doch,
daß ihr Mann die Schuld trägt, wenn sie den Grafen, ihr
letztes Labsal, verloren hat. In der Erregung läßt sie den

Gatten wissen, daß ihm längst durchaus unplatonische Hörner gewachsen sind. Die Fanfaren blasen zum Aufbruch zu einer Wagenpartie, der rasende Gatte bezwingt sich mühsam und sagt, er komme nach – mit dem Grafen Greiff! Mit dieser blutigen Kontrastszene, in welcher der Kontrast zwischen dem zerrissenen Herzen und den fröhlichen Fanfaren ein bereits etwas abgetragener Kontrast ist, wird ein verheißungsvoller Ausblick auf den letzten der vier aufregenden Akte eröffnet, worin der Millionär nochmals mit dem Grafen abrechnet.

Herr Witt nämlich, der für mich etwas von einem tragischen Nußknacker hat, treibt die gradlinigste Selbstmordmathematik von der Welt. Er geht wieder zum Grafen und macht ihm klar, daß er sich doch töten müsse, da er die Auslieferung der Ehrenscheine jetzt verweigert. Einen Augenblick äußert Greiff, der wie alle Personen dieser Dichtung etwas verworrene Momente hat, die Absicht, den Millionär auf die Weise ins Jenseits mitzunehmen, steht von diesem Unsinn aber auf die Vorhaltungen des anderen ab. »Hol Sie der Teufel!« hatte er schon vorhin dem Gatten seiner Liebsten zugerufen, damit dieser den ehrwürdigen Witz anbringen konnte: »Nach Ihnen, Herr Graf!« Jetzt setzt er Herrn Witt einen Trumpf entgegen. Er wird die Ehrenscheine bar einlösen; denn mit der freundlichen Unterstützung des vielgewandten Hempel verlobt er sich (rasch!) mit einer Million. Die hundertzwanzigtausend Mark werden gleich bezahlt und, wie zur Beruhigung mitgeteilt wird, nachher von der Mitgift abgezogen. Das Ganze – die Entdeckung der Liebschaft, der Ruin durch das Spiel, der beinah verübte Selbstmord und die Verlobung – vollzieht sich in fünfzehn Stunden. Wir leben in einer schnellebigen Zeit, wie geschmackvolle Journalisten zu sagen lieben. Graf Greiff triumphiert über den beleidigten Gatten, dessen Mathematik ein Loch hatte. Was aus Gabriele wird, verheimlicht der Dichter. Greiff aber steht zum Schluß mit dem Brautbouquet da; es erfolgt ein schüchterner Hinweis auf den Titel des Stücks und, ohne daß es ausgesprochen wird, auf den bekannten, literarisch so geschätzten dumpfen Massentritt der Arbeiterbataillone, welche eine so korrumpierte Gesellschaft über den Haufen stürzen werden. Die Drohnen, so heißt es, werden von den Arbeitsbienen eine Zeitlang ernährt; doch wenn der Herbst kommt, findet man sie zu Hunderten – erstochen. »Na aber vorläufig«, sagt Franz Graf Greiff mit dem Brautbouquet, »vorläufig leben wir ja noch.«

Das Schauspiel des Herrn Stratz ist natürlich weit entfernt, in seinem Kern eine Gesellschaftssatire zu sein. Im Grunde findet Stratz (ein ehemaliger Lieutenant, dann Kreuzzeitungskritiker und persönlich ein liebenswürdiger und gentlemanliker Mensch) eine Privatfreude daran, die Sitten einer eleganten Schwerenotsgesellschaft zu zeichnen. Vielleicht fühlt er für manches an dem Dasein dieser verwogenen, wenn auch leichtsinnigen Lebemänner der Aristokratie eine heimliche Bewunderung; die Bewunderung, die man für einen »tollen Kerl« empfindet. Ganz zuletzt und aus rein äußerlichem Grunde hat er sich entschlossen, plötzlich auch ein Juvenälchen zu werden. Die zweifelhaften Lorbeeren dessen, der »Sodoms Ende« schrieb, haben ihn wohl nicht schlafen lassen. Wie jener ein Sodom innerhalb des Tiergartenkapitalismus zeigte, so wollte er ein Sports- und Adelssodom zeigen. Aber man merkt, daß an dieses ursprünglich bloß sensationelle Spieler- und Ehebruchsschauspiel, das anfangs »Va banque« hieß, die allgemeine gesellschaftssatirische Tendenz erst nachträglich aufgekleckst ist. Das effektvolle Theaterstück, das er vor allem schreiben wollte, hat er zustande gebracht, doch mit fürchterlichen Kniffen: aus der älteren französischen Dramatik, aus Blumenthal, dem Liebhaber der »geistreichen« Gleichnistiraden, ja selbst aus dem Schatze Schönthan-Kadelburgischer Komik hat er geschöpft – um ein Stück zu schreiben, das umfällt, wenn das Baccarat-Glück eine andere Wendung nimmt; das umfällt, wenn nachgewiesen wird, daß Ehrenschulden nicht unbedingt innerhalb vierundzwanzig Stunden beglichen werden müssen; das umfällt, wenn man die Meinung bekommt, einem wildfremden Kavalier werde kein noch so reicher Spießbürger beim ersten

Besuch hundertzwanzigtausend Mark zur Verfügung stellen. Stratz, der ein begabter Theaterroutinier ist und zuweilen Stimmungsmalereien von einem gewissen Geschick liefert, hat Aussicht, in Zukunft sogenannte Bombenerfolge beim großen Publikum zu erzielen; nur deshalb wird man sich den Namen merken müssen.

»Vorläufig leben wir ja noch«, sagt Franz Graf Greiff, und er hat nicht unrecht. Nicht nur die Drohnen, auch die Halbdrohnen, die wir arbeiten, aber auf Genuß aus dem vollen ein starkes Gewicht legen, wir leben noch. Und wie es in Berlin so eingeführt ist, leben wir mit den Ganzdrohnen häufig zusammen, und es gibt Augenblicke, wo wir mit ihnen durch eine intensive après-moi-le-déluge-Stimmung vereinigt sind. Die Gesellschaften bringen den Menschen so herunter. Jetzt ist noch ein letztes Aufflackern der enormen Berliner Gesellschaftlichkeit zu bemerken. Wenn der April kommt, ist alles aus! Carpe diem oder carpe noctem ist darum die Losung. Für jeden Abend hat man jetzt, noch einmal vor dem Scheiden, drei Einladungen, und die Tierquälerei des Tanzens wird, solange die Wärme nicht völlig gekommen ist, bis zur Erschöpfung ausgeübt. In den letzten vierzehn Tagen fanden diese ganz großen Gesellschaften statt, in denen die höchsten Trümpfe ausgespielt wurden; die ausgesuchteste Liebenswürdigkeit und der solideste Aufwand wurden erst hier entfaltet, weil es sich darum handelte, einen bestimmten Eindruck in der Erinnerung zu hinterlassen. Man tanzte den unvermeidlichen Barrison-Walzer »linge linge loo« mit dem Bewußtsein, daß es der letzte war, den man mit dieser Person in diesem Winter tanzte. Man drückte sich beim Gutenachtsagen die Hand und dachte dabei: Auf Wiedersehen im Oktober! Denn wie viele der westlichen Bürger reisen nicht schon jetzt ab und bleiben den ganzen Sommer fern.

Wenn man jetzt alles noch einmal überblickt, was ist das Ergebnis? Die chinesischen Hähne, mit denen man so freigiebig bedacht worden ist? Sie waren in diesem Winter an der Tagesordnung – weiß der Himmel aus welchem Grunde. In Knallbonbons steckten sie, neben den Bestecks lagen sie, in Schalen waren sie ausgebreitet, zwischen Blumen und Früchten fanden sie sich. Ist es nicht seltsam, ein Kinderspielzeug so ganz allgemein zu einer Mode zu erheben? Ein Ei befindet sich an einer halmähnlichen Röhre, man bläst in den Halm, das Ei teilt sich, es öffnet sich, und heraus steigt unter quietschenden Tönen ein ansehnlich großer Hahn, in bunten Farben koloriert, der sich bläht und reckt, je nachdem der Luftstrom von innen wirkt. Es ist eine Kinderei, wenn auch eine artige Kinderei; kaum faßlich, wie es gewissermaßen vornehmer Ton werden konnte, solche Hähne für jeden Gast bereit zu haben. Tatsächlich wollte sie kein besserer Gastgeber missen. Nur wenige Bevorzugte waren in der Lage, dem Hahn und der quietschenden, krähenden Flöte eine gewisse Abwechselung abzugewinnen. Zuletzt hatten es manche heraus, und es gab Konzerte, während der Sekt eingegossen wurde, Rhythmus-Konzerte ohne Veränderung der Tonhöhe. Daneben erfreute man sich durch Ballons. Es mußten rote, grüne, blaue Ballons dasein, die über die Tafel geblasen wurden. Sie tauchten jedesmal nach dem Fisch auf; auch in den Gesellschaften von bewußterer Exklusivität. Sie schwebten über den Weingläsern, den Blumen, den Aufsätzen, von einer Seite der Tafel zur anderen, von einem Tisch zum Nachbartisch, von einem Zimmer ins Nebenzimmer, geblasen, mit der Hand gestoßen, mit dem Fächer getippt, mit der Serviette fortbewegt. Sie schwebten zur Decke, senkten sich auf die Scheitel der Herren, streiften das Haar der Damen und schwebten weiter. Sollte es eine Art Verbindung mit entfernten Gästen sein? Waren die Offiziere so besonders erpicht auf sie, weil das Hinübersenden dieser Ballons eine Art neuer, diskreter Kurmacherei darstellte? Jedenfalls durften die schwebenden Ballons, die, soviel ich weiß, wieder chinesisches Fabrikat sind, nicht fehlen, wo man den Anspruch erhob, ein den Forderungen des letzten Geschmacks entsprechendes Abendessen zu geben – ebensowenig wie das Sweetkorn. Diese gelblichen, schlanken, langen Zapfen, die man mit beiden Händen anfassen darf, um sie bedächtig ringsherum abzunagen, haben

einen etwas ledernen, aber recht soliden Geschmack. Aus
der dampfenden Schüssel wurden sie mit Aufwand aller
Balancierkunst auf den Teller gebracht, und wenn man sie
genügend mit Butter bestrichen hatte, schmeckte die Butter jedenfalls vorzüglich. Die größten Gesellschaftsgigerle
waren wieder die leidenschaftlichsten Kolbenesser, und so
konnte selbst ein Gemüse, das in anderen Gegenden dieser Erde zu den gewöhnlichsten Gewöhnlichkeiten zählt,
in Berlin zu einem Drohnenspielzeug werden. Was sonst
noch übrigbleibt von der großen Bilanz dieses Winters,
sind ein paar Melodien im Walzertakt, die ein Fräulein
Paula Menotti in dem Tingeltangel des Centralhotels vor-
trägt und nach denen man neben linge linge loo in allen
besseren Gesellschaften tanzte; es wäre lächerlich gewesen,
in einem respektablen Tiergartenhaus die neue Weise von
der »chambre séparée« nicht spielen zu lassen! Aber alle
diese Erinnerungen verblassen neben der Erinnerung an
etwas Besonderes, Einzelnes, die jeder für sich hat; die Erinnerung an irgendeine kleine holde Drohne mit aschblondem Haar. Hol mich der Teufel: es leben die Drohnen!

19. Mai 1895

Vor Jahresfrist fuhr Otto Brahm, der jetzt das Deutsche
Theater leitet, in Deutschland umher und spähte nach
Künstlern, die in seinem Hause wirken sollten. Auf einer
dieser Fahrten war er nach München gekommen, und dort
besuchte er, der Mann der Freien Bühne, eine Vorstellung,
welche freibühnenmäßig von Studenten unter der Führung des Dichters Ernst von Wolzogen veranstaltet wurde.
Wolzogen, die lange, humorhafte Gestalt mit dem kleinen
Ziegenbart und den eindringlich-klugen Augen, spielte
selbst den alten Großvater in Maeterlincks von Nachtspuk
und symbolistischen Schauern durchgrautem Drama »L'Intruse«. Dann führte man den Mittelakt der Musotte von
Maupassant auf. Zum dritten aber gab es ein einaktiges
Schauspiel, »Zu Hause«, welches die Rückkehr eines Stu-

denten in seine abwärtsgleitende, verrottete Familie zeigte.
Hier schien aus der deutlich umrissenen, sicheren Zeichnung von Menschen und Verhältnissen eine Begabung zu
sprechen. Brahm wurde auf den Verfasser aufmerksam. Es
war ein blutjunger Student, in Berlin zu Hause, bis vor kurzem noch im Comptoir, Georg Hirschfeld mit Namen. Ein
blonder, feingeschnittener Kopf mit still gesenkten Augen-
lidern und einem sinnenden Schimmer über dem leise lächelnden Gesicht. Er hatte neunzehnjährig dieses Schauspiel geschrieben.

Seit jener Münchener Aufführung ist rund ein Jahr verflossen. Am vorigen Sonntag spielte man in der Berliner
Freien Bühne ein neues Drama desselben Georg Hirschfeld. Und als unter tiefer, stürmischer Bewegung der Hörer
zum letzten Male der Vorhang heruntergegangen war: da
wußten alle, daß dieser zum Scheiden gerüstete Theater-
winter erst jetzt in dem Schauspiel dieses Jünglings seinen
stärksten Erfolg gefunden hatte. Und einige wußten auch,
daß es ein wirkliches, lebensechtes, prachtvolles Kunstwerk
war, welches den Beifall verdiente, den ihm die Hände
klatschten, und die Tränen, die ihm die Augen weinten.
Wir haben einen Dichter mehr.

Hirschfeld war nach dem Münchener Sommer nach
Berlin gekommen. Hier ließ er zweimal von sich hören. Er
schrieb ein Buch »Dämon Kleist«, welches zwei Novellen
enthielt. Ein junger, schwärmerischer Mensch, dessen Jugend von unseligen Ereignissen verdüstert war und dessen
Stirn der Wahnsinn drohend umschattete, kommt in eine
korrekte Gymnasialdirektorsfamilie: zu seinem Onkel, der
sich des Verwaisten mehr pflichtbewußt und äußerlich-
liebreich als verständnisvoll annimmt. Dieser blonde, zwei-
felnde, in sich verschlossene Schwärmer, dessen Verbit-
terung und Sehnsucht ihn zu Heinrich Kleist als seligster
Zuflucht führen, ist durch eine Welt geschieden von dem
pädagogisch-salbungsvollen, wohlwollend-strengen, lieb-
los-freundlichen und höchst positiven Schulmann und
seiner Familie. Die Eindrücke seiner Jugend sind furchtbar. »Da lag mein Vater auf dem Sofa –«, sagt er zu dem

strebsam-verständigen Sohn des Gymnasialdirektors, »– hatte etwas in der Hand – das rauchte, – und über ihn ausgestreckt lag meine Mutter. Du weißt wohl, was dann kam. Mein Vater wurde beerdigt, als der Staatsanwalt die Leiche freigegeben hatte – meine Mutter wurde verrückt und war eines Morgens auch tot – unser Geschäft kam in Konkurs – und ich wurde rausgeschmissen. Wann willst du wieder mit mir reden, Ekkard?« Eine Art Liebe verknüpft ihn mit Martha, der einen, unglücklichen Tochter des Onkels. Er versucht aus seiner Kleistanbetung ein Drama zu formen; aber der Gott, der ihm im Busen wohnt, er kann nach außen nichts bewegen. Am Grabmal Kleists erschießt er sich. In der anderen Novelle besucht jemand die Braut seines irrsinnigen Freundes, dann den Freund selbst. Das Mädchen ist innerlich abgestorben, eine wandelnde Tote; der Kranke lebt in ruhigem, still seligem Glück. Beide Erzählungen zeigen eine gewisse Unreife. In der einen trat eine leise Saloppheit in der Darstellungsform zutage, in der andern färbte sich die Rede der Menschen leicht zu lebensferner dichterischer Verschwommenheit. Gerade die Hauptszenen mit jener Martha waren mißglückt und indifferent, das Ringen des Kleistjüngers ziemlich matt gemalt. Aber an einigen Stellen zuckte eine temperamentstiefe Kraft auf, die im Kontrast zu packen verstand; und die irre Ruhe, die über dem geistig Kranken schwebte, hatte etwas eigenartig an die Seele Greifendes.

Ein einaktiges Drama, »Steinträger Luise«, folgte. Wie in dem ersten Schauspiel wird hier ein einzelner der Familie kontrastiert. Irgendwo im baierischen Gebirge spielt die Handlung, wo die Dörfler unter dem Einfluß der wirtschaftlichen Verhältnisse sich als Bauarbeiter verdingen; wo sogar die Frauen, mit Mannshosen angetan, als Maurer aufs Gerüst steigen. Ein sechzehnjähriges Mädchen, dem in seiner rohen Umgebung eine leise ahnende Sehnsucht nach Besserem innewohnt, soll einem lüsternen Kerl von ländlichem Bauunternehmer verkuppelt werden. Vorher lernt sie, für eine halbe Stunde, ein Wesen anderen Schlages kennen, einen norddeutschen Predigtamtskandidaten,

der auf einer Fußtour zufällig einkehrt: einen salbungsvoll
redefrohen, aber unverkennbar gütigen Menschen, der mit
seelsorgerischer Aufdringlichkeit mit ihr plaudert und dabei die tiefsten Tiefen in diesem hilfesehnsüchtigen Geschöpf erschließt. Sie stürzt ihm naiv und leidenschaftlich
schließlich an den Hals – und erwacht zur unsäglich öden
Wirklichkeit, als er, etwas entrüstet über den sonderbaren
Zwischenfall, das Haus verläßt, um nach gegessenem Käse
sein Touristenziel weiter zu verfolgen. Hier standen die
Gestalten leibhaftig vor Augen, das Milieu war eindringlich und in aller Fülle klar gezeichnet, über dem Touristen
schwebte eine leise Ironie – der Gottesmann hatte einen
Stich ins Salontirolerische, ohne in der Hauptsache an
Ernst einzubüßen –, und das Beste am Ganzen war die mi-
nutiöse Beobachtung, die in Einzelsituationen zutage trat.
Es war eine gute Studie; Reicher las sie in der Freien Literarischen Gesellschaft vor. Aber mit seinem Novellenbuch
wie mit diesem Einakter blieb Hirschfeld nur einer kleinen
Gemeinde bekannt. Die Öffentlichkeit hat er jetzt mit seinem Schauspiel erobert.

Es heißt »Die Mütter«. Warum: das weiß Gott und der
Dichter. »Die Mütter! Mütter! 's klingt wunderlich!« ruft
Faust seinem irdischen Reisekameraden Mephistopheles
zu; und welcher Feuilletonist wäre imstande, dieses Zitat
hier zu unterdrücken. Einmal wird in dem Stück die Ansicht geäußert, daß an jedem Menschen die Mutter das
stärkste Recht habe, weil sie das älteste habe. Weist der Titel hierauf hin? Es treten zwei Mütter auf; die eine legt den
Schwerpunkt auf das Gutsein, und ihr Sohn wird eine harmonische Natur; die andere legt den Schwerpunkt auf das
Imposantsein, und ihr Sohn, dem sie mit der Wucht ihrer
Willenskraft auf die Seele drückt, wird ein elender, ge-
brochener Mensch. Weist der Titel hierauf hin? Endlich
umspielen das Lebensschicksal des trüben Helden zwei
Frauen, von denen die eine seine leibliche Mutter ist, während die andere, seine Geliebte, ihn im übertragenen Sinn
treu bemuttert. Weist er hierauf hin?

Gleichviel! Ich pfeife auf die Theorien des Stücks. Was

es mir wertvoll macht, ist das wundervolle, getreue, das tief empfundene und fein beobachtete Abbild des Lebens. Menschliches wird stark und schlicht darin gesagt. Allgemeine Gesichtspunkte, unter die sich solche Vorgänge bringen lassen, gibt es hundert statt eines. Auch hundert Künstler statt eines, die eine Theorie in einem Drama zustande bringen. Aber gerade einer auf hundert, der ein greifbares Stück Leben, Menschen von unserem Fleisch und unserem Blut, schaffen kann. Hirschfeld mag mit dem Ruhm vorliebnehmen, zu diesen letzten zu gehören. Er führt ein absonderliches Liebespaar vor. Eine Arbeiterin, ein Mädchen, das Silbersachen poliert, ein prachtvolles, gutes und resolutes Volksgeschöpf von einer gewissen Seelenzartheit und Innigkeit, und einen jungen Menschen aus bürgerlichem Hause, der Komponist werden will, ein sympathisches, armes, willenskrankes Huhn. Sie haben sich ineinander verliebt und hausen zusammen. Sein Vater hat mit ihm gebrochen. Sie arbeitet für ihn und ernährt ihn. Sie geht auf seine leisesten Neigungen ein und weiß ihm zart das Unbehagliche seiner Umgebung, das nicht sein Standesgefühl, aber sein ästhetisches Empfinden verletzt, durch weiche Sorgfalt annehmbar zu machen. Sie ist stolz auf sein Künstlertum, von dem sie unklare Vorstellungen hat, und sie setzt ihren Ehrgeiz darein, ihn wirklich »durchzubringen«. Allmählich werden ihm diese Verhältnisse drückender und drückender, und als sein Vater stirbt, sendet er aus der Skalitzerstraße, wo sie hausen, heimlich einen zaghaften Brief an die Familie, der die unausgesprochene Sehnsucht nach einer Annäherung birgt. Die Schwester, die diesen Brief empfängt, ein Mädchen von edlen und freien Anschauungen, bereitet die Mutter, die willensstarke Frau, auf ein Wiedersehen mit dem verlorenen Sohn vor. Sie wird weich, und der Musiker Munk, ein Freund der Familie, wird abgesandt, ihn zu holen. Er findet ihn am Sonntag in seinem Nest; die beiden haben eine lange Unterredung ohne Zeugen. Aller Abscheu, aller Haß vor den häuslichen Verhältnissen, in denen er geknechtet und zum seelischen Krüppel gemacht worden ist durch Verständnislosigkeit

und Härte, taucht wieder in ihm empor, und er streckt die
Hände abwehrend gegen Munk aus; aber auch alle Sehnsucht und alle Liebe, mit der er in der Heimat, in höheren
Lebensverhältnissen wurzelt – und er sagt zu, ihm zu folgen. »Zu vorläufigem Besuch«, sagt er der Geliebten.

Die aber, als er weg ist, bricht tobend aus. Sie ahnt, daß
ihn die Familie, die sie haßt, weil sie das Schwerste von ihr
zu ertragen hatte, umklammern wird und bei sich behalten; sie ahnt, daß sie ihn umgarnen und ihr entreißen werden. Die resolute Proletarierin, die ihr Schicksal und das
des einzig Geliebten gemacht hat, regt sich in ihr. »Ick hol'
ihn mir zurück!« sagt sie. Sie braucht ja nur ein Wort zu
sprechen – sie trägt ein Kind von ihm unter dem Herzen –,
und er wird kommen. Sie fährt sofort hinaus nach Grünau
und fordert eine Unterredung mit ihm. Von der Schwester
wird sie empfangen. Sie ist auf Härte und Widerstand gefaßt, aber sie findet Milde und offene Türen; die Familie
will sogar ihre Einwilligung zum Zusammenleben der beiden geben. Das stimmt sie anders. Im Laufe des Gesprächs
erfährt sie, daß ihr Künstler, um etwas zu können, erst ein
mehrjähriges Studium durchmachen müßte; daß die vorübergehende Trennung von ihr und andere Anregungen
von stärkster Bedeutung für ihn sein würden; sie erfährt
auch, daß er jenen Brief geschrieben. Sie fühlt, wie er sich –
nein, wie die Verhältnisse ihn langsam von ihr loslösen: innerlich, wenn schon nicht äußerlich. Er liebt sie so wie je,
aber die Dinge reißen ihn los. Sie könnte ihn festhalten
auch jetzt noch, aber es wäre das Unglück dieses sensiblen
blassen Freundes. Und so macht sie ihm selbst den Vorschlag, ohne von dem Kinde geredet zu haben, auf einige
Zeit sich zu trennen. Matt und willensschwach, von den Ein-
flüssen der Familie schon umfangen und ihr selber nachge-
bend, stimmt er zu, und sie verabschieden sich. Draußen
aber, als sie auf dem Dampfschiff unter fremden Menschen
allein ist und allein nach Hause fahren soll, faßt sie die Verzweiflung, und sie geht in den nahen Tod.

Was ist eine Inhaltsangabe! Nur ahnen kann man nach
diesen spärlichen Anhaltspunkten, welche tiefe, in das In-

nerste der Seele rührende Tragik diesem Schauspiel innewohnt. Jedes Wort, das diese Arbeiterin spricht, ist echt und schlicht und ans Herz greifend. Die Gestalt ist wie von Fontane gezeichnet: bloß mit derberen, greifbareren Konturen, wie sie für das Drama vonnöten sind. Und dieser mitleidswerte kranke Liebhaber ist auch ein Mensch von unserem Fleisch und unserem Blut. Und diese energische Mutter, in ihrer pflichtgetreuen Derbheit, die doch unbewußt an Härte grenzt; diese Schwester in ihrer stillen, liebreich-vornehmen Art; der Onkel mit seinem mürrischen, verbosten, tadelsüchtigen Wesen; und Munk in seiner herzlichen, bescheidenen Musikergüte: sie alle sind Fleisch von unserem Fleisch und Blut von unserem Blut. Was tun hier Kleinigkeiten wie ein paar technische Böcke! Was tut es, daß auch hier ein paarmal die Sprache – in den Auseinandersetzungen Munks und der Schwester – über das Niveau des Lebens hinausgeht. Es bleibt ein großes, echtes, aus dem vollen schöpfendes Kunstwerk. Es hat nicht nur die historische Bedeutung, daß hier der belangvollste Schüler Gerhart Hauptmanns erstanden ist. Es liegt etwas Selbständiges und Bleibendes darin. Es wird über viele deutsche Bühnen gehn, und viele werden ergriffen rufen, was ergriffen viele hier gerufen haben: Ave, Georg Hirschfeld.

16. Juni 1895

Sie kommen und gehen – allerhand Gestalten, die plötzlich auftauchen, eine Zeitlang bleiben, Freunde erwerben, sich in irgendeiner Beziehung hervortun, das Leben des Westens mit uns leben, mit seiner ewigen Bewegung, seinem kleinen Rausch und seinen kleinen Qualen, und dann verschwinden. Sie sind weg – irgendwohin. Der Wind hat sie verweht, oder sie sind gestorben. Man spricht einen Vormittag lang davon. Man entsinnt sich, wie fidel sie noch beim letzten Presseball waren. Man denkt daran, daß man sie eine Zeitlang regelmäßig bei Stettenheims zur Teestunde traf und daß man ihnen bei Premieren, im Korridor

oder am Büffet, immer rasch die Hand drückte und sie
»Wie gehts?« fragte. Man entsinnt sich auch, wie man sich
ein- oder zweimal innerlich nähergekommen ist, wenn
man in einer Winternacht von irgendeiner Festlichkeit
wohlverpackt den Heimweg gemeinsam machte und dann,
in jener Laune des Philosophierens, die einen in solcher
Stunde befällt, drei- oder viermal vor dem Hause vorüber-
ging, die Straße auf und ab, eh man sich trennte. Sie hatten
den oder jenen sympathischen Zug, sie hatten dies oder
jenes seltsame Schicksal – aber noch ehe man den ganzen
Menschen recht erfassen und im Interesse warm werden
konnte, waren sie weg. Ein halbes Dutzend Leute kannte
sie genau. Die Zeitungen bringen einen Nachruf, in welchem die bemerkenswertesten Punkte ihrer Tätigkeit zu-
sammengefaßt werden; und meist ist nicht viel Bleibendes
darunter. Sie kamen und gingen.

In diesen Wochen ist eine dieser Gestalten vom Tode ge-
holt worden, um welche in eigentümlich matten Lichtern
ein fast novellistischer Reiz schwebte. Das ist die Baronin
v. Borch, die Übersetzerin. Es ist kaum zu sagen, worin dieser Reiz bestand; aber er bestand, und er wirkte unmittelbar. Sie war eine eigentümlich anziehende Erscheinung, eine
hochgewachsene üppige Frau mit weißem Haar und einem
jugendschönen Gesicht, in welchem zwei dunkel strahlende
Augen eine Seele widerspiegelten. Ein bewegtes Temperament, das allmählich in Resignation übergegangen war, eine
vornehme Gefaßtheit sprach aus diesen Zügen, über denen
ein ganz indefinierbar verklärender Schimmer lag. Das Wort
»edel« bekommt leicht einen trivialen Beigeschmack; aber
es bezeichnet den Gesamteindruck, der von dieser jugendlichen Matrone ausging. Sie war mit irgendeinem Herrn von
Borch verheiratet gewesen, der, ich weiß nicht wann, gestorben war, und hatte in München gelebt, bevor sie nach
Berlin kam. Sie wohnte mit ihrer siebzehnjährigen Tochter
im vierten Stock eines Hauses an der Potsdamer Brücke.
Diese Tochter, Gisela, habe ich nie gesehen, aber auch über
diesem jungen Mädchen lag ein geheimnisvoller Zauber
des Schmerzes; sie sollte zart und schön und ewig sich

sein, und als sie eben siebzehn Jahre war, starb sie an ihrer langsam zehrenden Krankheit. Für dieses Kind scheint die Mutter vor allem gelebt zu haben; sie sprach von ihr, wenn ein Fremder nach ihr fragte, in einem Tone unterdrückten Schmerzes und grenzenloser Liebe, so daß der Fragende betroffen rasch darüber hinwegzukommen suchte. Sie nährte sich und diese Tochter durch ihre Übersetzungen; sie übertrug Ibsen, Knut Hamsun, Jacobsen und andere nordische Autoren. Als ich sie einst nach Haus begleitete und ihr gute Nacht wünschte, lachte sie und sagte, ihre »gute Nacht« sei noch nicht gekommen; sie müsse erst noch die halbe Nacht übersetzen. Auch von Zerwürfnissen mit adligen Verwandten und der Überwindung von Standesvorurteilen erzählte sie. Jetzt ist sie, wenige Monate nach dem Tode der Tochter, im Krankenhaus gestorben. Eine schwierige Operation hatte sie schon glücklich überstanden; da nahm sie ein Herzschlag hinweg. Viele werden sich ihrer eine Zeitlang entsinnen, denn sie lebte eine Zeitlang mit uns. Dann wird sie vergessen sein. Sie kam und ging.

Kommen und gehen – das findet in dieser Millionenstadt rascher statt als in irgendeiner Stadt des Reichs; und in dieser parvenumäßig emporschießenden Stadt rascher als in irgendeiner anderen europäischen Hauptstadt. Man lebt schnell, die Eindrücke dieser noch im Werden begriffenen Metropole jagen einander, und die Bewohner, deren Gemüt noch etwas ungroßstädtisch Naives hat, reißen die Augen auf und lassen wie die Kinder ein Ding rasch stehen, um rasch ein neues zu betrachten. Während der Dauer der Betrachtung ist eine gewisse Intensität zu beobachten, aber gleich darauf keine Spur einer Nachwirkung. Wie leidenschaftlich hat man sich vor zwei Wochen noch allenthalben mit dem Fall Friedmann beschäftigt! Jetzt ist es, als sei er nie gewesen. Die Alexianerbrüder sind das neueste Gesprächsspielzeug, es wird noch einige Tage in der gleichen Intensität vorhalten, dann mit einem Schlage verschwunden sein. Vorläufig werden allerhand Witzchen gemacht, in denen der Ausruf: »Sie müssen nach Mariaberg!« und

Vergleiche mit dem Bruder Heinrich eine gewisse Rolle
spielen. Auch hat dieser Prozeß den Bewohnern des Westens Gelegenheit gegeben, allerhand Reiseerinnerungen
auszukramen. In Breslau hat man den Katholizismus in un-
mittelbarster Nähe. Für Berlin ist er in seinen konkreten
Lebensäußerungen fast ein Mythus. Man kennt ihn nur
von seinen Reisen. Da ist man gern in diese bunte, glühende, stille Welt gelegentlich eingetaucht, die für den
echten Mittelnorddeutschen den ganzen Reiz einer Kurio-
sität hat. Man weiß hier vor allen Dingen genau, daß es in
Fécamp Mönchlein gibt, welche Schnäpse von unbezahl-
barer Güte brauen. Und man hat auf sommerlichen Touren
in manche dämmerige Klostereinsamkeit hineingesehen,
wo in Kreuzgängen mit gemalten Scheiben sich die Sonne
bricht und Kühle herrscht und Glockentöne zu innerem
Frieden und ernster Selbstbetrachtung mahnen. Die Berliner waren bei den Franziskanern in Salzburg und haben
das eigenartige Pansymphonikon spielen hören, welches
der feinhörige Pater Singer dort gebaut und der künstlerischen Welt hinterlassen hat. Sie haben, wenn sie eine Do-
naufahrt machten, die grandiose Abtei Göllwath bewundert, die eine Miniaturstadt auf einem Berge ist. Sie fuhren
von Venedig nach San Lazzaro hinüber, wo einst Byron mit
den armenischen Mönchen lebte, und staunten über die
typographische Betriebsamkeit, die heut auf diesem win-
zigen Friedenseiland herrscht. Sie stiegen auch in Prag auf
den Hradschin und besuchten die Prämonstratenser und
ihre prachtvolle Bücherei – und hier wie überall waren sie
entzückt von der weltmännischen Liebenswürdigkeit des
führenden Paters und vor allem von der wundersamen
Ruhe, die selig an diesen abgelegenen Stätten in die Herzen zog. Aber das ist ziemlich alles, was hier das Gros vom
Katholizismus kennt, und wenn ein katholischer Geistli-
cher im roten Talar in Berlin auf der Straße gesehen würde,
es gäbe einen Auflauf wie um einen exotischen Fürsten.
Der Prozeß, der durch die Enthüllung zahlreicher Unge-
heuerlichkeiten überall stark gewirkt haben muß, machte
hier um dieser mit offenem Munde bestaunten katholisch-

rituellen Akzidenzien willen einen ganz besonders tiefen, ja namenlos verblüffenden Eindruck. Der Berliner besitzt in seinem Lokaldünkel eine gewisse Beschränktheit, und deshalb wollte man es hier am wenigsten glauben, daß alle diese Dinge sich wirklich in Deutschland abgespielt. Die Verwunderung wird so rasch vergehen, wie sie rasch und intensiv gekommen ist.

Kommen und Gehen ist die Devise. Und jetzt auch äußerlich auf den Straßen und Bahnhöfen. Es will kein Mensch mehr in Berlin bleiben, an allen Nachmittagen, auch in der Woche, sind sämtliche Vorort-Bahnhöfe voll von schwitzenden, keuchenden und mehr oder minder hellgekleideten Menschen, die nach zehnminutigem Schmoren in der Pferdebahn zum zweiten Male fünf Minuten am Billetschalter geschmort werden, um nach erbittertem Ringen einen Waggon zu erklettern und sich dann irgendwo absetzen zu lassen, wo »Gegend« ist. Es will kein Mensch mehr in Berlin bleiben, denn es ist nichts los in Berlin. Und um dieser schwerwiegenden Tatsache willen habe ich unwiderruflich beschlossen, den zweiten Teil dieses Berliner Briefes erst in acht Tagen »stattfinden« zu lassen. Hoffentlich passiert inzwischen etwas.

23. Juni 1895

Im letzten heißen Herbst fuhr ich auf einem mittelgroßen Schiffchen über graugrüne Fluten auf die Insel Torcello los. Mit mir fuhr Hans Herrmann aus Berlin, der berühmte Pleinairist und Partisane der streitbaren »Elf«, den ich eines Abends in Venedig getroffen hatte. Wir saßen auf dem Verdeck. Und als die Insel in der stillen Sackgasse des adriatischen Meeres sichtbar wurde, rief mein Maler: »Prachtvoll, prachtvoll – ganz holländisch!«

Ich mußte damals lächeln, weil der feine Künstler den Vergleich mit seinem geliebten Holland als besten Ausdruck der Bewunderung für eine italienische Insel fand. Aber »holländisch« ist in Wahrheit ein Lobwort geworden. Zwar von den Holländern selbst haben wir die Vorstellung

kaufmännischer, phlegmatischer und etwas plumper Geschöpfe. Jean Paul sieht sie als Menschen zweiter Güte
an: eine »wohlfeilere Ausgabe der Deutschen, auf bloßem
Druckpapier ohne Kupfer«. Der interessanteste ist noch
immer der sagenumwobene Landsmann, den alle sieben
Jahre das Meer voll Überdruß ans Land wirft, der »ewige
Jude des Ozeans«. So nennt ihn Heine, welchem Wagner
den herrlichen erlösenden Schluß seiner Dichtung ver-
dankt, was er aber zuletzt nicht eingestand, da er ihm
nichts verdanken wollte. Die Leute also sind uns nicht
sympathisch, aber das Land; und Bismarck in seinen
prachtvollen Briefen an Polte Gerlach, die vor zwei Jahren
veröffentlicht wurden, hat diese »nach alten Bilderbüchern
gebauten Städte« mit ein paar Meisterstrichen gezeichnet.
Er wird hier zum Reisefeuilletonisten. »Dieses Amsterdam«, schreibt er einmal, »mit seinen lindenbesetzten Kanälen und Grachten, der räucherigen Atmosphäre, durch
welche ein phantastisches Gewirre von Straßen, sonderbaren Hausgiebeln, Schornsteinen in unbestimmten Umrissen sichtbar ist, hat trotz seiner betriebsamen Rührigkeit
etwas Gespenstiges für mich, daß ich an keine Erscheinungen glaube, solange es hier nicht spukt. Ich bin darauf gefaßt, in der Nacht mehrere fliegende Holländer in Büffel-
leder und spanischer Krause, mit spitzen Hüten und noch
spitzeren Bärten vor meinem Bette zu sehen …« Das Land,
die zehn Meilen lange Wiese mit Büschen, Kühen und
Städten, wie er es schildert, ist das Kanaan aller Freilichtler
geworden. Der Glanz seiner alten Meister bringt es in eine
zweite Beziehung zur Kunst. Ihnen ist es auch zu danken,
daß der Begriff des Holländischen auf Kunstgebiete außerhalb der Malerei im Sinne des Genrehaften, Strotzenden,
Gesunden, Lachenden übertragen wird. Und der Wert dieses Begriffs ist in Deutschland gestiegen, seit der Rembrandtmann sein Buch veröffentlichte, diese Bekenntnisse
einer verschwommenen Seele, an denen die allgemeine
Hochschätzung des Niederdeutschen immerhin das Beste
war. So sehen wir etwa eine Diebskomödie von Gerhart
Hauptmann, die in der Mark Brandenburg spielt, mit einer

schlesischen Waschfrau und einem preußischen Landrat,
und rufen dabei wie der Pleinairist Hans Herrmann:
»Prachtvoll, prachtvoll – ganz holländisch!«

Seit einer Woche haben wir die Holländer in Berlin.
Holländische Schauspieler spielen im Deutschen Theater
heimische und fremde Stücke. Sie gaben ein eigenes: »Anne-Min«; ein elsässisch-französisches: »Freund Fritz«, und
ein deutsches: Hauptmanns »Einsame Menschen«. Man
konnte dem Spiel der westlichen Vettern mit einer gewissen Spannung entgegensehen. Hier kam es grade auf die
Einsetzung der Persönlichkeit an, die nach unseren Vorstellungen die mißliche Seite der Bataver ist. Hier sollte der
Mensch zum Menschen in persönlichem Agieren wirken,
hier sollten Glück und Elend der Seele zum unmittelbar-
sten Ausdruck gebracht werden. Holländische Liebeslei-
denschaft? Wir dachten alle mit Schnabelewopski an einen
Garten mit viereckigen und dreieckigen Beeten, symme-
trisch bestreut mit Goldsand, Zinnober und kleinen blan-
ken Muscheln, in welchem das Paar beisammensitzt und
Tee trinkt, aus echt chinesischen Porzellantassen, während die Tulpen gerührt »Mynheer!« seufzen. Und welche
Überwindung kostete es nicht, aus dieser Phantasie die berühmte Wirtin zur roten Kuh fernzuhalten, die sich wohl-
beleibt und gewaltsam und liebevoll immer wieder ein-
drängte! Es kam schließlich alles so, wie man es erwarten
konnte: Das Kräftige, Derbe, Gesunde fand gesunden, derben und kräftigen Ausdruck; aber die Lyrik, der unwäg-
bare, feine Hauch, der zart und schmerzlich über den Dingen schwebt, ging verloren. Anne-Min ist eine ländliche
Theaternovelle mit ethnologisch interessierenden Tanz-
Beigaben (denken wir an die Münchener), und das harmlose Stück mochte, namentlich um dieser äußeren Zu-
taten willen, den reservierten Beifall finden, den es fand.
Das friedlich-behäbige Dorfgemälde vom Freund Fritz, das
Werk zweier französischen Auerbachs, war für unsere Holländer natürlich wie geschaffen, und der große Erfolg, den
seine Darstellung bei Zünftigen und Laien hatte, mag seinen letzten Grund in dem sehr adäquaten Stoff suchen;

auch wirkten zwei Künstler mit, Herr van Zugler und Herr
Faaßen, die man hier anfangs unterschätzte, aber bald als
Schauspieler von internationaler Vortrefflichkeit erkannte.
Dann aber kam die Tragödie. »Nichts ist für einen Deutschen komischer als eine holländische Tragödie«, schreibt
ein deutscher Humorist im ersten Viertel dieses Jahrhunderts. Er hatte zum Teil recht.

Zum Teil. Es läßt sich nicht leugnen: die Sprache wirkt
vielfach anheimelnd, und in den ersten Minuten werden
wir warm, weil sich in uns ein intensives Verwandtschafts-
gefühl bei diesen Leuten regt; wir fühlen: das ist Fleisch
von unsrem Fleisch. Alle Erinnerungen an die traute Herzlichkeit plattdeutscher Schriftsteller werden wach, aber
bald beginnt die parodistische Wirkung. Das Platt ist ein
wundervolles Ausdrucksmittel für humoristische Zwecke;
das Platt vermag auch schlichte Schmerzen schmerzlich
und schlicht wiederzugeben. Aber es versagt vollständig
für das Erhabene und für gewisse Arten der Lyrik. Das ausgeprägt Naive in ihm scheucht die edel-melancholischen
Elemente davon. Diese Sprache mit ihrem heillosen Di-
minutiv-Charakter zerstört jede fein-traurige Stimmung.
Und darum ist eine holländische Aufführung der »Einsamen Menschen« etwas Schreckliches. Undenkbar, diese
einsiedlerischen Seelen, die mit unkörperlichen Armen
sehnsüchtig einander umschlingen, auseinandergerissen
werden und in Nacht zugrunde gehn – undenkbar, sie in
der Sprache von Mynheer und Myfrow zu verkörpern.
Alles andere, bloß das nicht! Und wo der Niedlichkeits-
Charakter der Sprache aufhörte zu stören, begannen mich
die furchtbaren Kehllaute, besonders diese »ch«s, aus der
Illusion zu rülpsen. Brrr – Johannes und Anna Mahr, wie
arbeitet ihr mit dem hinteren Teil des Gaumens! Auch
sonst war dieses neu-klassische, sinnlich-übersinnliche Liebespaar recht mangelhaft verkörpert. Johannes Vockerath
war gesund und verbost – aber ganz fehlte ihm der weiche
Heiligenschein des Leidens, der um diesen Problematiker
schwebt. Und Anna! Ach, sie trug ein schwarzes Kleid und
kein Korsett und war unausstehlich, daß niemand der alten

Vockerat'n grollen konnte, wenn sie sie aus dem Hause haben wollte. Poesie und Kaffeehandel sind grundverschiedene Dinge. Aber die beiden Alten, die vernünftig, bürgerlich, behäbig und herzensgut sind, wurden prachtvoll dargestellt. Hierzu reichte es. Es kam wirklich alles so, wie man es erwarten konnte.

Sympathisch war auch eine feine Regie, welche die Stimmung zu treffen suchte – die sie freilich um ein paar Töne zu hell und zu klar gab. Sympathisch war ein minutiös eingeschultes Zusammenspiel, das mit Nuancen und Pausen im Dialog sicher und sorgsam arbeitete. Sympathisch war vor allem die große Pietät für neue deutsche Dichtkunst, die diese Holländer an den Tag legen. Sie beherrschen die Regie der »Einsamen Menschen« nur so vortrefflich, weil sie dieses Seelenschauspiel bereits siebzigmal in Amsterdam gegeben haben. Und auch sonst pflegen sie unsere neuere Dramatik mit Wohlwollen und Eifer. Tantiemen zahlen sie dafür nicht.

So haben wir die Holländer in der Nähe gesehen, und unsere Meinung von ihnen ist nicht in wesentlichen Punkten geändert worden. Mit völliger Klarheit sind wir zu der Erkenntnis gekommen, daß sie eine *ausnehmende* Begabung für die Bühne nicht besitzen. Sie sind darin Germanen. Wer diese holländische Elitetruppe etwa mit der französischen des André Antoine vergleicht, wird, ohne einen Augenblick zu zögern, die Palme dem Franzosen reichen. Hier waltet eine Regie, die in der Welt wahrscheinlich nur einmal vorhanden ist. Ein feinster und konsequentester Künstler schafft hier Situationen, die sich der Erinnerung, ja den Nerven unauslöschlich einprägen, und, ein neuer Prometheus, formt der Gründer des théâtre libre, welcher als Darsteller der größte und schlichteste Charakteristiker ist, den ich kenne, Menschen nach seinem Ebenbilde: jeder Darsteller seiner Truppe hat seines Geistes nicht nur einen Hauch verspürt, sondern er ist schlechtweg sein Geschöpf, seine »Sache«. Von den Italienern will ich nicht reden. Sie stehen als Schauspieler weit über den Franzosen. Wo die einen vorwiegend scharfe Akzente haben und im Schmerz

mehr Wut als Wehe geben, entblößen die anderen ihre
Seele, und aus der Tiefe erklingt, hinreißend und erschütternd, der klagende Schmerzensschrei der gepeinigten
Menschheitskreatur. Sie sind die größten, wo es sich um
die Leidenschaft des Leidens handelt. Als ich einem berühmten Berliner Bühnenleiter und Talentefinder einmal
zurief: »Was ist die Sorma gegen eine mittelmäßige Italie-
nerin? Nichts!!«, schüttelte er resigniert den klugen Kopf
und sagte: »Gewiß – es ist Rassensache«. Es ist Rassensache,
und daß die Holländer hier nicht zu den bevorzugten Ras-
sen zählen, wissen wir jetzt genauer als vorher. Das ist
neben manchem anderen das Dankenswerte dieses Gast-
spiels.

Bis auf weiteres aber werden wir von holländischem
Wesen fernerhin da Gebrauch machen, wo es sich uns fernerhin wie bisher in Berlin bietet: bei Erven Lucas Bols
und bei Wisnand Focking in der Friedrichstraße, wo in
Zylinder-Destillen die herrlichsten Schnapsmischungen
verkauft werden. Und wenn hier, wo Bitteres mit Süßem,
wo Hartes mit Mildem sich paart, die Mischung gut mun-
det, werden wir mit dem Pleinairisten Hans Herrmann rufen: »Prachtvoll, prachtvoll – ganz holländisch!«

14. Juli 1895

Berlin ist leer. Diese Stadt zählt sonst, wie ich sagen hörte,
eine Million und siebenhunderttausend Einwohner. Jetzt
ist »alles« verreist. Es sind höchstens eine Million und
sechshundertneunzigtausend Einwohner noch anwesend.
Die Stadt ist verlassen.

Im Westen ist sie es wirklich fast. In meinen lieblichen
kupferfarbenen Schuhen, die so sehr drücken, schlendere
ich (nie hat ein Feuilletonist gelebt, der eine andere Gang-
art zugegeben hätte) – also schlendere ich am Wasser entlang, über das graziöse Hohenzollernbrückchen mit dem
tiefen, stillen Reiz seines grünen eleganten Blicks, durch
die asphaltfriedliche, feine Hohenzollernstraße, dann ein

Stückchen Tiergartenstraße, dann ein Stückchen der allee-
artigen Friedrich-Wilhelm-Straße, dann schlendere ich
durch die Rauchstraße, dann durch die Hitzigstraße und
die Corneliusstraße, bis ich in den kupferfarbenen Schuhen meiner Wohnung entgegenschlendere. Und überall,
das heißt zuweilen, sind die Marquisen und Holzjalousien
heruntergelassen, dicht an den Spiegelscheiben der schlanken Fenster, damit kein Sonnenstrahl in die Sanktuarien
mit den Teppichen, Statuen, Divans, Palmen und schlechten Gemälden dringe: die Einwohner sind verreist.

In einem etwas realistischen Jugendgedicht, das halb ironisch, halb empfindsam einen abendlichen Gang in demselben Viertel schilderte, hatte ich einst gesungen:

> Ich wandelte in jenen Zonen,
> Wo Villen glänzen, Gärten blüh'n
> Und Ahlwardts liebste Freunde wohnen
> Die Reichenheim und Saloschin –

und eine späte Strophe lautete:

> Zu einem Fenster, wo noch Licht war,
> Sah ich hinauf und suchte … sie;
> Doch ach, kein Schatten wurde sichtbar;
> Ich machte kehrt: Café Bellevue.

Dieses Café hat ja, seitdem ich die schrecklichen Verse
sang, bereits das Los der Schönen auf der Erde geteilt, aber
wie damals sah ich jetzt hie und da empor zu einem der
verhängten Fenster. Und hie und da dachte ich an ein paar
Augen. Augen, die jetzt in St. Moritz oder Heringsdorf wer
weiß für wen klappern. Berlin ist leer.

Aber die Bevölkerung ist durch drei Orang-Utans ver-
mehrt worden. Der Zoologische Garten, wo sie hausen,
ist darum zum Wallfahrtsort geworden. Und am letzten
Sonntag sollen so viel Besucher, als der fünfte Teil der Ein-
wohnerzahl Breslaus beträgt, dort gewesen sein. Beinahe
wären diese Tiere imstande gewesen, westliche Berliner
am Tage in den Zoologischen Garten zu locken. »Jott, nu
schon bei Dage!« sagt Fontanes Witwe Pittelkow. Es hätte

nicht viel gefehlt. Aber sie besannen sich rechtzeitig. Sie
gehen nach wie vor bloß abends hin. Da aber, wenn der
harte Ausdruck erlaubt ist, haufenweise. Der Zoologische
Garten ist nämlich – da die Theater geschlossen sind bis auf
das neue Theater mit »Tata-Toto« und das gräßliche Schiller-Theater und diejenigen Kunstinstitute, in welchen alte
Opern oder »Das Geheimnis der alten Mamsell« oder »Im
Irrenhause« gegeben werden – der Zoologische Garten ist
unter diesen Umständen das einzige Genußmittel für ge-
bildete Europäer, weil man ja in den Bilderpark am Lehrter
Bahnhof abends nicht mit Töchtern und in die italienische
Ausstellung abends auch nicht mit der Gattin hingehen
kann. Da lebt und liebt man denn in den zahlreichen Gängen, die sich um die Käfige schlafender Bestien schlängeln
oder sich in der Mitte zwischen einem künstlichen Teich
und einem Gewirr von besetzten Tischen von einem Orchester zum andern entlangziehen. In den Gängen wandelt
die Jugend, welche in Berlin beim weiblichen Geschlecht
mit dreizehneinhalb Jahren, beim männlichen mit fünfzehn aufhört, und auch die älteren Generationen wandeln
bis zu siebzehn und zwanzig; und sie treiben ihre Flirtge-
schäfte so ungeniert, so positiv und so kalt lächelnd, daß
man sich darüber entweder sehr ärgert oder, wie ich es vor-
ziehe, sehr freut. Diese Bengels in den hellen Strandanzü-
gen, die zugleich girren und zugleich renommieren, und
diese früh gescheiten Mägdlein in den weißen und matt-
rosa Battist- und Satinfähnchen kümmern sich um die neuangekommenen Riesen-Orang-Utans so viel wie ich um
die Seeschlacht bei Wei-hai-wei. Auf der Terrasse aber sitzen ihre Eltern, die Abonnenten, und trinken Weißwein
und unterhalten sich und träumen von Ehebrüchen, Or-
densverleihungen, Toiletten und Kursstürzen; denn pessi-
mistisch, wie sie sind, glauben sie meist an die Baisse. Und
wer hätte im Glauben an die Baisse nicht schließlich recht
behalten …

Übrigens sitzt es sich wundervoll auf dieser Terrasse. Das
heißt, mitunter auch nicht, wie mein Freund Fontane, der
eben erwähnte, sagen würde. Sitz ich mit dem lieben Felix

da, meinem berlinischen Pylades, welcher dem Assessoren-
stande angehört und sich so sehr kränkt, daß ich diese Berliner Briefe schreibe, und lausche den namenlos interessan-
ten Reden seines seeschlangenartigen Anhangs, so darf ich
nach bestem Wissen und Gewissen sagen, daß meine Seele
sich mopst. Mitunter ist es aber anders. Ein kleiner Kreis
von Architekten, Offizieren, berufsfreien Gentlemen und
Malern mit den entsprechenden Damen. Glücklicherweise
ohne die Offiziersdamen, denn die sind leicht langweilig.
Wir sind die letzten Gäste. Die große, plumpe Uhr auf der
Terrasse zeigt drei Viertel eins. Wir haben allerlei erzählt
und gehört. Allerlei Menschliches, das meist sogar wahr ist.
Höchstens, daß einer die Abenteuer eines Bekannten als
eignes Erlebnis auftischt; aber das merkt man gleich und
grollt ihm nicht; das gehört dazu. Die wundervolle Sekt-
bowle mit zarten Erdbeeren regt die Stimmung an und
kühlt sie zugleich. Ein berühmter Bildhauer, nennt man die
besten Namen, so wird auch der seine genannt, ist mit einer
seltsamen Erzählung zu Ende, die halb mystisch ist und uns
in der Nachtkühle leise schauern läßt, in der Erinnerung an
die Vergänglichkeit der Dinge, die auch durch keine noch
so ideal gebraute und gekühlte Bowle aufgehoben werden
kann. Eine halb berauschte, selige, vergessenheitssehnsüch-
tige Stimmung ergreift uns, noch einmal werden drei bau-
chige Flaschen demi sec in den aromareichen Kessel gestülpt (ein Feuilletonhonorar rinnt stromabwärts – hols der
Teufel!), noch einmal klingen die Tonnengläser aneinander,
noch einmal blicken wir in Augen, die angeregt lachen oder
süß und verheißungsvoll und heimlich winken und versprechen; dann wird der Kellner gerufen; die letzten Gäste, verklärt und selig und doch mit einem Beisatz von Nachdenklichkeit, schreiten wir durch die Gänge, in denen durch das
wirre Geäst der alten Bäume ein weißlich glühender Himmel und der Mond blickt (welcher in Berlin bei Gott nicht
häßlicher ist als anderswo), durch diese Gänge, in denen die
Söhne und Töchter der Kuponschneider vor drei Stunden
ihr greisenhaftes Liebesspiel gespielt, die Musik ist längst
verstummt, und auch wir kümmern uns im geringsten nicht

um die neuangekommenen drei Riesen-Orang-Utans; denn
unsere Gedanken haben mancherlei anderes zu tun. Und
wir wandeln langsam den toten Kurfürstendamm entlang,
welcher im bläulichen Licht der symbolistischen Maler lang
und still vor uns liegt und schweigt.

Glücklicherweise wird man von Zeit zu Zeit auf die Besitzungen seiner guten Freunde eingeladen; denn Berlin,
weil es ja leer ist, wirkt auf die Dauer wirklich etwas
stumpfsinnig. Ein Künstler – ich scheue mich, eine angeborene Schamhaftigkeit, den Namen zu nennen, weil das etwas Profanierendes hat – lud uns auf seine Villa, die in ita-
lienischem Osteria-Stil mitten auf sandigem Boden in einer
Kolonie von kahlen Fichten und Kiefern gebaut ist – und
doch einen herrlichen, unbestimmbaren Reiz bietet, der
vielleicht zum Teil durch die Hausfrau, die kluge und
schöne Tochter eines politischen Humoristen von histori-
schem Range, bedingt wird. Wir waren en petit comité,
spielten Boccia, lachten, diskutierten und speisten schließlich, etwa fünfzehn Mann hoch, auf der Veranda zur Nacht.
»Was *gab's*? Sardinen, Roastbeef, Eier. Wir plauderten und
schrie'n im Chor. Sie lachten stark, Herr Doktor Meyer –
es schallt mir heute noch im Ohr« – schrecklich, daß mir
meine realistisch-lyrischen Jugendsünden immer in die
Quere kommen. Nachher saßen wir im Garten, auf längli-
chen, strohgeflochtenen Divanen, auf gewöhnlichen Rohr-
stühlen und spartanisch abhärtenden Holzbänkchen. Der
Professor Meyerheim erzählte von seinen bunten Erlebnis-
sen in Ägypten und dachte heimlich an die drei Orang-
Utans, die er wahrscheinlich malen wird; Emil Döpler der
Jüngere unterhielt sich, liebenswürdig und frank wie immer, mit dem Hautprofessor Lassar. Der Hausherr und
Meister selbst blickte, die Zigarre im nächtlichen Dunkel
rot erglühen lassend, still über den Rasen nach seinem herrlichen, kraftvollen Löwen hin, der noch immer die eisernen
Muskeln und die Riesenpranken gewaltig angestrafft hielt,
die Damen schwiegen oder lispelten – und da bekam ich
den Einfall, auf das Dach zu steigen. Ich teilte ihn einer jungen Sängerin mit, und der impressionistische Maler Lesser

Ury erfaßte ihn sofort auf suggestivem Wege. Wir stiegen zu dreien die Stufen hinan, die zu dem kleinen Turme führten, und traten hinaus auf die Plattform. Sie war ganz mit Moos bewachsen. Unter uns sahen wir hier und da elektrisches Licht, denn in der Umgebung Berlins spielt dieser Beleuchtungseffekt eine nie zu umgehende Rolle und macht dem Monde aufdringliche Konkurrenz. Unter uns sahen wir aber auch ein bewegtes Feld von Baumwipfeln – diese Kiefern, die sich von unten so ruppig ansehen, haben oben wirklich den Charakter von Bäumen, was man nicht glauben sollte. Es war ein Meer von grünen Wipfeln. Von der Seite und von oben her fiel ein weißlich-bläuliches Licht, welches direkt vom Himmel kam; vom Himmel, an welchem leichte Wolkenzüge schwache, feine Schatten warfen. Das Licht und der Schatten fiel auf uns herab. Der kleine Impressionist hatte sich hingekauert und maß mit vorgestrecktem Arm die Größenverhältnisse, um diese berauschende und überwältigende Stimmung am nächsten Morgen in einer Farbendichtung festzuhalten. Das Mädchen in ihrem langen herabhängenden weißen schlanken Kleid, das nur in der Nähe des Gürtels eine Spur von schwarzem Sammet zeigte, stand an der Balustrade, wie gelähmt von dem Schauspiel ringsum. Ich konnte nichts Besseres tun als sie ansehen. Nach einer Weile kam es von ihren Lippen durch das Dunkel: »Du bist die Ruh.« In der Ferne hörte man leise Musikklänge – ein Blechorchester zwar, aber doch Musik; dann war es still. Man hörte unten tief im Garten bloß die Gäste auf den Strohdivanen plaudern, die Professoren und die Gastgeber und die Frauen. Auf einmal bemerkten sie uns oben und riefen hinauf, das Fräulein solle ein Volkslied singen. Und sie trat wieder an die Balustrade und sang: »Ich weiß nicht, was soll das bedeuten.« Die Abendluft strich leise um unsre drei Köpfe. Und wieder stand ich da und wußte nichts Besseres, als die junge Sängerin anzusehen, die Melodie zog langsam und schwer in die Ferne.

Berlin ist leer, aber es gibt doch noch einiges, um dessentwillen man froh ist, nicht weggegangen zu sein.

23. Juli 1895

SCHRIFTSTELLERFESTE
I
Heidelberg, 21. Juli

In Heidelberg war Schriftstellertag. Was zog mich hin? Ich
legte mir die Frage eindringlich vor, als ich von Thüringen
her im Schnellzug auf die Stadt Kassel losjagte. War es die
Neigung, mit Schriftstellern zusammenzusein? Ach, kaum.
Ich kann sie in Berlin haben; mehr als mir lieb ist. Wären
die deutschen Berufsverfehler in Danzig oder Magdeburg
zusammengekommen, kein Gott hätte mich bewegen können, mein brennendes Interesse für die Hebung dieses Standes durch persönliches Erscheinen zu bekunden. Dagegen
erschien es recht angenehm, aus dem juliheißen Berlin eine
Landpartie nach dem Neckar zu machen. Halbverblaßte
Erinnerungen an Heidelberg, die Feine, aufzufrischen! Ja,
hier lag der Grund.

Das stellte ich fest, als ich von Thüringen her im Schnellzug auf die Stadt Kassel losjagte. Dann lehnte ich mich in
die Ecke und machte, wie ich bekenne, ein Gedicht an
zwei Schwestern. In Frankfurt steckte ich es in den Kasten.

In der Mittagshitze ist Heidelberg nicht lockend.

Es ist, als ob über den Farben ein Schleier von Staub
ruhte und alles matt machte. Das Grün ist trocken; es hat
einen unmerklichen Stich ins Graue, und es schreiet nach
Wasser wie der Hirsch in der Bibel. Dieselbe Sonne, die
auf den seelensruhigen Neckarbergen einen soliden Wein
reifen läßt, plagt hier den Menschen. Sie brennt seinen
Rücken und blendet seine Augen. Glücklich, wer einen
schwarzen Kneifer bei sich führt.

Daß Weinberge hübsch aussehen, ist übrigens eine ver-
abredete Fabel. Ihr Anblick wirkt erfreulich: aber bloß
durch die suggestiven Geschmacksempfindungen, die er
hervorruft. Sonst sieht ein schräg auf den Berg gepflanztes
Kartoffelfeld nicht viel schlechter aus; das weiß ich längst.

Hoch oben stand das Schloß in Trümmern, aber in der Mittagshitze erschien es nüchtern. Und die Luft und die Berge! In der Universitätsstadt Innsbruck ist die eine klarer und die andern höher. Innsbruck ist überhaupt schöner als Heidelberg. Die überquellende, etwas sonnig-wonnige Rhein- und Neckarlandschaft mit ihren leise süßlichen Hügeln kann gegen die herbe Schönheit und die kühle hinreißende Riesenpracht des selig-wunderholden Inntals nicht an. Aber Heidelberg hat den Ruf für sich.

Ich setzte meinen schwarzen Kneifer auf und ging gleich in den Roten Ochsen. Dort tat ich, was ich vor zehn Jahren dort zuletzt getan hatte: ich speiste, und dazu trank ich Affentaler Wein. Die Mittagstafel der Studenten war vorüber. Ein halbes Dutzend stand noch im Schatten, bloß in Hemd und Hosen, und schob Kegel. Wohlhabende Söhne nationalliberaler Väter, nicht besonders wüst, nur mit einer erlaubten vorübergehenden Wüstheit für etwa ein Semester; von Temperament Skatspieler. Die Kellnerin, ein dunkelblondes, freundliches Mädchen, aber für meinen Geschmack etwas zu schmächtig, rief mir die Erinnerung an die herrliche brünette Therese mit dem feingeschnittenen Gesicht wach, die damals bei meinem kurzen Aufenthalt mit so strahlender Grazie ging und kam. Sie war wohl längst verheiratet, und ich berechnete, daß sie indessen, wenn sie sich zugehalten hatte, elf Kinder haben konnte.

Ich ging durch die Stadt. Überall wurde gehämmert. Überall hingen Fahnen. Überall wurden Holzleisten und Stangen bearbeitet, an denen man liebevoll bunte Lämpchen befestigte. So ein Anblick hat etwas Unangenehmes, wenigstens für mich. Eine Ehrenpforte, gleich am Eingang, war fix und fertig.

> Es grüßt euch Alt-Heidelberg heute, die Feine.
> Der Neckar rauschet den Willkomm darein,
> Es reicht euch die Rechte Perkeo, der Kleine,
> ›Hoch Helden der Feder!‹ so schallts im Verein.

Riesige Federhalter und meterhohe Tintenflaschen zu beiden Seiten, oben und unten, vorn und hinten. Aber in

der grellen Sonne wirken diese Dekorationsarbeiten, die
entfernt an Schützenfest mahnen, noch gräßlicher als sonst.

Ich schritt die friedlich-vornehme Promenadenstraße entlang. Die einstöckigen Villen lagen sonnenbeschienen da,
wundervolle, zyanenblaue Riesenschlingblumen bedeckten
die Wände und krochen zu den Balkons empor, ein tief-
blauer einziger Farbenton. Die Sonne drückte schwer. Ich
mußte blinzeln, als ich die Treppe zu meiner Wohnung hin-
aufstieg. Sie geht auf den Neckar. Ein paar Minuten stand ich
am Fenster und sah hinunter in den hellgrünen Fluß. Ein
Dutzend junger Engländer aus dem drüben liegenden Heidelberg College ruderte in einem spitzen, langen Boot mit
aller Kraftanstrengung in dieser brennenden Sonne.

Dann kam, auf dem divanartigen Sofa, eine süße Schlaff-
heit in meine Glieder.

Gegen Abend, als ich aufwachte, war es kühl. Die Schriftsteller sammelten sich im Stadtgarten. Er war von außen
umlagert. Die Heidelberger, soweit sie nicht bezahlen
wollten, waren gesittete Zaungäste. Gesittet sind diese ge-
ruhigen, abgeklärten, friedlichen Badenser und Badense-
rinnen überhaupt. Es ist ein Volk von Takt und Milde, und
der Radautrieb der Berliner ist diesen feinen Kindern einer
wohlhabenden Kultur eine fremde Welt.

Ich kam gleich zwischen Alfred Friedmann und dem
Hofrat Fastenrath aus Köln zu sitzen, und die Stimmen
schwirrten, und die Gläser klangen. Man hatte den Stadtgarten mit dem benachbarten Neptunsgarten verbunden,
Hunderte und Tausende von roten, violetten, grünen Lämpchen und bunten japanischen Lampions breiteten einen
– mit Respekt zu sagen – farbigen Zauberschein durch die
Gänge und über die grünen Rasenrondells; auf einem ter-
rassenartigen Bau saßen die Schriftsteller, die aus München
und Wien und der Schweiz und Königsberg und von über-
allher gekommen waren: ein ununterbrochenes Begrüßen,
Händeschütteln, Zurufen, Zutrinken von Tisch zu Tisch,
Wiederauffrischen alter Bekanntschaften – alles sehr ge-
räuschvoll. Man orientiert sich und überblickt die Menge

der journalistischen Heldengestalten mit ihren Frauen (die diesmal, im Gegensatz zum vorjährigen Hamburger Tag, legitim zu sein scheinen). Die Herren meist schmächtig und vielfach einen nervösen Zug im Gesicht, ihre Damen oft auffallend eigenartig gekleidet. Auch Schriftstellerinnen, denen man es auf zwanzig Schritt ansieht; halb pädagogischen, halb hysterischen Anstrichs. Wohlhäbige, feiste Gestalten von Chefredakteuren großer Zeitungen, in deren ernstem Lächeln ein Abglanz ihres Dreißigtausendmarkgehalts ruht. Andere wohlbeleibte Männer mit glatten Köpfen, deren Lächeln noch heiterer ist: das sind Verleger.

Wie gewöhnlich ist es mehr ein Journalistentag als ein Schriftstellertag. Die Berühmtheiten sind zwar stark gefragt, aber wenig vorhanden. In Berlin sitzen sie in der literarischen Gesellschaft auf einem Haufen – ich glaube wenigstens. Hier muß für die Nachfrage der sogenannten weiteren Kreise der Bevölkerung Julius Wolff herhalten. Er sitzt gleich am Nebentisch und fährt mit der Hand über die emporstrebenden Enden seines weißen Schnurrbarts. Er sieht wie ein nobler, höherer Postbeamter aus und wird von den Heidelbergern viel bewundert; die Badenser, ich sagte es schon, sind ein Volk voll Milde und Takt. Herr Wolff, der wohl hierhergekommen ist, um sich als Nachfolger Victor Scheffels vorzustellen, ist und bleibt die einzige Berühmtheit. Wie sich die Zeiten ändern. Ich lasse ihn jetzt nicht als verdiente Berühmtheit gelten, und einst, da ich in Sekunda saß, schickte ich ihm doch begeisterte Huldigungsverse. Ich erhielt sogar eine Antwort:

> Nun so nimm denn, lieber Jüngling,
> Diesen Schriftzug eines Dichters,
> Der damit – du glaubst es gar nicht –
> Über alles Maß gequält wird.
> Daß ich's diesmal dennoch gern tat,
> Machen deine wohlgesetzten
> Frisch-fromm-fröhlichen Trochäen,
> Die mit wenig raschen Zeilen
> Dir erwidert *Julius Wolff.*

Das war im Jahre 1883. Ich war selig über diese Verse.
Wie sich die Zeiten ändern!

Draußen im Garten, in den grünen, roten und violetten
Gängen und um das Rondell, fluteten und wogten die Heidelbergerinnen mit ihren Brüdern, Vätern, Müttern. Engländer, Japaner, deutsche Verbindungsstudenten mitten
drunter; die Schriftsteller an den Abzeichen, Medaillen mit
dem Heidelberger Schloß und einem Federkiel, kenntlich.
Die Mägdlein machten sich vortrefflich in der Beleuchtung,
die von unten aus den Beeten emporströmte und sie zugleich von oben aus den Baumwipfeln farbig übergoß. Ein
hübscher Schlag mit regelmäßigen, anspruchslosen Zügen.
An einer Seite ist ein Sektbüffet aufgestellt. Man drängt sich
darum, ohne sich zu stupsen und zu puffen, und gießt noch
ein paar Tropfen in die allgemeine Freudigkeit und Bewegung, und das eine der beiden Orchester spielt die Tann-
häuser-Ouverture dazu. Schließlich geht man, müde von der
Reise, nach Haus und übertönt das Rauschen des Neckars
durch Schnarchen. Das war der erste Tag.

Am nächsten Morgen Festakt im Museum. Wieder Girlanden, Fahnen, Palmen, ein blumenumduftetes Podium, am
unteren und oberen Ende des Saals kostbare Gobelins, mit
Blumen umkränzt. In den Ecken wieder Riesentintenfässer
und Riesenfederhalter; daneben, witzigerweise, große ausge-
stopfte Enten und baumelnde saure Gurken. Ein Publikum
von Professoren, Honoratioren und vielen Damen. Der Magnificus, Professor Königsberger, ein Mann, dessen körperliche Häßlichkeit annähernd so groß ist wie seine wissen-
schaftliche Bedeutung, redet präludierend mit Julius Wolff.
Ein Duft von Tannennadeln liegt über dem Saal, die Schriftsteller in ihren schwarzen Fräcken beginnen zu schwitzen,
die Damen, obgleich sie helle Gewänder tragen, folgen ihrem Beispiel rasch, und die Atmosphäre wird immer interessanter. Endlich dringt ein Trupp wohlwollend aussehender
Herren auf das Podium. Es ist der Heidelberger Liederkranz,
und nachdem hinter den Palmen und Girlanden das Orchester einen Marsch gespielt, beginnen die Wackeren ein
Dankgebet zu singen. Sie beten die erste Strophe piano, die

zweite forte, die dritte fortissimo. Sie erreichen eine unverkennbare Wirkung auf die Seelen der versammelten Leitartikler, vermischten und lokalen Redakteure, und gehoben sieht man den winkenden Reden und Rednern entgegen.

Der Historiker Professor Adolf Koch ist der erste. Er hat sich um die Abhaltung des Tages in Heidelberg Verdienste erworben. Er bekleidet neben seinem Extraordinariat die Stellung eines Chefredakteurs an dem national-liberalen Heidelberger Tageblatt. Freilich incognito. Er scheint ein rühriges, nervöses Persönchen zu sein, nicht ohne Humor. Er spricht in volltönenden Sätzen; weniger auf die subtile Wahl der Worte bedacht als auf die allgemein-klangvolle Gesamtwirkung eines Konglomerats von Perioden. Nach München und Hamburg, wo die Journalisten zuletzt getagt, kommt jetzt das kleine, oder wie er süddeutsch sagt, das »kloine« Heidelberg – er zitiert nicht ohne Witz die Worte des sterbenden Attinghausen: »Hat sich der Landmann solcher Tat erwogen?!« Im übrigen begrüßt er und dankt er. Im ersten Teil seiner Ansprache braucht er die Worte »voll und ganz«, im zweiten »ganz und voll«. Sie geben im wesentlichen den Charakter der Rede. Sie ist nur manchmal frisch, meist ciceronianisch.

Der Minister des Innern folgt, Eisenlohr, ein graubärtiger Sechziger mit Brille und Ordensstern. Er redet warm, schlicht, kaum wie ein Minister des Innern. Er ist gewandt, aber nicht beängstigend diplomatisch; ein gutmütig lachender, kluger Beamter gutbürgerlichen Anstrichs mit starkem Dialektbeisatz. Dann ein Bürgermeister mit der Kette, Dr. Wilckens, behaglich und zugleich begeisterungsfähig; rührend ist sein bescheidener Zweifel, ob sich die Schriftsteller in Heidelberg auch wohl fühlen werden. Nirgends eine Spur von Hochmut und preußischer Entschiedenheit. Ein Hamburger Journalistenveteran dankt und bringt ein Hoch aus. Dank und allgemeine Redensarten sind die Signatur der festlichen Verhandlungen. Dank und nochmals Dank und wieder Dank. Und dann »hoffentlich« und »segensreich« und »im reichsten Maße« und »Blühen und Gedeihen« – und so weiter.

Im Saale wird es schwül und schwüler. Die Damen fächeln sich mit den Programmen. Die Gesichter der deutschen Federhelden gucken krebsrot aus den schwarzen
Fräcken, und eine einsame Transpirationsträne rinnt über
manche Denkerwange. Der Chor klettert noch einmal auf
das Podium und singt. Ich fühle mich bei der ganzen Sache
an die schrecklichen Zeiten erinnert, da ich als Schüler eine
Feier in der Aula des Elisabetans mitmachen mußte; an
jene Zeiten, die mich noch heut im Traume plagen und
mich bei dem Liede »O selig, o selig, ein Kind noch zu
sein« heimlich lächeln lassen.

Endlich kommt das Beste dieses Vormittags: ein Frühstück. Unten, im Erdgeschoß des Museums, wird es ser-
viert. Es ist einfach, wird aber mit großer, mit leidenschaftlicher Liebe genossen, und der Rheinwein fließt, wie es
in Festberichten immer heißen muß, »in Strömen«. Der
Monsignore Knab aus München, der urwüchsigste katholische Geistliche, den ich kenne, ein Frühstücker von Beruf, der unmittelbar aus einem Grütznerschen Bild entlaufen zu sein scheint, ist in seinem Element, und die anderen
Münchener auch: sie tun es im Flaschenholen und im Her-
anschleifen von Eßmaterial den übrigen zuvor. Der Minister ist verschwunden. Ein paar Idealisten schleichen sich
hinauf in den zweiten Stock, wo eine Ausstellung Thomascher Bilder gratis zu sehen ist. Die übrigen frühstücken
weiter – bis der Wein gebricht. Dann gehen – es ist schon
Nachmittag geworden – die journalistischen Geschäftsver-
handlungen an. Da ich nicht der Journalisten wegen hierhergekommen bin, steige ich langsam hinauf, auf den
wohlvertrauten Philosophenweg. Stunden vergehen im
Traume. Unten liegt die Stadt, drüben das Schloß, das lieb-
lich-milde grüne Tal grüßt und glitzert, saubere Schifflein
ziehen den Neckar entlang, eine selige geflügelte Stimmung weht herüber und herauf, vom Abendhimmel und
vom grünen Fluß und der alten Brücke. Heidelberg ist kein
Innsbruck, aber »es sei, wie es wolle, es ist doch so schön«.
Von hier muß man es sehen. In der holden Sterbestunde
des Tages dachte ich an Hölderlin, und im Abwärtsschrei-

ten blieb ich noch einmal stehen und sprach vor mich hin
die berühmten innigen Verse an Heidelberg:

> Lange lieb' ich dich schon, möchte dich, wie zur Lust,
> Mutter nennen und dir schenken ein kunstlos Lied,
> Du, der Vaterlandsstädte
> Ländlich schönste, so viel ich sah.

Ich sprach die berühmten, innigen Verse vor mich hin
und suchte die Journalisten zu vergessen.

26. Juli 1895

S C H R I F T S T E L L E R F E S T E
II
Heidelberg, 23. Juli

Als ich den Philosophenweg herabkam – (es ist ein paar
Tage her, aber man kommt in dieser Stadt nicht zum
Schreiben; die männermordenden Lustbarkeiten dieser
Woche haben uns mit ihrem Glanz und Rausch ganz gefangengenommen. Bloß in der Nacht ließen sie die fremden Gäste im Hause sein. Bei mir war es durch eine unauf-
geklärte Verkettung von Zufällen immer die zweite Hälfte
der Nacht. An Juliabenden, wie sie jetzt sind, webt und
dämmert eine Weinfeuchtigkeit in den alten Gassen und
über dem Neckar, in der Luft bis zum Schloß hinauf. Soll
man sich da hinsetzen und über selig Erlebtes einen schriftlichen Bericht behufs Vervielfältigung durch den Druck an-
fertigen?)
Als ich den Philosophenweg herabkam – (es beginnt
jetzt draußen zu tröpfeln, ich sehe es durchs Fenster, über
dem dunkelnden Neckar liegt eine kühle, weiche Luft, nebenan im Gartenhause übt jemand die As-Dur-Sonate von
Beethoven, die mit den Variationen) –
Als ich den Philosophenweg herabkam und Hölderlin
zitierte – (ein Insekt ist gegen meine Lampe geflogen. Ich
will doch auch meine Wirtin bitten, noch von dem Wein
hinzustellen, den ich zum Nachtessen hatte. Sie wünscht

mir »oahngenehme« Ruh, als sie ihn gebracht hat. Es ist
Briedeler. Wie fein und zart die Blume duftet.)

Als ich den Philosophenweg herabkam und Hölderlin
zitierte, schlug es drei Viertel acht. Es war die Stunde, in
der man zur Festvorstellung, eheu, eheu, ins Theater
mußte. Genauer: ins Theaterchen. Denn es ist sehr klein.
Es war völlig ausverkauft. Herr Prasch, der Mannheimer
Intendant, gab die Festvorstellung zum Besten eines Jour-
nalisten-Versorgungszwecks.

Zu Ehren dieses deutschen Schriftstellertages hatte Herr
Prasch ein spanisches Stück gewählt. Und zu Ehren seiner
Frau, der Schauspielerin Auguste Prasch, hatte er ein sen-
sationskomödiantisches spanisches Stück gewählt. Er gab es
an diesem Abend zum ersten Mal in Deutschland; nur
hatte er es zwei Tage vorher auch in Baden-Baden gegeben. Indessen, man wußte nichts davon, als sich das kleine
schmucklose Haus, über dem eine altväterische Festlichkeit ruht, mit Honoratioren und Dichter-Denkern langsam
füllte. Oben im ersten Rang, in der geometrischen Mitte
des Theaterhintergrundes, saß ER. Nicht der Großherzog,
welcher in St. Blasien weilt; sondern Kuno Fischer. Links
von ihm seine Frau, daneben ein geduldeter honneur-
machender Adjutant: der Oberbürgermeister. Und ringsherum die Professoren in schönem Kranz.

Eine akademische Festouvertüre war verklungen. Herr
Prasch trat vor. Er hielt ein Buch in der Hand und sprach
ein selbstverfaßtes Gedicht. Der Mann wollte sich den in-
validen Schriftstellern liebenswürdig erweisen (auch wohl
den noch tätigen). Das aber kann nicht hindern, die Wahrheit über sein Auftreten zu sagen. Es war peinlich. Ein
Gedicht, aus dem der unbeugsame, unerschütterliche Entschluß sprach, schalkhaft-herzig zu sein, wurde von einem
süßlichen Mimen mit unbegründet frohsinnigem Unter-
streichen vermeintlicher Pointen hingelegt. Skeptisch,
aber höflich sah Kuno Fischer zu dem Kollegen hernieder.

Dann teilte sich eine zweite Gardine, und es leuchtete
ein Bildchen, ein göttliches, vor. Oder wenn kein göttli-

ches, so jedenfalls ein lebendes. Allegorische Figuren und
Volkstypen in einer Neckarlandschaft. Bürgerstöchter im
Kostüm: hübsche Kinder, von denen manche Philinens
»frevelhafte Reize« besaßen, ohne sie zu ahnen. Auch Studenten und Liederkränzler. Dann kam das Stück »Mariana« von Echegaray. In Berlin hätte man kaum den ersten
Akt zu Ende spielen können. Es ist schwer begreiflich, wie
dieser Dichter, der im »Galeotto« als einzig lebender Spa-
nier eine europäische Seite berührt hat, nachher noch einmal auf dem tiefsten Sardou-Standpunkt landen konnte.
Eine Heldin mit aller Pose und allen kniff-dramatischen
Elementen jenes Pariser Dramenhändlers steht in der
Mitte. Sie scheint durch herbe Lebensschicksale unfähig
zur Liebe geworden. Sie vergißt es den Männern nicht, daß
ihre Mutter von einem Elenden, »Don Alvarado«, entehrt
worden ist. Dennoch liebt sie einen jungen Mann, welcher
auf den Namen Daniel hört. Dieser Daniel (o verhängnisvolle Gabel!) ist in Wahrheit der Sohn des Don Alvarado.
Solches erfahren und einen General heiraten ist für Mariana das Werk eines Aktschlusses. In der Hochzeitsnacht
schickt sie den General einsam auf sein Gemach – grollend,
doch höflich fügt sich der Krieger –, und Daniel erscheint.
Er nimmt Mariana in die Arme, sie vergißt sich für einen
Augenblick, dann ruft sie den General. Der eilt aus seinem
Zölibatsschlafzimmer herbei und schießt sie tot. Bald wird
er auch Daniel im Zweikampf töten.

Die Albernheit des Zufallsspiels ist groß. Um Daniel
nicht von vornherein als Sohn Alvarados erkennen zu lassen, muß Alvarado einen falschen Namen führen! Um die
Erkennung schließlich herbeizuführen, müssen zwei in der
Welt nur einmal vorhandene Gemmen herhalten! Mariana
analysiert sich fortwährend selbst und weist bis zur Erschlaffung auf die pittoreske Interessantheit ihres Charakters hin. Ein Altertumsforscher nach der niedrigsten Scha-
blone des zerstreuten Professors irrt durch die trüben vier
Akte und hilft sie qualvoll auszudehnen. Das Ganze scheint
lediglich für eine Virtuosin geschrieben; und Frau Prasch
ist nicht einmal das.

So war der Abend sehr langweilig. Würden nicht in der
Tiefe des Orchesters, in das ich blicken konnte, die kostü-
mierten Bürgertöchter gekichert haben, die nach dem lebenden Bild unter der Bühne durchgegangen waren und
sich dort niederließen, ich hätte mir gar nicht zu helfen gewußt. Als aber Mariana erschossen worden war, gingen wir
alle in die »Harmonie« und aßen Abendbrot.

Am nächsten Mittag war das große Diner, bei dem Kuno
Fischer sprechen sollte. Es fand im »Museum« statt. Der
Eßsaal dieser geschlossenen Gesellschaft mutet altväte-
risch-kleinstädtisch an, als ob die Gesellschaft »Konstitutio-
nelle Bürger-Ressource« heißen würde. Kuno Fischer, der
wirklich nach dem Großherzog die wichtigste Person in
dieser Stadt ist und den die Bürger im Gespräch schlechtweg Kuno nennen, saß neben dem Minister des Innern,
oder der Minister des Innern saß neben ihm. Strahlend und
stolz zurückgelehnt, sah der Alte vor sich hin. Die Augen
dieses glattrasierten fürstlichen Bauerngesichts, dem die
geistige Arbeit allzu bäuerliche Röte fein hinweggebleicht
hat, musterten die essenden Journalisten. Wenn die amts-
genössischen Professoren zu ihm redeten, erwiderte er
wortkarg und hochmütig. Mit »Exzellenz« sprechen sie ihn
an. Dann hielt er seine Rede. Sie dauerte fünf Minuten und
war bedeutungslos. Sehr dynastisch – wenn er auch am
Kaiser einmal die »Unruhe« kritisiert. Und etwas fromm:
zweimal spricht er von »Gottes Beistand«. Wir leben, wie
er mitteilt, »glücklich« in diesem Lande; er meint Deutschland. Er schließt mit einem Hoch auf Kaiser und Großherzog, ohne ein einziges charakteristisches Wort über die
Presse oder sonst etwas gesagt zu haben. Und doch –! Mich
hat die Persönlichkeit des Redners hingerissen. Die Art,
wie er seine Worte, in Erz gehauen, hinstellt, prägt sich ein.
Mit einer fest zupackenden breitgewaltigen Aussprache, in
welcher die schlesische Abkunft deutlich erkennbar ist,
sagt der machtvolle, prachtvolle Alte seine vornehm-allge-
meinen Höflingsphrasen, die in seiner Form fast einen Anstrich vom spätesten Geheimrats-Goethe bekommen. Mag
er seine Gesten vor dem Spiegel einstudieren, wie hier

jeder erzählt; man kann sich's gefallen lassen, wenn sie so
wirken. Überdies hat er nichts eigentlich Komödiantisches,
nur eine höchst soignierte und doch energische Distink-
tion. Alles stürzt nach der Rede auf ihn zu, was von Amts-
genossen und Notablen da ist, voran der Minister und der
Magnificus, dann die Häupter der Journalisten, dann eine
Studentendeputation; dann auch Julius Wolff, und mit
sauersüßen Empfindungen und einem kleinen tragischen
Konflikt im Herzen (welches mit einem Ordensstern bedeckt ist), wechselt die Exzellenz freundliche Worte mit
dem Nachfolger Scheffels.

Dann beginnen die Reden. Der Minister Eisenloh gibt
feine, humorvolle Worte zum besten, die auf das Verhältnis
der Regierung zur Reptilienpresse Bezug haben und auch
Preßgesetz und Gefängnis mit leisem Witz streifen. Julius
Wolff reißt die Schriftsteller gegenüber den besseren Rednern der gastgeberischen Partei heraus. Er hält eine Ansprache mit minniglichen und wunniglichen Adjektiven, in
Prosa aufgelöste Butzendichtung, aber der Vortrag macht
des Redners Glück, er spricht mit scharfem und markigem
Bariton, und da man einen Mann mit weit verbreitetem
Namen vor sich hat, erfaßt die Hörer aus Heidelberg eine
gewisse Begeisterung, und donnernde Zurufe folgen seiner
Rede. Ich war ihm nie so gut wie in diesem Augenblick,
denn, wie gesagt: er hat die Schriftsteller herausgerissen.
Die feinste und tiefste Rede hielt Königsberger, die Magni-
fizenz. Sie ging auf die Presse und die enger zu knüpfenden
Beziehungen zwischen dem Schriftstellertum und dem
zünftigen Gelehrtentum. Sie war herrlich in ihrer Einfachheit, ihrer hochmutfreien Herzlichkeit und ihrer großen,
sachlichen Auffassung. Als dieser körperlich so ungnädig
bedachte Mann seine goldnen Worte ruhig und sicher vor
sich hin sprach, wie ein Vermächtnis an die Hörer, leuchteten aller Augen, die ihn sahen, man drängte sich um ihn
(der verwöhnte Kuno wurde im Anblick dieser stärkeren
Teilnahme nervös), eine Stecknadel hätte man fallen hören
können – und dann wollten die brausenden Befreiungsrufe
kein Ende nehmen. Und dann trank man noch mehr.

Höher und höher gingen die Wogen. Man wurde ganz verwirrt. Als ich mich wiederfand, war ich oben auf dem Schlosse, inmitten eines Lichtmeers und eines Schwarms von Masken.

28. Juli 1895

SCHRIFTSTELLERFESTE
III
Heidelberg, den 24. Juli

Also ich war auf dem Schlosse.

Die Nacht war hereingebrochen, als oben das Schloß- und Kellerfest begann, das die Stadt Heidelberg gab. Fakkelschein erhellte den alten Schloßhof. Dazu leuchteten von den Wänden kleine Lämpchen; Tausende und Zehntausende. Sie warfen ihren Schein durch die Nacht auf die grünen Wipfel der Bäume, die im Innern der Ruine wachsen. Sie warfen ihren Schein auf das Wasser des alten Springbrunnens. Sie warfen ihn in die Winkel und Nischen des Schloßhofs, sie warfen ihn in die zerstörten Gänge und empor zu den Fenstern, empor zu den Giebeln, empor zu dem alten Turm, und sie warfen ihn hinauf zum Himmel.

Der Ruprechtsbau und der Ottheinrichsbau standen halb in Licht getaucht und halb in Nacht und Schatten, als die Gäste im Schloßhof durcheinandereilten. Scharen und Schwärme von Heidelbergern und Heidelbergerinnen waren durch die grünen dunklen Wege hinaufgeströmt. Die Bürger durften, gegen verhältnismäßig hohes Entgelt, an dem Feste teilnehmen. Die Schriftsteller wurden von den Schwärmen dieser Bürger, junger Mädchen und Studenten, die zwischen sie strömten und sie umgaben, fortgetragen, nach rechts und links zerstreut, und sie versanken bald im Meer der seligen Nachtgäste.

Weinduft drang aus den Kellern. Halb im Dunkel, halb im Lichtschein lag unten das große Faß. Unaufhörlich floß daraus der Wein in die Gläser. Eine frische blonde Pfälzerin

in alter Tracht füllte sie hier, umworben und umdrängt
von hundert ausgestreckten Armen, drei dicke Keller-
meister standen ihr zur Seite. Auf der schmalen Treppe,
die auf das große Faß führt, auf ihren Stufen und auf dem
Geländer saßen Zecher, sie saßen, schwebten, kauerten
und hingen, und sie drängten und schoben sich unten vor
dem mächtigen Kredenztisch, sie drängten rückwärts die
Stufen empor, die zum Ausgang des Kellers in einen andren Kellerraum führen, ein einziges Gewirr von Mäd-
chen- und Männerköpfen, von blumenbesteckten Som-
merhüten und Kalabresern, von Zöpfen und griechischen
Knoten, von kurzgeschorenen blonden Schädeln, Studen-
tenmützen und Schriftstellerglatzen. Und über allem la-
gerte Weinduft.

In den anderen Kellerräumen saßen sie an kleinen
Tischen und großen Tafeln, von oben durch flackern-
des Licht beleuchtet. Ein lebendiger Perkeo rannte und
stolperte mit Humpen und Gläsern durch die Reihen, er
glich in seinem Mantel, seinem wirren Schulterhaar und
dem geröteten Narrengesicht ganz dem durstigen armen
Schalk, von dem hier die Wände erzählen. Fässer waren in
geschützten Ecken aufgestapelt und spendeten dreiund-
neunziger Wein, den blauäugige Schenkerinnen eilig um-
hertrugen, in ihrem Maskengewand phantastisch durch
das Gewirr dringend.

Aus den tiefer liegenden Kellerräumen schallt Gesang.
Studenten mit ihren alten Herren haben in gewissen Inter-
vallen Tische erobert, nach Couleuren geschieden. Die ju-
stizrätlichen und sanitätsrätlichen alten Knaben haben den
Stürmer wieder auf den grauen Kopf gedrückt. »Alt-Heidelberg, du Feine« singen irgendwo drei Dutzend Stimmen, und in gemessener Ferne, aus einem oberen Raum
erklingt wie ein Echo das Perkeo-Lied. In der einen Ecke
hantiert, flackernd beleuchtet, die hübsche Else, die noch
gestern in der »Harmonie« bediente, heut in ein seltsam
reiches und zierliches Redoutengewand gesteckt; sie gießt
fortwährend Champagner in die Gläser, sie kommt kaum
zu Atem, ihre Brust fliegt, die Wangen flammen. Alles

trinkt und singt und drängt und jauchzt. Die Fittiche er-
denheißer Daseinslust rauschen durch diese Nachtszenen.

Ich steige aus dem Keller empor in den Schloßhof, der
von Lichtern und farbigen Gestalten erfüllt ist. Es ist ein leiser Regen gefallen. Die Luft ist mild und feucht. Von hier
aus seh' ich erst, wie alle Räume des erleuchteten alten
Schlosses, in denen man irgend sitzen kann, von dichten
Massen weintrinkender Menschen erfüllt sind. Besonders
im Frauenzimmerbau sitzen sie an langen Tafeln, in jenem
weiten alten Saal zu ebener Erde, der in der versunkenen
kurfürstlichen Zeit glänzende Feste sah. Aus der Tiefe und
in der Höhe, unten, wo die Fässer liegen, und oben hinter
den Fensterhöhlen, klingt Gesang und immer das eine Lied,
das man auf allen Gassen und auf allen Bergen und auf dem
Neckar am Abend und am Morgen hier hört: »Alt-Heidelberg, du Feine!« Die Töne dringen verworren in den
Schloßhof, wo jetzt ein Schwarm von weinfröhlichen Masken aus verschollenen Jahrhunderten unter den Gästen auf
und ab wogt. Es ist ein Kostümzug, der sich eben aufgelöst
hat. Fanfaren erklingen auf dem Schloßaltar, ein Böller erschüttert die Luft, es flammt rot auf, die wunderbaren inneren Fassaden treten im glutvollen Feuerschein herrlich hervor. Die trunkenen Gäste sehen es gebannt, sie hören von
drinnen die Geigen schwirren, und ein Taumel ergreift sie.
Alles eilt durcheinander und redet sich an, die kostümier-
ten Bürgerstöchter, um deren nackte Arme die Nachtluft
streicht, werden in die Mitte genommen und kommen nicht
wieder heraus, ein weinlaubumkränzter Student eilt zwischendurch von einer zur andern und fragt immerfort: »Aus
welchem Jahrhundert stammen Sie, Fräulein?« Plötzlich
sieht man einen wohlgekleideten Herrn von zwanzig Armen fassen und in die Höhe heben. Es ist der Dr. Max
Oberbreyer aus Leipzig, der zu den Festen hergekommen
ist. Er reitet ganz unfreiwillig über den Köpfen seiner Mitmenschen durch den Schloßhof: Studenten haben den Ci-
cero-und Platoübersetzer erkannt und bringen ihm in
dankbarer Erinnerung an die Eselsbrücken ihrer Gymna-
sialzeit diese Gewalthuldigung. Sinnend blickt ihm der alte

Ludwig Büchner nach. Julius Wolff bleibt bis um drei, wo
die letzten Schwärmer in die Stadt hinabsteigen. Vorher
aber entwickelt sich in einem abgelegenen Teile des Schlosses eine ungeheure Hauerei zwischen den farbentragenden
Studenten. Am anderen Morgen erfährt man, daß zweihun-
dert Mensuren aus diesem Abend erwachsen sind.

Als der Taumel auf seiner Höhe tobte, trat ich einen Augenblick auf den äußeren Altan des Schlosses. Es war gegen
ein Uhr. Im Tale lag die Stadt still und nächtig, und in der
»Hauptstraße« tief unten brannten die Laternen in einer
Reihe. Den großen Bären konnte ich jetzt am Himmel erkennen. Und als unheilbares Weltkind dacht' ich in dieser
Stimmung unter anderen guten Dingen auch an die zwei
Schwestern; an die ich während der Reise im Kupee geschrieben hatte. Die ältere, Barbara, ist neunzehn Jahre und
von Temperament cholerisch; die jüngere, Lisi, achtzehn
Jahre und verträumt. Als ich den Altan verlassen hatte und
wieder im Lichtschein des Schloßhofes war, trank ich hinter einem verfallenen Fenster des Erdgeschosses mein letztes Glas. Und an die Schwestern, die cholerische und die
verträumte, schrieb ich:

> Nachts im Schwarme sel'ger Zecher,
> Hoch im Schloßhof sternenklar,
> Komm' ich euch den zwölften Becher,
> Wunderholdes Schwesternpaar.

> Zwölf (es ist nicht übertrieben)
> Trank ich hier im Mondenschein;
> Barbara! bei Nummer »Sieben«
> Dacht' ich leise lächelnd dein.

> All die andern, die ich zähle,
> Goldigklar und edelmild,
> zauberten vor meine Seele
> Lisi, dein geliebtes Bild.

– – – – – – – – – – – – – – – – –

Und dann kam noch einiges. In der intensiven Ahnung,
daß in der Weltliteratur irgend einmal bessere Verse ge-

macht worden sein könnten, schritt ich zum Briefkasten, der
hier oben angebracht ist. Nach einer Weile dämmerte mir
die Erkenntnis, daß es bei verfließender Zeit und bei länge-
rem Verweilen eigentlich immer später wurde. Die Lämpchen an den Wänden des Schloßhofes waren meist erloschen, ein Teil rang mit dem Tode; aber der Feuerschein
der Fackeln leuchtete noch zum Himmel. Langsam ging ich,
außen am gesprengten Turm vorbei, durch die dunklen,
grünen Wege zur Stadt hinunter. Und in meinem Haus am
Neckar schlief ich bei offenen Fenstern bis um zehn.

Um zwölf schon sprach der Schriftsteller Herr Adalbert
von Hanstein in der Universität über Gustav Freytag; die
Arbeit begann wieder. Feierlicher Saal, Studentenabord-
nungen in Wichs, gewähltes Publikum. Aber ich rannte
nach fünf Minuten weg. Der schnellfertige Redner schien
die Aula einer altberühmten Universität mit einem Berliner
Handwerkerverein zu verwechseln. Ich rannte in den Roten Ochsen und frühstückte.

Nachmittags – und das war besser – zogen die Schriftsteller gemeinsam ins Neckartal. Mir schwebte in Gedanken
ein unangenehmer Gegensatz vor: zwischen dem greisen-
haften Element, das diesen Männern vom grünen Tisch an-
haftet, und zwischen der grünen Natur. Ich irrte. Sie waren
einfach, vergnügt und glücklich. Von Ziegelhausen, das in
dem schmalen Tal am Flusse liegt, fuhren sie nach einem
teils idyllisch-beschaulich, teils rednerisch-unterhaltsam
verbrachten Nachmittag auf demselben Neckar heimwärts,
auf dem einst Arnim und Brentano, im Abendschein zur
Gitarre singend, hinabgeglitten waren: als sie in Heidelberg
die sterblich schönen Lieder des Wunderhorns sammelten.
Und ich dachte, ohne parodistische Nebengefühle, an Ei-
chendorff, da ich die Heldengestalten bebrillter Redakteure
auf drei großen bekränzten Schiffen fahren sah:

> Viel rüstige Gesellen,
> Den Argonauten gleich,
> Sie fahren auf den Wellen
> Ins duftige Frühlingsreich.

Na ja! ... Die Schiffe waren, als sie an den dunkelnden sanften Neckarhügeln zögernd entlangglitten, vollgestopft mit glücklichen Menschen. Der Schein langer Lampionreihen fiel auf ihre Gesichter. Die Blumengirlanden und Bänder flatterten. Ich stand am Bord unserer Barke und sah in das grüne, enge, im Dunkel versinkende Tal des holden Flusses. Alles erscheint bei solchen abendlichen Wasserfahrten edler und gesänftigter in den Umrissen. An den Ufern blitzte nur ein vereinzeltes Leuchtfeuer auf. Sonst blieb alles dunkel, bis die Schiffe zu der Stelle kamen, wo hoch über dem Neckar das Schloß liegen mußte. Es war nicht zu sehen. Die Abendfinsternis hatte es auf seinem dunklen Hintergrunde ganz verschlungen. Da ereignete sich etwas Unerhörtes; es war der schönste Augenblick dieser fünftägigen Feste. In der Luft wurde ein Feuerzauber sichtbar, und hoch oben inmitten der Finsternis schwebte, einsam in der Nacht, in rot loderndem Glutschein das Schloß. Losgelöst von der Erde und vom Himmel, hängend im verlorenen Dunkel, ein unaussprechlich herrlicher, architektonischer, riesiger Leuchtbrand, der, in allen Fenstern, allen Türmen und Linien tagscharf gegliedert, ein glühendes Wunder, allein durch das verfinsterte Weltall fliegt. Die Menschen in den drei Schiffen blicken starr und im Innersten ergriffen zu dem Traumbild empor. Diese alten und jungen Skeptiker, diese alten und jungen nil-admirari-Leute nennen es schlechtweg ein Märchen, und »Es *ist* ein Märchen!« geht es halblaut durch das ganze Schiff. Und nun steigen unten an der massiven alten Neckarbrücke goldene Strahlen empor, von glühenden Sonnen geschleudert, das Wasser glänzt in rotem, grünem, violettem Feuerschein, Leuchtkugeln werden zum dunklen Himmel gesandt und zerplatzen in der Luft, farbigen Schimmer über die Köpfe der Schiffsinsassen breitend, Schwärmer, Schlangen, Raketen prasseln in der Ferne, und auf der Wasserfläche hüpfen und springen glühende Frösche. Sämtliche vierunddreißigtausend Einwohner Heidelbergs und noch einige Mannheimer stehen schwarzgedrängt an den Ufern, sie winken und wehen mit Tüchern und Hüten, ein Teil,

an der Ankunftsstelle, schwingt brennende Fackeln – –
aber das Schloß ist längst in nächtiges Dunkel wieder versunken, der Traum ist vorüber, das glutrot lohende Märchen aus der Erscheinungswelt getilgt, und langsam in
nachdenklicher seliger Erinnerung steigen die Schiffsgäste
ans Land.

Rasch geht es stante pede zum Abschiedsbankett in die
»Harmonie«. Es wird viel gesungen, und zwar recht gut;
es wird viel geredet, und zwar recht schlecht. Zu den besseren Rednern gehört der vortreffliche Bürgermeister
Wilckens, der durch den herzlichen humorvollen Ton seiner Worte noch einmal den Gedanken an die besondere,
schlichte und feuchte Art der Heidelberger Gastfreundschaft in den Seelen der dankbaren Hörer lebendig werden
läßt und eine Art Abschiedsstimmung wachruft. Ich bin
aber nicht wehmütig, sondern plaudere mit Ludwig Büchner, dem bejahrten Kraft- und Stoffmenschen, wie der, ein
alter Mauerpolier im Sonntagsrock, mit einem etwas be-
kümmerten Zug um die Augen, aussieht. Er ißt seine be-
legten Brote mit gutem Appetit, aber mit weniger guten
Zähnen, er läßt die Rinden übrig und kaut an dem Rest etwas langwierig herum. Der alte Mauerpolier ist freundlich,
ohne übertrieben höflich zu sein; er ist kollegialisch, ohne
eine Spur von Biedermeierei zu zeigen; er ist dünkelfrei;
ohne irgendwelchen Mangel an Selbstbewußtsein zu haben. Er scheint gern schimpfen zu wollen, ist aber immerhin zu verschlossen und zu sehr beobachtend, um es zu
tun. Er macht den Eindruck eines Menschen, welcher
nicht zufrieden ist; welcher Ärger gehabt hat und vielleicht
Sorgen hat. Ich mache ihn im Laufe des Gesprächs auf den
neuerlichen erbitterten Angriff Houston Chamberlains
gegen seine Kant-Betrachtungen aufmerksam. Er weiß
nichts davon oder tut doch so. Als ich ihm für einen Ge-
genartikel eine Wochenschrift anbiete, auf die ich einen
gewissen Einfluß habe, gibt er mir eine Auseinandersetzung: er habe eine dicke Haut bekommen und könne
nicht daran denken, noch auf jeden Angriff zu reagieren;
er lese die bezüglichen Artikel kaum noch. Er braucht

dabei einen starken Ausdruck, der von Verfolgungen und
Verunglimpfungen und einer entfernten Bitterkeit Kunde
gibt. Aber auch diese Bitterkeit ist eine ziemlich wurstige
Bitterkeit. Als das Gespräch stockt, sieht der alte Mauerpolier wieder bekümmert vor sich hin. Nach einer Weile
stoßen wir an, er nähert sein Glas öfters bei Toasten, auch
bei sehr banal-patriotischen, spontan seinen Nachbarn,
spontan, aber mit einer gewissen Wurstigkeit. Gelegentlich beobachtet er dann wohl auch und wendet die Augen
weg, wenn man ihn anblickt. Meistens aber sieht der alte
Mauerpolier bekümmert vor sich hin.

Diese Gestalt war der letzte Eindruck, den ich von dem
offiziellen Schriftstellertag empfing. Am nächsten Tage rei-
sten wir – das war der Appendix – nach Baden-Baden. Die
dortige Stadtverwaltung fuhr uns in Equipagen spazieren,
gab uns zu essen und zu trinken – auf der Ruine Hohen-
baden mit den Äolsharfen! –, sie gab uns ein Garten- und
Illuminationsfest, und alles war gut und reichlich und erfreute das Herz. Als aber wiederum aus Abend Morgen geworden war, saßen wir wiederum in Heidelberg.

Und hier sitz ich noch jetzt und freue mich meines Lebens. Und mehr als über mein Leben freue ich mich, daß
die Schriftsteller alle, alle fort sind.

18. August 1895

Mit dem nahenden Herbst ist eine Künstlerin nach Berlin
zurückgekehrt, die dieser Stadt und ihrer Kunst lange gefehlt hat: Paula Conrad. Sie war, wie man weiß, durch ein
Leiden, welches ihr die Stimme raubte, sich geworden.
Und vorschnelle Zungen, die hier ewig tätig sind, hatten
schon von Unheilbarkeit gesprochen. Jetzt zeigt sie sich
auf den wohlgehobelten Brettern des Schauspielhauses als
lustige Toinette dem alten verehrenden Kreise lächelnder Kenner wieder. Und es wird kein Zufall sein, daß sie in
einem Stück zuerst erscheinen wollte, in welchem Krank-
heiten verspottet werden.

Wenn Frau Conrad nicht mehr die Bühne betreten

hätte, hätten wir viel verloren. Nicht, weil sie seit langen Jahren ein sogenannter Liebling des Schauspielhauspublikums ist. Das will wenig sagen. Auch Clara Meyer, die Veteranin der falschen Empfindsamkeit, fühlt in demselben Hause die hohe Wonne ganz, Liebling des Logenvolks zu sein.

Frau Conrad ist kein landläufiger Bühnenschalk, mit einiger Soubrettengrazie, mit einiger kalten Ausgelassenheit und einigem koketten Augenklappern. Sie ist mehr. Ihre Grazie hat einen seelischen Reiz. Hinter ihrem Lachen erscheint eine edle Natur, die fein und innig empfindet. Man wird sie nicht mit der Duse vergleichen. Die Duse ist nicht bloß eine unerhörte Schmerzenskünderin: sie ist ein größtes Genie in der Betätigung loser, schwankhafter Grazie. Die Duse kann lächeln und lachen und tollen – und durch ihren Mutwillen klingt doch ein eigentümlicher Vergänglichkeitston, kaum hörbar mitschwingend. Die Duse scherzt und neckt und tobt und wirft sich ausgelassen in ihren Stuhl und stemmt die Arme in die Seiten – und über ihr schwebt doch ein Ewigkeitsschimmer. Die Erinnerung an die seltsame Beschaffenheit dieses rasch dahinfließenden, bitter-süßen Erdendaseins geht in ihrer Lustigkeit nie ganz verloren, und so wird durch die einzige Frau die wehmütig-tollste Grazie verkörpert. Die Conrad hat im Humor nicht diesen schmerzlich tiefen Zug. Sie ist bürgerlicher und dem Augenblick enger verknüpft. Aber auch ihr Humor ist menschlich; auf seinem Grunde schlummert lächelnde Herzlichkeit. Diese körperlich kleine Künstlerin, die nicht im herkömmlichen Sinne schön ist und nicht in der ersten Jugendblüte steht, birgt ein Mozartsches Element in sich. Das läßt ihr die Seelen zufliegen. Es liegt nicht in der bloßen Kunstbetätigung: es muß im Wesen liegen. So kann sie vieles. Sie vermag es, selbst dem geistreichelnd dümmsten Backfisch Lublinerscher Abkunft lebenden Odem einzuflößen; und zur Bewährung solcher Kunst hat sie im Schauspielhaus oft Gelegenheit. Die gescheite Zofe des eingebildeten Kranken, als die sie sich jetzt wieder vorstellte, gibt sie mit entzückender Schalkhaftigkeit,

derb-resolut wie eine Magd und ungezogen-mutwillig wie
eine der Windsor-Damen. Ihre berühmteste Leistung ist
der Puck. Hier fliegt sie über die Bühne, ein wirklicher El-
fengeist, bald ist sie hier, bald ist sie dort, bald gaukelt sie in
Gebüschen, bald hockt sie verstohlen auf der Höhe, und
bis sie zuletzt den Kopf durch den Vorhang steckt und den
Hörern lächelnd ihre Gutenacht zuruft, ist sie ein einziger
trippelnder Wildfang voll lieblichen Kicherns, voll schwe-
bender Anmut und voll graziöser Niederträchtigkeit. Der
Puck ist ihre berühmteste Leistung, aber ihre größte liegt
auf dem Gebiet der Tragödie. Sie war das erste deutsche
Hannele. Sie wird das erste deutsche Hannele bleiben. Von
tiefer Dankbarkeit ist erfüllt, wer sie hier sah. Die schlichte
Tragik einer elenden Kinderseele in den letzten flackern-
den Zuckungen, mit der letzten Sehnsucht und der letzten
Angst und dem letzten dämmernden Einschlummern: das
hat sie verkörpert wie keine. Wie sie zuletzt im Festkleid
aus dem Sarg ersteht und neben dem Heiland wandelt, die
Züge hippokratisch und der irre Blick in jenseitige Fernen
selig entrückt: das vergißt man nicht für die Dauer eines
langen Lebens. Die ganze Erscheinung, die im Leben bürgerlich und echt und einfach ist, steht geschieden von
der Menge der Komödianten. So ist ihre Genesung und
ihre Wiederkehr mit frohem Zuruf zu begrüßen, zumal
in dieser Zeit, »wo täglich mehr und mehr die Bessern
schwinden«.

Auch aus dem Deutschen Theater schwinden sie mehr
und mehr. Oder die Guten verschlechtern sich wenigstens.
Vor allem Josef Kainz, der jetzt in einer neu vorbereiteten
Don-Carlos-Aufführung, der ersten diesjährigen Tat dieser
Bühne, seinen spanischen Prinzen in einer manierierten Art
mit gespreizten Gesten, teilnahmslosen Grimassen, gezerr-
ten Tönen und anfechtbaren Wortakzentuierungen über-
lud. Beim Tode des großherzigen Roderich war er nicht erschüttert, sondern schien auf der Leiche zu schlafen. Ich
habe ihn zwar früher einmal als Carlos gesehen, wo er
überhaupt nicht die Güte hatte mitzuspielen; sondern er
sagte damals, was er zu sagen hatte, ohne ein Wort auszu-

lassen, aber mit einem gelangweilten Blick und einer ton-
losen Betonung, als ob es in ihm riefe: o wären wir weiter,
o wär ich zu Haus! Das war im Hochsommer und bei keiner – sozusagen – Premiere. Wenn dieser sensitive Künstler jetzt auch an Tagen, wo er die Kritik versammelt weiß,
so wurstig und matt ist, scheint mir das ein betrübliches
Symptom. Aber er wollte vielleicht nicht aus dem Rahmen
fallen. Denn die ganze Brahmsche Carlos-Aufführung war
in wesentlichen Punkten verfehlt. Die Eboli ward von einem mageren ungarischen Mädchen dargestellt, dem Fräulein von Lazar, welche das heimische Idiom des sagenreichen Freiherrn v. Mikosch noch nicht genügend verlernen
gelernt hat. Den Alba gab ein guter kräftiger Mensch, Herr
Pittschau, dem Temperament nach ein Pommer, in einer
Art, die alles Intrigierende, Heimlich-Furchtbare beiseite
ließ und nur einen massiven, schweren, bedrohlichen Kü-
rassier auf die Beine stellte. Als er mit den Schritten eines
Nußknackers in das königliche Kabinet ging, erscholl vom
zweiten Rang herab fröhliches Gelächter; und es verdop-
pelte sich, wenn Domingo einige Worte riskierte, Domingo, der einem kleinen Komiker mit dummklugem Gesicht anvertraut war. Die Regie war ohne jede Stimmung,
das holzpolternde Trampeln der Granden auf angeblichen
Marmorstufen wirkte peinlich und komisch. Derartige
Dinge dürften im Deutschen Theater nicht vorkommen!
Brahm, der Schillerbiograph, findet an Schiller die hinreißendsten Wirkungen da, wo er mit dem realistischen Prinzip, besser: mit dem realistischen Instinkt, unsrer Tage sich
begegnet. Dieser Anschauung war Rechnung getragen
worden in zwei Rollen, und hier lag in der Tat das einzig
Interessierende dieses langwierigen Abends. Den Philipp
gab der reichbegabte Charakteristiker Hermann Müller,
der sonst komische oder absonderliche Grauköpfe im modernen Schauspiel verkörpert. Er veranschaulichte vieles in
wunderbarer Weise. Er war gewiß nicht ganz begreiflich
als Despot; er war es um so mehr als mißtrauischer und ge-
quälter Familienmensch und vor allem als nervöser Gatte.
Der Marquis Posa war der andere Interessierende. Die Ber-

liner Kritik hat ihn zum größten Teil verdammt. Es war ein unbekannter Herr Gregori. Ich möchte für ihn eintreten. Er gliederte die Rede des Posa so ernst und klug, wie ich es bei einem deutschen Heldenspieler noch nicht gefunden habe; und er unterschied sich hier von dem mit Unrecht bei Berliner jungen und alten Mädchen vergötterten Sommerstorff, der mit dem Vollgewicht der schönen Phrase unablässig arbeitete. Dieser Posa war der erste Posa meiner Erfahrung, der von dem *kritiklosen* Schwärmer Carlos, für den er sorgt und den er energisch behütet, deutlich abstach. Er gliederte und akzentuierte. Freilich fehlt in der großen Szene mit Philipp etwas. Was? – War es die entschwundene süße blöde – usw.? Ich glaube, das war es …

Im übrigen ist eine Carlos-Aufführung kein umwälzendes Ereignis für den beschränkten Untertanenverstand einer kommerziellen und ackerbautreibenden Bevölkerung. Aber andere Ereignisse gibt es nicht. Und weil es in dieser Woche keine anderen gibt, findet der zweite Teil dieses Briefes erst in der nächsten statt.

1896

»Halten Sie die große Schnauze!«

Diese Aufforderung, in höflichem Tone gehalten, dringt jetzt an das Ohr derer, welche die Friedrichstraße entlanggehen. Männer aus dem Volke Berlins, in schlichter Tracht, mit halb zuvorkommendem, halb maliziösem Gesichtsausdruck, stehen dicht am Gehsteig auf dem Fahrdamm und entsenden den Ruf periodisch, zuweilen einen bestimmten Spaziergänger ins Auge fassend und freundlich »mein Herr« hinzufügend. In Wahrheit wollen sie niemandem den Mund verbieten; sie ermutigen zum Kauf einer neuen Zeitschrift, welche den auffallenden Titel »Die große Schnauze« führt und die man halten soll. Der Titel ist das einzig Auffallende an diesem Organ. Das Unternehmen selbst ist Humbug, insofern es Hoffnungen auf einen freien selbständigen Inhalt weckt und nur abgelegte Jämmerlingswitze bringt, dazu ein bißchen altes Gerede gegen den Impfzwang, eine ganz schlimme Zote für Matrosenohren und gleich daneben eine Ermahnung zur Keuschheit vor der Ehe. Wenn eine Spur von bewußter Parodistik darin läge, wäre es erträglich; da aber alles bitterlich spaßlos gemeint ist, wirkt es albern, und wir wissen von neuem, daß an dem Berliner kommerziellen Straßenwitz nur das Deckblatt leidlich, der Inhalt faul ist. Die goldene Hundertzehn bleibt unerreicht.

Aber das Wort »Halten Sie die große Schnauze« hat eine gewisse aktuelle Geltung. Es herrscht jetzt eine Stimmung hier, welche diesen Ruf zum Schibboleth erheben könnte. Das geht seit der »Florian-Geyer«-Aufführung über die Premiere von Halbes »Lebenswende« bis zur neuesten Wildenbruch-Vorstellung im Berliner Theater. Die Hörer äußerten nicht mehr Beifall oder Mißfallen; sie demonstrierten stärker und auch nach anderer Richtung. Sie pfiffen zwei Dichter aus und meinten diejenigen, die sie lanciert hatten. Sie beklatschten einen dritten, Herrn Wildenbruch, und wollten damit die ersten beiden ärgern, die Hauptmann und Halbe; zugleich den Teil der Kritik, der zu ihnen steht. Natürlich gilt das meist von der berufsmäßigen Schar der Premierengänger: die große Menge der Naiven mag dem dichtenden Legationsrat ohne Nebenrücksichten zugejubelt haben. Aber zwischen beiden gibt es eine Menge von Leuten von achtzehn bis dreißig, die nicht professionell, doch mit der Regelmäßigkeit des fanatischen Liebhabers Premieren besuchen; das sind die ausgeprägtesten Demonstranten. Ich kann ihnen, ehrlich gestanden, nicht grollen: dieses Freisein von Blasiertheit und dieses stürmische Kunstinteresse hat auch da, wo es sich in etwas blödsinniger Form äußert, einiges Anziehende. Es ist die holde Torheit, die sich ganz und gar dem Augenblick gefangen gibt und die auch in uns noch steckt und nur darum nicht zum Durchbruch kommt, weil wir in der steten Nähe der gleichen blasierten Schar, ewig auf dem Präsentierbrett sitzend, an ein gewaltsames Verkneifen der Empfindungen uns zu gewöhnen suchen. Also: ich grolle nicht – aber die Enthusiasten und Choleriker im Olymp können doch unangenehm werden, sobald sie den Fortgang einer Vorstellung hindern. Das geschieht, wenn sie den Urberuf eines Hausschlüssels verkennen und ihn zur Flöte werden lassen, wie es seit dem »Florian Geyer« der Fall ist. Das geschieht, wenn sie an verhältnismäßig belanglosen Stellen Appläuse auf das Parquet regnen lassen und entrüstetes Gegenzischen hervorrufen, wie es wieder seit dem »Florian Geyer« der Fall ist. Hierdurch entstehen unter den Besuchern eines friedlichen Komödienhauses Kampfstimmungen, welche in gegenseitigem moralischem und körperlichem Anrempeln in der Pause zum Austrag kommen und den Ruf »Halten Sie die große Schnauze!« zum symbolischen Kriegsgeschrei machen. Zuweilen ist er berechtigt, nicht symbolisch, sondern ganz in eigentlichem Sinne. Es gibt hier schlimme Rowdies,

denen der lärmende Mund energisch verboten werden
muß ...

Von den beiden Stücken, die neuerlich solche Kämpfe
beschworen, ist das eine, Halbes »Lebenswende«, trotz der
mangelnden »Dramatik«, eine feine Arbeit. Eine gewisse
Olga Hensel, die einst von Thorn nach Berlin gekommen
ist, weckt von den beiden auftretenden Frauengestalten
den stärksten Anteil. Sie ist eine sorglose und kühne Natur,
die »Leben und Schicksal vor der höchsten Blüte gebrochen haben«. Den Sprung bekam ihr Inneres durch den
Tod ihres Bräutigams, der ihr übrigens ein hübsch Vermögen hinterließ. Nach Jahren – sie ist dreißig geworden –
sieht sie den Techniker Weyland, welcher dem Verstorbenen seltsam ähnelt. Er ist eine Kämpfernatur, energisch
und verschlossen, und geht seinem Arbeitsziel nach, das in
der Herstellung eines neuen Metallgußverfahrens besteht.
Das Mädchen an der Lebenswende verliebt sich in ihn;
gleichzeitig ihre Nichte Bertha Schmidt, ein zwanzigjähri-
ges geziertes Balg aus der Provinz, voll satter Tugend und
zahlungsfähiger Moral und einiger geheimer Männersehn-
sucht. Die hübsche Tante bietet sich dem geliebten Manne
an: wo nicht als Gattin, so als unstandesamtliche Gefährtin;
aber er bleibt allein. Er sieht nicht rechts nach Tante Olga,
er sieht nicht links nach Nichte Bertha, er sieht geradeaus
nach seinem Gußofen. Die dreißigjährige Frau ist in ihrer
späten Liebe trotzdem zu jeder Opfertat bereit: sie will sich
einem alten dicken Spießbürger verkuppeln lassen, einem
lüsternen Hauswirt und Großpapa, unter der Bedingung,
daß er dem Techniker das nötige Kapital für seine Erfindung vorschießt. Als sie aber nur den leisesten Verdacht
aufsteigen fühlt, daß Weyland die Nichte Berthchen ihr
vorzieht und ein Verhältnis mit ihr hat (übrigens mit Unrecht), da wirft sie augenblicklich die Flinte ins Korn und
wendet sich ihrer alten Einsamkeit zu; sie denkt nur noch
an ihren alten Toten, nachdem ihre neue Liebe tot ist. Der
Dichter wollte wohl zeigen, wie solche Frauen Gleichgil-
tigkeit, nie aber die geringste seelische Untreue verzeihen
können. Doch nur ein scharf zusehender Interpret kann

diese Absicht aus dem Drama herauserkennen: sie tritt
nicht in spontaner Deutlichkeit heraus, wie es hätte sein
müssen! In dieser Unklarheit liegt die Schwäche des
Stücks. An dieser Unklarheit scheiterte es bei der Aufführung: denn die Mehrheit gibt sich mit sinnvollem Ergrü-
beln nicht ab; und ein gewisses Recht hat sie vielleicht
hierzu. Aber sie übersah auch, daß hier eine immerhin
feine und ehrliche Leistung geboten war, die sich, ohne Ef-
fektspekulation, an intimerer Charakteristik versuchte. Ein
Student Ebert, welcher schließlich von Berthchen heimge-
führt wird, ist ebenso wie ein aus Amerika zurückgekehr-
ter Jugendfreund Olgas ein weiterer Beweis hierfür: der
eine ein haltloses Sumpfhuhn voll sentimentalischer Redensarten, ein Halber, der andre ein mißtrauischer, geprüf-
ter, grüblerischer und empfindlicher Mensch. Hier sind
psychologische Versuche.

Dagegen hat sich Herr v. Wildenbruch mit Psychologie
auch diesmal nicht abgegeben. Sein König Heinrich ist ein
sehr lieber, bald eigenwilliger, bald weicher Mensch; sein
Papst Gregor ist ein sehr gewaltiger, bald persönlich entsa-
gungsvollster, bald entsagungsärmster Pfaff. Und wenn
man nach den jeweiligen Gründen dieses jeweiligen Um-
schlagens fragt, so wartet jeweilig ein Narr auf Antwort. Es
ist so, zum Donnerwetter! Lieb Seelchen, laß das Fragen
sein! Auch Herr von Wildenbruch würde dem allzu eifri-
gen Fragen mit dem Ruf des Zeitungsverkäufers aus der
Friedrichstraße dienen können: Halten Sie – usw. Gregor
unternimmt den räuberischen Weltfeldzug; warum? ein
paar sächsische Edle raten ihm dazu; aber unmittelbar vorher war er noch ganz Mäßigung und Gerechtigkeit. Heinrich unternimmt die Canossafahrt; warum? seine Frau rät
ihm dazu; aber unmittelbar vorher war er Wut und
Flamme gegen den römischen Mönch. Aus den lächerlich-
sten Beweggründen entstehen die grandiosesten Taten.
Was Wunder, wenn uns die Täter als Hampelmänner erscheinen. Im übrigen geht es allerdings munter und unterhaltsam zu: es werden Ereignisse auf Ereignisse, Knalleffekte auf Knalleffekte getürmt, und solche Dinge sind

immer sofort verständlich; daher der Jubel. Was Wildenbruch als Motto auf den Umschlag des Karolingerbuchs
schrieb, daß der Dichter zwischen den Zeilen den Sinn der
Geschichte lese, wie einst ein sicherer Schiller behauptet:
davon ist hier ebensowenig zu merken wie in den Hohen-
zollerndramen, wenngleich anzuerkennen ist, daß er diesmal ohne Nebenabsichten (er ist nicht einmal besonders
kulturkämpferisch) verfahren ist. Welche Anerkennung
für einen Dichter, daß er einmal keine Nebenabsichten
hatte! In einem Vorspiel zeigt er den kleinen Heinrich als
sechsjähriges selbständiges, herrschsüchtiges Kind; schon
damals wendet er sich von der künftigen Gemahlin ab,
schon damals steht er dem päpstlichen Gesandten fremd
gegenüber, schon damals wendet er sich einem kleinen
Mädchen Praxedis zu – und alles trifft später parallel ein: er
vernachlässigt seine Frau, er bekämpft den Papst, er scherzt
verbuhlt mit Praxedis. Aus solchen Zügen allein läßt sich
ermessen, wie nahe Wildenbruch dem Ideal eines tiefer
gefaßten historischen Dramas kommt! Aber dieselben
Leute, die den »Florian Geyer« auszischten, erbauten sich
an diesen niedlichen, theatergeschickten Flachheiten.

Dieselben Leute mögen sich auch im Lessingtheater (aus
dem ich eben komme) an dem jüngsten Fulda erbaut haben. Der neueste dramatische Scherz des Vielgewandten
heißt »Fräulein Witwe« und ist einaktig. Ein Mädchen hat
mit siebzehn einen Jüngling geliebt, der aus angeborener
Abneigung gegen Examina nach Afrika ging und seitdem
von ihr als tot beweint wird. Sie ist darüber vierundzwanzig geworden und noch immer Fräulein Witwe. Ein Chemiker hat bei ihren Eltern um ihre Hand angehalten und
bittet sie selbst um die Einwilligung. Sie gibt ihm einen
Korb, wie sie allen anderen Körbe gab; sie ist (das sollen
wir glauben) noch immer in so gewaltiger Trauer, daß sie
nur Trauermärsche spielt und mit ihren Eltern nicht einmal nach Heringsdorf zu gehen sich vergönnt; sie spricht
(das sollen wir glauben) ewig im Grabeston; und jetzt
grade (das sollen wir glauben) kehrt der einst Geliebte aus
Afrika zurück. Er hat dort eine Schwarze geheiratet und

entpuppt sich als ihr Witwer und als ein großes Rauhbein. Zur Erhöhung der herzigen Komik wird die schwarze Tante seiner Seligen mit einem schwarzen Baby auf die Bühne gebracht. Unnötig zu sagen, daß das enttäuschte junge Mädchen nun den Chemiker, der ihr noch eben furchtbar gleichgiltig war, liebt und heiratet; das Ganze ist eine schlimme Kinderei, und wenn die Hörer nicht in guter Laune gewesen wären, hätten sie vielleicht Skandal gemacht. So aber klatschten sie, weil ihnen die voraufgehende Komödie von Bracco, »Untreu«, gefallen hatte und – weil ihnen Fulda gefällt wie Wildenbruch und die andren Theatraliker. Die Braccosche Komödie war recht lustig. Ein Ehepaar kommt auseinander: er findet die Frau in der Wohnung seines Freundes. Es ist nichts passiert; sie begab sich nur in die Höhle des Löwen, um sich an ihrer Kraft zu freuen. Und sie versöhnen sich, während der gefoppte Anbeter wartet.

24. Mai 1896

Endlich ist der holde Lenz erschienen; der Blumenkorso fand ja statt, am Donnerstag. O Reichshauptstadt an der Panke, du bist wie geschaffen zu festlichem Glanze, zu schicker Grazie, zu lachender, überlegener Eleganz. Wenn die Schlächter, welche an ihren Würsten Hunderttausende verdient haben, auf bekränzten Breaks dahinsausen, die Pferdeleinen knüppeldick mit roten Rosen besetzt, die Gattinnen, geröteter als die Rosen, im Fond vor Fett schnaufend, die Eheherren daneben schwer transpirierend, und die gepumpten Kutscher auf dem Bock in tadelloser Haltung als die Insassen: dann fühlt man die hohe Wonne ganz, Mitglied eines emporstrebenden Gemeinwesens zu sein. Man wandelt durch den Tiergarten und sieht die Gesellschaft plötzlich an sich vorüberrollen. Die Volksseele, vertreten durch spazierengehende Witwen, verliebte Kindermädchen und arbeitsscheue Zeitgenossen, macht niederträchtige Bemerkungen über die »Festbrüder«. Die grausame Neigung, körperliche Eigenschaften als das Ziel

bösartiger Glossen zu wählen, waltet gänzlich frei. Es ist
eine Art Strafe für die Dreistigkeit des luxuriösen Hervor-
tretens. Übrigens werden die minder üppigen Gefährte
wegen ihrer Armseligkeit verlacht und die üppigeren wegen ihrer Fülle. Hie und da der Ausruf: »Schöner Mann!«;
»Au, der Schnurrbart!«; »Offizier in Zivil!«; »Das ist
Börse!«; »'n Attaché!«; »Justav, sieh bloß die Dicke!« Unbedingt fühlen sich die Zusehenden wohler als die Vorüber-
fahrenden; denen ist furchtbar zumute. Staub wallt auf;
dann droht es zu tröpfeln. Die lange Reihe schiebt sich
weiter vorwärts. Pferde und Blumen; Blumen und Pferde.
Der Himmel umwölkt sich wieder, und die Tiergarten-
bäume erschauern leise. Vorwärts mit frischem Mut ...
Vorwärts ... Vorwärts ... Das ist der Berliner Korso.

In keinem Sommer hat die Wetterfrage eine so große
Rolle in Berlin gespielt wie in diesem. Und wer eine angeborene Abneigung hat gegen das Philosophieren von Pfer-
debahngästen, Kellnern, Wirtinnen, Geschäftsleuten, dem
steigt jetzt die Verzweiflung bis an den Hals. Man hört
nichts andres als »Wetter«, gestriges Wetter, voraussicht-
liches Wetter, Wetter im vorigen Jahr um diese Zeit ...
Pfingstwetter ... Hoffentlich wärmerer Juni ... Dann, wenn
die Fremden kommen ... Ungeheurer Schaden ... Ausstellung ... Ausstellung ... Jeder Tag kostet ein Vermögen ... So
ein Pech! so ein Mai ... Schon jetzt pleite? Unsinn! ... Na,
na! ... Kann noch alles eingebracht werden ... Sie werden
ja sehen ... Ich weiß – mein Schwager hat mir erzählt ...
Falls ... Is ja Quatsch ... Das sagen Sie ... Nu –! ...

Wie eine Melodie, die man nicht aus dem Ohr los wird,
foltern einen diese Schreckenstöne unausgesetzt. Man
kann nicht mehr bei Frederich Abendbrot essen nach des
Tages Last und Mühen, ohne sie zu hören. Das Wohl und
Wehe des Blumenkorsos und ähnlicher untergeordneter
Ereignisse verschwindet natürlich gegen die Frage nach
dem Wohl und Wehe der Ausstellung. Und es läßt sich
nicht leugnen, daß da draußen auch, abgesehen von dem
Wetter, einiges bisher recht schiefgegangen ist. Daraus
weitgehende Schlüsse zu ziehen ist töricht. Den unbefan-

genen Betrachter interessiert es jedenfalls, zu sehen, wie
die Meinung – vielmehr die Stimmung – der Leute langsam von der guten Seite nach der weniger guten zu gleiten
sucht, wie man ein Objekt, das mit so ungeheurem Enthusiasmus aufgenommen wurde, im Laufe von zwanzig Tagen bereits etwas satt hat. Und doch ist es klar, daß die
eigentliche Ausstellungs-Ära, die Blütezeit Neu-Treptows
noch gar nicht begonnen hat. Die Berliner sind in ihren Beziehungen zu dieser bedeutenden und vergnüglichen Institution vorläufig nicht warm geworden. Das wird erst
kommen, wenn auch die Abende warm geworden sind;
wenn die Jünglinge aus dem Wäschegeschäft, welche sich
in Kairo einen abendlichen Kamelritt für zwanzig Pfennige
leisten, nicht mehr vor Frost mit den Zähnen klappern.
Denn das steht fest: die warmen oder kalten Abende machen in dem arbeitsreichen Berlin das Glück oder Unglück
derartiger Unternehmungen aus, nicht die Tage. Vorläufig
zieht man wohl hinaus, um wieder einmal dagewesen zu
sein, aber die Ausstellung ist noch kein Ort geworden, nach
dem man ganz selbstverständlich um sieben Uhr fährt, wie
etwa im Juni in den Zoologischen Garten. Es ist ein wundervoller Anblick, namentlich bei großer Beleuchtung, die
Menschen an den Ufern des Neuen Sees unter und neben
den Wandelhallen promenieren zu sehen, während auf
dem Wasser venezianische Gondeln dahingleiten und die
schlanke, feine Architektur der einsäumenden Luxusbau-
ten sich im Mondlicht elektrischer Lampen vom Himmel
abhebt; es ist wundervoll, dann beim Gehen bald von dort,
bald von hier verwehte Orchesterklänge zu hören; es ist
wundervoll, für zehn Minuten auf der Plattform des Café
Bauer zu sitzen und den langen schönen Blick zu Dressel
zu genießen: aber es fehlt noch das Beste, die Eingewöh-
nung, die laue Luft und die genügende Zahl von Besuchern. Auch bei warmem Wetter liegt etwas Fröstelndes
über der Ausstellung.

Einiges, wie gesagt, ist schiefgegangen. Dazu gehört vor-
neweg alles, was das Theater Alt-Berlin bot. Es brachte
jetzt wieder zwei neue Stücke, eins von Bleibtreu, eins von

Conrad Alberti, und beide waren Nieten. Alberti zeigte
sich als der Geschicktere. Seine »Büßerin« hat im ersten
Teil eine Spur dramatischen Atems; doch im zweiten lang-
weilte sie. Welch unglückseliger Einfall, auf ein Ausstellungstheater, zu festlichem Anlaß, eine der peinlichsten
Episoden brandenburgisch-preußischer Geschichte zu bringen! Alberti fand aus der ganzen Entwickelung dieser Geschichte nichts Passenderes heraus als den Wortbruch
Johann Georgs gegen die Liebste seines Vaters, die schöne
Anna Sydow. Diese Tat wird als etwas Verdienstliches hin-
gestellt, das heute noch zu feiern ist. Eine bunte Volks-
menge, welche die üblichen berlinischen Wendungen im
matten Aufguß braucht und dadurch das »Herz auf dem
rechten Fleck« zeigt, steht auf der Brücke und blickt ins
Schloß. Es ist etwas im Gange, man weiß bloß noch nicht,
wo und wie. Doch das Unglück schreitet schnell: der Kurfürst Joachim II. ist gestorben! Anna Sydow, die verbuhlte
Gleißerin, erscheint in prächtigen Gewändern, und es zeigt
sich, wie sehr sie bei dem Volk mit dem Herz auf dem
rechten Fleck verhaßt ist. Für »unseren« Kurfürsten täten
sie alles, aber dieses Weib …! Nun hat unser Kurfürst diesem Weib allerdings eine urkundliche Zusage gegeben, sie
im Besitz ihrer Güter zu belassen. Der Sohn, der eben jetzt
Herrscher Gewordene, hat ihr zu dieser feierlichen Zusage
selbst verholfen. Aber aus Rücksicht für das Wohl des Landes bricht er Fürstenwort und läßt sie nach Spandau ins
Gefängnis setzen. Das war vielleicht notwendig, schön war
es nicht. Und diesen Stoff bei diesem Anlaß zu behandeln
war weder schön noch notwendig. Eine Szene zwischen
der alten gelähmten Kurfürstin, welche aus Seelenkraft
plötzlich gehend wird, und der Buhlerin bildet das Hauptstück des Einakters. Nachher verläuft alles im Sande. Und
eigentlich vorher auch. Das neue Werk des Kollegen Bleibtreu heißt »Wendentaufe« und spielt zu Jazkos romanti-
schen Zeiten. Es ist ein unglaublicher Wust von fünffü-
ßigen Holperjamben und bengalischer Beleuchtung. Der
Wendenfürst Jazko und eine ähnlich pittoreske Lutizer-
fürschtin namens Zedmira sind die heidnischen Haupt-

gestalten. Sie scheinen einander zu lieben, doch liebt jeder
von beiden noch anderweitig. Jazko sogar mehrfach, so
daß eine genügende Klarheit nicht eintritt. Wieso Jazko
schließlich zur Taufe kommt, weiß *nur* der Autor. Jedenfalls findet vorher ein glänzender Germanensieg statt, wie
in diesem Drama fortwährend glänzend gesiegt oder
schnöde verraten wird, und Jazko fällt in die Havel. Aus
Überzeugung nimmt er infolgedessen das Christentum
an. Es donnert mehrfach, Waberlohe schlägt auf, bald gibt
es grünes, bald karmoisinrotes Licht, es gibt Aufzüge,
Schwerter klirren, Priester wimmern, Wenden fliehen,
und sogar ein Nixenballet in der Havel sollte eingelegt
werden, von einem besonderen Balletdichter angefertigt;
eine Nixe namens Wellide sollte darin eine Rolle spielen,
und ein Textbuch, das die Hörer bekamen, gab über das alles gewissenhafte Auskunft. Leider türmten sich unüber-
steigliche Hindernisse gegen das Havelballet auf, der gesamte Well-Blech fiel daher weg, aber die weise Direktion
wollte nichts umkommen lassen, und so ging in einer
stummen Szene von mindestens zehn Minuten die Havel-
dekoration, wandelnd wie ein Bayreuther »Parsifal«, an
den Augen des lachkrampfbefallenen Publikums vorüber.
Warum? wozu? wieso? inwiefern? Das wußte niemand,
und unter fröhlichem Gewieher von allen Seiten des Hauses nahm Jazko rasch das Christentum an, und der Vorhang sank beschämt.

Noch etwas anderes ist schiefgegangen. Und das macht
mir besonderen Kummer. Ich meine die deutsche Volksernährung, auf die ich armer Idealist große Stücke gesetzt
hatte. In meinem letzten Brief hatte ich sie gegen die Kolonial-Ausstellung ausgespielt, denn die Frage nach der Sät-
tigung heimischer Mägen schien mir wichtiger zu sein als
das methodische Piesacken fremder Völkerschaften. Die
Verwaltung der deutschen Volksernährung hat auch im
Stich gelassen. Alle Zeitungen haben die Nachricht von der
versuchten Einfuhr tuberkulösen Fleisches gebracht. Kein
Zweifel, daß an eine böse Absicht nicht zu denken ist. Aber
wenn auch nur Fahrlässigkeit besteht – es ist hier nichts zu

retten und nichts zu beschönigen. Daß es gerade auf einer
Ausstellung passieren muß! Gerade da, wo man den Beweis
liefern will, daß die dräuenden Mächte unrecht haben, welche mit knochigen Fingern an die Pforte der Besitzenden
schlagen und Einlaß begehren. Seht, wie billig man leben
kann – das sollte hier gezeigt werden. Seht, was man für
zehn Pfennige alles schaffen kann: einen großen Fleisch-
klops, einen Napf mit gemischtem Gemüse, einen Eierku-
chen, ein kleines Kotelett, einen Gulasz (brrrr!), einen Teller mit Apfelreis. Das alles ist nun zunichte geworden,
wenigstens für einige Zeit, bis man das tuberkulöse Fleisch
vergessen hat. Die Arbeiter hatten immer einen Haß gegen
die Volksernährung! Wenn man uns einredet, daß wir für
zehn Pfennige satt werden können, sagten sie, dann wird
das Pharisäertum der Unternehmer ins Grenzenlose steigen; man wird uns vorhalten, wie billig wir leben können.
Und doch, wer in der Ausstellung die Institution der Volksernährung gesehen hat, mußte bewundern, was hier geleistet wurde. Ich sah die Speisen, die für eine Eßmarke erstanden werden (es gibt ein besonderes Zelt, in dem die
Marken à 10 Pf. gelöst werden, denn die Bezahlung am
Schalter geschieht nicht durch Geld, sondern nur durch
Marken), und fand, daß sie einen vorzüglichen äußeren
Eindruck machten. Gekostet habe ich sie nicht … Aber die
vielen Hunderte, auch vortrefflich Gekleidete, die sich dort
an die Buffets drängten und mit hoch emporgehaltenen
Marken Befriedigung ihrer Gelüste erheischten, machten
nicht den Eindruck, als ob sie die Speisen schlecht gefunden
hätten. Es waren immer eine Menge Ausstellungsbeamte
darunter, die sich hier beköstigten. An langen Tischen im
Freien saßen sie dann, schmatzten und schmausten, tranken
Kaffee und aßen Kuchen dazu; dort seitwärts verzehrten
Provinzbesucher Flundern oder Stör mit Brot, zusammen
für zehn Pfennige, und ein Kondukteur der Ausstellungs-
rundbahn aß in Eile eine geräumige Reisspeise mit Him-
beersaft für zehn Pfennige. Dahin, dahin! Es ist keine Frage,
daß das Vertrauen in die Volksernährung mit dem Bekannt-
werden der Fleischbeschlagnahme geschwunden ist. Mum-

pitz! Mumpitz! rufen die Arbeiter, und es ist jammerschade,
daß eine an sich gute Einrichtung durch die zufällige Lässig-
keit einzelner Personen in ganz allgemeinen Mißkredit gekommen ist. Dahin, dahin!

Einen außerordentlichen Effekt macht noch immer die
Fischerei-Ausstellung. Hier ist alles vereinigt, was auf Fang
und Verwendung der Kaltblütler Bezug hat. Aber nicht
bloß Berlin und die ruppige Spree kommt in Betracht. Die
schönsten Stunden, die man auf der Nordsee in der Nähe
von Helgoland zugebracht, werden einem wieder ins Gedächtnis gerufen. Die Fangapparate, die Dorschangeln, die
Aalkörbe, die kleinen Harpunen – alles tritt in unverfälsch-
ter Echtheit, sogar mit dem leisen Algengestank der Wirklichkeit, vor unsere Augen (und unsere Nasen), und wir
träumen, als ob wir bereits im Juli zwischen dem Unter-
land und den Seehundsklippen mit Pitter Bahrß, dem fa-
mosen Helgoländer Fischer, auf dem Wasser lägen. Ach,
wenn es doch wirklich bald soweit wäre …!

16. August 1896

AUS OSTENDE
Mitte August

Es läßt sich nicht leugnen, daß zwischen einem Sozialistenkongreß und diesem Badeort ein gewisser Gegensatz besteht.

Auch hartgesottene alte Kontrastsucher könnten keinen
fetteren Fall finden. Und gleich nach den Kongreßeindrük-
ken gerade Ostender Eindrücke aufzusuchen mag ein bißchen raffiniert scheinen. Man kommt in den Verdacht, ein
Seelenexperimentator von der Art der Bourgetschen Helden zu sein, die sich allen Gefühlswirkungen gierig unter-
ziehen, um sie kennenzulernen, und in keiner aufgehen.
Die Sache liegt einfacher. Es regt sich ganz gemeine Weltlust, welche auf Feststellung von Eindrücken, zeitweise,
ach wie gern, verzichtet und das blühende Leben wieder

einmal fassen und an sich reißen will, weil noch das Lämpchen glüht.

London liegt ja nur sechs Stunden entfernt von Ostende,
der kleineren Kongreßstadt der zuviel Besitzenden. Besondere Vergnügungsdampfer locken noch zum Hingehen,
neben den üblichen Blitzzügen. Man fährt dann ein Stückchen Themse entlang, darauf an jener kitzligen Grenze
hin, welche der Kanal La Manche gegen die Nordsee bildet. Das dauert zwölf Stunden. Die Luft ist kühl, und es
dunkelt, der berüchtigte Meeresteil zeigt seine rüdesten
Seiten, und die Vergnügungsreisenden taumeln nachts
bleich wie die Schatten durcheinander. Am frühen Vormittag steht man dann auf Deck, übernächtigt, die Ladies mit
gebrochenen Augen geistesabwesend – und da taucht in
der grimmen Wildheit dieses schwärzlich grünen Meeres
eine Reihe von Hotels auf. Es würde sehr komisch wirken,
wenn es nicht so eigenartig reizvoll wäre.

Hotels – vornan ein gläserner Rundbau von anmaßender
Zierlichkeit, mit Balustraden hoch und luftig, und gleich an
der bestialischen Flut gelegen. Das sind Gesellschaftssäle,
in denen getanzt, konzertiert, Eis gegessen, geliebt, gelesen
und Roulette gespielt wird. Mit einem Worte der Kursaal;
gesprochen: le Kürßaahl, mit einem Ruck auf der letzten
Silbe.

Das Schiff hopst näher (es heißt »Swift«, wie der gallig-
große Schriftsteller, und ein gerissener Feuilletonist muß
schon hinzufügen, daß es fast an die boshaften Affen-
sprünge seines Geistes mahnt). Man sieht jetzt auch niedere Gassen einer kleinen flämischen Fischerstadt. Niedere
schmale Häuschen. Blau angestrichen oder gelb oder rötlich; sehr schlicht, doch nicht auffallend arm.

Und das zusammen ist Ostende. Der Kürßaahl und diese
Häuschen sind, innerlich genommen, seine Pole. Der erste
Anblick gibt ein Symbol seines Wesens.

Natürlich bleibt man hier hängen; viel länger als geplant
war. Denn die Stadt steht in ihrer Sünden Blüte. Und wenn
einer käme von Utica und hieße Cato: er müßte doch den

Schwindel mitmachen. Wer diese Gesellschaft nicht liebt,
der muß dieses Meer lieben (manche lieben beides); das
Meer, welches so oft grün und spaßlustig ist. Nicht zuletzt
dieses Milieu von aufgehängten Seefischen und schweren
gebogenen Holzschuhen. Und wer nicht am ersten Tag
entzückt ist, wird dennoch am zweiten hingerissen. Und
wer das Hasardspiel in seiner Geistlosigkeit verachtet, verliert dennoch sein Geld im baraque multiple. Kurzum, das
Leben ist hier schandbar schön.
    Die See bleibt das Wundersamste, das Einzige, Niever-
gleichbare. Auf diesem Truc ruht ja die Herrlichkeit von
Ostende: daß ein Stück unerhört bedrohlicher Naturkraft
in den Vergnügungsdienst verzärtelter lächelnder Schlem-
mer gestellt ist. Ein traumhafter Kitzel wird erzeugt, wie
wenn man ein Tiervieh im zoologischen Garten leise
neckt, nach Tisch. Von der Digue – die Dünen sind parket-
tiert – führen in die Flut breite steinerne Freitreppen, und
das scherzhafte Meer läuft an ihnen oft hinauf und leckt an
den weißseidenen Schuhen. Die hier versammelten Frauen
tragen auf der Digue Stiefelchen von weißer Seide. Wer an
dunkleren Abenden auf diesen Freitreppen steht und von
der englischen Küste her Wogen wie Raubtiere heranrasen
sieht und das seltsame Crescendo in knappen Zwischen-
räumen hört, das immer mit einem Rollen und Pfeifen beginnt und mit Brüllen und einem Schlag endet, wer dann
vor sich und über sich eine Art Finsternis, ein unendlich
verschwimmendes, grandioses Etwas wahrnimmt, beim
Umdrehen aber das gläserne Haus selig erleuchtet und von
strahlenden Menschen elegantesten Europäertums bevöl-
kert sieht, welche lachen, in abendlich hellen Toiletten
stecken und Massenetsche Musik hören: der hat vom spezifischen Zauber dieses Küstenortes einen Hauch verspürt.
Oben auf der halb erleuchteten Digue ergehen sich langsam weitere Scharen; Kurgäste und andere. Und wer vor
dem Wiedereintritt in den Saal noch auf einer der Bänke
Platz nimmt, die hier hart am Seebad stehen, kann plötzlich eine unbekannte edle Frau vor sich erblicken, irgendeine Gestalt in Weiß und Mattgrün, die vornehm lächelnd

fragt: »Eh bien, chéri, tu t'amuses bien comme ça – en re-
gardant la mer?« Zuweilen mit etwas flämischem Accent.
Es sind gewiß Feen, die an dieser Küste entlanggehen.

Am Morgen wird nach Belieben aufgestanden. Um zehn
am liebsten geht man ins Wasser. Die tüchtigen flandri-
schen Pferdchen traben mit dem Kabinenwagen ins Meer,
so daß man beim Herabsteigen von der Treppe wenigstens
gleich bis zu den Knien ins Nasse kommt und nicht langwierig hineinzuwaten braucht. Der Hauptreiz besteht in
den wundersam starken Wellen. Herren und Damen reichen einander wohl die Hände und tanzen in kleinen Zir-
keln, bis unter komischem Wehegeschrei eine Woge alles
über den Haufen wirft. Der Luxus in Badekostümen ist
nicht so sehr groß. Wie denn überhaupt in Ostende auch
ein Stamm des bürgerlichen belgischen Elements vertreten
ist, welches ein Seebad als Familienerholung ansieht. Auch
Greisinnen tummeln sich im Wasser. Daneben junge ko-
kette Geschöpfe, denen es nicht unmittelbar auf Stärkung
der Gesundheit ankommt. Und doch ist gerade die bele-
bende, beseligende Kraft dieser Brandung ganz einzig. Alle
Badenden werden durch die gemeinsame Scheingefahr
und den Theaterschrecken der Wellenstürze auf einen
vorübergehenden fröhlichen Gemütlichkeitsfuß gebracht,
aber in sehr reservierten Formen. Wenn man dann angezogen und durch das Pferdchen ins Trockne gezogen ist, spa-
ziert man im Sande, legt sich hin, beobachtet die immer
vorrückenden Wagenreihen und hört, wie ein Wiener
Bankier mit einer feschen alleinstehenden Dame im er-
bärmlichen Französisch über harmlose Dinge, wie das
Wetter und den Verlauf des Ostender Karnevals und die
menschliche Natur im allgemeinen, Bemerkungen aus-
tauscht.

Dann geht man nach links, zu den Müttern. Es sind recht
junge Mütter, die mit ihren Kindern und den Bonnen im
Sande sitzen, Festungen bauen, Romane lesen. Die Kleinen und die Bonnen und oft die Mütter laufen mit nackten
Beinen und aufgeschürzten Kleidern herum. Es läßt sich
nicht leugnen: das sogenannte europäische Schamgefühl

nimmt hier ab. Sie rennen ins Wasser, daß sie bis an die
Schienbeine naß werden, jauchzen, johlen und kehren wieder zurück. Das wiederholt sich.

Nachher frühstückt man. Hierauf zieht man sich um;
und wenn man nicht schläft, geht man am besten in den
Kursaal. In diesem Glashause ruht das Leben nimmer. Der
Eintritt kostet beiläufig drei Franken täglich. Hier sind um
eins zwar nicht allzu viele Menschen, aber man ist doch an
der Arbeit: hinten wird gespielt. Es gibt da eigenartige Billards, welche der Länge nach in sechs Rinnen geteilt sind.
Man bekommt eine kleine süße Billardkugel in die Hand
und schiebt sie aufs Geratewohl die Rinne entlang. Am anderen Ende sind blaue und rote Löcher, auch ein schwarzes
Loch. Die Kugel tanzt wie ein Balletmädchen, um schließlich in eine Grube zu fallen. Fällt sie in eine blaue Grube
und man hat auf Blau gesetzt, so erhält man eine Summe,
welche dem Einsatz gleicht. Andernfalls bekommt der
Bankier den Einsatz. Fällt sie aber in das eine schwarze
Loch und man hat auf Schwarz gesetzt, so beträgt der Gewinn das Fünffache des Einsatzes. Also sehr geistvoll. Zielen ist bei der elastischen Veranlagung der Kugel unmöglich: sie hüpft par hasard. Meistens bekommt nun der
Bankier den Einsatz, aber auch das Publikum holt sich,
wenn es Glück hat, allerhand Zwanzigfrankstücke. Man
nennt das baraque ostendaise. Sollte man es glauben, daß
Menschen, welche eine deutsche Gymnasialerziehung und
darauf ihre achtsemestrige Universitätsbildung in der philosophischen Fakultät genossen haben, auf diesen plumpen
Zauber hineinfallen? Es ist möglich. Es ist möglich, daß sie
fünfundzwanzig Franken verlieren und nachher, beim
»Wiedergewinnen«, noch zehn. Das Seltsame ist, daß dieses Spiel trotz der klar erkannten Torheit einen sehr energischen Reiz ausübt. Auf alle Klassen, auf alle Berufe, auf
alle Geschlechter. Am ärgsten scheinen die Frauen gefesselt zu werden. Sie beginnen immer von neuem. Eine fängt
zu schluchzen an, weil sie alles Disponible verspielt hat. Sie
will getröstet werden. Und doch sind die Einsätze recht
klein. Hinten im Kasino wird Roulette gespielt, mit weit

höheren Summen. Ebenso im Cercle des étrangers an der
Digue; ebenso im Club littéraire (!) am Wappenplatz; ebenso in verschiedenen Cafés. Die Ostender sind keine Un-
menschen. Sie leben und lassen leben.

Um vier Uhr ist Konzert im allgemeinen runden Glas-
haus. Aber es ist nur leichte Musik. Und wenn man im
Lesesaal die Zeitungen durchgesehen und im ersten Stock
seine Briefe geschrieben hat, geht man nach Hause: um sich
wieder umzukleiden. Denn weil gegen halb acht öffentlich
»Mittagbrot« gegessen wird, kann man nicht anders als im
Frack oder Smoking auftreten. Zumal sich nachher ein
Symphoniekonzert oft anschließt, welches ein Herr Perier
dirigiert. Öffentlich gegessen wird insofern, als man in den
Hotel-Schaufenstern am Strande entlangsitzt. Man muß
diese respektablen Gattinnen respektabler Männer gesehen
haben, wie sie mit gepuderten Backen und mit Haaren, die
dreimal in Kamillentee getaucht und mit Essenzen getränkt
sind und mit Blumen modisch geziert, sich zu Tische setzen und anderthalb Stunden lispeln und schlucken. Sie sind
lebendige Konserven. Oft freilich Konservenfleisch mit
Wildgeschmack. Noch öfter bloß blödsinnig langweilig.
Und doch – am Abend, beim symphonischen Konzert,
geht etwas wie ein unendlicher, poesiehafter Großstadt-
hauch von allen zusammen aus. Die Masse tut es. Es sind
auch entzückende Kreaturen darunter, bei denen die raffinierte Gewähltheit der Kleidung hinreißend ist. Und ob es
lächerlich klingt oder nicht: allein auf die Nase wird hier so
stark eingewirkt, daß man sich dumm machen läßt. Die
feinsten, diskretesten und zugleich eindringlichsten Gerüche Europas sind vertreten. Sämtliche Lohses und Pinauds
der Kulturländer arbeiten den jungen Frauen und den jungen Mädchen hilfreich in die Hand. Es wäre ja sicher schöner, wenn diese jungen Mädchen frische Blumen stärker
bevorzugten. Aber was soll man tun; man liebt sie auch so.
Ach Gott, manche – voran die Engländerinnen – schmin-
ken sich sogar. Das ist gewiß nicht wohlgetan. Und zu
Hause dürfen sie es nicht. Hier aber geht alles. Hier tragen sie auf der Strandpromenade auch Kleider von weißer

Seide; was zuweilen sehr hübsch aussieht. Und nach dem symphonischen Konzert, wenn die soirée dansante im kleineren Saal beginnt (die großen Bälle finden im Spielklub statt), hat man alles vergessen, was uns von ihnen trennt; und alles behalten, was sie uns eint.

So gibt es denn hier mancherlei distractions de la vie élégante (so lautet der schwerfällige offizielle Ausdruck im Ostender »Carillon«, dem Vergnügungs-Reichsanzeiger). Auch Taubenschießen; auch Pferderennen; auch batailles de fleurs mit Konfetti; und gerade jetzt beginnt eine, als ich wegreisen will; auch Van Dyck von der Pariser Oper singt einmal; auch Fräulein Bonnefoy von der opéra comique; und auch unschickliche Kabinenbilder werden in Schaufenstern bereitwilligst ausgestellt. Kurz, es wird alles geboten, was ein gebildeter europäischer Badegast verlangen könnte.

Aber neben allem besteht eine andere Stadt. Eine, die ich heute nicht schildern werde. Es ist die Stadt der gebräunten flämischen Seebauern, ihrer Frauen, ihrer Söhne und Töchter. Auch freilich die Stadt der kleinen korrumpierten flämischen Krämer, die sich am Fremdenzufluß zu naiven Hochstaplernaturen heranentwickeln. Aber der echte derbe Typ überwiegt noch. Es gehören die herrlichen Weiber dazu, mit dem schweren braunroten Haar und den Rubensschen Zügen. Auch mancher Mann eine Rubenssche Gestalt, und »rund für sich ein kleiner König«. Hier ist das, was mir die liebsten Augenblicke während meines Aufenthalts geschaffen hat. Und es gibt Tavernen, mit flämischen alteingesessenen prachtvollen Bürgergevattern, von denen ich erzählen könnte.

Aber das verlangt man wohl nicht in einem Brief aus Ostende.

23. August 1896

Das Wetter schwebt zwischen Herbst und Sommer, ein Zwitterding. Und ein Zwitterding, wie das Wetter, ist jetzt das ganze Berlin. Es ist nichts los; doch hat es den Anschein, als ob etwas los wäre. Die Leute, welche die soge-

nannte Gesellschaft dieser Stadt ausmachen, sind nicht
vollzählig hier. Mögen sie geistig oft noch so unbedeutend
sein: von ihnen hängt manches ab, das geistige Interessen
birgt. So stagniert alles; denn die Fremden speist man ja mit
Surrogaten.

Auf der Straße werden Bekannte zweiten Ranges getroffen; Notnägel, die man nur jetzt anspricht und späterhin
sehr freundschaftlich aus der Entfernung grüßt. Wer kurze
Zeit weg war, findet Einladungen vor, ungiltig gewordene
und frisch giltige für die nächsten Wochen; zum Tennis, zu
einem Landaufenthalt von Sonnabend bis Montag, zu einem Löffel Suppe in einer Villa an der Wannseebahn, zu
einer großen Wagentour zwischen Biesental und Bernau
mit Waldfrühstück, wenn's hochkommt, zur Jagd. Noch
kann man sich nicht eingewöhnen in diese Stadt, in welcher (es erscheint mir nicht bloß so) kein rechter Zug ist.
Ich sehe zu viele, die nicht da sind. Und *wenn* sie dasein
werden …!

Man macht ein paar Besuche und ist erstaunt, denselben
namenlos wichtigen Personalklatsch zu hören, bei dem
man vor fünf Wochen stehengeblieben war. Etwas Krähwinkelei lebt hier, das sieht ein Blinder. Man folgt auch der
Einladung zum Waldfrühstück und genießt den Löffel
Suppe an der Wannseebahn, auch mit dem Racket fuchtelt
man etwas herum, und in der Nähe von Jüterbog erlegt
man mit einem »wohlgezielten« Schuß ein Eichhörnchen.
Aber diese so notwendigen und belangvollen Handlungen
täuschen kaum über die Tatsache, daß in Berlin nichts los
ist.

Bezeichnend für die Ereignislosigkeit ist, daß vorwiegend über spitzbergensche Verhältnisse gesprochen wird.
Nicht von sachgemäß Interessierten, sondern von der sogenannten Bevölkerung. Nachdem man so lange über die
Gerichtsvollzieher geplaudert, die um den Berliner Nordpol streichen, den verkrachten in der Ausstellung, erwärmt
man sich für den wirklichen Nordpol. Es ist sehr drollig, zu
beobachten, wie die Nansensche Expedition hier zur Höhe
eines lokalen Ereignisses heranwächst. Das hat seine beson-

deren Gründe. Die Bürger an der Spree und Panke freuen
sich gewiß über eine Bereicherung der Wissenschaft und
über jeden Fortschritt der Aufklärung – das ist die alte berlinische Anhänglichkeit an den gesunden Menschenver-
stand. Diesmal aber ist die Freude an den Ereignissen fast
zurückgetreten vor der Freude an ihrer Berichterstattung.
Bekanntlich hat das populärste Berliner Blatt, der Lokal-
Anzeiger, einen jungen Wissenschaftler von journalisti-
scher Veranlagung dort oben hinaufgeschickt und läßt sich
von Spitzbergen telegraphisch alles genau erzählen, was
mit Andrée oder Nansen irgend Neues los ist. Es braucht
da nur eine Kleinigkeit zu passieren – am nächsten Tag
steht sie gedruckt in der beliebten Zeitung, die sich so gewissermaßen mit dem zu entdeckenden Nordpol in direkten Anschluß gesetzt hat. Und diese Tatsache imponiert
den Berlinern gewaltig. Man wird ihnen recht geben, daß
für deutsche Zeitungsverhältnisse hier ein ungewöhnlicher
Unternehmungsgeist zutage tritt und daß ihr Leibblatt, in
der Berichterstattung wenigstens, ein Weltblatt ist. Aber es
wird hier eben nur getan, was in einigen anderen Ländern
längst zu den Selbstverständlichkeiten gehört; die über-
große Freude zeigt also eine kleine Krähwinkelei; und
wenn hier zuvörderst immer der »Lokalanzeiger« und erst
in zweiter Linie der Nordpol kommt, so weiß man nicht
mehr, wie man das nennen soll. Wenn Andrée Glück hat
und den Nordpol wirklich entdeckt, wird der tüchtige und
kluge Herr Scherl sicherlich als erster in Deutschland seinem Blatt diese Nachricht zuführen – in Berliner Spießer-
kreisen aber wird an diesem Tage ein Schrei des Jubels
ringsum gehört werden, daß wir es so herrlich weit gebracht, nämlich nicht in der Entdeckung des Nordpols,
sondern in der modernen großstädtischen Zeitungsberichterstattung. Auch wir – auch wir ... O Schilda, mein Vaterland!

Nächstdem befaßt man sich noch immer mit dem un-
glücklichen Handwerker, welcher das große Los in der
Ausstellung nicht gewann. Dieser Handwerker – wenn die
Wendung nicht zu kühn ist – wird breitgetreten. Die

furchtbaren Bekannten zweiten Rangs, die man jetzt trifft
und die ich erwähnte, fragen mit schöner Regelmäßigkeit:
»Haben Sie Ausstellungslose?«, um dann auf diesen Handwerker überzugehn. Der Mann mag einige Schmerzen er-
duldet haben, indem ihm eine selige Hoffnung zu Wasser
wurde; aber er hat noch mehr Schmerzen verursacht, indem er die Menschen mit seiner Person langsam zu Tode
plagt; ich hasse ihn. Möge ihm Gott alles Gute geben, aber
es ist nicht schön von ihm, sich so in den Vordergrund zu
drängen; es ist nicht schön von ihm, die Bevölkerung einer
großen Stadt so arg in Anspruch zu nehmen; es ist nicht
schön von ihm, selbst ein so elementares Ereignis wie die
Zeitungsberichterstattung über zwei Polarreisende in den
Schatten zu stellen. Denn daß Lehmann (er heißt wohl
nicht Lehmann, aber meinetwegen soll er so heißen), daß
Lehmann der Held, der Allererste, der Vorderste ist im öffentlichen Interesse des Gemeindewesens Berlin, darf bis
auf weiteres nicht bezweifelt werden. Erst Lehmann; dann
der Lokal-Anzeiger; dann der Nordpol. O Schilda, mein
Vaterland! Rührend sind übrigens die anderen Hoffnungen, die an die künftigen Ziehungen der Ausstellungslotterie geknüpft werden, an die Ziehungen, von denen vielleicht eine immerhin giltig sein dürfte – man kann nicht
wissen. Da gibt es junge Ehepaare in spe, von denen weder
der Jüngling noch das Mädchen etwas sein Eigen nennt, das
mit einer Einrichtung auch nur in dunklem Zusammenhang steht. Ehen, die sich »schon machen lassen würden«,
wenn bloß der Grundstock vorhanden wäre, der allernötigste, bloß die Möglichkeit, drei oder vier leerstehende
Räume mit irgend etwas zu besetzen. Das sind so Berliner
Paare, die zwei bis sieben Jährchen geduldsam warten, ehe
sie zu des Lebens schönster Feier, so auch des Lebens Mai
endet, schreiten können. Ach, ein abgekürztes Verfahren
wär' ihnen ja so willkommen! Sie ist im Geschäft, und er
ist irgendwo »junger Mann«. Oder er ist Assessor, und er
beging die Torheit, sich zu verlieben. Oder man darf mit
dem witzigen David Kalisch sagen: er war Schriftsteller, und
auch sie hatte nichts. Die alle, alle, alle zählen ja auf die Ein-

richtungen, die man draußen in Treptow im eventuellen
Falle einer dereinstigen – vielleicht giltigen Ziehung – immerhin doch möglicherweise – gewinnen kann –, und ihre
Klagen, Wünsche, Sehnsüchte und Hoffnungen erfüllen
gegenwärtig die Berliner Luft. Allenthalben hört man sie.
Deutsches Herz, verzage nicht, ruft sich der starke Charakter hinter dem Ladentisch jetzt zu. Den Wegfall der Ab-
zahlungskosten, der unangenehm langwierigen Amortisation überschlägt der edle und schlanke Jurist. Und der
Schriftsteller murmelt bereits halluziniert mit Iphigenien:
»So steigst du denn, Erfüllung, schönste Tochter des größten Vaters, endlich usw.«. Sie alle rechnen auf die Einrichtung und haben mit Lehmann nicht das geringste Mitleid.
Im Gegenteil. So ist das Leben. Auf französisch: que voulez-vous, c'est la vie!

Es ist nichts los in Berlin. Bloß Rebhühner werden gegessen; das bleibt schließlich das belangvollste Ereignis.
Wieder hat man sie eine Zeitlang entbehrt, die lieben Tierchen. Sie sind doch zu herzig, wenn sie wieder freundlich
und verheißungsvoll neben dem mattgrünen zarten Sauerkohl liegen, der in Sekt gekocht ist; freundlich und verheißungsvoll, und braun und duftig. Und diesmal waren sie
sogar so lieb, auch billig zu sein. Jeder Berliner Untertan
darf sein Rebhuhn sonntags im Topfe haben, hätte ich beinahe gesagt. Es kostet nur eine Mark. Bis die maßgebenden
Westberliner zurückgekehrt sind, beschäftigt man sich allein mit Rebhuhnessen; es gibt ja kaum etwas Interessante-
res, es sei denn das Rebhuhnschießen. Hier kann man seine
natürliche Kaltblütigkeit, seine Geistesgegenwart, kurz seinen Charakter noch betätigen. Denn wenn man mit Hunden und Freunden und Gastgebern langsam an Wiesengrä-
ben entlangstreift, in der Nähe von Jüterbog, »gespannt das
Feuerrohr«, und mit dem Auge eines Indianers das Gras
und die Grabenabhänge durchforscht, kann es plötzlich geschehen, daß jene seltsamen Töne laut werden, die uns zugleich erschrecken und zugleich für sofortige Ausübung
des sogenannten Waidwerks begeistern, nämlich: prrrrr.
Dies fährt immer ein bißchen in die Glieder, und man hat

nicht gleich Zeit, das Feuerrohr emporzureißen und auf ein
bestimmtes Exemplar in der Luft zu »halten«. Bloß auf den
Schwarm im großen, ganzen und allgemeinen darf man bekanntlich nicht zielen, weil dabei nach alter Jägerweisheit
nie etwas getroffen wird. Ehe man aber zielt, sind die auf-
geflogenen Vögel oft schon fort – so boshaftig sind solche
Tiere. An Kugelschüsse ist nicht zu denken, und das Schrot,
das nach allen Seiten dringt, erreicht doch meist nicht das,
was es erreichen sollte. Das ist bitter. So scheint es denn in
Wahrheit wesentlich geratener, seine Rebhühner bei Kem-
pinski zu verzehren, als sie zu erlegen, was denn auch die
Mehrheit gewissenhaft befolgt.

Und sonst? Es sind fünf Madagassinnen in Berlin. Das ist
ein weiteres Ereignis. Sie sollen die Nachfolgerinnen der
Barrison-Ekels werden. Aber es scheint, daß sie viel netter
sind als diese. Schon haben sie eine Art Popularität erlangt,
denn ihre Bilder prägen sich täglich, von den Litfaßsäulen
aus, den Augen und Herzen der Vorbeischreitenden »unwiderstehlich« ein. Und abends, wenn sie auftreten (es ist
im Wintergarten), wird dieser Plakat-Eindruck nur unwesentlich abgeschwächt. Es sind reizende Wesen. Tief-
brünett, aber mit einem merkwürdig zarten Teint. Und in
ihrem Verhalten haben sie etwas, das an die Lotosblumen
erinnert. Zwar genau beobachtet habe ich Lotosblumen
noch nicht, aber die dunkle Empfindung besteht: so ähnlich müssen sie sein. Leider ist die Temperatur, in der sie
auftreten, ihrem Wesen entsprechend; nämlich tropisch.
Und darum wird Schillers Wort »der Mann muß hinaus«
bei ihnen bald zur Losung. Wenn mich aber nicht alles
trügt, werden diese fünf Holden noch eine Rolle in Berlin
spielen. Natürlich erst, wenn die Maßgebenden zurück
sind. Vorläufig wird ja nichts entschieden. Es ist nichts los,
es ist nichts los.

In vierzehn Tagen schon dürfte das Gegenteil der Fall
sein. Und dann soll mein nächster Brief länger ausfallen als
dieser.

6. September 1896

Vielleicht ist es in diesen Zeitläuften gescheiter, Breslauer
Briefe nach Berlin zu schreiben als Berliner Briefe nach
Breslau. Die Stadt an der Oder soll, wie man hier erzählt,
der Schauplatz großer Taten sein. Von einem denkwürdi-
gen alten Pokal wird gemunkelt, welcher den Ehrentrunk
birgt. Nicht minder von einer lieblichen Jungfrauenschar,
welche die Gewandung diesmal nach eigner Wahl zusam-
menstellen durfte. Dazwischen munkelt man auch von der
ergreifend einmütigen Organisation der Breslauer Presse;
und wer es hört, dem treten Zähren der Rührung in die
Augen. Dessengleichen wird gemunkelt von den prächtigen Räumen, in welchen die russischen Majestäten hausen.
Ein ungenannter deutscher Schriftsteller erklärte in einem
konservativen Blatte, daß sie sich darin »zweifellos zufrieden fühlen dürften«; die Berliner Blätter druckten das
nach. Bei Gott, es ist gegen diese Erklärung sachlich nichts
einzuwenden. Aber stilistisch; warum schreibt er »zweifellos«, wenn er nachher die bescheidene Form »dürften«
braucht? warum braucht er die bescheidene Form »dürften«, wenn er soeben »zweifellos« geschrieben hat? Das ist
sehr herb. Immerhin: wer wollte sich dadurch im allgemeinen Festesjubel stören lassen.

Von diesem Festesjubel bestehen in Berlin kühne Vorstellungen. Nicht nur, daß jeder bessere Redakteur zu der Meldung bereit ist, daß eine »Reihe farbenprächtiger Bilder«
sich in der »alten schlesischen Hauptstadt« soeben »entrollt«
hat. Auch das Publikum macht sich große und vielleicht
übertriebene Begriffe von den Erscheinungen, die in Breslaus Straßen zutage treten. Wenigstens in einem Punkt. Man
denkt sich hier den schlesischen Adel etwas fabulos. Er hat
den Ruf, reicher als der märkische zu sein; und weil man
im Zusammenhang mit ihm das Wort Magnaten so oft hört,
ist in unbewußter Erinnerung an Ungarn die dunkle Vorstellung von etwas Buntem, Verwegenem, Goldstrotzen-
dem erwachsen. Man denkt sich eine prunkvolle Riesen-
masse, deren Karossen und Pferde die Stadtmauern kaum

zu fassen vermögen; eine jauchzende, phantastische Schar.
Für einen geborenen Schlesier ist das sehr komisch.

Zahlreiche Zeitgenossen sind von hier nach Breslau gereist. Solche, die keinen Beruf haben und alle öffentlichen
Lustbarkeiten mitmachen; und solche, die von Berufs wegen alle öffentlichen Lustbarkeiten mitzumachen haben.
Die ersten versprechen sich viel Vergnügen, die zweiten
sehr viel Arbeit. Mir flog vor einer Woche sogar aus dem
fernen Königsberg ein Brief ins Haus, in dem ein alter
Freund, der Sohn eines berühmten Humoristen, seine Ab-
reise nach Breslau meldet. Ich beeilte mich, ihm zu erwi-
dern, daß ich ihn leidenschaftlich darum beneide. Auch
Offiziere wußten hier von dem bevorstehenden Festesjubel reichlich zu erzählen. Ganz konnten sie ihn nicht teilen. Sie behaupteten, daß sie sich neu equipieren müßten,
was nicht billig sei. Überhaupt sind wohl für solche Feierlichkeiten die drei Dinge erforderlich, von denen einst der
General Montecuccoli sprach: ersten Geld, zweitens Geld,
drittens Geld.

In Berlin wiegt die Meinung vor, daß diese Breslauer
Tage in der an Glanz nicht armen Regierung Wilhelms II.
einen besonderen Glanzpunkt darstellen sollen. Daß auch
der junge Nikolaus mit seiner deutschen Frau da ist, mag
zahlreiche Politiker erfreuen, die von dynastischen Höflich-
keitsreisen wesentliche politische Bürgschaften erwarten.
Der *Wunsch* nach Erhaltung des Friedens ist jedenfalls auch
bei solchen Gelegenheiten durchaus berechtigt. Ein selt-
sames Schauspiel bleibt es, freilich durch die Umstände
bedingt, daß jeder der beiden Herrscher eben erst seine
Streitkräfte besichtigt hat, eh' er zu der freundschaftlichen
Zusammenkunft eilte. Ordnung muß sein. Wir Deutschen
freuen uns ehrlichen Herzens, wenn durch die lausitzischen
Manöver und was drum und dran hängt wieder eine gewisse Sicherheit dafür gegeben sein sollte, daß die reichen
menschlichen Güter unsres Volkes vor rauhen Eingriffen
von außen bewahrt bleiben. Und wir werden solchen militärischen Schauspielen jedesmal mit um so tieferem Anteil
folgen, je mehr sie Manöver und je weniger sie Paraden

sind. Gegen bloße Schaustellungen sträubt sich ja in allen
tüchtigen Deutschen vielerlei. Wir wünschen mit Gustav
Freytag jeden unsrer Kaiser vorwiegend als einen »großen
Arbeiter für die Nation«, und wir unterschreiben freudig
das Wort dieses so sehr pädagogischen Schriftstellers: »Deshalb ist der Nation das Zeremoniell und die äußere Darstellung seines Kaisertums nur so weit erträglich, als das Unwe-
sentliche nicht die Zeit und den Ernst seines tätigen Lebens
beengt.« Daß der Monarch, welcher jetzt die schlesische
Provinz besucht, der gleichen Ansicht ist, unterliegt keinem
Zweifel. Wir müssen seine Bereitwilligkeit, repräsentative
Pflichten auf sich zu nehmen, bedingungslos anerkennen.
Sie können ihm nicht immer leicht sein. Zwar im vorliegenden Falle folgt er einem Herzensbedürfnis. Doch in manchen anderen Fällen ist ihm festliche Repräsentation, die ja
stets eine Art Scheinwesen birgt, sicherlich im Inneren unsympathisch. Vielleicht so unsympathisch wie dem früheren
Reichskanzler Otto von Bismarck, welcher das allergering-
ste Talent zum fêtard perpétuel hatte und sich so nachdrücklich sträubte gegen ein »Regime von Trüffeln, Depeschen
und Großkreuzen«. Er schreibt das in einem der reizenden
Briefe an seine Schwester Malvine Arnim; dieselbe, der er
schon vorher klagt, er sei von Majestät nach Berlin befohlen,
doch habe er keine Lust, unter der »Rubrik von ›Volk, Edel-
leute, Häscher und Priester‹ den Effekt des großen Ensemble im weißen Saal mit einer Kostümnuance zu beleben«.*
Er hatte für derartige Dinge wenig Verständnis. Und ähnliche offene Äußerungen findet man bei dem derb-frischen
Mann in größerer Zahl. Seine Tatkraft war wohl der letzte
Grund für die Abneigung gegen das Gepränge; in der Tatkraft aber berührt sich mit ihm der Kaiser, dessen Regsamkeit mehr als einmal bewundert worden ist. Die unzu-
friedenen Elemente in Deutschland, die »grundstürzenden«
unserer Volksgenossen, blicken scheel auf alle Luxusausga-
ben; das ist in einer Zeit starker sozialer Bewegtheit allenfalls zu verstehen. Und weil unser Herrscher vor allen Din-

*Brief vom 12. November 1858 und vom 26. November 1856

gen ein sozialer Herrscher sein will und etwa mit der
Sozialdemokratie voll gefestigter Zuversicht allein fertig zu
werden wünscht, so liegt schon hierin eine Bürgschaft, daß
die repräsentativen Veranstaltungen nicht über das Notwendige ausgedehnt werden. In dieser Hoffnung dürfen auch
die Schlesier sich dem Glanze ihrer Kaisertage mit doppel-
tem Behagen hingeben; in dieser Hoffnung mögen die Eindrücke, die sie aus ihnen schöpfen, harmonisch und –
Aber ich tue, als ob ich hier Leitartikel schreiben dürfte.
Ich bin doch bloß lumpiger Feuilletonist. In aller Bescheidenheit sollte nur die Stimmung gezeichnet werden, in der
man in Berlin den Breslauer Festlichkeiten folgt. Hierselbst
ist vor kurzem ein glanzfreudiges Kaisergeschlecht aufgetaucht, freilich nur auf der Bühne, für welches die über-
große Sehnsucht nach prächtig strahlender Glorie tragisch
ausgelaufen ist. Das sind die Hohenstaufen, die sich auf den
vorstädtischen Brettern des Direktors Max Samst zeigten.
Dieser Herr Samst betrieb bisher eine ehrsame Schmiere in
der Großen Frankfurter Straße, wo bald ein Scharfrichter
von Berlin auftrat, bald Joseph Kainz, wenn er kontraktbrü-
chig war und kein Geld hatte, bald eine dramatisierte Heldin der Frau E. Werner, bald Karl Pander, der den Lotterie-
operateur und Hühneraugenkollekteur Hirsch zum ich
weiß nicht wievielten Male ergötzlich mauscheln ließ. Jetzt
hat unser Samst die Friedrichwilhelmstadt gepachtet und
will zum Volkspädagogen werden. So begann er damit, über
diese Bühne, auf der noch eben mangelhaft bekleidete
Soubretten gehüpft waren, jenes unselige deutsche Kaisergeschlecht wanken zu lassen. Aber das Glück war niemals
mit den Hohenstaufendichtern. Auch mit Christian Dietrich Grabbe nicht (den Samst spielte), und der doch von allen bekannt gewordenen Verewigern der tragischen Familie
am großartigsten und konzentriertesten uns entgegentritt.
Es scheint jetzt Sitte zu sein, auf Grabbe zurückzugehen.
Selbst eine so ganz ungrabbische Natur wie der Schriftsteller Paul Lindau zu Meiningen hat den wüst-genialen »Don
Juan und Faust« ausgegraben. Und wie sich hier zwei Helden innerliche Konkurrenz machen, so ist es auch im »Kai-

ser Friedrich Barbarossa«: der Rotbart und Heinrich der Leu sind nicht bloß politische Todfeinde; leider auch dramaturgische Todfeinde. Es kann der Knorr den Knubben nicht vertragen. Sie balgen sich um den Anteil des Zuschauers. Das braucht dem Stück nicht den Hals zu brechen, denn man könnte schließlich gutmütig sein und sich freuen, daß man zwei solcher Kerle besäße. Aber das Drama ist ein bißchen lang. Und wo außerdem keine erträgliche Frauensperson auftritt – Grabbe ist allmählich berühmt geworden wegen seiner Unfähigkeit, Frauen zu zeichnen –, ist ein Berliner Bühnenerfolg fast ausgeschlossen. Auch hat Heinrich der Löwe, und nicht bloß für berlinerisches Empfinden, sehr viel bewußtes, bramarbasierendes Löwentum, das zuweilen verstimmend und ernüchternd wirkt. Das Mittelding aber zwischen Haß und Liebe, welches die Haltung der beiden großen Gegner kennzeichnet, hatten die Berliner vor kurzem erst in einer mundgerechteren Form zu genießen bekommen: bei Wildenbruch, im Kaiser Heinrich. Zwar stehen sich dort der tragische Hampelmann Gregor und der kaiserliche Kanossagänger in halber Feindschaft, halber Neigung unendlich kindischer und sentimentaler gegenüber als dieser Staufen diesem Welfen, und der knappe Grabbesche Ausruf »O Heinrich, Leu o Leu, wie haben wir uns geliebt!« wirkt gewittermächtig –: aber man kannte diesen Grundzug vom vorigen Winter. Teils dieserhalb, teils außerdem mag dies Grabbesche Drama keine sonderliche Gegenliebe gefunden haben; auch das Auftreten des Heinrich von Ofterdingen und seine Mitteilungen über das Nibelungenlied konnte ihm nicht helfen und die oft so furchtbaren, gewaltsamen Verse schon gar nicht. So wird Grabbe, dieses bewundernswerte deutsche Schnapsgenie, bald wieder von den hiesigen Brettern verschwinden. Die Ausgrabungen und die große Volkskunst werden von Herrn Samst aufgesteckt, und am nächsten Sonntag spielt man bereits den Hüttenbesitzer. Schließlich braucht gar auch ein Theaterdirektor drei Dinge: Geld, Geld und Geld.

Herr Blumenthal wird mit seinen letzten Neuheiten dieses wichtige Utensil schwerlich erwerben. Der »Freund

der Frauen« rief in der Kritik und im Publikum keine
namhafte Aufregung hervor; Dora Duncker hatte dieses
nicht mehr völlig neue Dumassche Werk unnötigerweise
bearbeitet. Und mit dem Schauspiel »Das eigne Blut« von
Fedor von Zobeltitz war gleichfalls nicht viel zu machen.
Man kennt das Stück in Breslau, wo es schon im vorigen
Theaterjahr gespielt wurde. Fast interessanter als seine
Stücke ist hier die Persönlichkeit des Autors und seine
Stellung in der Berliner Presse. Herr von Zobeltitz – wenn
ich nicht irre, ehemals Offizier – ist von einer ungewöhnlich fesselnden Liebenswürdigkeit. Chevaleresk, ohne
Schneidigkeit zu markieren; freundlich ohne Zudringlich-
keit; diskret, ohne zugeknöpft zu sein; dabei von einem
gewissen durchleuchtenden Wohlwollen. Darüber vergißt
man ihm hier fast seine Dramen. Er hat kaum einen persönlichen Gegner in der Berliner Schriftstellerwelt, und
als jetzt sein jüngstes Stück aufgeführt wurde, zeigte sich
die Beliebtheit, die er allenthalben genießt, indem die erste Garnitur der Kritik nicht ins Theater ging, um ihn am
nächsten Morgen nicht mit Druckerschwärze kränken zu
müssen. So hatte er zwar den Nachteil, von diis minorum
gentium rezensiert, aber auch den Vorteil, von minder
maßgebenden Personen getadelt worden zu sein; und das
ist immer annehmbarer als ein Todesurteil durch Autori-
täten. So mannigfach sind hier die Formen der Liebenswürdigkeit, die man willkommenen Erscheinungen gegenüber an den Tag legt. Auch in der Nichtbeachtung, im
Verschweigen liegt unter Umständen eine große Bevorzu-
gung. Ich habe bereits erwähnt, daß das Stück in Breslau
wohl bekannt ist, und aus diesem Grunde werde ich darüber nichts sagen.

Leider kann ich auch über manches andere heut noch
nichts sagen, weil bei der noch immer herrschenden Ereig-
nisarmut selbst die Phantasie eines in Bernau ansässigen
Schriftstellers versagen würde. Meine Androhung eines
längeren Briefes halte ich also bis auf weiteres für die nächste Zukunft aufrecht. Vielleicht bekommen auch wir einmal Kaisertage.

29. November 1896

An dem Sonntagvormittag, an welchem diese Zeilen erscheinen, wird in Berlin ein, sozusagen, literarisches Ereignis stattfinden. An diesem Vormittag wird eine Komödie
gespielt werden, betitelt: »Die Fahnenweihe«. Aufgeführt
wird sie durch eine eben gegründete dramatische Gesellschaft, an deren Ruder diesmal nicht nur Bruno Wille sitzt,
der geheiligte Vereinslöwe und Sektentiger, sondern zufällig auch Sudermann, Hartleben und noch einige. Ob der
Bühnenerfolg mittelstark oder stürmisch sein wird, ob es einen großen Skandal gibt: das ist nicht zu entscheiden. Eins
aber steht fest: daß mit dieser Aufführung eine neue literarische Gestalt auf den Plan tritt. Nur der engeren Gemeinschaft der Kenner ist dieser Schriftsteller bis jetzt bekannt
gewesen; und vielleicht hält er es mit der »lustigen Person«:

> Er wünscht sich einen großen Kreis,
> Um ihn gewisser zu erschüttern.

Wie die Dinge in Deutschland liegen, ist ein Theatererfolg in Berlin, nur eine Aufführung in Berlin, mehr als alles
geeignet, einen Autor bekannt zu machen. Trotz aller Ab-
leugnungen und bedeutungsloser Ausnahmen herrscht bei
uns das Zentralisationsprinzip in literarischen Dingen. Ein
Dramatiker kann durchfallen; er braucht dabei bloß eine
ausgeprägte Physiognomie zu zeigen, und es nützt ihm zur
Verbreitung seines Namens mehr als zwei durchschnitt-
lich-gute Büchererfolge. Die ausgeprägte Physiognomie ist
diesmal vorhanden; und so wird der Verfasser der »Fahnenweihe«, der jetzt nur Zeitschriftenlesern bekannt ist,
von Sonntag ab dem großen Heer der steuerzahlenden
Staatsbürger bekannt sein.

Ja so! Ich vergesse fast, den Namen zu nennen. Also:
Josef Ruederer; etwa dreiunddreißig Jahr alt; ganz unzwei-
felhaft gebürtiger Baier; lebt in München oder auf Reisen;
verehelicht; ist vor kurzem nach Berlin gekommen, die
Proben seines Stückes zu sehen; knochiger, mittelgroßer
Mann mit grauen eindringlichen großen Augen, darinnen

frische Festigkeit liegt und etwas wie Verwegenheit, aber
keine spielerische; Temperament: anscheinend cholerisch.
Alles in allem der wohltätige Eindruck eines nicht eben zim-
perlichen Vollmenschen. Hoffentlich bleibt er nicht lange in
Berlin. Sonst wird er sich der Züge zu bewußt, die ihn von
der hier ansässigen großen Schar ausgemergelter Poseure
scheiden.

Aber vielleicht könnte er in Berlin noch Selbstzucht lernen. Ich weiß über seinen Entwicklungsgang nichts. Doch
er tritt spät hervor, und für sein Alter bietet er eine nicht
sehr fertige Kunst. Als Maupassant nach vielen heimlichen
Versuchen plötzlich mit der Boule de Suif herauskommt,
ist es etwas Fertiges. Etwas so Fertiges, daß der getreue
Flaubert sofort von einem chef-d'œuvre reden kann und
in einem der reizvollen Briefe seinem lieben, verhätschel-
ten Guy feierlich zuruft: »Oui! jeune homme! Ni plus,
ni moins, cela est d'un maître.« Man wird bei Ruederer
eine so reife Kunst, die abgestimmte Kunst der gebändig-
ten Kraft, nicht finden. Aber man wird sie nicht immer vermissen. Das Überschüssige dieses Temperaments macht
einen Teil seines Reizes aus. Und das Temperament spielt
ihm dort keinen Streich, wo es am gefährlichsten werden
könnte: im Humor. Ruederer ist hier kein Polterer, sondern ein Betrachter. Er ist keine Giftspritze, sondern er
zeigt heiter überlegen, wie die Dinge geschehen; er gibt
die menschliche Komödie, ohne selbst ein Urteil zu fällen,
dem Urteil der anderen preis. Hier ist er ganz reifer Mann.
Wie aber jeder Humor auf einem Kontrast ruht, so besteht
hier der wundervolle Gegensatz gerade zwischen der Ruhe
der Darstellung und der moralischen Schändlichkeit des
Dargestellten. Das ist zum Schreien entzückend. Mit vollem, selbstverständlichem Recht wies der Dichter, als er die
»Fahnenweihe« drucken ließ, die Pflicht des Moralisierens
von sich. Er berief sich zur Verteidigung auf den Ariost,
auf den Aristophanes, auf den Plautus. »Im Pseudolus von
Plautus besteht die ganze Gesellschaft aus Kupplern und
Betrügern; einer sucht den anderen in Schlechtigkeit zu
überbieten, und alle finden darin ihre Ehre, ohne daß auch

nur mit einem Worte die Unsittlichkeit dieses Treibens ge-
rügt wird.« Daß man das heute noch zu sagen braucht! wo
das Goethewort »Bilde, Künstler, rede nicht!« allmählich
erfaßt worden ist und wo unsere Besseren längst als natur-
echter erkennen, nicht die Moral von der Geschicht' zu geben, sondern bloß die Geschicht'; wie einen wirklichen
Weltausschnitt, in dem ja auch die Moral nur »drinliegt«
und nicht gepredigt wird.

Ruederer sitzt ungerührt über seinen Schuften, Halunken, Lumpen, Feiglingen, Schwachköpfen und Bestien. Er
lächelt hinunter, aber ohne zu grinsen. Er ist ein kraftvol-
ler Mann, er kennt die Welt, und er weiß: es wird nicht anders. Da muß man die Dinge schon von der ergiebigsten
Seite nehmen, von der komischen, die sie für einen Un-
beteiligten auf die Dauer gewinnen, wenn er sie in dem
Rahmen von Sittlichkeit, höherem Menschentum und
sonstwas sich munter vollziehen sieht. Das ist wirklich
zu komisch. Wenn der freundliche Arthur Schopenhauer
meint, daß die Menschen, »im ganzen genommen, nicht
zu den Leuten gehören, welche bei näherer Bekanntschaft
gewinnen«, so wird ihm Ruederer vielleicht beistimmen.
Es ist in unserer Zeit begründet, daß er verhältnismäßig
früh und klar zu seiner Anschauung kommt; er lebt in der
Zeit der verschärften Analyse und in der Zeit jener verschärften Kämpfe, welche den Charakter nach mannigfa-
cheren Seiten bloßlegen. Schließlich ist noch kein echter
Dichter von Menschenverachtung frei geblieben, und wer
etwa jetzt die fesselnden Konstruktionen des jüngsten
Shakespearebiographen Georg Brandes verfolgt, der wird
die Periode, die von »Troilus und Cressida« über den »Co-
riolan« zu dem furchtbaren »Timon« führt, nicht ohne
doppelt tiefen Anteil durchschreiten können. Allerdings
ist das eine späte Periode, und der Dichter wandelt bereits
dem Ausgang entgegen. ...

In einem Hochgebirgsort, nicht weit von München, lebt
ein Posthalter. Ein Mann in den besten Jahren mit einer Frau
in den besten Jahren, einer stattlichen üppigen hübschen
Posthalterin. Die hübsche Frau unterhält unzarte Beziehun-

gen zu einem jungen, schwerreichen Münchener Groß-
händler namens Rettinger. Der Gatte ist im geringsten nicht
eifersüchtig. Es spielt sich die Komödie ab, die Heine so
knapp zu skizzieren weiß: »Derweilen auf dem Lotterbette
mich Lauras Arm umschlang – der Fuchs, ihr Herr Gemahl,
aus meiner Bux stibitzt' er mir die Bankbillete.« Das vollzieht sich hier in der schonenden Form, daß der wackere
Posthalter mehrere Augen zudrückt und dafür das Portemonnaie des Herrn Rettinger immer offen findet. Rettinger
gibt ihm das Geld, ein Findelhaus zu bauen und der Gemeinde zu »schenken«; durch die Schenkung, eine Grund-
stücksspekulation, hofft der Posthalter ein Vermögen zu er-
gaunern, mit dem er sich zur Ruhe setzen kann. Die
Posthalterin ist mit dem Plan dieser ehrenvollen Pensionie-
rung sehr einverstanden, aber die hübsche Frau hat nicht nur
einen Blick für das Nützliche, sondern auch für das Angenehme; so unterhält sie zugleich freundschaftliche Beziehungen zu ihrem Knecht, einem bäuerlichen hübschen
Stutzer. Diese Idylle ist der Mittelpunkt. Um sie bewegen
sich Dörfler und Städter in Massen, prachtvoll genrehafte
Erscheinungen, alles Menschen, in denen die menschlichen,
allzu menschlichen Triebfedern nicht minder lieblich bloßgelegt sind und von denen jeder mit der ganzen schlauen
Energie der bête humaine um nichts als seinen Vorteil
kämpft. Bismarcks sarkastische Worte »Diese süddeutschen
Naturkinder sind sehr verderbt«, die er von den Österrei-
chern sprach, fallen dem Betrachter dieser Komödie ein; es
ist ein wundervoller Zug in ihr, daß bei der Feier der Fahnenweihe Transparente angebracht sind mit der Inschrift:

> Nicht viele Worte machen wir,
> Wir heißen Euch willkommen hier,
> Und geben schlicht, ohn' Falsch und Spott,
> Nur unser biederes: Grüß Gott!

Diese ruhige Entlarvung der gebirglichen Biederkeit, die
ja weit weniger ländlich-sittlich als ländlich-schändlich ist,
bildet einen der erquicksamsten und lustigsten Punkte dieser humorreichen Komödie. Im übrigen verläuft sie so, daß

in das ganze Heer von schlauen Halunken eine Spaltung
kommt, weil einigen von ihnen das Haberfeldtreiben angekündigt wird. Von ihnen wenden sich, voll gesellschaftlichen Abscheus, die anderen Dorfgauner ab, denen es zufällig nicht angekündigt wird. Als aber dann auch bei ihnen
getrieben wird, darf man dieser Art Justiz um Gottes willen
keine Geltung zugestehen: demonstrativ vereinigen sich
die Pharisäer unter Führung des hochwürdigen Pfarrers
mit der schlimmsten Gruppe der Banditen, die eben noch
tief verfemt war, und alle umschlingt ein harmonisches bie-
deres Band – bei der Fahnenweihe, deren Mittel von Herrn
Rettinger stammen.

Was Ruederers Schaffen bedeutsam macht, ist, daß er die
Menschen nackt sieht. Die Seelen, losgelöst von Leibern
und Kleidern. Hier steckt, bei allem Unfertigen seiner
Werke, eine Art Ewigkeitszug; und der erhebt ihn mit einem Schlage über das ganze Heer unserer gegenwärtigen
Humoristen. Menschenverachtung ohne Menschenhaß ist
ihm zu eigen. Er bietet – was höher zu bewerten ist als die
sogenannte soziale Satire, welche mit zeitlichen Einrich-
tungen steht und fällt – Menschensatire. In einer seiner
epischen Skizzen* zeigt er so einen knurrigen, unzufrie-
denen Subalternbeamten, der an einem unbedeutenden
äußeren Geschehnis, dem Diebstahl eines »Gansjungs«
(münchnerisch für Gänseklein) seinen Anteil nimmt: ge-
dankenlos, mit der wütenden Neigung, sich dreinzumi-
schen und wichtig zu machen, fortwährend schwankend,
dumm und charakterlos vor den Ereignissen. Es ist bezeichnend für Ruederer, daß in das komische Tohuwabohu
dieser Marktskizze zwei Leichen hineinspielen: die beiden
hauptbeteiligten Frauensbilder, die Geflügelhändlerin und
die noble Diebin, verüben mitten unter allem Radau
Selbstmord. So spannt er oft und mit ausgesprochener Neigung Komödie und Tragik zusammen, und für eine Mit-
telart zwischen beiden, für das Schaurig-Groteske, hat er

---

*Vereinigt unter dem Titel »Tragikomödien« und (wie alle seine
Werke) bei Georg Bondi in Berlin erschienen.

einen liebevollen Blick. Er schildert eine Hinrichtung. Die
ganze Skizze hat keinen andern Zweck, als das sehnsüch-
tige Grauen und die peinigende Wollust klarwerden zu lassen, die ein bestimmter Mensch als Zuschauer gegenüber
dem Prozeß des Köpfens empfindet. Oder er führt in einer
langen Dorfnovelle einen Totengräber vor, der auf Freund-
schaftsfuß mit dem »Herrn Meier« steht, einem also benannten Skelett, welches mit Zylinderhut, Glacéhandschu-
hen und einem Großvaterfrack bekleidet ist. Ein tierischer
Mensch, der schreckliche alte Vater des Totengräbers, erinnert etwa an Victor Hugosche Gestalten. Reihenweise
taucht tierischer Haß zwischen Vätern und Söhnen auf. Es
ist nicht ohne starke und gewissermaßen überzeugende
Wirkung, wenn dieser Totengräber Friedl, der nach Einsamkeit lechzt, zu seinem knochigen Freunde spricht:
»Meier, Meier, jetzt geht a neu's Leben an! Jetzt san wir allein. Und allein muß man bleiben auf derer Welt, alles andere ist vom Übel.« Aber nicht immer ist er überzeugend,
und dieser Friedl, dessen Züge wie durch ein Vergröße-
rungsglas gesehen werden, weckt trotz des Dialekts oft das
Empfinden, vom Dichter grotesk-pathetisch erträumt,
nicht naturalistisch angeschaut zu sein. Ruederer ist nicht
berechnet, aber unleugbar ist bei aller draufgängerischen
Naivetät manches ein bißchen hergerichtet. Jetzt wollen
wir im Grotesken schlemmen, sagt er sich; und niemand
wird finden, daß er zu schwach aufträgt. Nicht innerhalb
eines Rahmens und im Verlauf eines Bildes treten schauerliche und groteske Elemente auf, sondern das ganze Bild
hat zum Hauptzweck das Groteske und das Schauerliche.
Die Wirkungen sind zu sehr ad hoc, zu direkt, zu absichtlich. Ein Gottfried Kellersches Prinzip fehlt. Ruederer
springt dem Leser ins Gesicht.

Und doch: man fühlt, er braucht sich in mancher Hinsicht nicht in die Stimmung zu versetzen, er empfindet
so. Etwas Gespenstisches, Halbwahnsinniges ruht oft auf
dem Grunde seiner Kunst. Etwas Düsteres, Dämonisch-
Schmerzliches, Drohend-Verzweifeltes. Nicht bloß den
Totengräber zeigt er, wie einen Verzückten durch das däm-

mernde Dorf rasend, auch seinen Lehrer Gatti, den unglücklichen Helden des Romans »Ein Verrückter«. Auch
dieser Lehrer liegt im tödlichen Kampfe mit den Dorf-
bewohnern. Vor allem aber mit der Geistlichkeit, die seine
Behörde ist. Die Schwarzen richten ihn zugrunde, sein Leben, sein Glück, seine Geliebte. Und in furchtbarer Qual
und Geladenheit wird der Mann gezeigt, bis zu dem Augenblick, wo er sich als ein Tier auf den geistlichen Peini-
ger stürzt, als alles vorbei ist, und ihn blau würgt, um dann
in die Schlucht zu springen. So, wie der Totengräber zur
Erlösung von sich selbst und von den Menschen in den
Gießbach rast. Dieser Roman, mit der etwas naheliegen-
den antipfäffischen Tendenz, ist weniger »ewig« als manches andere, was Ruederer geschrieben hat; aber die brausende ungeschlachte Darstellung dieses starken und
temperamentsheißen Künstlers reißt über vieles fort, und
Gestalten vom lebendigsten Leben handeln, leiden und
sterben darin. Ins rein Humoristische, Humorhafte gewandt ist das antipfäffische Element in der hübschen Geschichte von Linnis Beichtvater, welche die Beziehungen
eines vollsaftigen Münchener Mädels zu ihrem Priester
gaukelnd vorführt. Am größten aber ist Ruederer in dem
seltsamen, traumhaften Gemälde vom Hochzeiter und der
Hochzeiterin. Es ist wie von einem erinnerungs- und wein-
trunkenen süddeutschen Rubens gemalt. Ein wunderseli-
ger Wirbel, eine heiße, sommerliche Tanzsymphonie, voll
Jugend und Lachen und Tollheit und jungen Schmerzen,
ein wilder Reigen der Lust und des Entsagens, ein Traum
von Küssen und stürmischen Stunden und leuchtender
Pracht und blühenden Menschen und Versunkenheit. Allein dieses Schlußkapitel stellt ihn für mich in die erste
Reihe unserer gegenwärtigen Könner und Empfinder.
Wenn er gar nichts anderes geschrieben hätte, man müßte
sich den Namen merken: Josef Ruederer.

25. Dezember 1896

FLÄMISCHE TRÄUMEREI

»Die Weihnachtsglocken klingen leise«. Wenn ich doch wüßte, wo ich das gelesen habe. Ach ja, auf der Rückseite einer Photographie, die ich mal bekam. Jedenfalls: Die Weihnachtsglocken klingen leise. Drüben, in der Potsdamer Straße, werden, wie alljährlich, die Einkäufe für das fröhliche Christfest besorgt und Taschendiebstähle verübt. Während die weißen Flocken niederfallen (sie fallen gar nicht, und unten liegt der schmutzigste Schmutz!) – während die weißen Flocken friedlich niederfallen, schweift das sinnende Gemüt aus dem weißen, winterlichen Norden in sonnigere Gegenden. Sommerliche Tage tauchen auf, die Seele beginnt zu träumen. Des Kontrastes wegen wär' es am wirksamsten, wenn sie von Italien träumte. Der ewig lachende als auch unumwölkte sowie fernerhin tiefblaue Himmel. Der pittoreske, als auch malerische, als auch farbenprächtige, als auch bunte Anblick der Häuser und Straßen und Bewohner. Und so weiter. Aber wenn man sich einmal streng vorgenommen hat, von Flandern und Brabant zu träumen …!

In Flandern und Brabant liegen die beiden Städte Brüssel und Brügge. In den letzten Tagen dieses Sommers war ich dort. Es war entzückend. Bei allem, was man sah, hatte man die zweifellose Empfindung, daß es ganz flandrisch und brabantisch sei. Ein großer Franzose begab sich auf Anraten des Arztes auf vier Wochen in die Schweiz, und von dort schrieb er seiner Freundin George Sand, »er langweile sich zum Krepieren« (que je m'y embête à crever). Er fügte hinzu: »Ich bin kein sogenannter Naturmensch und besitze kein Verständnis für Länder, die keine Geschichte haben. Ich würde alle Gletscher für das Vatikanmuseum geben. *Dort* träumt man.« Es war natürlich Flaubert. Dessen Briefe beiläufig jeder Künstler in jeder schlimmen Stunde lesen sollte, zur künstlerischen Kräftigung und zur Aufheiterung des Gemüts. Etwas von diesem stark historischen Sinn und von der ewigen Gelehrsamkeit besitzt jeder Kulturmensch und Literatus. Zwar nicht so übertrieben wie der Meister Gustav. Aber man verknüpft selbst die schönsten Gegenden gern mit Bildungselementen, und der zarteste Ausläufer dieses Zustands ist es, wenn man auf dem wundersam waschblauen Gardasee zum erstenmal spazierenfährt, etwa von Riva nach Gardone, und in aller Hingerissenheit sich ertappt, daß man leise summt: »Kennst du das Land, wo die Zitronen blühen.« Text von Goethe, Musik von Beethoven.

Also in Flandern und Brabant liegen die beiden Städte Brüssel und Brügge. Ich weiß noch, wie der historische Sinn schwand, als ich in Brüssel gleich nach der Ankunft auf die breiten herrlichen Boulevards kam und frühstückte, während Scharen von sehr gesunden, aber nicht uneleganten Menschen vorbeiwogten; oder gleichfalls frühstückten. Hier war die blühende Gegenwart. Hier war das Leben. Ich ließ die Geschichte Geschichte sein und Gott einen guten Mann und äugte nach den Vorübergehenden. Es war herrlich, die Sonne schien, und alles lachte vergnügt.

Dann aber lief ich doch gleich ins Palais des Beaux-Arts – bergauf über steile Straßen, an lockend eleganten Geschäften der Montagne de la cour vorbei, zu Gottfried von Bouillon sandte ich nur einen mißliebigen Blick, denn er posierte mir zu sehr auf seinem steinernen Pferd – und dann stand ich unter allen den unsagbar prachtvollen Gemälden der flämischen und holländischen Schule. Zittern Sie nicht, Leser, es wird keins beschrieben. Ich lechzte nach Peter Paul Rubens, denn mein barbarischer Geschmack geht auf diesen einzigen Maler des selig blühenden Lebens; die lächelnden, trunkenen, runden Äuglein seiner holden Frauen sind von einer schier komischen Allgewalt. Das war ein Fest; hier konnte man schmausen; und alles, wie gesagt, war ungemein flämisch, sehr flämisch, höchst flämisch. Nur flüchtig sei erwähnt, daß sich hier von Dusart eine »holländische Kirmes« befindet, nach der, wenn mich nicht alles trügt, unser Ludwig Knaus sein vielbekanntes Gemälde »Wie die Alten sungen« gearbeitet hat.

Wer Böcklins unsterbliches Susannenbild liebt, kann es hier
mit einem von Jordaens vergleichen, auf dem die über-
raschte Susanna nicht eine weiße, ängstlich zarte Israelitin
ist, wie bei dem genialen Schweizer, sondern eine stramme,
gesegnete, gesunde und, bei Gott, imposante Flamländerin.
Der moderne Meister legte wohl das Gewicht auf den
weltberühmten Spiritualismus des hebräischen Volks; der
ältere Künstler jedoch betrachtete Susanna als Cousine der
Makkabäer und gab ihr die entsprechenden Formen. Auch
dieses Bild ist sehr flämisch, höchst flämisch, ungemein flämisch. Der Leser wird überzeugt sein, daß er hiermit einen
erschöpfenden, abschließenden und genauen Einblick in
das Palais des Beaux-Arts bekommen hat.

Der geschichtliche Sinn war in diesem Gebäude geweckt
worden; er war fürder nicht zu bändigen. Hoch oben, wo
die Regentschaftsstraße auf eine Art Gipfel gelangt, hinter
dem die Welt zu Ende ist – hoch oben, akropolisgleich,
liegt ein koloßartiger Palast. Er dient der Justiz. Dieser Palast ist dem Betrachter sehr gleichgiltig. Aber wenn er an
eine steinerne Rampe getreten ist, sieht er in der Tiefe die
Stadt Brüssel liegen, die älteren, kleinstädtischen Partien,
enge Gassen, Häuser und Häuserchen mit braunen und
rötlichen Dächern – und sofort erwacht in dem der Gedanke: wo mag Klärchens Haus liegen? Er weiß genau, daß
Klärchen nie gelebt hat. Er weiß, daß der wahre Egmont
verheiratet war und elf Kinder besaß (nicht auszudenken!)
und daß er nur deshalb Oranien nicht folgte und bei seinen
aufständischen Landsleuten blieb, weil er kein Geld hatte,
außerhalb zu leben. Trotzdem – wo mag Klärchens Haus
liegen! Durch welche dieser alten, kleinen Straßen mag Egmont vermummt zu ihr geschlichen sein! Wo ist das Fenster, an dem sie saß und Garn wickelte und sang: »Die
Trommel gerühret! Das Pfeifchen gespielt!« Und wo liegt
der Markt, auf dem er dann »mit der Frühe des einbre-
chenden Morgens« vor dem Angesichte des Volkes »zur
Warnung aller Verräter mit dem Schwerte vom Leben zum
Tode gebracht« ward?

Eines Mittags wurden diese Empfindungen mit unwi-

derstehlicher Stärke in mir wach. Am Abend sollte auf
jenem alten Marktplatz die Stadtkapelle spielen. Ich beschloß hinzugehen. Aber bis zum Abend war noch viel
Zeit. Der historische Sinn in mir gärte; er verlangte indes
ein Opfer. Man riet mir dringend, den historischen Brunnen »Manneken-Pis« anzusehen. Die Brüsseler schworen
Stein und Bein, kein Fremder reise ab, ohne diese geschichtliche Denkwürdigkeit kennengelernt zu haben.
Vorher schon hörte ich immer den seltsamen Namen aus-
rufen: in den Boulevard-Restaurants boten Straßenverkäu-
fer den Fremden kleine Bleifiguren feil, welche also be-
namset waren. Ich fuhr also hin und versah mich in der
Buchhandlung von Cavelle mit einer Flugschrift, welche
Aufklärung über den Brunnen geben sollte. Daraus ent-
nahm ich, daß im Jahre 1143 in der Nähe von Ransbeck eine
Schlacht stattfand zwischen den Brabantern und ihren
Feinden aus Mecheln. Um den Mut der Brabanter Soldaten zu heben, bestand einer von den Rittern, nämlich
Arnold von Crainheim, darauf, durch die Gegenwart des
kleinen Herzogs auf dem Schlachtfelde die Soldaten zu
begeistern. Die junge Mutter, voll Angst um das Leben
ihres Kindes, gab den Bitten des Ritters dennoch nach. Die
Wiege des jungen Herzogs, von der Brabanter Fahne um-
weht, wurde in den Zweigen eines Weidenbaums befestigt.
Der Anblick der Wiege entflammte alle Herzen, und nach
einem blutigen Kampfe blieb der Sieg den Brabantern …
Das alles hatte mit dem Brunnen noch gar nichts zu tun!
Jetzt aber kam es. Die Flugschrift erklärte in wörtlicher
Darlegung: »Etwas ganz Natürliches ereignete sich während der Schlacht. Aus der aufgehangenen Wiege sah
man – – –. Bei diesem Anblick rief einer der Soldaten der
Wache aus: het Manneken –. Was alle Anwesenden zum
Lachen brachte. Die Brabanter errichteten einen »Spring-
brunnen zum Andenken an dieses Ereignis, welches zu
dem Gewinn der Schlacht beitrug«. Meine angeborene
Schamhaftigkeit hat mich Gedankenstriche einsetzen lassen, wo der Verfasser der historischen Notiz seinem freien
flämischen Empfinden keine Schranken auferlegte. Jeden-

falls sah ich den Brunnen, der sehr sinnreich und sehr witzig angelegt ist; und während ich die modellierte Gestalt
des Männchens oder Mannekens gerührt betrachtete, fuhren Hotelequipagen und Droschken vor, hielten, und
fürstlich gekleidete Damen stiegen aus, Amerikanerinnen,
Pariserinnen und Skandinavierinnen mit ihren Gatten,
und alle besahen mit vorgehaltenem langgestieltem Lor-
gnon das Manneken, lachend und sich halb abwendend,
und die Londonerinnen sagten: »shocking, aoh!« und sahen es gleichfalls an.

Ich ging dann in das Riesenatelier, das die Riesenschöp-
fungen eines Riesenmalers birgt: des Anton Wiertz. Denn
mein historischer Sinn tobte noch. Die Schlacht bei Ransbeck war gar nichts. Ich wollte diesen Giganten kennen-
lernen – und hier wird in Wahrheit jedweder Besucher erschüttert. Nach zwei Minuten hatte ich die kolossalische
Empfindung: Berlioz. Das war wirklich eine Seelenver-
wandtschaft, wie sie nicht häufig ist; das war ein Berlioz
auf Leinwand. Oft ins Grenzenlose schweifend; oft wie
ein Stentorsänger, dessen Stimme sich überschlägt vor
übergewaltiger Kraftbestrebung: – aber doch ein ganzer
Kerl; ein ganzer, titanischer Kerl! Wieder fand ich Spuren, die zu meinem lieben Rubens führten. Daneben etwas Danteskes, etwas Schauerlich-Großes; Ideenmalerei,
viel Skizziges; aber ein Mensch, der über das Bereich der
Menschlichkeit hinausgreift; Höllenstürze, Gespenster,
dämonische Menschen, Riesenkreaturen, faustisches Streben, manfredgleiches Grübeln, Sehnsucht und höhnisch-
gellende Satire. Aber noch einmal: ein ganzer Kerl, ein
titanischer Kerl.

Es war wieder mal Abend geworden. Müde und tief-
erfüllt von so tollen Eindrücken, stieg ich die bergigen Straßen Brüssels hinauf und hinab. Dann eine Wagenfahrt, zur
Abkühlung, durch die vornehm hübsche Avenue Louise,
wo die Villen der belgischen Aristokratie im Dämmer lagen, von Fliederduft schwer umhaucht. Eine kleine Rund-
fahrt im bois de la Cambre, das viel friedvoller ist als der
Berliner Tiergarten, dann zurück. Die Laternen waren

längst angesteckt. In allen Läden, den glänzenden, appetit-
lichen und nicht zu teuren Brüsseler Läden, herrschte eine
ungewöhnliche Regsamkeit. In allen Schaufenstern lock-
ten tausend Kinkerlitzchen – besonders Juwelen, die weit
geschmackvoller gefaßt und hergerichtet sind als in Berlin.
In vielen Schaufenstern hingen Zettel mit der aufmuntern-
den Inschrift: »Fêtez Marie!« – »Fêtez Marie!« Ein seltsamer Zufall wollte es, daß mir dieser Name während der
Dauer des Monats August besonders teuer war – allerhand
Erlebnisse während der Dauer des Monats Juli knüpften
sich daran. Ich ging in eins der Geschäfte und fragte höf-
lichst, was die Aufforderung, Marie zu feiern, bedeute. Der
Herr sagte mir, in Belgien werde der Namenstag gefeiert,
nicht der Geburtstag; da aber der Marientag nahe sei und in
jeder Brüsseler Familie mindestens ein Mitglied Marie
heiße, ergebe das einen großen Geschäftsaufschwung; die
Bevölkerung werde durch Plakate gemahnt, kräftig zu kaufen. Ich kaufte ein kleines Fläschchen Parfüm – peau d'Es-
pagne hieß es, ich weiß es noch heute – und dachte im
Hinausgehen: fêtez Marie! – fêtez Marie!
   Indessen war ich in eine enge elende Gasse gekommen.
Ich fand endlich einen Ausgang – und siehe da, ich war
plötzlich auf der Grande Place; das ist der Marktplatz, auf
dem Egmont hingerichtet wurde; er, welcher das süße Leben, die schöne, freundliche Gewohnheit des Daseins und
Wirkens so sehr liebte. Aber ich dachte nicht mehr an Egmont. Nicht an Goethes und nicht an den historischen. Etwas Zauberhaftes geschah vor meinen Augen. In mir schrie
etwas: Du bist wieder in Venedig! in Venedig! Und auf dem
Markusplatz spielt im Mondschein die banda municipale!
In der Mitte des Platzes nämlich war die Stadtkapelle in einem Holzpavillon aufgestellt und blies und geigte. Die
Brüsseler und Brüsselerinnen, herrliche, lockend-gesunde
und ziervolle Gestalten spazierten in schwarzen Scharen
auf und ab, auf und ab; ringsum standen, auf allen vier Seiten des Marktes, die wundersamsten alten Gebäude, mit
Architekturen wie Zuckerguß und Gold und Elfenbein, das
Schönste und Erlesenste und Gotischste, was man sich in

seltnen Träumen vorstellt, alles halb in schweigendes Dunkel, halb in bläuliches Mondlicht getaucht. Dieses Mondlicht aber kam von zwei ungeheuren elektrischen Ampeln, die in schwindelnder Höhe über dem seltsamen, gespenstigen und vertrauten Platz an einer Drahtschnur hingen. Die Melodien rauschten, und die wundervollen Leute mit den ausdrucksvollen, bald ernsten, bald lieblichen Gesichtern gingen auf und ab, auf und ab. Ich ging mit ihnen auf und ab. Und ich äugte wiederum nach jedem Antlitz, unter jeden Hut. Die Mahnung »fêtez Marie!« aber hatte ich bereits vergessen.

Die Erinnerung an diesen Abend ist zu schön, als daß ich mich entschließen könnte, heut noch Brügge zu schildern, welches in der Provinz Ostflandern liegt und einstmals ein Stapelplatz der englischen Wolle und ein Welthandelsort gewesen sein soll. Heut ist es still; es heißt Bruges la morte.

1897

»Brekekekex ... es riecht nach Frühling.« Dieser Ruf eines guten Geistleins gilt jetzt für Berlin. Hier riecht es nach Frühling. Zwar soll diese Stadt am besten riechen, wenn sie gar nicht riecht. Gewiegte Kenner haben das mit träumerischem Kopfnicken behauptet. Aber der Leser möge mir glauben, daß es eine gemeine Verleumdung ist. Gewiß, es gibt hier auch in der wärmeren Jahreszeit Käsegeschäfte. Gewiß, die Pferdewurstläden sind häufig und die Gerbereien bei Gott nicht selten. Gewiß, es befindet sich allezeit, auch im Lenz, eine große Zahl geknickter Eier in der Hauptstadt des deutschen Volkes; und sparsame Hausfrauen machen daraus einen gelben, bildschönen Napfkuchen, wenn Erna ihre Freundinnen zum Kaffee einladet. Aber diese Gerüche stören nicht. Am wenigsten jetzt, wo die Hitze nicht allzugroß ist. Wo bloß jene unbeschreibliche Luft gefühlt wird, die alle, alle ein bißchen glücklicher macht. Und die Panke ist ja ein Mythus.

Es riecht nach Frühling. Am Vormittag geht jeder bessergestellte Mensch, er sei edel oder unfrei, gern irgendwo spazieren. Wer im Osten wohnt, wandelt jetzt entzückt durch den Friedrichshain, wo es bei so sonniger Tageszeit nur selten Messerstiche und Keile gibt. Die vierjährigen Kinder aus dem Berliner Zentrum lassen sich von ihren Dienstmädchen in den Lustgarten treiben und machen das Denkmal Friedrich Wilhelms III. voll. Mit Wurstschalen und Brotrinden natürlich. Wer aber im Westen haust, der zieht sich zartfarbige Handschuhe an, blaßcarmoisin, fährt in den neuen mausgrauen Paletot-Sack und schwebt die Potsdamer Straße entlang.

Zunächst schwebt er bis zur Brücke. Dort schweben von links her, aus der Viktoriastraße, aus der Matthäikirch-

straße, aus der Regentenstraße die lieben, hübschen Tiergartentöchter entgegen; zu zweien oder allein. Sie haben
namenlos wichtige Besorgungen zu machen. Deshalb eilen
sie auch so andante. Reizend sehen sie aus. Aber ihr Teint
richtet sich nach der Stunde. Um elf sind sie noch unleid-
lich. Um zwölf leidlich. Um eins lieblich. Jetzt ist es eins …
Die zweite Station, die man macht, ist am Leipziger Platz.
Wieder ein Treffpunkt. Wieder das kleine Liebesspiel, mit
Grüßen, Danken und fragendem Ansehen. Hie und da
spricht man zwei Worte. »Gut bekommen?« »Nicht verabschiedet.« »Dienstag Lichtensteinallee.« »Gestorben –
ach?« »Meistersingervorspiel.« »Grüßen Sie ihn.« »Brekekekex.«

Man atmet im Gehen tief die herrliche Luft. Sie trägt
einen beinahe. Und im Gehen hört man einen Leierkasten
die kleine Melodie von gestern abend spielen, nach der
man nicht bloß gestern getanzt hat, sondern diesen ganzen
Winter in allen Gesellschaften. Den Komponisten kennt
niemand; sie aber heißt La Tsarine. Seit zwei Balljahren
wird sie gespielt; aber in diesem letzten ist sie zur angebe-
teten, zur einzigen Lieblingsweise geworden. Wenn sie
nicht gleich ertönt, rennen die jungen Mädchen zu dem
Klaviermenschen und verlangen sie dringend. Es ist eine
Mazurka, aber man tanzt Walzer danach. Und hol mich
der Teufel, die Melodie ist entzückend, so banal sie sein
mag. Was Verwegenes, Wildes, wie wenn Locken um
heiße Wangen fliegen, spricht aus dem ersten Teil. Dann
steigen die Töne langsamer lächelnd empor, und ein viermal wiederholter kreischender Akkord mit vielsagenden
Fermaten bildet den Gipfel; jetzt aber geht alles in wie-
gende Grazie über, kokett und innig und stillvergnügt.
Diese Melodie hört man also von einem Leierkasten. Und
viele mausgraue Jünglinge trifft man im Paletot-Sack in der
Tiergartenstraße, wohin man längst durch die Bellevue-
straße nach schlechter alter Gewohnheit eingebogen ist.
Und viele Tiergartentöchter trifft man. Und alle atmen tief
die herrliche Luft und haben großen Appetit; und ihre Nü-
stern zittern nervös vor Frühlingswonne und Liebessehn-

sucht. Die eine aber trägt ein kleines Päckchen Tee in der
Hand, das sie bei Taen Arr Hee gekauft hat. Sie hat einen
geschlagenen Vormittag dazu verwandt. Aber jetzt ist ihr
das Tagewerk gelungen. Ja, diese Besorgungen rauben viel
Zeit. Und sie sind sehr anstrengend.

Nach Frühling roch es gestern in der Literarischen Gesellschaft. Im Frühling ist sie immer schlecht besucht, weil
die Leute bei gutem Wetter keine Lust haben, ein langes
Kaiserhofsouper einzunehmen. Die Gesellschaft zählt
hundertzwanzig Mitglieder, und es erschienen zum Beginn des Essens 3 (drei). Unter diesen dreien aber war Alexander Meyer. Sei es nun, daß er auf reichsdeutsche parla-
mentarische Gepflogenheiten noch immer nicht genügend
eingeschworen ist und vor solchem Grad von Beschluß-
unfähigkeit einen Abscheu bekam, sei es, daß ihn andere
Empfindungen übermannten: genug, er ging auf und davon. Einsam blickten die zwei Zurückgebliebenen einander ins treue Auge. Schließlich kamen doch noch vierzig
Esser. Sie erfuhren, was geschehen war, und riefen nun:
»Wehe, warum sind wir spät gekommen; unser Herz ist
betrübt, daß wir ihn verscheuchet haben.« Aber es half ihnen nichts. Mit Recht konnten sie sich ärgern, denn Alexander Meyer ist der beste Tischredner der Literarischen
Gesellschaft. Und oftmals hat er mit seinen schmunzeln-
den Worten, die Hände auf dem Bauch gefaltet oder heroisch die Arme über der Brust verschränkt, die Eßmitglieder
tief ergötzt. Am hinreißendsten war er, als er neulich auf
Spielhagen toastete, der neben ihm saß. Meyer fingierte,
Egmont zu sein, und redete seinen Spielhagen fortwährend
als Clärchen an. Immer im Wortlaut der Rolle. Da beide
über die Sechzig hinaus sind und Meyers Gestalt sich auch
von der Egmontschen Schlankheit in Einzelheiten unterscheidet, war die Wirkung überwältigend. Mit einer gelassenen Ruhe und mit unbeirrbar sanftem Ernst pflegt der
Abgeordnete seine Tischreden zu halten. Und wenn die
Hörer vor Lachen schwach werden, steht er da, ein Fels im
tosenden Meere, ungerührt und unwandelbar. Das erhöht
seinen Zauber. Wenn wir ihn aber diesmal entbehren muß-

ten, wird er das nächste Mal die Gründe für sein Verschwinden so witzig darlegen, daß sich mancher schon jetzt darauf
freut.

Vielleicht hätte er, ach, sogar die politischen Vorgänge
der unmittelbaren Gegenwart in seinen ungehaltenen
Toast gezogen. Welche Fülle von Stoff bietet sich einem
Redner grade jetzt. In Berlin werden unendlich viel ehr-
furchtsvolle Glossen zu den letzten Reden und Kundge-
bungen gemacht. Die Stimmung, mit der mancher in die
ausgedehnte Jahrhundertfeier geht, ist nicht gerade festlich
zu nennen. Zwar die Schloßfreiheit ist gesperrt, und die
Omnibusse und Droschken und ihre Insassen werden am
nachdrücklichsten und am frühesten an den Centenarjubel
gemahnt. Aber das allein tut es wohl nicht. Dem alten lieben Kaiser, der in seiner Schlichtheit große Augen gemacht
hätte über den umfangreichen Pracht-Apparat, sind hier
die meisten in der Erinnerung herzlich zugetan – soweit
sich nicht in den sozialistischen Kreisen und bei den Un-
gezählten, die ihnen inoffiziell in Einzelheiten nahestehen,
eine verdammt kühle Anschauung Geltung verschafft. Ich
äußere hiermit keine Ansicht, sondern stelle eine beobachtete Tatsache fest. Es scheint in Wahrheit, daß dieses ganze
Volk von Berlin zunächst keine Veranlagung zum Feierlichen hat. Oder wenigstens, *diese* Feierlichkeit ist nicht ganz
nach seinen Wünschen. Woran liegt es? Ich weiß es nicht;
aber man kann die Äußerung dieser Tatsachen auf allen
Gassen hören. Liegt es an der weggelassenen Wahlurne?
Vielleicht. Wir bekommen einen Reichstag mit einer weggelassenen Inschrift, wir bekommen ein Einheitsdenkmal
mit weggelassenem Symbol, und wir bekommen dafür
eine Kirche mit einer überzähligen Inschrift: das verstimmt
auf die Dauer; besonders, wenn sich der Berliner, ein Mann
praktischen Sinnes, sagt, daß das alles zum Teil von seinem
Geld und sauren Schweiß beschafft worden ist. Der Provin-
ziale hat die Ehrfurcht, welche die Entfernung einflößt.
Der Berliner hat sie nicht. Er sieht die Dinge nicht bloß näher, mit minderer Glorie: er ist auch von vornherein kriti-
scher angelegt. Dazu kommen solche Erscheinungen wie

das Vorgehen der Universitätsbehörde gegen den sozialpoli-
tischen Adolf Wagner. Erscheinungen wie das Verbot sozialistischer Schriften in der Akademischen Lesehalle durch
Herrn Brunner, als ob die deutschen Studenten schafs-
dumme Bauernlümmel wären, denen man nicht einmal in
gewissem Sinne eine eigene Wahl der politischen Weltanschauung zutrauen dürfe; im Herauswählen dessen, was im
Sozialismus keimfähig ist, und am Abstoßen des Entgegengesetzten; als ob sie gleich mit Haut und Haar Sozialisten
würden, wenn man sie lesen ließe, was Millionen Herzen
der besten Deutschen heut bewegt. Das alles wirkt zusammen, sogar die mühsam verhehlte Blamage unserer Regierung in den kretischen Wirren kommt hinzu, bei denen wir
gar nichts zu tun hatten, aber mit Gewalt eine Gelegenheit
schufen, uns unpopulär zu machen: das alles wirkt zusammen, die Centenar- und Jubilarstimmung in Berlin verzweifelt niedrig zu schrauben. Vielleicht ändert sich's bis
zum Zweiundzwanzigsten. Wahrscheinlich ist es nicht, aber
doch möglich.

Es ist fast banal, darauf hinzuweisen, daß unsere Zeit, unsere kreißende Zeit, in der ein neuer Gott geboren werden
soll, eine gewisse Ähnlichkeit mit der Zeit großer Reli-
gionsstiftungen hat, etwa mit der Zeit vor der Geburt des
Jesus Christus. Und es ist sehr banal, erzählen zu müssen,
daß Herr Adolf Wilbrandt wieder einmal zu denen sich
gesellte, die eine solche Zeit nicht schildern können und es
doch mit ganz unzureichenden Mitteln sich unterstanden
hat. An dem Abend des Literarischen Soupers, wobei wir
den trefflichen Meyer vermißten, gab es, vorher, eine Darstellung von »Hairan« im Berliner Theater. So heißt Wilbrandts Erlöserstück. Es spielt einundzwanzig Jahre vor
Christi Geburt, führt aber auf eine wenig verschämte Art
den Heiland selber vor. Und Herr Sommerstorff, der Lieb-
lingsdeklamator kleinbürgerlicher berlinischer Jungfrauen,
spielte ihn in der Tracht und in der Haltung des Munkacsy-
schen Christus. Dieser Hairan liebt eine gewisse Lysilla. Das
heißt, er liebt sie nicht, aber doch ein bißchen. Er tötet das
Fleisch in sich ab, in schrecklichen Monologen. Lysilla aber

läßt sich von irgendeinem schänden, um die Rolle der bü-
ßenden Magdalena übernehmen zu können. Hairan wird
Prophet, heilt Lahme, das Volk brüllt »Hairan«, was wie
»Heiland« klingt, und schließlich wird er durch die Schuld
des Oberpriesters der Kybele getötet. Nicht gekreuzigt,
sondern gesteinigt; das ist Wilbrandts Feinheit. Der Unter-
zeichnete hofft, nicht prüde zu sein, und glaubt auch mit
heiligen Dingen weitgehende Experimente vertragen zu
können. Was aber hier geboten ist, geht über die Hut-
schnur; die Ausschlachtung einer großen ewigen Sache,
einer großen ewigen Persönlichkeit für die theatralischen
Zwecke eines unbedeutenden Dramatikers. Für einen Tan-
tiemenerfolg steht der Sohn des Joseph und der Maria
zu hoch. Das Ganze ist weniger ein Drama als eine Dreistigkeit.

2. Mai 1897

Alle Vögel sind schon da,
Alle Vögel, alle …

So spielte heut morgen, um halb neun Uhr, also zu
nachtschlafender Zeit, ein Infanterieregiment, das die Kurfürstenstraße entlangzog. Zuerst gab es etwa vierzig Takte
Trommelwirbel, was die Erwartung immer raffiniert spannt,
dann setzte die Musik schmetternd ein, »alle Vögel sind
schon da«. Bei Gott, es war kein Zufall, daß diese Melodie
gewählt war; denn es scheint gewiß, daß alle Vögel schon
da sind. Alle Fenster der Kurfürstenstraße standen offen,
die Bäume, mit denen ein Teil von ihr bepflanzt, verbreiteten einen wundersamen Maiduft (was unerhört ist, denn
die Geschichte spielt noch am dreißigsten April), und an
allen Fenstern erschienen Mädchen und Frauen, wovon
bloß die Dienstmädchen angezogen waren; die Herrinnen
aber und die Fräuleins trugen weiße Gewandung und hielten sich behutsam im Hintergrund.

Die Regimentsmusik hatte recht. Die Vögel sind schon
da. Auch alle Fliegen sind schon da; und abends, wenn man

auf irgendeiner Terrasse sitzt und den letzten Simplizissimus durchblättert, dieses schönste, weil frechste Witzblatt
in Deutschland, dann krabbeln junge Fliegen und Fliegeri-
che über die seltsamen, teils un-, teils sittlichen Bilder und
fallen dem jungen Mädchen, das zufällig an demselben
Marmortische sitzt, in die Schlagsahne. Die dummen Tiere
fliegen an die elektrischen Lampen und an den Hals des
Mädchens, sie benehmen sich ganz betrunken, denn sie haben einen Frühling noch nie mitgemacht, und sie ahnen
vielleicht, daß dieser der schönste ist, den es seit langer Zeit
an der Spree gegeben hat.

Es ist diesmal eine Stimmung in Berlin, die sich schwer
beschreiben läßt. Sie ist von der Art, daß alles – mit Gottfried Kellers lieblichen Worten zu reden –, daß »alles, was
je auf grüner Wiese gegangen oder gelegen, außer Fassung
gerät«. Raptus hat die berlinischen Menschen ergriffen.
Ein Raptus der Seele und ein Raptus des Magens. Der seelische läßt sie jauchzen und freundlich dreinblicken wie
beim Photographen, er läßt sie jubeln über jede offene
Pferdebahn, als ob das eine neue Erfindung wäre, über jeden frischen Gast bei Josty und über jeden weiblichen
Sommerhut mit schottischem Band, wie sie in diesen sie-
benundneunziger Zeitläuften getragen werden. Was aber
Essen und Trinken anlangt, so weigern sich die edleren
Bürger seit acht Tagen, Kaviar zu speisen. In früheren
Jahrgängen hat man ihn manchmal am einunddreißigsten
April noch genossen. Doch weil der Frühling diesmal so
plötzlich, stark und innig ins Leben trat, war der sieben-
undzwanzigste endgiltig letzter Termin. Jetzt kann ein
Prolet, ein Unfreier, ein Verworfener noch kaltes Roast-
beef mit Kaviar essen; aber nur er. Dieses nahrhafte Volks-
gericht zeichnet sich durch großen Wohlgeschmack aus.
Der Kaviar auf das saftvolle kalte Beef in Höhe von sieben Millimetern gelegt, gibt einen zarten und kräftigen
Geschmack und war oft der einzige Trost bei feierlichen
Gabelfrühstücken. Aber mit Wut wird nun darauf geach-
tet, daß niemand mehr die vergötterte Mischung zu sich
nimmt. Das Wetter ist zu schön. Roastbeef mit Kaviar

schmeckt wie Lachs, sagen die Weisen. »Also essen Sie
gleich Lachs«, fügen sie jetzt gar schalkisch hinzu.

Auch die Maibowle, o Zeitgenossen, spielt zu Berlin in
diesem Lenz eine besondre Rolle. Früher hat man sie
ebenfalls getrunken; aber achtzehnhundertsiebenundneun-
zig werden die Menschen darin ersäuft. Kein schönerer
Tod ist auf der Welt. Das heißt nur in gewissem Sinne.
Denn wahrlich, im tiefsten Innern ist die menschliche Natur so eingerichtet, daß sie, um mich wissenschaftlich auszudrücken, auch die Maibowle satt bekommt. Es gibt aber
hier keine Gesellschaft, in der das Trinken dieses Gebräus
in der kältesten Form jetzt nicht als eine neue und besonders elegante Errungenschaft gefeiert würde. Es stehen an-
standshalber ein paar ganz kleine Karaffen mit Rotwein auf
der Tafel; doch man wird gezwungen, vor Tisch, bei Tisch
und nach Tisch viele und kalte Maibowle zu trinken. Hausfrauen, welche den Gipfel der Affektiertheit erklettert
haben, bieten ihren Gästen außerdem im Rauchzimmer
Waldmeister-Zigaretten. Das ist eine Mischung von ge-
trocknetem Waldmeister und Tabak. Der Waldmeisterduft
ist deutlich hindurchzuspüren, namentlich zuerst, und man
hat eine Zeitlang die Empfindung, daß Maibowle geraucht
wird. So bewegen sich die westlichen Leute in neuen Liebhabereien und sind frisch, gesund und originell.

Die Gesellschaften aber, die jetzt stattfinden, sind eigentlich keine Gesellschaften. Es ist in diesem Lenz eine neue
Gattung aufgetaucht: die freundschaftlichen Zusammen-
künfte. Man wird nur zwei Tage vorher eingeladen, freilich
auf lithographierten Karten, und es heißt ausdrücklich: zu
einer freundschaftlichen Zusammenkunft. Man geht hin
und findet im Entree die bekannte Silberschale mit dem
Kärtchen, aus der man seinen Namen heraussucht; er ist in
Verbindung gebracht mit dem Namen einer Dame, die
man zu Tisch führen soll. Um es kurz zu machen: es ist
alles wie sonst. Man ißt zwei Stunden wie sonst, die Weiberchen erscheinen in großer Entblößung wie sonst, sie
verleumden bei Tisch die freundschaftlichen Festgenossen
wie sonst, und nachher kratzt eine namhafte Geigenfee die

Tarantella von Nebbichewitsch, wofür sie am nächsten Tag einen blauen Schein bekommt. Alles wie sonst. Die freundschaftlichen Teilnehmer der freundschaftlichen Zusammenkunft aber unterhalten sich nett und harmlos. Alles wie sonst ...

Alle Vögel sind schon da, aber viele Berliner sind weggereist. Fast krankhaft tritt in diesem Frühling die Neigung auf, nach Paris zu gehen. Ein Drittel der westlichen Leute ist fort, und zwei Drittel von diesem Drittel befinden sich in Paris. So arg war das früher nie. Über die Gründe dieser Massenwanderung ist man sich nicht im klaren, aber die Tatsache steht fest. Indessen erhalten wir armen Hinterbliebenen fast jeden Tag Briefe und Karten aus der sündhaften Stadt, und namentlich befreundete Damen werden nicht müde, uns per Post zu wehrlosen Zeugen ihrer feuilletonistischen Erstlingsbemühungen zu machen. Aber manche schreiben auch knapp und plastisch, daß einem das Wasser im Munde zusammenläuft. Was würden Sie hier für Augen machen! rufen sie uns zu. Alles violett, Kleider, Menschen, Blumen, Luft (also wie in Berlin – bloß die Luft ist hier nicht violett). Und die Weiber! Man wird ordentlich neidisch, wir alle sind ja Heuschrekken, ich stehe bloß und staune die Pariserinnen an. Dieses Raffinement, diese Grazie und Lebendigkeit; und die kleinen Mädchen bei Bullier Cancan tanzen zu sehen ist einfach stupend (warum schreibt sie mir das!!). Da ist alles so natürlich und jede Bewegung wie selbstverständlich; ich fühle mich ganz Kaffer! (sie hat wirklich feuilletonistisches Talent). Kunst lasse ich Eduard kneipen (das ist ihr Mann), ich geh' umher und sehe dem lebenden Leben zu (sehr gut); na ich erzähle Ihnen das alles später; wir bleiben noch bis zum sechsten Mai hier und wohnen auf dem Boulevard X. Y. Z. ... Das ist doch nett geschrieben? Jeder Einwohner der Potsdamer Straße und der umliegenden Querstraßen einschließlich des Tiergartens bekommt jetzt ähnliche Schriftstücke täglich, aber ein so frisches mit »violett«, »Cancan«, »Kaffer« und »lebendem Leben« hat noch keiner bekommen.

Auch eine neue Kleidermode ist eingerissen. Oder ist es eine Kunstmode? Hier blüht der ärgste dramatische Schwindel, der seit langer Zeit geblüht hat. Getauft ist er auf den Namen Trilby, und den Ursprung hat er von jenem (längst in diesen Blättern besprochenen) Machwerk, das aus Du Mauriers Künstlerroman angefertigt wurde und jetzt in vier Berliner Theatern zugleich gespielt wird. An den Litfaßsäulen sieht man Svengali, den wasserscheuen galizischen Hypnotiseur, mit einem Gesicht, das halb Fliegender Holländer, halb Johannes der Täufer ist und in dessen tiefen Augen gespenstiger Schmerz ewig brennt. Svengali und Trilby, seine hypnotisierte Sängerin, blicken aus Schaufenstern und Schaukästen, und selbst dem spekulativen Sinne des Lumpe-Impresario ist der Trilby-Stoff rasch zum Opfer gefallen. So gibt es auch ein Trilby-Kleid, und sogar für anständige Damen. Wer durch die Theaterfoyers geht (ach, es ist kein Vergnügen bei diesem Wetter), wer in der Singakademie eine Freiheitsstrafe abbüßt, wer im botanischen Garten spazierengeht (allerdings eine unwahrscheinliche Annahme), der sieht nette Fräuleins und Frauen in bräunlichem, auch grauem Gewande, dessen Schlichtheit durch militärische rote Brustklappen und militärische Kragen jäh unterbrochen wird. Ein bißchen Operette ist ja dabei. Aber vielen steht es. Die Huldinnen bekommen den Charakter draller Marketenderinnen, und damit sind allerhand freundliche Ideen-Assoziationen verknüpft. Und so ist unter den vielen Moden dieses Lenzes die Trilby-Mode eine der lenzigsten.

Daß es kein Vergnügen ist, durch ein Theaterfoyer zu gehen, konnte der Chronist am heutigen Abend erfahren. Er mußte hinein; denn im Berliner Theater wurden »Die Brüder«, das letzte Musenkind unseres Paul Lindau, zum ersten Mal vorgeführt. Zum ersten Mal jetzt, wo der Winter vorbei und alle Vögel schon da sind. Man darf ein Mißtrauen gegen so spät gespielte Werke haben, weil die Direktoren eins gegen sie zu haben scheinen. Und so war es auch. Der duldende Hörer fragte sich, als er zwei Brüder sah – einen ältlichen strengen Juristen und einen jungen

Maler, von denen der zweite eine Operettensängerin wider
den Willen des ersten zum Eheweib erkor –, er fragte sich,
ob dies Problem der erlaubten oder unerlaubten Operet-
tensängerinnenheirat ein brennendes Interesse für die un-
mittelbare europäische Gegenwart und für ihn habe; und
er kam zu dem Votum: nein. Darauf verfolgte er nur noch
die Charaktere, aber er mußte die Verfolgung bald aufgeben. Denn wo nichts ist – und so weiter. So versetzte er sich
denn an die frische Atmosphäre, ohne gänzlich abzuwar-
ten, wie sich die Brüder untereinander und mit der Diva ei-
nigten. Draußen sproßten die Kastanien und die Linden.
Die kleinen Mädchen gingen lachend aus den Geschäften.
Und oben in den Zweigen zwitscherte es. Sehr lieblich und
von feinen Stimmen. Und so endete der Tag mit derselben
freundlichen Empfindung, die bei seinem Beginn durch
eine Infanteriekapelle eingeblasen worden war:

> Alle Vögel sind schon da,
> Alle Vögel, alle …

30. Mai 1897

Auch in Moabit kann es ziemlich langweilig sein. Nicht
bloß, wenn man dort auf längere Zeit freie Wohnung erhält; auch wenn man als Zuhörer im Tausch-Prozeß für
eine Stunde den Saal betritt. Die Luft ist scheußlich; das
fällt zunächst auf. Und wenn der Ober-Staatsanwalt, wie
mein Nachbar erzählte, dem Herrn Eugen von Tausch
sein Riechfläschchen freundlichst herübergereicht hat, so
ist das atmosphärisch begreifbar und nicht bloß menschlich ein hübscher Zug. Auf allen Bänken sitzen gutgeklei-
dete Damen und Herren; in der hintersten Reihe wird der
Rittmeister von Kotze sichtbar (Leberechts Vetter, nicht
der vortreffliche Schütze selbst), und es müssen am Ende
noch mehrere bessere Geister der Nation anwesend sein,
denn Herr Rösler, der Vorsitzende, bemerkt sehr liebenswürdig: ein Appell an das Anstandsgefühl der Hörer und
eine Bitte um Aufrechterhaltung der Ruhe sei wohl bei

der »Zusammensetzung des Auditoriums« kaum ernsthaft
nötig.

Rösler sprach diese wohlwollende und diskrete Ermahnung aus, als der Rechtsanwalt Lubszynski sich – mit
Recht – über das Publikum beschwerte, das einmal laut
und höhnisch lachte, weil dieser Verteidiger in einer Kleinigkeit nicht durchdrang. Solche Einzelheiten kommen
nicht in die Zeitungen. Das Publikum ergreift für die Anwälte Partei, weniger nach logischen Gründen als nach Ge-
fühlsmomenten; und diesmal scheint es sich für den
Rechtsanwalt Sello erklärt zu haben. Herr Sello ist ein
rundlicher, grauköpfiger Mann mit entschiedener Straff-
heit in den Zügen und einer gewissen offenen Ruhe, die
wohlhäbig über der Erscheinung ausgebreitet liegt. Wenn
er aber anfängt zu sprechen, merkt man, daß er ein Choleriker ist. Es liegt etwas Subjektives, ein gehobener schwel-
lender Ton in seiner Rede, und das verbindet sich sehr fesselnd mit einer nachdrücklichen juristischen Schärfe. Mich
hat er bei allem Temperamentsunterschied (und allen sonstigen Unterschieden) an den französischen Sozialistenfüh-
rer Jaurès ein klein wenig erinnert; es war wohl in der Art,
wie er sich während des Redens in Erregung spricht.
Hierin nämlich – nicht in der logischen Deduktion – ruht
die Wirkung auch der exakten Gerichtsredner: pectus est,
quod disertos facit. Und das pectus des Herrn Sello zeigt
sich noch, wenn er gar nicht redet. Wenn er bloß bei
Ablehnung eines Antrages seinen Bleistift auf das Pult
schmettert. Man hat die Empfindung, daß er sich trotzdem
in der Gewalt behält; und daß die Klienten dieses Mannes
in guten Händen sind.

Auch der Gegenpart Lubszynski, der noch keine zwei
Jahre Anwalt ist, weckt den Eindruck, allen Vorteil seiner
Schützlinge genau wahrzunehmen. Er hat etwas Sorg-
liches, Gewissenhaftes, Ruhiges. Choleriker ist er nicht.
Seine Rede ist beinahe unpersönlich. Er hält auf gutes Ein-
vernehmen mit dem Präsidenten; aber er forcht sich nit.
Ohne sich irremachen zu lassen, tut er, was zu tun über-
haupt angängig ist. Zähe Ruhe ist das Hauptmerkmal

dieses etwas gebeugt dastehenden jungen Mannes, dessen blasses Gesicht durch einen dunklen Bart wie absichtlich älter gemacht wird. Wenn die Anwälte aneinandergeraten, tritt eine sehr wohltuende dramatische Spannung ein. Herr Schwindt, ein kräftiger Dreißiger mit einer gewissen Schneidigkeit, kämpft Seite an Seite mit dem energischen Sello, aber er tritt weniger stark hervor; und auch Lubszynskis Helfer, Herr Holz, hält sich zurück, so daß der Kampf vorwiegend zwischen dem vollblütigen Graukopf und dem jungen Hageren entbrennt. Sie müssen sich äußerlich als Kollegen behandeln, höflich und ohne Schärfe; aber wie aufgebracht sie zeitweilig gegeneinander sind, fühlt die vergnügte Hörerschaft mit immer erneuter Dankbarkeit. Und sehr komisch ist es, wie jeder den Klienten des anderen schlechtzumachen bemüht ist. Der Betrachter hat die Empfindung, daß beide in bezug auf diese zwei Edelsten der Nation (die angesichts der soliden Mauern des Gebäudes vorläufig als unfrei zu betrachten sind) – daß beide die Wahrheit reden. Wenn der Beamtenkörper des preußischen Staates entscheiden sollte, welcher der zwei Polizeibrüder ihm sympathischer sei, könnte er einen bekannten Ausspruch variieren: »Ich gäbe Christian von Lützow darum, wenn ich Eugen von Tausch los wäre!«

Und doch wecken die beiden einen gewissen Anteil. Nicht bloß, weil man auch für den letzten aller Schufte noch ein menschliches Mitleid aufbringt. Sondern weil sie zum Teil durch äußeren Druck zu dem gemacht worden sind, was sie sind. Zweifellos hat Tausch wie Lützow im Staaatsdienst Handlungen vornehmen müssen, die unanständig sind. Daß sie da allmählich moralisch farbenblind wurden, ganz allgemein, ist nicht verwunderlich. Und es entsteht die Frage: Wieweit ist der Staat berechtigt, verbrecherische Handlungen zum Schutze des Staats vorzunehmen? Es wird als sicher angenommen, daß es sich immer um den Schutz des Staats, nicht um den Schutz eines Regierungssystems oder einer Dynastie handelt. Die Frage ist vielleicht nicht aus dem Handgelenk zu erledigen. Leute, die vom Bestehen eines christlichen Staates faseln, müßten

diese Berechtigung jedenfalls schlankweg und im vollen
Umfang verneinen. Sie tun es nicht! Die Verfechter des
christlichen Staates haben grade diese Methode erfunden,
angewandt, gebilligt und aufrechterhalten. Wie viele von
ihnen eifern stramm und gottesfürchtig gegen die Zulas-
sung der Jesuiten. Und wie namenlos jesuitisch ist ihr
Grundsatz, daß ein Polizeipräsident den bekannten Herrn
Haase zu markieren hat, der von nichts weiß, während die
Unterbeamten schofle Subjekte zu schoflen Handlungen
anstiften. Was ich nicht weiß, macht mich nicht heiß, ist
der oberste Grundsatz einer obersten Behörde (er war es
wenigstens, unter Richthofen), und sie ist so vorsichtig, sich
das Wissen geflissentlich vom Leibe zu halten. Keine neu-
gierige Frage stört jemals den warmen, herzlichen Eifer
jüngerer Polizeistrategen. Sie bekunden eine solche Verehrung für den Chef, daß sie ihm dienstwillig die Verantwor-
tung für moralschwache Handlungen abnehmen. Sie, die
im Range Niederen, dürfen so etwas tragen, aber der Herr
Präsident – nanu? Der Herr Präsident soll – wie Eugen von
Tausch sich schonend ausdrückte, nicht in Verlegenheit
kommen. Er darf bloß recht allgemeine Kenntnisse haben;
nämlich Kenntnisse des Inhalts, daß man keine speziellen
Kenntnisse haben darf. Wieviel von der eklen Unterwür-
figkeit der mittleren und unteren Bureaukratie hier nebenbei zum Durchbruch kommt, sieht ein Blinder. Und ein
Blinder sieht auch den unendlich traurigen Zusammenhang, der wieder zwischen den wirtschaftlichen Verhältnissen des einzelnen und seinem Anteil am Verbrechen klar
wird. Denn beide, der Kommissar und der Agent, waren
stets in hellem Geldmangel. Es wird keinem Vernünftigen
einfallen, das Paar in Schutz zu nehmen. Immerhin, über
ihrem Schicksal, wie über so vielen, schwebt am letzten
Ende der unsterbliche Spruch des Dichters Wilhelm Busch,
einer der tiefsinnigsten unserer Literatur:

> Die Sorge, wie man Nahrung findet,
> Ist manchesmal nicht unbegründet.

Die Bürger großer Städte sind auf das Dramatische erpicht. Und ein Kunstschütze, der aus Versehen eine Frau
totschießt, regt sie mehr auf als erneute Prozesse mit alten
Sensationen. Ein »Herr Krüger« in Weißensee hat vor der
bekannten tausendköpfigen Menge (womit eine ganz un-
gebührliche Reklame für den schwach besuchten Tingel-
tangelgarten gemacht wird) den Apfel vom Kopf einer
Dame schießen sollen, aber statt dessen die Dame in den
Mund getroffen. Das romanhafte Moment, das in den meisten Berlinerinnen steckt, ist durch diesen Vorgang un-
aufhaltsam geweckt worden. Trotz aller angedichteten
rationalistischen Neigungen haben die Damen, die sich
Berlinerinnen nennen und fast immer zugereiste Provin-
zialinnen sind, einen Hang zum Trivialromantischen. Populäre Zeitungen böser Sorte unterstützen diese Gelüste.
Jedes fait divers wird nicht bloß in einer dummen und plat-
ten Ausführlichkeit berichtet, das Belanglose breitgetreten
und marktschreierisch kredenzt, sondern auch eine gewisse Färbung angestrebt, die »fürs Gefühl« einiges hinzu-
schwindelt. Diesmal hat die Cousine herhalten müssen. Es
ist in Wahrheit ein verschärfender und steigernder Zug,
daß das erschossene Schützenmädchen eine Cousine war.
Der verzweifelte, der unbewußte Mörder hat nicht nur
seine Cousine, nein, er hat in ihr zugleich seine Braut getötet. Und sie war von fabelhafter Schönheit. Zugleich eine
Tochter, deren kindliche Güte sich rührend darin zeigte,
daß sie, bloß um ihre Mutter zu ernähren, das gefährliche,
unglückselige Handwerk ausübte. Herr Krüger »wollte« in
seiner rasenden Verzweiflung Hand an sich legen, er wurde
bloß durch die Bemühungen der Anwesenden davon abge-
bracht. Diese Bemühungen sind solche, die immer erfolgreich sind. Herr Krüger ist verhaftet und befindet sich dem
Wahnsinn nahe. Na, und so weiter. Irgendein Bursche, der
sich von Hause aus Arbeiter nennt, aber so gewissenlos und
witzlos ist, als Kunstschütze zu »gehen«, ohne dieses
»Fach« zu beherrschen, wird zum tragischen Helden ge-
stempelt; seine Liebste (solche Künstler und ihre Objekte
sind immer mindestens verlobt) zu einer seltsamen Lotos-

blume emporstilisiert. Bei all dem groben Unfug, den die
»weiteren« Kreise mit der fortgesetzten Aufbauschung dieses Unfalls treiben, wirkt ganz sicher die Erinnerung an allerhand literarische Ereignisse mit, unbewußt oder bewußt,
und nur deshalb lohnt es, davon zu sprechen. Der fahrende
Gaukler und die fahrende Gauklerin, die im berühmtesten
der Marlittschen Romane nicht umsonst die Vorgeschichte
der holden, von einer alten Mamsell nachmals so geliebten
Heldin einleiten, sind immer von hohem Schmierenreiz
umflossen, und wenn die fruchtbare Schreiberin damit ihrer
Felicitas eine auffallend romantische Abstammung verlieh,
konnte sie sich schlimmstenfalls auf einen Größeren berufen: auf den, der in unvergleichlich gesänftigten und einfachen Linien den Ursprung und die erste Jugend Mignons,
des »einzigen Wesens«, mehr angedeutet als gezeichnet
hatte. Durch die Weltliteratur der neueren Zeit wandeln
diese Motive, von den Zirkusgeschichten des Edmond de
Goncourt in Frankreich bis zu Herman Bang in Dänemark,
dem Verfasser der schwindelerregenden Trapeznovelle von
den »Vier Teufeln«, und bis zu dem Dänen Holger Drachmann, dem Tingeltangelschilderer par excellence. Ja, grade
die Dänen, die auf ihr harmloses Tivoli so stolz sind, scheinen durch dieses Etablissement in ihrer Phantasie beeinflußt
zu werden. Aber auch wir in Deutschland haben sogar einen
eigenen Kunstschützenroman: in dem besten Werk des
nachher zum Lustspiel übergegangenen Karl Niemann,
welcher vor dem Dessauerstück »Wie die Alten sungen«
sein jugendlich-sommerlich durchwehtes Buch »Cœur As«
schrieb, die Geschichte einer Leidenschaft, nämlich des Pi-
stolenschießens, humorvoll und manchmal psychologisch
fesselnd. Und die Poesie dieser ganzen Gattung ist schließlich nichts andres als die alte Kontrastpoesie der Romantiker. Der Kontrast herrscht zwischen dem gaukelnden,
blendenden, glänzenden Schein und der tragischen inneren Zerrissenheit. Clemens Brentanos Lustige Musikanten
noch gehören hierhin mit dem hohnvoll rauschenden Refrain: »Sind wir nicht froh? – Daß Gott erbarm!« Und alle
die tragischen Narren vom Schlage Triboulets, den Victor

Hugo in »Le roi s'amuse« auf die Beine stellt, bis zu den
weißgeschminkten Opernbajazzi sind vom selben Stamme.
So etwas dringt schließlich ins Blut einer ganzen Bevölkerung. Und so gewiß es einstmals original war, aus dem
Leben so erschütternde Erscheinungen in die Dichtung
hinüberzunehmen: so ekelhaft und trivial ist es, auf Alltags-
vorgänge des Lebens, wie ein täppisches Berliner Schützen-
malheur, so bedauernswert im übrigen es sein mag, gleich
dichterische Elemente jetzt faustdick und gewaltsam zu
übertragen. Die ganze Unnaivetät der großstädtischen Be-
trachtungsweise wird hier klar: mehr Nachempfindung
als Empfindung, mehr Anlehnung als Beobachtung, mehr
Stilisieren als Wiedergeben. Aber auch das wird wiederum klar: daß die Wege des Erwerbslebens wundersam und
mannigfach sind. Zum Spaß hat der arme Kerl und die
arme Person das heikle Amt gewiß nicht ausgeübt. Die
Sorge, wie man Nahrung findet, ist manchesmal nicht
unbegründet.

Auf dem »Sportplatz des Westens« weiß man von dieser
Sorge weniger. Dieses Modeunternehmen besteht in einem großen, weiß asphaltierten Platz, der in viele Plätze
zerfällt, und es liegt am Zoologischen Garten, auf demselben Grund und Boden, der einst Venedig in Berlin trug.
Noch stehen die venezianisch edlen Pappegebäude unver-
sehrt, noch ragt die Säule mit dem Markuslöwen in die
Luft und daneben der heilige Theodor mit dem berühmten
Krokodil. Aber im Hauptgebäude ist eine Radfahrbahn
eingerichtet, ringsum liegen abgezäunte Tennisplätze, eine
Kegelbahn ist gleichfalls mit allen Verschmitztheiten vorhanden, und in all diesen Räumlichkeiten tummeln sich
westliche junge Mädchen in Tenniskostümen und Jünglinge, die ihnen rüstig zur Seite stehen. Zwar ist der Mai er-
bärmlich verregnet, und an solchen Tagen wird auf dem
Modesportplatz alles fußtief unter Wasser gesetzt – ver-
möge einer sinnreichen Anlage des Terrains –, aber bei
schönem Wetter steht das falsche Venedig in hoher Blüte
und Gunst, und wer sich achtet, legt Gewicht darauf, dort
gesehen zu werden. Man zieht vor dem Angesicht der Da-

men seine Stiebeln aus, läßt sich von einem der Sport-
wärter die Tennisschuhe aus dem Aufbewahrungsraum reichen, schlüpft hinein, tritt fest auf, zieht den Rock aus, so
daß man strahlend im Tenniskostüm oder bloß in gemei-
nen Hemdsärmeln dasteht, und dann spielt man das sin-
nige Spiel genau so lange, als der Platz gemietet ist; also
etwa montags und donnerstags von sechs bis acht; nicht
länger und nicht weniger. – Indessen radeln Anfänger und
Geübte außerhalb des Zauns immer um die Spieler herum,
Quadrillen werden geritten, man hört den Donner der rollenden Kegelkugeln, man fühlt die Weihe des Augenblicks
und des Jahrhunderts, in welchem es eine Lust ist, zu leben,
und zieht schließlich hungernd irgendwohin »nach Haus«,
um wie Raubtiere auf kalten Rippenspeer, Roastbeef, Sardinen, Eier und sonstwas gemeinsam zu stürzen. Die kör-
perlichen Übungen entwickeln eine angenehme Gefräßig-
keit, man balgt sich um die Schüsseln, es lösen sich alle
Bande frommer Scheu, und hier allein ist für die Westlichen die Sorge, wie man Nahrung findet, eine Zeitlang
nicht ganz unbegründet.

27. Juni 1897

Es ist nicht mehr zu ertragen ... Die Kleider kleben am
Leibe. Und wenn man sie abstreift, in schwülen Nachmit-
tagsstunden, und innerhalb der vier Wände, wo man
schrankenloser Gebieter ist, als Schlafrock ein paar Badehosen benutzt – es ist dennoch nicht zu ertragen. Man liegt
still da, ein Buch in der Hand, versucht zu lesen und rührt
kein Glied, kein einziges: aber es hilft nichts. Einen Augenblick unter die Brause! Nach zwei Minuten die alte Pein.
Man möchte in den Eisschrank kriechen. Es ist bei Gott
nicht zu ertragen.

Was ist der Mensch! Nicht viel, nicht viel. Ein frühes Opfer mechanischer Einflüsse. Klimatische Veränderungen,
das lehrt die neue Wissenschaft, klimatische Veränderungen können den Ausbruch des Wahnsinns beschleunigen.
Unter diesem Gesichtspunkt betrachtet, gewinnen Zei-

tungsnotizen wie die folgende einen schmerzlichen Anstrich: »Herren von einem Mindestgewicht von 250 Pfd.
werden vom Verein der 7-Monats-Kinder, dessen Vorsitzender Herr Schlächtermeister F. Zenker, Hagelsberger
Straße 36, ist, nach Piccards Restaurant, Tempelhofer Ufer,
auf den 25. d. Mts., abends 8 Uhr, zu einer Besprechung
über eine gemeinschaftliche Herrenpartie eingeladen. Besonders gebaute, auf ihre Tragfähigkeit geprüfte, federnde
Wagen mit starken Pferden und Extrageschirren werden
garantiert.« Aus der Notiz geht nicht mit Klarheit hervor,
ob die Zweihundertfünfzigpfündler geborene Siebenmonatskinder sein müssen, wie die Mitglieder des einladenden
Vereins, oder ob es ihnen freisteht, die volle vorschriftsmä-
ßige Zeit in der unsichtbaren vorirdischen Periode durch-
wandelt zu haben. Was mag die Brüder und Bundesgenos-
sen, denen es Ehrensache ist, zu früh gesandt zu sein in
diese Welt des Atmens, was mag sie bewegen, einen Verein
zu gründen? Es ist nicht leicht zu erforschen, aber es muß
eine Notwendigkeit vorhanden sein. Dieser Verein hat den
Zweck, wenn nicht alles trügt, die Standesinteressen der in
der Entwickelung von der Masse der Menschen abweichen-
den Bürger kräftig wahrzunehmen. Es wird sich weniger
darum handeln, für ihre Gleichberechtigung einzutreten,
denn der Zugang zu Staatsgeschäften und Ehrenämtern ist
ihnen nicht versagt. Sie dürfen Stadtverordnete, sie dürfen
Offiziere werden; kurz, sie haben Gelegenheit, den höchsten Ehrgeiz zu befriedigen und das höchste menschliche
Glück durchzukosten. Es handelt sich viel eher darum, die
überragende Bedeutung einer Bürgerklasse festzustellen
und aufrechtzuerhalten, die zur Errichtung desselben Ziels
zwei volle Monate weniger brauchten als der gemeine Haufen. Das sind die wahren Elitemenschen. Es sind Übermenschen, die im Haushalt der Natur den Rekord machen. Sie
haben den Hochmut der Frühgereiften, der sechzehnjäh-
rigen Abiturienten. Sie müssen und wollen das Prinzip
verfechten, daß das abgekürzte Verfahren allmählich zum
allgemeinen Gesetz erhoben wird. Wir leben, so beteuern
Journalisten immer wieder, in einer schnellebigen Zeit. Da

ist alle Zeitverschwendung vom Übel. Unter diesem Gesichtspunkt wird Herr Schlächtermeister Zenker, Hagelsberger Straße 36, und sein Erlaß zu einem nahezu ergreifen-
den Symptom. Zu einer mindestens tief verständlichen
Erscheinung. Es kann nunmehr auch keinem Zweifel unterliegen, daß die Eingeladenen nicht ausgetragene Privatleute, sondern Siebenmonatskinder sein müssen, gleich den
Veranstaltern der Landpartie mit den federnden Wagen.
Das Ganze ist offenbar eine Demonstration, welche die
höchsten bisher erreichten Resultate des beschleunigten
Verfahrens aufzeigen soll. Es hat unserer Zeit schon immer
etwas gefehlt. Jetzt ist es klargeworden, was es eigentlich
war. Es war eben dieser Ausflug mit den federnden Fuhr-
werken. Der hat ihr gefehlt.

Die Hitze ist nicht zu ertragen. Die Sehnsucht nach dem
Eisschrank verzehrt uns. Vangadosoppo aber fand es nicht
heiß genug. Er starb vor Kälte. Dieser Vangadosoppo lebte,
als er lebte, am Kurfürstendamm; in der Ausstellung Transvaal. Er war ein Inder. Er fand das Klima hier zu ruppig.
Schwerkrank brachte man ihn in die Charité. An einem
Lungenleiden verschied er. Fern von der Heimat, fern
vom Ganges, fern von den Brüdern. Fern auch vom stillen, tiefen Gottesdienste der Brahmanen. Ein Anstaltsgeist-
licher wird ihm wohl zum Schluß genaht sein; wird wohl
die üblichen Versuche gemacht haben, seine Seele für den
christlichen Himmel zu gewinnen, sie abzustreiten den
elenden Mächten heidnischen Aberglaubens und ihn als
Protestanten eingehen zu lassen in die ewige Seligkeit, ein
braunes christliches Engelein. Wo Vangadosoppo begraben
liegt, ist nicht gemeldet worden. Aber frieren wird er, wo er
liegt. Vielleicht liegt er in Schöneberg; vielleicht mehr im
Nordwesten, hinter der Chausseestraße. Frieren wird er.
Lebe wohl, Vangadosoppo. Lebe wohl. Lebe wohl. Frieren
wirst du.

»Herr Schmidt«, rufen die jungen Mädchen auf Tivoli
beim Kreuzberg. »Herr Schmidt«, rufen sie und meinen
damit einen Kellner. Sie rufen nicht »Kellner!« oder »Herr
Oberkellner!« oder »Sie!«, sondern »Herr Schmidt!«. So

patriarchalisch geht es dort zu. Am Abend, wenn die lähmende Hitze (lähmende Hitze, mein Vangadosoppo!) vorbei ist, ziehen die Bürger eines südwestlichen Stadtteils
nach Tivoli. Sie trinken Bier. Am Eingang ist eine Schieß-
halle; drei Paschbuden auch, und viele Automaten. Am
Sonntag spielt in diesem Riesengarten, der sozialistische, li-
berale, konservative Schlagworte und kräftiges Versamm-
lungsgeheul seit Jahren und Jahrzehnten gehört hat, ein
militärisches Orchester. Es wird von der Trompete »Das
Meer erglänzte weit hinaus« geblasen, und dann kommt La
Paloma, von Yradier. An Wochentag-Abenden, wenn es so
heiß ist wie jetzt, wird nur die Hälfte der Laternen angesteckt, kein Orchester spielt, aber die Tische sind besetzt
von Familien, welche Bier trinken. Bier trinken und plaudern. Sie plaudern aber nicht von Lenz und Liebe, von
seliger, goldener Zeit, von Freiheit, Männerwürde, von
Treue und Heiligkeit. Vielmehr plaudern diese Familien
von Kanalisation. Alles, was im lokalen Teil der Zeitungen,
sogar im lokalen Teil des lokalen Lokal-Anzeigers steht,
darüber plaudern diese Familien. Auch sagen sie Schlechtes von Abwesenden. Sie sagen es nicht in gehässigem, wil-
dem Ton, sondern in ruhiger, abgeklärter, berlinischer Humanität – die immer das Schroffe vermeidet und geneigt
ist, zu verstehen und zu verzeihen –, aber sie sagen mächtig
Schlechtes. Dazu trinken diese Familien Bier und rauchen.
Oft aber haben sie so viel junge Mannschaft bei sich, Töchter vor allem (denn sie zeugen viele Töchter), daß die Alten an einem Tisch zusammensitzen müssen und an einem
besonderen benachbarten Tisch die Jungen. Die Töchter
von Müllers, Püschels, Wiedemanns und Schröders sitzen
beieinander, an so einem besonderen benachbarten Tisch;
auf zehn Mädchen kommen immer drei junge Herrn, die
ihnen ehrfürchtige Gesellschaft leisten; aber sie machen
trotz der Ehrfurcht den Hof, nur daß es nicht an die Oberfläche kommt. Denn sie sind vom Stamme derer, die sich
Gefühle äußerlich verkneifen. Diese infamen Halunken –
sie tun immer objektiv, sie reden objektiv, zuweilen über
die Böschungen bei Schmöckwitz und den Sieg der Segel-

yacht »Falke« auf dem Wannsee; aber diese infamen Halunken denken an ganz was andres – diese infamen Halunken. Eine kleine runde Trulle in hellblauem Kleid – blaue
Augen, blondes Haar – sitzt uns gegenüber. Mir und meinem vagierenden Freunde. Wir sind von den weißen elektrischen Monden ein bißchen geblendet und blinzeln hinüber. Mein Freund ist starkknochig und raucht. Er ist derb
und scheint heute weich zu sein. »*Das* Mädel könnte mich
reizen«, sagt er bewußtlos und langsam, und die Asche fällt
über seine Weste (wie immer). »*Das* Mädel könnte mich
reizen.« Eine Zeitlang blinzeln wir so hinüber. Dann ist es
viertel zwölf, und Püschels stehn auf. Der alte Püschel
kommt an den benachbarten Tisch und fragt seine drei
Töchter, halb zum Kellner gewandt, wieviel sie getrunken
haben. Sieben Glas. Olga möchte noch einen Schnitt haben. Nach kurzer Zeit brechen sie auf. Langsam ziehen sie
durch den Garten, an unserem Tisch vorbei; und die süße,
blauäugige Trulle (»Moppelchen«, brummt mein Freund)
gähnt, daß ihre Grübchen sich noch vertiefen. Sie sagt, daß
sie bei offenem Fenster schlafen wird. Diese Hitze (sagt
sie) sei unerträglich. Und noch einmal gähnt sie, seufzend.
(Püschels verschwinden.)

So verbringt man die heißen Abende. Und ist erstaunt,
eine neue Stadt in einem selten betretenen Stadtteil zu ent-
decken – eine neue Stadt. Und daß es in Berlin auch Zau-
berei gibt, sieht man am nächsten Abend, wenn man zum
letzten der Empfangsabende, bevor alles wegreist, in das
Gartenatelier fährt. Die Tore stehen offen; unter den Statuen, den gemeißelten Porträts privater Menschen, göttlicher Geschöpfe und Bismarcks, sind kleine Tafeln gedeckt.
Die Tore stehen offen. Draußen lacht und leuchtet im
Dunkel der holdeste, schwerste, laueste Juni-Zauber. In
dunklen Gängen ein paar farbige Lampions, die herein-
grüßen, innen eine selige Stimmung, ein leises und volles
Genießen, ein Fragen und verstohlenes Winken und un-
ausgesprochenes Begehren und ungeküßtes Küssen und
heimliches Versprechen ohne Worte. Und dazu kaltes
Roastbeef und Bowle und zuletzt Stachelbeertarteletts.

Die Tore stehen offen. Und du, wundersamer Garten, der das Haus, das ragende, schmale, laubumrankte, geheimnisvoll, innig umschließt! Wundersam die Laubenwege, ganz schmal oft, und auf einem Stein ein Leuchtkäfer, an der Rückseite des schmalen Hauses. Und alle strömen schnell hinaus aus den Toren, die offenstehen, und der Meister mit dem grauen Kopf lächelt milde (das heißt: »Gesegnete Mahlzeit«), und man geht auf und nieder, auf und nieder, verliert sich und findet sich, und geht auf und nieder, auf und nieder, und verschwindet und taucht wieder auf und steht schweigend mit irgend jemandem an der Rückseite des schmalen Hauses, wo der Leuchtkäfer auf dem Stein sitzt. Und die Hitze wird vergessen – o seliger Traum –, denn hier sind vier Grad weniger als in Berlin. Um zwei aber geht man nach Haus. Und schläft (wie Moppelchen) bei offenem Fenster. Denn die Hitze, die Hitze ist nicht zum Ertragen. Und man möchte in den Eisschrank kriechen. Sie ist wirklich nicht zu ertragen.

15. August 1897

– – Abends um zehn geht man noch für eine Stunde in den Zoologischen Garten. Hört etwas Musik an; atmet die abgekühlte Luft, schlürft Selter mit Mosel, begafft die jungen Mädchen.

Gelegentlich entfernt man sich aus der Lichterhelle und besucht die Kalmücken. Sie sind noch nicht lange in Berlin. Nächtiger Friede ruht in den halbdunklen Gängen des alten Riesenparks, und hinter einer Holzbalustrade, auf einem mondbeschienenen Fleck stehen sie. Ein langer Kerl im Priestergewand raucht eine dicke Zigarre und genießt die Abendluft. Auch kleine, weltliche Kerle genießen die Abendluft und rauchen Zigarren. Sie sind munter, gewandt, gutmütig, liebenswürdig. Neckische Leute, uns gar nicht fremd; sehen zwar wie Chinesen aus, mit Schlitzaugen und vorstehenden Backenknochen, doch dem westlichen Empfinden stehen sie näher als diese. Eine dicke Kalmückin, kaum mieser als der Durchschnitt berlinischer

Kommerzienrätinnen, wackelt wie eine Ente über den
Platz; und ein niedliches Mädchen in den Lümmeljahren
springt an der Balustrade empor und reißt dem Publikum
die Zigaretten aus dem Munde, kalmückisch lachend.
Gymnasiasten, welche die Söhne von Aktionären sind und
jeden Abend diesen Garten besuchen, reden in der Urspra-
che Kalmückiens mit ihr; sie haben sich kleine Wortver-
zeichnisse im Notizbuch angelegt, mit Bleistift an Ort und
Stelle aufgeschrieben; es sind sehr ausgeruhte Gymnasiasten. Die Horde nimmt weiterhin kleine Angebinde zum
Rauchen entgegen und läßt sich vom Mond bescheinen. Es
macht einen durchaus kalmückischen Eindruck.

»Sprechen Sie auch Polnisch?« sagt eine Dame, weißes
Kleid und blonde Haare, zu dem Oberkalmücken. Er ver-
neint es in deutscher Sprache. Er sei des Russischen mächtig. Alle können die wichtigsten Dinge wirklich schon auf
deutsch sagen. Sie sind liebenswürdig, gutmütig, munter
und gewandt. »Ich selbst«, erzählt die Dame laut, »stamme
aus Warschau.« Alles sieht sich nach ihr um. »Aber es ist
schon lange her«, fährt sie mit lauter Stimme fort, »daß ich
nach Berlin gezogen bin.« Die Zuhörer sind über diesen
Punkt jetzt ganz beruhigt, Gott sei Dank. »Dobranotz!«
sagt die Dame mit märkischem Accent, geht davon und
blickt sich um, ob ihr niemand folgt. Es folgt ihr niemand.
Die Einsame verschwindet in einem belaubten Gang nach
dem Orchester zu. Dort wird sie das Glück von neuem versuchen. Im Mondschein stehen die Kalmücken, rauchend.
Die Gymnasiasten blättern suchend in den Notizbüchern
und lachen. Aus dem Hintergrunde wackelt die dicke Kalmückin wieder nach vorn, im Mondschein.

Berlin ist jetzt grauenhaft. Man atmet während des Tages
keine Luft, sondern lauwarmen Unrat. Die Atmosphäre
läßt sich schneiden. Darum fliehen während des Tages
viele Menschen auf die Gewässer in der Nähe. Sie rudern
und ertrinken dabei zuweilen. Vorher aber haben sie wenigstens noch einmal Luft geschnappt. Auf dem Müggelsee, auf dem Tegeler See, auf den Grunewaldseen drängen
sich die Boote. Selbst an den Zelten, auf der ruppigen

Spree, schaukeln sie hin und her. Mit zwanzig Ruderschlä-
gen gelangt man hinaus, irgendwohin, an eine stille, grüne
Stelle, dann zieht man die Ruder ein, legt sich nieder und
läßt sich langsam treiben. Man schläft beinah. Nur zuweilen blinzelt man, ob etwa ein motorisches Fahrzeug so
frech ist, einen zu überrennen. Auf der Spree, an den Zelten, sieht man vom Wasser aus auch allerhand Geheim-
nisse auf den böhmischen und hamburgischen Riesenkäh-
nen, denn intimes Familienleben spielt sich dort in
schwach geschützten Räumen ab. Man treibt an Kistenma-
chers Biergarten entlang, dessen Tische drei Meter über
der dunklen Wasserflut, mit roten und blauen Kaffeeser-
vietten bedeckt, hinabgrüßen. Eltern mit jungen Mädchen
sitzen daran. Bürgerliche nette Mamas, gut konservierte
hübsche Berlinerinnen, vierzigjährig; sie häkeln an breiten
Hemdeneinsätzen. Vater raucht. Es ist wie in der konstitu-
tionellen Bürger-Ressource zu Breslau, am Freitag, bloß
wohlhabender. Die Töchter gucken aufs Wasser nach den
Ruderern. Wenn man sie vom Wasser aus anlacht, lachen
sie wieder. Aber diskret. Sie möchten, statt am Tisch sehn-
süchtige Gedanken zu spinnen, lieber von irgendeinem in
Wildheit gerudert werden. Ein Konditorjunge, weiß gekleidet, rennt mit einem Kuchenbrett hin und her, von der
Sechsuhrsonne satt beleuchtet. Die weiße Shirtingmütze
hat er schwitzend auf den Hinterkopf geschoben. Die jungen Mädchen denken: Kuchenessen ist süß. Aber gerudert
werden (denken sie) muß noch viel süßer sein. Immer
blicken sie hinab auf die ruppige Spree, wo allerhand trei-
bende Bootfahrer augenblinzelnd hingleiten.

Aus der Atmosphäre des lauwarmen Unrats fliehen die
Menschen in die Luft der Müggelberge. Großer Vater, es
sind leibhaftige Gebirgsberge. Man könnte auch sagen Hügelhöhen. Kurz: Gebirgsberge und Hügelhöhen; Hirsch
Hyazinthos würde nicht bessere Namen finden. Im Ernst
erinnern diese Berge den unbefangenen Betrachter, der gegen die spröde Mark kein Vorurteil hat, in ihrer wunder-
hübschen Lage neben dem grünen Dahme-Fluß an berühmte Donaupartien, etwa die zwischen Linz und Wien.

Ja, wenn man dreist und gottesfürchtig ist, darf der Rhein
zum Vergleich herangezogen werden. Nur die Schornsteine in Köpenick und Grünau und Friedrichshagen ver-
derben die Reinheit des Blicks ein bißchen. Immerhin: am
Spätnachmittag liegt ein seltsamer violetter Duft versöh-
nend über diesen Waldgipfeln, die man in der Tiefe erblickt, über den dunklen Fichten und den lieben, zutrau-
lichen Birkenwipfeln; es ist eine Landschaft des Friedens
nach der Arbeit, und in der Ferne steigt der Berliner Rats-
turm aus einer Riesenwolke von Unrat empor, den Wanderer mahnend, daß er sich nur vorläufig in der Freiheit
und in anständiger Luft befindet. Auf diesen Gebirgsbergen also kriechen die Leute aus Berlin jetzt herum, weil
ihre Stadt grauenhaft ist und die Atmosphäre dort sich
schneiden läßt.

Es ist aber eine Insel genüber den Gebirgsbergen. Ganz
klein; so daß nur das Allernötigste darauf Platz hat: ein
Garten und ein Tanzsaal. Boote aber liegen, im abendlichen Dunkel, schweigend vor Anker bei dieser Insel. Leise
schwanken sie auf und nieder, und die zuweilen friedfertigen Müggelwellen schlurfen wie in Novellen glucksend an
ihre kleinen Wände. Wie in Novellen. Ein Schleier von
Melancholie schwebt hier in Wahrheit abends nieder; er
hüllt alles ein, und die Tanzmusik klingt schwermütiger.
Zwanzig Menschen sind Abendgäste auf der Insel. Fünf davon sitzen etwa draußen und essen zur Nacht. Die übrigen
fünfzehn gehen teils in den dunkelgrünen Gängen umher,
teils tanzen sie. Der Saal auf diesem einsamen Müggel-
schlößchen ist mangelhaft erleuchtet, und – seltsame Zu-
sammenstellung – ein Klavier und ein Triangel erzeugen
die Musik. Es ist kein einziger Herr da, nur junge Mädchen
tanzen untereinander, ohne irgendeinen Tanz auszulassen.
An die Inselseite mit den verankerten Booten dringt die
Musik nicht. Die Boote schwanken dort schweigend auf
und nieder. »'n schöner Abend«, sagt der Bootswächter aus
Friedrichshagen. »'n schöner Abend.« Ein paar Mädchen in
hellen Kleidern, die aus dem Tanzsaal verschwunden sind,
sitzen bei ihm in dem vordersten angeketteten Boot. Sie

singen jetzt. Es ist ein sogenannter Schmachtfetzen; aber
wie die Töne über das Wasser ziehen, wirkt das Ganze sehr
seltsam auf die Stimmung. Der Refrain dieses empfindsa-
men Lieds birgt die entsetzlichen Worte:

> Ich weiß ein Herz, für das ich bete,
> Und dieses Herz, es ist mir gut.

Sie singen es über das schweigende Wasser; und durch
die Nacht weht ein Hauch von Sehnsucht; mag es auch berlinische Sehnsucht sein. Junge Mädchen sind junge Mädchen; und Sehnsucht, o Leser, ist Sehnsucht. »'n schöner
Abend«, sagt der Bootswächter.

Dieses Lied aber ist das neue berlinische Leiblied. Was
früher der Sang vom Sonntag hell und klar und dem wun-
derschönen Tag im Jahr gewesen ist, das scheint dieses Lied
werden zu wollen. Auf allen Landpartien und im Tiergarten hört man es jetzt. Die Melodie ist von weicher Trivia-
lität, dergestalt, daß das frühere Lied der kleinen Mädchen
sie weit an selbständiger Schönheit übertraf. Die Weise
vom Sonntag hell und klar war bloß Leierkasten; diese jedoch ist Leierkasten mit Tremolo und gebrochenen Akkor-
den. Die Reime »flehte« und »wehte« und »Morgenröte«
bereiten auch den Refrain vor, dann eine Spannungsfer-
mate, und es ergießen sich die vibrierenden Worte, der
Sänger wisse ein Herz, für das er bete, und dieses Herz, es
sei ihm gut.

Auch öffentliche Sänger tragen in diesem Augustmond
das neue Lied vor. Schöneberg und der äußerste Teil der
Potsdamer Straße, da, als sie anfängt, ruppig zu werden,
treffen sich in erlesenen Exemplaren ihrer Bürger und
jungen Bürgerinnen am Abend in den »Drei Raben«. Dieses ist ein im Berliner Roman noch nicht im mindesten ge-
würdigtes Bieretablissement; das einzige, in dem an küh-
ner malerischer Ausstattung, Scherzhaftigkeit, Liebesleben
und Chantantgesang (um Hyazinthos noch einmal reden
zu lassen) ein sozusagen künstlerischer Zug weht. Das Lo-
kal hat einen gewissen Avec, wie man hier sagt: anständige
Pärchen, in rettungsloser Liebesglut entbrannt, speisen hier

zur Nacht. Auch Familien erscheinen. Und so viel unge-
löschte Leidenschaft hier unter der Oberfläche lebt und
webt, so wenig darf sie nach außen in die Erscheinung treten. Das Prohibitive vollzieht sich in der Form, daß der
Wirt, falls ein Gast die Hand um den Nacken der Beglei-
terin schmiegt oder allzu heftig küßt, mit ernsten Schritten
naht und ihm die folgenden schlichten Worte auf einem
Plakat zeigt: »Hier darf nicht geknutscht werden.« Auch
fordert er direkt auf, die Liebkosungen jetzt mit Rücksicht
auf die Familie zu unterlassen.

In diesen heiligen Hallen also singt allabendlich ein ge-
mieteter Sänger, Baritonist, das Lied von dem Herzen, für
das man betet – und so weiter. Und hier vor allem wird der
Refrain mit Inbrunst mitgesungen. Auch die Familien be-
teiligen sich. Der Sänger sitzt am Klavier, er bibbert mit
den Fingern, läßt die Stimme edel erzittern, und der ganze
Garten heult mit. Geknutscht darf nicht werden, aber einen
traumhaft schönen Versch mitzusingen, kann der keusche-
ste Wirt nicht verbieten. Und von hier aus scheint das Lied
die Reise durch Berlin angetreten zu haben.

Dieses Lied ist nur eine der Zerstreuungen, mit denen
man sich die Zeit in diesem Augustmonat vertreibt, während Berlin so grauenhaft ist und die Luft sich aus lauwar-
mem Unrat zusammensetzt.

26. September 1897

In der Wilhelmstraße, im Architektenhaus, kann man jetzt
mehrere bedeutende Schachspieler der Erde sehen. Dort ist
Schachkongreß, und es finden sich in der Millionenstadt
Berlin immerhin fünfzig bis sechzig Leute auf einmal, die
geneigt sind, so ein Ding kennenzulernen. Feierlich geht es
nicht zu. Ein hoher Restaurationssaal von leidlicher Größe;
darin eine Anzahl ruppiger kleiner Kneipentische; an diesen Tischen die Meister der Erde – nicht alle, denn die aus-
gesetzten Preise sind zu niedrig –, und um die Meister her-
umstehend fünfzig bis sechzig Kiebitze im besten Fall. Das
ist der internationale Schachkongreß.

Doch gerade in solcher Askese und in solchem Verzicht auf prunkvolle Äußerlichkeiten liegt ein bezeichnendes Merkmal des geistigen Turniers. Es wird auf alles verzichtet, sogar auf den Zweck. Ringsum tobt die Welt, soziale Kämpfe voll unerhörten Grimms spielen sich in Europa ab, die politische Konstellation wechselt täglich, je nach den Toasten, Wahlen voll toller Heftigkeit stehen vor der Tür: und diese Leute sitzen da und ziehen Figuren über schwarz-weiße Felder, sie sitzen fast vier Wochen lang, machen täglich tiefe Nervenerregungen durch, entwickeln einen ungeheuren Aufwand an Scharfsinn, an letzter Energie und verzweifelter Gedankenkonzentration, sie nähren sich spärlich, um geistig regsam zu bleiben, sie gehen früh zu Bett, um ja den Gegner frischer besiegen zu können, kurzum, sie arbeiten daran, das Rätsel ihrer Sphinx zu lösen – und wenn sie es gelöst haben, erblüht ihnen kein anderer Nutzen als das Bewußtsein, es gelöst zu haben. Manchem erblühen allerdings noch zweitausend Mark.

Den abseitigen Betrachter wird das Menschliche an der ganzen Erscheinung am meisten fesseln. Man vergißt den Zweck oder die Zwecklosigkeit des Unternehmens und achtet auf die erregten und seelisch tief beteiligten Personen. Auf mich hat der alte Herr Winawer aus Warschau den stärksten Eindruck gemacht. Er ist aber nicht der beste Spieler, vielmehr bis jetzt der drittschlechteste. Und doch war er einst ein Meister, der in Europa Lorbeeren einheimste. Dieser alte Herr Winawer aus Warschau ist aber ein blasses, betuliches, verwelktes, gutmütiges Männchen, mit einer gebogenen Nase und so gut wie gar keinem Kinn. Er sieht rührend aus. Er gleicht einem ärmlichen Fondsmaklerchen, das vor Bescheidenheit nicht wagt, ein Kinn zu haben, und die Nase leider nicht wegleugnen kann, das sich an der Börse bescheiden herumdrückt und ehrlich darauf hofft, daß ihn einer was verdienen lassen wird. Mein Winawerchen trägt auf der Nase eine einfache Metallbrille, geht umher, wenn er seine Partie verloren hat, sieht den anderen Partien zu, betrachtet ihren Stand mit friedlicher Teilnahme, und der Mund, aus dem die Zähne weg sind, macht resignierte Kaubewegungen. Er ist ungezwungen, zerstreut und melancholisch und setzt sich auf die Spieler förmlich 'rauf. Gott erhalte ihn. Sehr anders ist der Engländer Blackburne. Wenn man Winawerchen den gerupften Kanarienvogel nennen darf, möcht' ich diesen den Bootsmann nennen. Auf zwanzig Schritte sieht man ihm an, daß er ein Brite ist. Eine sehnige große Gestalt mit einem Schifferkinnbart, die Gesichtsfarbe gesund und kräftig, die Züge in nichts den mächtigen Denker verratend. Ruhe, Sicherheit, auch Zähigkeit liegt in diesem schlichten Antlitz, das sich nicht regt, bevor der Zug gemacht ist, in diesem ganzen, gesunden Organismus. Tschigorin, der Russe, ist von gleicher Positivität, aber doch lebhafter, ein mittelgroßer, brünetter Mann mit glattgekämmtem Haare, etwa wie ein deutscher Ingenieur aussehend, durchaus westlich, gar nicht russisch. Charousek aus Budapest mit seinem blassen, empfindlichen Gesicht und seinen mageren Gliedern, die aber nicht asketisch sind, sondern bloß jugendlich-unentwickelt, blickt aus lebendigen dunklen Äuglein in die Welt, und wenn es nicht unschicklich wäre, könnte man diesen Studenten mit einem jungen Hunde vergleichen. Der deutsche Meister Walbrodt, ein kleiner pickliger Blonder, ist zwar auch Student, macht aber den Eindruck eines Akrobaten, eines kauzhaften kleinen Parterre-Gymnastikers; er steht bis jetzt am zweitbesten. Der den ersten Platz einnimmt, der Wiener Marco, hat, wie die Mehrheit der bedeutenden Meister, gar nichts Spiritualistisches im Äußeren. Er ist ein Riese, der in die besten Jahre noch nicht gekommen ist, und seine rote dicke Nase hat manchem Anlaß zum Nachdenken gegeben. Er sieht aus, als ob er die Kongreßmitglieder zusammenhauen würde, nicht bloß sie in einem Spiel besiegen. Wie dem aber sei: jeden Tag, von 9 Uhr früh bis in die sinkende Nacht, kämpfen diese sechs Männer und vierzehn andere; jeden Tag zermartern sie sich die Gehirne, die Meister der Erde, und um sie herum rauscht und brandet das Leben und der Daseinskrieg, und sie sitzen auf einer Insel, nämlich im Architektenhaus, und wirtschaften erbarmungslos mit Königen und Königinnen auf bemalter Wachsleinwand. Die Deutschen sind in dieser Kunst Meister. Ich meine: im Schachspiel haben wir in den letzten Jahren eine große Stärke bewiesen, wie ein Überblick über alle Kongresse beweist.

Wohl ist in Berlin jetzt wenig los, und man darf als Chronist inbrünstig hoffen, daß die nächste Woche Besseres bringen wird. Unser Kaiser, der für die Freiheit in Ungarn ein so warmes Herz hat, ist die einzige Persönlichkeit, die immer einigen Stoff zur Unterhaltung bietet. Jetzt wird sein Aufenthalt bei den Magyaren und die Huldigungen, die er erfuhr, lebhaft besprochen. Begeisterte Naturen sind hier zusammengekommen; der Kaiser ist begeistert, und die Magyaren sind es: so gab es einen guten Klang. Die Franzosen mögen wohl in den Budapester Vorgängen ein Seitenstück zu den letzten russischen sehen. Zwar sind die russischen wichtiger, weil Rußland mächtig und Ungarn schmächtig ist, aber im allgemeinen werden die – um es anmutig auszudrücken – westlichen Nachbarn schon oft bedauert haben, daß sie einen Mann wie Wilhelm den Zweiten nicht besitzen. Grade so etwas könnten sie brauchen. Diese Fähigkeit, diese Neigung und diese Technik im Punkte des Repräsentierens hat kein zeitgenössischer Franzose; dieses Temperament und diese Selbständigkeit geht auch dem demonstrativsten der an allen Ecken und Enden gebundenen Republikaner ab. Solch einen Mann aber könnten sie brauchen.

Des ferneren spricht man hier von der Firma Nauck und Hartmann, welche die Litfaßsäulen gepachtet hat. Sie hat Illustrationen zu dem religiösen Drama »Im Zeichen des Kreuzes« an diesen gepachteten Säulen nicht anbringen wollen. Die Firma Nauck und Hartmann folgt also dem Zuge der Zeit und übt puritanische Zensur. In Norddeutschland, wo der blinde Glaube niemals sonderlich fest gewesen ist, waren religiöse Darstellungen auf der Bühne und an sonstigen profanen Orten immer verboten. In Süddeutschland, wo man viel kirchlicher und sogar religiöser ist, waren sie es nie. Das ist auffallend. Jedenfalls macht die Firma Nauck und Hartmann auf den gepachteten Lit-

faßsäulen einen herrschenden Brauch mit. Sie duldet an
diesen gepachteten Säulen unzüchtige Verse – mehr als
einmal sind sie erschienen und waren zum Teil recht belu-
stigend –, aber sie versagt religiösen Bildern ein Obdach.
Warum wohl? Die Firma ist nicht so fromm. Aber die Polizei ist so fromm. Eine tüchtige Litfaßsäulenfirma muß mit
der Polizei immer nahe Fühlung behalten. Kleine Rück-
sichten erhalten die Freundschaft. Leider ist in der Welt das
Solidaritätsgefühl nur schwach ausgebildet. Sonst würden
die übrigen Berliner Theaterdirektoren die zartfühlende
Firma leicht gezwungen haben, das Plakat eines unbedeutenden Kollegen, der aber doch ein Kollege ist, zu veröffentlichen. Sie haben es nicht getan. Das nächste Mal möge
jeden von ihnen ein ähnlicher Verdruß treffen wie diesmal
den kleinen unbedeutenden Herrn Samst.

Es ist nichts los. Am Freitag abend wurde das »Tschaperl« von Hermann Bahr im Lessingtheater gespielt. Aber
man müßte lügen, wollte man sagen, daß mit diesem Stück
irgend etwas sei. Qualvollere und ödere Empfindungen
habe ich seit langer Zeit in keinem Theater gehabt. Und
gerade der Bahr hätte so etwas nicht schreiben dürfen.
Er kann ja mancherlei, aber der Nachweis, daß er auch
das Widrigste und Platteste kann, wäre nicht nötig gewesen. Dieser Mann, der vor zartfühliger Schmiegsamkeit
sich krümmt und windet und den apartesten Riecher in
deutschredenden Landen zu haben meint, verfällt hier zu
höchstem Erstaunen in dicke Banalität und zeigt, daß eine
Frau, die wider Gebühr von ihrem dümmeren und plum-
peren Gatten als Dummchen behandelt worden ist, ihm
davonläuft und – wenn ich nicht irre – ihm davonlau-
fen muß und soll. Welche Notwendigkeit, darüber jetzt
ein Stück zu schreiben. Die ganze Wahl der geschilderten
Verhältnisse ist schon eine Banalität. Diese Theater- und
Agentenverhältnisse sind uns Wurst. Das heißt, sie sind uns
so lieb wie andere Verhältnisse, wenn sie entsprechend geschildert werden. Aber das werden sie nicht ganz, und was
schlimmer ist, Herr Bahr schwelgt mit besonderer Liebe
in dieser Welt. Es ist am Ende die Welt eines Weaners, die

papierne, gemalte, und wir schenken ihr, obgleich die Thea-
terwelt in Berlin ein größerer Faktor als in Wien ist, nicht
die Bedeutung, die ihr die molligen Mehlspeisesser gern
gewähren. Und wüste, widerwärtig raffinierte Effektsze-
nen ältesten Mimenstils enthält dieses Drama. Um es genügend zu verspotten, müßte man sich einen eigenen Karl
Kraus verschreiben. Äußeren Erfolg hatte es. Adieu. Nach-
ste Woche mehr.

10. Oktober 1897

Langsam fängt es wieder an. Es kommt die Kälte. Wenn
man am Morgen sein Arbeitszimmer betritt, brennt ein
Feuerchen. Mit besonderem, kühlem Glanze leuchtet die
Sonne wundersam über einigen Wipfeln der Landgrafenstraße, die man vom Fenster aus gerade noch sehen kann.
Dem Fenster gegenüber, unten vor dem Atelier, steht in
strammer Haltung Bismarck. So wie ihn Eberlein, der
Bildhauer und Hauswirt, geschaffen hat. Das Material ist
mit den Jahren in Regen und Schnee verwittert. In Kälte
und Herbststurm stützt sich der verwitterte Kanzler auf
sein Schwert. In Herbststurm und Kälte sind ihm holdse-
lige verwitternde Frauen nahe, die leicht bekleidet ausharren, den ganzen Winter hindurch in Regen und Schnee.
Oben in der Mitte des Kopfes hat Bismarck ein Löchlein.
Man kann es genau sehen, wenn man ans Fenster tritt.
Hoffentlich fließt kein Regen hinein, den alten Kanzler
mit schauerlichem Naß innen füllend und einstens über-
quellend, so daß die Tropfen über die Glatze nach den Augenbrauen sickern, und von den alten Augenbrauen auf
den Schnurrbart. Und nicht weit davon brüllt ein Löwe,
dunkel und verwitternd. Die kühle Herbstsonne schmiegt
sich an die seltsamen melancholischen Gebilde, braune
Blätter sind zu ihren Füßen gefallen, braune Blätter liegen
auf dem Rasen. Und wenn man hinaustritt, am Ufer ent-
langzugehen, watet der Fluß in braunen Blättern. Es fängt
wieder an.

Schon kommen die ersten Einladungen. Zehn, zwölf

Personen. Es wird ausdrücklich bemerkt, daß »keine Gesellschaft« ist. Es gibt zwei Gänge und sechs Weinsorten. Ganz naiv und genußfreudig findet sich alles zusammen. Es ist, als ob man zum ersten Mal diesen Zauber durchlebte. Nach der langen Pause wirkt der Reiz der Abwechslung. Sommerliche Erlebnisse werden erzählt. Vieles wird gelogen; manches wird verschwiegen. Im Winter kommt man immer mit demselben Kreis zusammen. Gewisse Gestalten kehren ewig wieder. Der Sommer bringt andre Sphären, eine neue Welt. Im Sommer vollziehen sich »Umwälzungen« im Innern. Da wird man sich mit Schärfe klar über das Verhältnis zu den Herzensfreunden und Herzensfreundinnen des Winters. Im Oktober, wenn es anfängt, fühlt man sich jedesmal einsam und hochmütig. Dann im Februar ist man gemütlich geworden; man ist nämlich »kein Spielverderber« und drückt beide Augen zu. Schon weil die Augen wegen nächtlicher Feste so selten geschlossen sind. Man ist kein Spielverderber.

Im Anfang werden einem gelegentlich noch einige seltsame Erscheinungen vorgesetzt, die stärker fesseln. Es sind Zugvögel, auf der Durchreise hier; nicht an die Spree zum Auskosten sämtlicher Genüsse gekommen; mehr Zufallsgeschenke des Schicksals. Man tritt um neun in ein Empfangszimmer. Es liegt meistens in der Tiergartenstraße. Fünf Herren und sieben Damen sitzen in riesigen Armsesseln (jegliche Dame bemüht sich, wie Miß Katharina Grant auszusehn; auch wenn sie keine schwarzen Handschuhe trägt, sondern lange, lange weiße), nur der eine oder andre Herr quält sich, auf einem Tabouretchen, ohne irgendwelchen Anhalt, mit Schmerzen im verwöhnten Rückgrat. Da sieht man auch den Zugvogel sitzen. Eine Frankfurtammainerin oder so etwas. Es wird gleich gesagt, daß man sie zu Tisch führen soll. Sie fühlt sich wohl einsam in dem großen Armsessel, aber auch sie spielt ein bißchen Katharina Grant. Und dennoch, wenn man sie ansieht, ist es eine deutsche Erinnerung, die aufsteigt. Nichts Englisches. Das Kleid am jugendlichen Halse ein wenig ausgeschnitten, mit einem vergilbten Spitzenjabot am Busen, das Haar aschblond, das liebe, feine Gesicht zurückgelehnt: so sitzt die Frankfurtammainerin im Armsessel. Sie zählt neunzehn Jahre und ist schlank. Und macht es irgendein Zug im Gesicht, machen es diese Spitzen am Busen: sie scheint aus dem achtzehnten Jahrhundert entlaufen. Ein jugendliches Überbleibsel aus versunkenen Landen. Wie Heyses letzter Centaur von der Griechenwelt ungealtert in die Gegenwart verschlagen ist, so entschlief sie am dreißigsten September 1797 und stand am ersten Oktober 1897 wieder auf. Glücklicherweise ist sie großherzig und hält einen nicht für verrückt, da man beim Niedersitzen im Eßzimmer als erstes Wort zu ihr sagt (mit leiser Stimme): »Lotte!« Sie hat das schon öfter gehört und lächelt. Sie lügt aber mit großer Kälte und behauptet, nie im achtzehnten Jahrhundert gelebt zu haben. Ihr Vater ist Professor, einer von den künstlerischen, und lebt im neunzehnten. Lotte! Sie erzählt mit einem feinen, lieben Lächeln von den Tennis-Turnieren im Palme-Garte. Lotte! sag' ich. Und in allen Gesprächen lügt sie konsequent: sie habe Herrn Amtmann Buff nie persönlich gekannt; auch den Doktor Goethe verleugnet sie, will damals überhaupt nicht herumgegangen sein. So verdorben. Immerhin ... Lotte! ...

Im Westen hat man den letzten Unfall des Berliner Spiritismus mit lebhafter Teilnahme begleitet. Ganz spiritistisch ist dieser Westen nicht. Es läßt sich vielmehr nur schwach leugnen, daß er auf einer realen Grundlage steht. Um ganz genau zu sein: die metaphysische Weltauffassung kommt für ihn in zweiter Linie. Wenn die sozusagen laufenden Geschäfte dieses Daseins erledigt sind, dann sagt er sich: jetzt bin ich Spiritist, jetzt darf ich's sein. Nun sollte ein Spiritistenheim in Berlin geschaffen werden – es war unberufen höchste Zeit –, aber der Westen nimmt bei aller metaphysischen Weltanschauung an solchen Bauten lieber nicht teil. Hypotheken und Aktiensachen mit den großen unlösbaren Jenseitsfragen zu vermischen ist nicht erquicklich und muß jedes feinere Zartgefühl, wie es in der Hitzigstraße herrscht, vor den Kopf stoßen. Also lieber nicht. Dagegen gab man für Bernhard, den Matrosen, ein warmes

theoretisches Interesse kund. Bernhard hatte die Gewohnheit, wenn ein anderer sich ans Klavier setzte, in Trance zu
verfallen. Wenigstens verfiel Bernhard anscheinend. Thienemann setzte sich ans Klavier, und Bernhard verfiel.
Bernhard brachte einstens eine Rose aus dem Jenseits, die
Egbert Müllers verstorbene Frau ihrem Gatten sandte. Als
er sie Egberten überreichte, war der Witwer sehr angenehm erschüttert. Kurz, Bernhard war nicht mit Gold zu
bezahlen, besonders da sich die Westlichen nicht beteiligten, und reiste für hundertfünfzig Mark zu einer Vorstellung nach Köln. Der warme Anteil aller Westlichen aber
begleitete ihn. Was ihm jedennoch dort passierte, wie
Bernhard als Taschenspieler entlarvt wurde und was sonst
noch geschah, das hat man schaudernd gelesen. Es wird
also nichts anderes übrigbleiben, als den Matrosen Bernhard seinem Schicksal zu überlassen. Die beteiligten Kreise
des Tiergartenviertels rufen ihm zu: »Hochherziger Jüngling, fahre wohl!« und setzen im übrigen die Bekundungen
der metaphysischen Weltanschauung privatim fort.

Hierzu gehört ein durchaus hypothekenfreies Tischrük-
ken. Mehr als einmal durften wir es miterleben. Es handelt
sich jedesmal darum, die wenigen noch Zweifelnden zu
widerlegen. Einige Rüpel, die noch nie in der maison de
santé gewesen, erheben ja immer frechen Widerspruch.
Man setzt sich also um einen Tisch, gewöhnlich ist er rund,
gewöhnlich ist es in der Dämmerung, legt die Hände ge-
spreizt darauf, so daß sich die kleinen Finger der Beteiligten berühren, und es kann losgehen. Man versenkt sich –
nicht wie die Indier in die Betrachtung des eigenen Nabels – sondern in das allgemeine Weltwesen, angezogen.
Nach einer Weile beginnt der Tisch zu tanzen. Was man so
bei Tischen tanzen nennt. Es ergeben sich Wellenlinien.
Das Möbelstück entflieht einem unter den Händen. Und
immer, wenn man spürt, daß es sich nach rechts bewegt,
machen die eigenen Hände Reflexbewegungen nach rechts
und helfen stramm nach. Dann geht es viel rascher. Wenn
zufällig alle Beteiligten nach rechts drücken und nicht etwa
ein Häretiker aus Originalitätssucht nach links, ist es am

metaphysischsten. Die Tische fliegen pfeilgeschwind. Es
ergreift innige Andacht die Versammelten, und von neuem
bekräftigen sie den Entschluß, ekelhafte Mammonsangele-
genheiten mit dieser Sache nicht zu verquicken. Darin
kann sie kein Gott wankend machen. Eine noch nettere
Art metaphysischer Umtriebe ist das Gedankenlesen mit
Umfassen des Handgelenks. Zwar, auch das Tischrücken in
der Dämmerung hat seine Vorzüge. Beim Gedankenlesen
genügen aber zwei Personen, und ich weiß nicht, weshalb
die musikstudierenden Amerikanerinnen in Berlin so viel
Gewicht darauf legen, die erste Zeit mit dem Medium allein im Zimmer zu sein. Na, zur Sammlung und Konzen-
tration. Fassen Sie mich hier an, sagt sie. Sie zeigt auf die
Pulsadern. Man faßt ungefähr an diese Stelle. Aber die sug-
gestive Leitung muß auch weiter oben im Arm nicht
schlecht sein. Man geht eine Zeitlang mit ihr im Kreise
herum. In dieser Zeit errät jeder ganz zweifellos die Gedanken des anderen. Dann werden die Türen geöffnet, und
es beginnt der unbedeutendere Teil der Sitzung. Die Öffentlichkeit ist wiederhergestellt! Zounds!! Goddam!!
   Der Winter fängt an. Es gibt allerhand Ereignisse von rasender Wichtigkeit. Das Fräulein Paula Wirth ist von der
Bühne zum Brettl übergegangen. Übergegangen ist sie,
Zeitgenossen. Übergegangen. Sie war vorher an mehreren
Theatern in ersten Rollen beschäftigt. Am Lessingtheater
wirkte sie in ihrer auffallendsten Periode. Dort gab sie tief-
innerliche Rollen. Freilich auch tiefäußerliche. So war sie
einmal mit starker Wirkung ein nur schwach bekleidetes
Modell, in einem nach zwei Abenden versunkenen Drama.
Und sie füllte ihre – ihre Rolle mit großer Tüchtigkeit aus.
Diese Tricots waren von einer seelischen Innigkeit, von einer überzeugenden Gewalt, die ihresgleichen leicht nicht
fand. Und doch wohnte nicht nur den Gesichtszügen, sondern auch den Worten des Fräuleins ein gewisses Etwas
inne, das auf eine Seele schließen ließ, auf eine (hol mich
der Deibel) melancholische Seele. Überdies hatte sie ein
schwermütiges Schönheitspflästerchen auf der Backe. Die
Natur hatte es hingeklebt, es war ihr nicht abzureißen.

Überdies hatte sie einen Roman mit einem baierischen Offizier. Und sie hatte sich als rachsüchtige Elvira am Ende
gezeigt. Denn am Ende schrieb sie in einer Münchener
Zeitung eine Novelle, die ihre Schicksale, Taten und Abenteuer mit diesem Krieger veröffentlichte. Nämlich er hatte
sich verlobt. Mit einer Großindustriellentochter, wie man
da unten sagt. Er hatte gewiß Schulden. Leser, ich hab es
nicht mit Sicherheit vernommen, aber ich bin grenzenlos scharfsinnig: er hatte gewiß Schulden. Jedenfalls ward
sie noch melancholischer und verbitterter. Und auf der
Bühne, wo sie immer etwas zu wenig Technik und etwas
zu viel ungeschminkten Herzenskummer zeigte, auf der
Bühne wurde sie noch unerquicksamer. Denn ob sie gerade ein schauspielerisches Talent war, ist den Denkern
dieses Zeitalters überhaupt nicht klargeworden. Sie war ein
Weib, nehmt alles nur in allem. Sie war ein Weib. Und
schließlich, o Paula Wirth, mußtest du noch erfahren, was
jener Offizier vor dir erfahren hatte: daß der Übel größte
die Schulden sind. Als sie die Toiletten nicht bezahlen
konnte, verließ sie die Bühne, oder – wie ein gerissener
Feuilletonist unbedingt schreiben muß – sie sagte der dramatischen Kunst Valet. Als sie aber der dramatischen Kunst
Valet gesagt hatte, erlebte ihr Ruhm noch eine Auffri-
schung in den Zeitungen. Es hieß, daß sie lieber in Ritzebüttel die Erste als in Rom die Zweite sein wollte. Oder so
ähnlich. Aber auch in Ritzebüttel war sie nicht die Erste.
Das heißt: sie fiel im Wintergarten wenn auch nicht durch,
so doch ab. Ab fiel sie. Ich sagte schon: es gibt jetzt allerhand Ereignisse von rasender Wichtigkeit. Farewell, Paula.
Farewell.

Der Winter fängt an. Herr Donat Herrnfeld spielt mit seiner Truppe ein neues Drama, und es heißt: »Der Verwandlungskünstler oder ein Abend im Wintergarten«. Aber es
ist nicht mehr der alte Donat. Der alte Donat mit seinem
Bruder spielte jenes wundersame, unvergleichliche Spiel,
das »Endlich allein« benannt war, und zwar auf einer Vor-
stadtbühne vonstatten ging, aber von allen edleren und er-
lauchteren Geistern der deutschen Hauptstadt im Innersten

bewundert und im Äußersten belacht ward. Dort gab es einen ungarischen Israeliten auf der Hochzeitsreise, er zeigte
die Hindernisse, denen dieser schöne, rosige, schwarzlockige
Isidor Blumentopf auf eben dieser Hochzeitsreise ausgesetzt
war; und Legionen und abermals Legionen wallfahrteten
aus dem westlichsten Westen zu Donat und zu Blumentopf.
Jetzt aber stellt unser Herrnfeld einen Verwandlungskünstler dar, der zu einem Rechtsanwalt kommt, grade als dieser
in den Wintergarten gehen und über die Stränge schlagen
will. Der Künstler nimmt die Gestalt des Rechtsanwalts an,
er sieht ihm täuschend ähnlich, die Gattin des Rechtsanwalts
kommt von der Reise zurück, sieht ihn, hält ihn für ihren
Gatten und hat ihm mancherlei unter vier Augen zu sagen.
Der Verwandlungskünstler ist ein Künstler, der alles macht.
Leser, was soll ich sagen? Gar nichts soll ich sagen. Die Kulissen erröten. Der Chronist errötet doppelt. Das Stück ist
sehr zotig. Aber Herrnfeld ist nicht mehr der alte Herrnfeld.
Blumentopf ist dahin! Unwiederbringlich ist er dahin. Der
Winter fängt an. Adieu, Leser.

31. Oktober 1897

Gestern, Freitag abend, bevor ich schlafen ging, sah ich Oswald Alving blödsinnig in einem Sessel sitzen. Er rief mit
starker gleichgiltiger Stimme nach der Sonne. Es dröhnte
durch die Seele, wie er schrie, in gemessenen Zwischenräu-
men, idiotisch-kräftig: sole; – – il sole; – – sole; – – so – –;
– – sole; sole; sole. Man fühlte: jetzt war in seinem Innern
alles erloschen an Beseeltem, er war jetzt wie mit Stroh
ausgefüllt; ein sozusagen gesunder, ein körperlich starker
Blödsinn schrie zufrieden aus ihm; sole; – – sole; – – sole;
– – ein Ochse saß im Sessel.

Das war im Neuen Theater, wo »Spettri« von Enrico Ibsen gespielt wurden. Oswald war Ermete Zacconi. Wenn
ich zurückdenke, wie er die ganze Gestalt verkörperte, so
ist zu sagen: ein einheitliches Bild blieb nicht zurück. Das
Spiel zerfiel in tausend und drei Einzelzüge; und doch – es
war etwas Unvergeßbares darin. Nicht vergessen wird man

diesen liebenswürdigen, gütigen, jungen Menschen, der mit unendlichem Schmerz fühlt, daß er verloren ist. Nicht bloß mit Schmerz: mit einsamer Verzweiflung. Das letzte Mitleid wird wachgerufen, und stürmisch schießen den Hörern die Tränen in die Augen. Die Züge Oswalds gehen auseinander, er fährt sich hilflos in die Haare, beugt den Kopf nach hinten, und er weint. Dieser Oswald wagt nicht auszudenken, was mit ihm vorgeht, aber etwas übermannt ihn, und die Betrachter packt eine Art Verzweiflung, daß der liebreiche und freundliche Künstler sein schauriges Schicksal zu leiden hat. Diese Zwittermomente, die zwischen Wahnsinn und Gesundheit schwanken, in denen Oswald in seine Zukunft zitternd sieht, sind das Größte und Erschütterndste an Zacconis Leistung. Nur so viel Liebenswürdigkeit, wie sie Zacconi in Oswalds Augen und seinen armen Mund zu legen weiß, ist fähig, ein so schluchzendes, elementares Mitleid zu erwecken. Wie schade, wie schade! schreit etwas in dem Zuschauer. Wie schade um ihn! Ich habe Antoine als Oswald gesehn, auch Emmerich Robert vom Burgtheater in der verheißungsvollen ersten Vorstellung der Freien Bühne und neuerlich Rudolf Rittner. Hiervon schien Robert am schlechtesten, Rittner ergreifend, und die stärkste Erinnerung bildet Antoine. Es war eine gradlinige, einprägsame Leistung, aus einem Guß. Er gab einen düsteren, mürrisch-müden Oswald. Er kam schon als offenkundig Gehirnkranker auf die Bühne, und Frau Alving hätte weniger klug zu sein brauchen, als sie ist, um die Sachlage sofort zu übersehen. Antoine war in der ganzen Haltung bedrohlich und tierisch. Aber Zacconi gab die Übergangszüge, welche entscheidend sind. Im übrigen gab er zu viel. Er scheint wahrhaftig ein Italiener zu sein, welches Volk dazu neigt, alles troppo zu machen. Sie genieren sich nicht. Bourget, der Seelenprofessor, hat sie mit Recht daraufhin festgenagelt in seinem dickleibigen Kosmopolitanroman. Und so hatten die Berliner Hörer geteilte Empfindungen über Ermete Zacconi: Zur Hälfte ein großer Künstler, zur Hälfte ein großer Macher! Die Krankheitserscheinungen gab er glänzend. Er stammelte, markierte beginnende Aphasie, und die Hände lallten ataktisch. Er hat das Wort atavismo zu sagen; er sucht danach; man hört etwas wie ismo, dann avismo; schließlich atavismo – er hat es gefunden. Zuweilen erreichte er diejenige Grenze, die man hier rüde mit dem Kosewort Mumpitz beibenennt. Aber weiß der Himmel, es ist der genialste Mumpitz, den ich kenne. Zuweilen hatte man diesem Virtuosen gegenüber eine Empfindung, die sich in dem Begriff »Garrick« zusammenfaßt. Überlieferte Anekdoten haben ein Bild von diesem Künstler in mir entstehen lassen, und ich bin erstaunt, zu finden, daß Zacconi sich mit jener Vorstellung deckt. Er nahm ein Fußbänkchen in den Arm, so haben wir gelesen, und weinte wie um ein totes Kind, und alle Hörer weinten mit. Man hat das Gefühl, daß auch Zacconi so etwas vermöchte.

In diese Woche fiel noch ein anderes erstes Auftreten in Berlin. Ich wurde beim Zusehen fast erquetscht. Der Debütant hieß Reinhold und spielte unter den Linden. Er hatte starken Zulauf und war im ganzen eine Enttäuschung. Er ist offenbar weder Virtuose noch genial, sondern ein anständiger und durchschnittlich begeisterter deutscher Provinz-Marquis-Posa. Herr Professor Reinhold macht nicht den Eindruck einer Persönlichkeit. Es ist ja gefährlich, nach einer Begegnung zu urteilen – aber er macht nicht den Eindruck einer Persönlichkeit. Einen lyrischen Zug hat Herr Professor Reinhold, aber auch der ist nicht genügend ausgeprägt, um ihm etwas, na, genügend Ausgeprägtes zu geben. Er ist ein Schwärmer, doch ein maßvoller Schwärmer, ein gebürsteter Schwärmer, ein konzessionierter Schwärmer. Er scheint unter den Sozialrevolutionären gewissermaßen ein Logenbruder zu sein. Äußerlich ein netter Mensch: sauber, vierzigjährig, zuverlässiger Schnurrbart, ruhevolle Haltung, offenbar frei von Nervosität. Er wird hier schon nervös werden. Wird schon werden, wird schon werden. Unangenehm und, ich kann mir nicht helfen, logenbrüderlich berührt die Art des Vortrages. Die Stimme wird festrednerisch-weihevoll gehoben in edlem, periodisch steigendem und sinkendem Pathos, und bevor man genau hört, was der

Professor Reinhold sagt (denn die Vordermänner und Vor-
derfrauen sind recht unruhig, und das Knacken ihrer Hals-
wirbel, die sie sich ausrenken, gibt Geräusche), bevor man
ihn versteht, ist man durchdrungen, daß er von der Größe
der Natur und von der Vorsehung redet und vom Eindrin-
gen des Geistes in den tieferen Sinn der ewigen Gesetze,
und man hat die spezielle Vermutung, daß er das Wort »innere Harmonie« und den Ausdruck »das Göttliche im Menschen« recht häufig braucht. Nachher, als sich die Nachbarschaft etwas beruhigt hat, merkt man den Irrtum und hört
die Worte Staatsidee, Privateigentum, Straßenputsch, Ge-
sellschafts-Ordnung, Expropriation, marxistische Theorie,
Wirtschaftssystem und Klassenstandpunkt. Die Hörer wissen nicht recht, nach welcher Richtung sie demonstrieren
wollen, ob für, ob gegen und ob stark oder leise, denn aus
den ewig edlen Sätzen mit ihrer begeisterten Neigung zur
rollenden Periode springt der Sinn nicht immer schlagend
und mit knapper Schärfe heraus, und lange Zeit weiß man
nicht, ob Herr Professor Reinhold ein überlegener Sozia-
listenfresser oder ein heimlicher Sozialistenfreund oder ein
pädagogisch-milder Sozialistenmahner und Warner oder
sonstwas ist. Er redet so, und er redet so. Er redet nach
rechts, und er redet nach links. Er redet metaphysisch, und
er redet realpolitisch. Und eine Oase ist erreicht, wenn er,
mit mehr als gewöhnlich edler Stimme, sich gegen diejenigen wendet, welche den Sozialismus lediglich als eine Er-
bärmlichkeit ansehen. Er sagt ungefähr von hervorragenden
politischen Kaffern, daß sie »denn doch« in der Entwicklung zurückgeblieben sind und daß »denn doch« der Fall
nicht so leicht abzutun sei. Und entzückt von dieser Originalität und diesem Mannesmut, bricht das Auditorium in
Beifall aus. Die Studenten trampeln, und das Riesencorps
der Laien hat an dieser nicht überall bräuchlichen Huldi-
gungsart eine naive Freude. So kommt etwas Leben in die
Bude. Dann versinkt wieder alles in einen Zustand des
Schnarchens. Oben auf dem Katheder schnarcht Reinhold
in symmetrischen Tönen, auf und ab, auf und ab. Unten
schnarchen die Leidtragenden. Er schnarcht wohl von »in-

nerer Harmonie« und vom »Göttlichen im Menschen«
– oder doch nicht? –, und mir träumt, daß durch die Luft
gezogen kommt, Diplome tragend, eine Deputation der
Loge »Gustav zu den drei Kopfkissen« und ihm die Ehren-
mitgliedschaft anträgt. Wie wird man erst in den Winter-
abenden bei Reinhold schnarchen, wenn das Gas gemütli-
cher rauscht und draußen die, wenn ich nicht irre, trauten
Flocken leise fallen. Großartig wird man schnarchen, wenn
die trauten Flocken leise fallen.

Indessen regen sich die Leute hier über andere Dinge
mehr auf als über den rettenden Reinhold. Sie sind auf Nicolaus ernstlich böse, den jugendlichen Russenfürschten,
der so moskowitische Knappheit in der Pflege freund-
schaftlicher Beziehungen zeigt. Der »Schimpf«, den er den
treuen Badensern angetan, ist zwar mehr komisch als tragisch, aber man benutzt in Berlin die Gelegenheit, einige
flammende Entrüstung im Tiergartenviertel zu hegen.
Vielleicht hegt man dieselben deutschvolklich-empörten
Gesinnungen in jener Gegend, wo sich Nicoläuschen jetzt
aufhält, aber es ist zehn gegen eins zu wetten, daß man die
empörten Hüte ziehen wird, wenn er vorüberfährt. Treues
deutsches Herz, wir kennen dich doch! Ernstlich aber hat
man hier erwogen, um wieviel schöner die Formen des
Verkehrs im Volksleben als im Monarchenleben sind.
Wenn hierzulande zwei Ehrenmänner miteinander ver-
feindet sind oder wenigstens der eine etwas gegen den anderen hat und jener ihn besuchen will, so ist der Verlauf
folgender. Der »Betreffende« trifft den »Betreffenden« auf
der Straße; und er sagt ihm: »Edewacht, wenn de dir noch
einmal zu mir rufftraust, dann kannste wat erleben; ick
sage dir, es jiebt mächtige Senge; und wenn de jetzt nich
vaschwindest, kleb' ick dir sofocht eine.« Eduard schnallt
dann entweder seinen Riemen ab, oder er »vaschwindet«.
Niemand wird leugnen, daß eine größere Schlichtheit und
Herzlichkeit in dieser Art, Verstimmungen zum Austrag
zu bringen, liegt. Eduard und sein Gegner, mag es der
dicke Wilhelm oder der kleine Pickel-Aujust sein, sind die
allein Beteiligten. Der Erdgeruch, der vielfach in Feuille-

tons so unentbehrlich ist, steigt hier nahezu mit Vehemenz empor. Schwieriger wird der Fall, wenn er bürgerliche Kreise betrifft. Hier werden Briefe geschrieben, in denen »ersucht« wird, »unser« Haus »fortan« nicht mehr zu betreten. Denn Herr Püschel II aus dem Vergnügungsklub »Levkoje« habe erzählt, daß Adressat, Stümcke, sich bei Bötzow öffentlich gerühmt habe, unsre Tochter Martha auf dem Spittelmarkt geküßt zu haben. Oder: Fräulein Karkowski solle die Verleumdung von wegen falsche Zähne zurücknehmen, widrigenfalls man ihr hiermit untersagen müsse, sich je auf unserer Schwelle blicken zu lassen. Noch komplizierter wird der Fall im Westen. Komplizierter, weil schwerer erkennbar und nuancenreicher. Man erfährt dort nicht, wer überhaupt beleidigt hat und inwiefern beleidigt worden ist, auch nicht mit Sicherheit, ob die Gegenpartei wirklich beleidigt ist oder nicht. Der Betreffende oder die Betreffende wird bloß nicht eingeladen. Er erfährt eines Tages, daß X.ens eine Gesellschaft gegeben haben, ohne daß er durch ein Kartonformular benachrichtigt wurde. Das ist ein Donnerschlag. Man weiß, woran man sich zu halten hat, und die Grüße im Lessingtheater werden kühler. Zuweilen, wenn im Tiergarten Herren im Spiel sind, soll es zu Forderungen kommen. Aber eine Sage meldet, daß sich im weiteren Verlauf die Feinde gegenseitig für satisfaktionsunfähig erklären, worauf alles weitere unterbleiben kann. Man sieht: am kompliziertesten ist der Fall in Monarchenkreisen, denn hier arbeitet man mit Reichsanzeigern, und es werden die Völker mit hineinbezogen. Bei dem Mißverständnis, das zwischen dem jungen Russen und einem ehrwürdigen deutschen Bundesfürsten gewaltet hat, sind ja kriegerische Verwickelungen hoffentlich ausgeschlossen. Doch sonst gilt noch immer das nachdenkliche Wort: Quidquid delirant reges, plectuntur Achivi.

Im Tiergarten regt man sich auch noch immer über den bösen Spiekermann auf, der einen kleinen Gesellschaftsskandal in Clubsphären hervorgerufen hat. Man weiß aus den Zeitungen, daß er auf seinem Gut die gar nicht rätselhafte Inschrift anbrachte: Hunden und Juden ist der Eintritt verboten. Wenn es wahr ist, müßte dieser Zeitgenosse ein ungewöhnlicher Rüpel sein, denn so massive Witze sind selbst im Zeitalter Ahlwardts unmodern. Mir fällt ein Zug aus dem Leben Dingelstedts ein. Er ging mit Saphir auf die Sophieninsel in Prag und zeigte höhnisch auf eine Tafel, darauf geschrieben stand: »Ein Jud und ein Schwein darf nicht herein.« Aber der legendenhafte Saphir war nicht faul. Er grinste ihn an und sagte: »Der Jud und das Schwein sind schon herein!« Spiekermann, Spiekermann! Am Ende haben Sie sich ähnliche Antworten zugezogen. Am Ende gibt es ruchlose Burschen, die behaupten, Sie hätten sich das Betreten Ihres Guts unmöglich gemacht. Spiekermann, Spiekermann! Amüsant ist das Verhalten des Clubs, der sich einzuschreiten weigerte, weil die Tafel nicht im Clublokal gestanden habe. Eine feine Gesellschaft, was? Wenn das Clubmitglied Schulze einen Lustmord in Rogasen verübt, darf es Clubmitglied bleiben. Sollte es aber die Bluttat im Club, unter dem Kronleuchter, ausführen, dann allerdings müßte es ausgewiesen werden. Feine Gesellschaft.

Im übrigen, Leserin, kaufen Sie Blumen. Warum? Ich will es Ihnen rasch sagen, und das ist bei Gott für heute mein letztes Wort. Die Sorma kommt nach Breslau und spielt Rautendelein und Nora. Kaufen Sie Blumen.

Kaufen Sie Blumen.

21. November 1897

So hat denn das Disziplinargericht Herrn Ernst von Wolzogen unrecht gegeben und Peters verurteilt. In dem Lustspiel »Unjamwewe« hatte der Dichter eine Apotheose des hervorragenden Prüglers versucht. Dieses Lustspiel war nach der ersten Verurteilung geschrieben, als die verschiedenen Mordtaten bereits feststanden, und zeigte den Afrikaner in allem tollen Schwerenötertum eines unwiderstehlichen Kerls. Wahrscheinlich nach Analogie der Lessingschen »Rettungen« hatte ein deutscher Dichter wieder eine Rettung unternommen – wahrscheinlich. Der Unterschied in der Weltanschauung zweier Epochen trat hier in die Erscheinung. Derjenige Unterschied, der zwischen der Humanitätszeit und der Nietzschezeit besteht. Gotthold Ephraim verteidigte nach altmodischer Art die Unschuld: Wolzogen nach neumodischer die Schuld. »Edler Mann, edler Mann, wehe dem Jahrhundert, das dich von sich stieß, wehe der Nachkommenschaft, die dich verkennt!« – es fehlte nicht viel, daß der Dichter dies Tragödienwort seinem Helden Peters-Ewers zurief. Am Schlusse ging dieser verkannte Afrikaner nach Afrika, weil Deutschland für ihn zu klein befunden wurde. Und auch für Wolzogens Komödie erwies sich Deutschland zu klein; es ließ sie ein bißchen durchfallen.

Wie aber dem sei: Jagodjo ist jetzt endgiltig gerächt; und die »Literarische Gesellschaft« in Berlin, die monatlich zusammentretende Eßgenossenschaft, hat wieder ein Mitglied verloren. Schade! Hammerstein speist auch nicht mehr mit uns, seit er sich die Mahlzeiten in den chambres séparées des preußischen Staates angewöhnt hat. Und so verlieren wir nach und nach den feudalen Anstrich. Ich fürchte, daß unseren Liebesmahlen, nachdem Herr Peters die Gabel niedergelegt, überhaupt der letzte Übermensch abhanden gekommen ist. – Um aber die Wahrheit zu reden und der Disziplinarleiche volle Gerechtigkeit widerfahren zu lassen: er war in Gesellschaft sehr erträglich. Immer zwar ein bißchen im Tran, ob man ihn im Theater traf oder in einem Privathaus; aber ein Herr, der lebte und leben ließ. Bloß Mabruk und Jagodjo ließ er nicht leben. Jagodjo ist übrigens von einer europäischen Dame gerächt worden, noch ehe sich der Disziplinarhof ihrer annahm. Diese europäische Dame wohnte in Berlin und ließ Herrn Peters zappeln. Er krümmte sich in Qualen. Und wer mit der hohen, feingetönten Blonden je in Gesellschaft zusammentraf, wird seinen Schmerz zu würdigen wissen. Eines Tages, als der Afrikaner seine Hochachtung nicht bezwingen konnte – er durchquerte mit der Hand ihre Hüften –, kam die Katastrophe. Die feingetönte Blonde schlug ihm zwar nicht das Haupt ab, wie ihre Ahnmutter Judith getan, die hernach hoch gefeiert wurde und im Alter von hundertundfünf Jahren starb. Doch sie öffnete die Tür ihres Korridors (dies der Schauplatz der dramatischen Handlung) und gab dem Übermenschen einen Stoß mit beiden Händen; so daß er sich längst verabschiedet hatte, bevor er es noch wußte. Die Blonde aber wurde von allen Tiergartenleuten hoch gerühmt; und sie wünschten ihr gleichfalls ein langes Leben bis hundertundfünf Jahr'.

Dieser kitzlige Vorfall ist jetzt wieder mit allen Einzelheiten ins Gedächtnis gerufen worden. Und der Fall Mittenzweig hat dafür gesorgt, daß die Woche an kitzligen Vorfällen auch sonst nicht arm war. Herr Sanitätsrat Mittenzweig hat zeugeneidlich mitgeteilt, daß er die Frau Lege, deren Gatten er für geisteskrank erklären sollte, geküßt habe. Doch der Grund jener Küsse wirft auf seinen Charakter, weit entfernt, ihn anzuschwärzen, vielmehr ein hervorragend gutes Licht. Er küßte sie um seines Mitleids willen. O diese Seele! Diese Seele! Die Frau tat ihm leid – um sie zu trösten, habe er sie gestreichelt und ein bißchen abgeküßt; was liegt näher. Man muß ein Arzt der Seelen und der Leiber sein, wenn man den von Mephistopheles so hübsch gekennzeichneten Beruf recht erfassen will. Wer mit Ernst praktiziert, wird nicht bei schriftlichen Verordnungen stehenbleiben Auch nicht bei den Patienten selbst stehenbleiben, sondern die Familienmitglieder mit behandeln. Ob Mittenzweig den Schwiegervater eines Patienten, um ihn zu trösten, jemals abgeküßt hat, ist aus der Verhandlung leider nicht hervorgegangen. Jedenfalls muß die Sprechstunde bei so ausgeprägter Menschenfreundlichkeit eine angenehme Analogie zur Sprechstunde des Lessingschen Eremiten geboten haben. Der Prozeß ist noch nicht zu Ende, aber wie die Dinge liegen, wird Herr Mittenzweig mit dem Ergebnis nicht sehr zufrieden sein. Vielleicht war es sein Pech, daß er nicht auf eine Judith stieß und zur Tür hinausflog. Dann wäre ein weiteres Zusammensein mit der Dame in einer Weinstube nicht möglich gewesen, und auch das fatale gemeinschaftliche Mieten eines Zimmers wäre nimmermehr bemerkt worden.

Aber Frau Lege ist keine Judith, sondern war früher Ballett-tänzerin.

Über so kitzligen Vorfällen ist der ernste Sonntag heran-gerückt, an welchem das deutsche Volk Einkehr in sich hal-ten soll; ein Ziel, dessen Erreichung die Polizei durch aller-hand Verbote von Theateraufführungen kräftig unterstützt. Die Menschheit muß fromm werden. Aber nichts ist geeig-neter, den Ernst des Tages zu stören, als zuweilen die Art dieser Verbote. Zuweilen, sag' ich. Diesmal hat die Berliner polizeiliche Erziehungsinstanz Georg Hirschfelds Schau-spiel von der Dulderin Agnes Jordan für unzulässig erklärt. Warum? Das meldet kein Lied, kein Heldenbuch. Wenn man für den ernsten Sonntag ein Drama hätte auswählen sollen, das besonders passend wäre, hätte man grade dieses wählen müssen. Denn in seinem ganzen Inhalt ist es eine nachdenklich stimmende Lebensangelegenheit, die zur Ein-kehr mahnt; und wie um die innere Beziehung des Werks zu diesem Tag besonders dickdeutlich zu machen, bietet es am Schluß eine verklärte Friedhofsstimmung, eine stille Feier der Seelen, wie sie in keinem anderen Schauspiel der neueren Zeit ähnlich zu finden ist. Liegt also ein einfaches Mißverständnis auf seiten der Polizei vor? Verwechselt sie vielleicht Agnes Jordan mit Hans Huckebein? Es ist nicht anzunehmen. Die Annahme wäre gröblich beleidigend. Aber anzunehmen, daß sie ein tiefernstes Stück, ein sozusa-gen geborenes Totensonntagsstück, nur deshalb verpönt, weil die Menschen darin zuweilen auch menschlich sich gehnlassen und nicht lediglich mit noblem Pathos wirt-schaften, weil sie die Sprache des Lebens reden – diese An-nahme ist eigentlich noch beleidigender. Wir werden also in bezug auf die Gründe des Verbots als gutrezogene Bür-ger nur ein bescheidenes »ignoramus« murmeln und uns mit dem Bewußtsein begnügen, daß schon Fälle vorgekom-men sind, die noch rätselhafter waren. Zur allgemeinen Be-urteilung der Berliner Zensur ist es interessant, daß die nächstliegende Instanz für die zu prüfenden Dramen ein gewesener Feldwebel ist. Ehrenwerter Beruf, zweifellos. Aber grade für diesen Zweck, als Oberhoheit über deutsche

Dichter und Denker ein bißchen mißlich. Tatsächlich hat
unser Feldwebel das erste Votum abzugeben; er kann die
nachfolgende Prüfung durch einen Assessor und einen Rat
immerhin auf suggestivem Wege beeinflussen. Da dies Geheimnis in weiteren Kreisen eben noch ein Geheimnis ist,
werden die deutschen Dichter wohl erst von jetzt ab die
entsprechenden Maßregeln ergreifen. Sie werden versuchen, sich durch freundliches Benehmen bei dem Zensur-
feldwebel beliebt zu machen, sich durch bescheidenes und
zuvorkommendes Wesen seine Zufriedenheit und sein
Wohlwollen zu erringen suchen. Der vornehmste Umgang
für das Militär ist das Militär, hat jemand gesagt. Man wird
den Ausspruch wohl variieren können: auch für den deutschen Dichter ist der ratsamste Umgang das Militär. Protek-
tion kann nie schaden.

Es bliebe für diese Woche noch die jüngste Rede des
Kaisers zu erörtern. Sie gibt zu mancherlei produktiven
Gedanken Anlaß. Ich weiß auch schon genau, was ich zu
sagen habe. Allein es ist nicht so einfach mehr, Kaiserreden
zu rezensieren. Liebknechts Strafantritt hat mich wieder
nachdenklich gemacht. Auch dieser Fall liegt kitzlig. Und
so muß ich schon meine Androhung einer Franz Schubert-
schen »himmlischen Länge« meines Briefes wieder um
acht Tage verschieben.

1898

Wir leben, o Zeitgenossen, in einer Epoche der verrenkten
Mägen. Das ist die Epoche zwischen Weihnachten und Sylvester, in welche die Abfassung dieser Zeilen fällt. Der Berliner Westen macht von Jahr zu Jahr Fortschritte in der
Überfütterung. Früher war man als unbescholtener Jung-
geselle zu einer einzigen Bescherung geladen, nämlich
am Weihnachtsabend. Jetzt kommen zwei andere Besche-
rungsgesellschaften hinzu, am ersten und am zweiten Feier-
tag. Es wird da zunächst ein bescheidenes Mittagsmahl ein-
genommen, das um halb acht beginnt und um elf bereits zu
Ende ist. Kaviar auf Hummerschwänze gestülpt, als Gemüse nicht zu dünne Trüffelscheiben und zum Hinabspü-
len ein bißchen Pommery Gréno, so zwölf Spitzgläser pro
Mann und pro Weib – das sind die wesentlicheren Ruhe-
punkte in der dreistündigen Arbeit.

Nachher wird alles in die Bescherungszimmer getrieben.
Die Herren im Frack, die Damen bodenlos ausgeschnitten;
beide Parteien noch müde vom eigentlichen Weihnachtsabend, auch blasiert von den Geschenken, die sie bereits
erhalten haben. Jeder sucht jetzt seinen Haufen. Ein Zette-
lein mit dem Namen und einem sinnigen Vers zeigt ihn an.
Jeder bekommt Dinge, die für ihn passen. Zuweilen sind
sie ganz ernsthaft praktisch, wenn auch den meisten ein,
wenn ich nicht irre, köstlicher Humor innewohnt. Oft sind
es sehr große Gegenstände. Eine Dame erhält einen ge-
flochtenen Riesenkäfig zum Transport eines Zweirads.
Spaß muß sein – die Dame entschließt sich, selbst hinein-
zusteigen. Sie lagert sich auf dem Boden des Käfigs, oben
werden die Falltüren geschlossen, sie ist gefangen – holdrioh! Alle Feiertagsgäste, die Seele noch ganz mit Pommery betaut, drängen sich um die eingeschlossene Blonde.

Sie wird gar schalkhaft geneckt; man steckt Marzipan-
sachen durch das Gitter, als ob man ein liebes Tierchen füttern wollte, und ein Mann von ausgeprägter Schäkerhaftigkeit warnt die Umstehenden: »Reizen und füttern ist
verboten, die gnädige Frau beißt.« Brauch ich zu sagen,
o Leser, daß die Heiterkeit grenzenlos ist? Ich brauch es
nicht zu sagen. Alle fangen gleichzeitig an, von ihren Scho-
koladen, Fondants, Lebkuchen und Früchten, die sie neben
den Geschenken finden, zu naschen, und die Stimmung
wird immer scherzhafter. Die Geburt Jesu Christi wird in
Berlin so gründlich, nachdrücklich, emsig, lebendig und
eifrig gefeiert; niemand könnte sagen, daß die frohe Bedeutung dieses Ereignisses den Bürgern des Tiergartenviertels unklar geblieben sei. Je weiter aber der Abend fort-
schreitet, desto musikalischer wird man. Eine Miß setzt
sich ans Klavier und fordert die Anwesenden streng auf, die
duftenden Reseden auf den Tisch zu stellen. Bei dem Refrain »Wie einst im Mai« heult alles mit. Hierauf behauptet
sie plötzlich, einen ländlichen Geliebten verloren zu haben; und sie kräht in der Sprache des kleinen Plötz:

> Ah, c'est bien lui, rendez-le moi!
> J'ai son amour, il a ma foi!

Als sie dann fortgesetzt betont, »Verlassen, verlassen, verlassen bin i«, springt ihr ein Assessor bei. Er unterstützt ihre
Bekundung durch schreckliche Töne der Wut, wobei er
sich auf nur zwei verschiedene Noten beschränkt. Als die
Kräfte das Mädchen verlassen haben, bleibt er willensstark
auf seinem Posten. Er erklärt nunmehr, daß nach Frankreich zwei Grenadier' zogen, die in Rußland gefangen gewesen seien. Und ein jüngerer Kritiker, der ihn begleitet,
zeigt die Oppositionslust selbst hier, indem er sich anderer
Tonarten befleißigt als der Sänger. Die Hausfrau aber, in
ihrer wundervollen Stattlichkeit, Ruhe und berlinischen
Grazie, steht trotz alledem ungebeugt da. Auf ihrem frischen Antlitz liegt ein Zug von Gefaßtheit. Zuweilen winkt
sie den Dienerinnen mit dem Raupenhäubchen, öfter mit
den Tabletts zu zirkulieren – die Mäuler zu stopfen. Es ge-

lingt nur halb. Ja, gründlich, nachdrücklich, emsig, lebendig und eifrig wird die Geburt Jesu Christi, des Heilands
der Welt, in Berlin gefeiert; drei Tage lang, drei Nächte
lang, mit Singen und Stimmengewirr und mit Lachen und
mancherlei Getränk, auch mit Kaviar auf Hummerschwän-
zen. Und die Mägen, wie gesagt, werden verrenkt.

Allmählich füllen sich um diese Jahreswende die Zeitungen mit den Listen der Heimgegangenen. »Der Zug des
Todes«, heißt es dann in der Überschrift. Fürchten Sie
nicht, Leser, daß die Toten alle hier Revue passieren. Nur
von einem will ich erzählen, der den Anschluß gerade
noch erreicht hat. Er war keine historische Persönlichkeit,
sondern ein Privatmann; und er hat für die Weltgeschichte
eine verhältnismäßig geringe Bedeutung, aber in Berlin
war sein Name populär. Wer je den Zoologischen Garten
besuchte – und welcher Verliebte hätte das in Berlin nicht
getan, wo die wilden Bestien bloß die Staffage für das Pous-
sieren sind –, der las andächtig und stumpfsinnig oftmals
das Schild: »Geschenk von William Schönlank«. Von eben
diesem Schönlank will ich reden. Der Name ist neuerdings
als Parteiname in vieler Munde und in vielen Zeitungen.
Der kleine, bissige, sächsische Sozialist heißt so, der grim-
migste und boshafteste Befehder des greisen Liebknecht.
Mein Schönlank aber hat mit den gottverdammten † † †
sozialdemokratischen Angelegenheiten nichts zu schaffen.
Er ist ein unparteiischer zoologischer Schönlank und steht
auf einer höheren Warte als auf den Zinnen der Partei. Einmal sah ich ihn bei einem Diner. Hier »entwickelte« er
sich. Es war eines der merkwürdigsten Festmähler, die
überhaupt seit Nebukadnezars Zeiten stattgefunden. Eine
Zeitschrift beging das Jubiläum ihres fünfzigjährigen
Abonnentenmangels, und zahlreiche Männer mit Damen
waren eingeladen, um dem so langdauernden Ausbleiben
der Betriebsgelder die höhere Weihe zu geben. Sekt (welcher das Nationalgetränk der Deutschen werden muß) und
andere Flüssigkeiten gab es in Menge; und unter ihrem
Einfluß erhob sich schließlich mein William Schönlank,
der gerade für eine Nordpolexpedition hunderttausend

Mark geschenkt hatte, und hielt eine sinnberückende Rede
über die Verschmitztheiten der Gletscherwelt oder, wie er
auf gut ostpreußisch sagte, der »Jletscherei«! Der liebenswürdige Greis und Generalkonsul, Gott hab ihn selig, war
dermaßen im Tran, daß selbst der Rest der Gesellschaft,
Spielhagen, Hopfen, der Oberpostdirektor Fischer und die
andern, einer deutlichen Wahrnehmung seines unnormalen
Zustandes fähig wurden. Einer nach dem andern tauchte unter den Tisch, weil der Redner immer ergreifender wirkte,
und dieses Schlußbild ist mir unvergeßlich eingedenk: der
zoologische Mäzen aufrecht stehend, unentwegt redend,
und rings um ihn die geistige Blüte deutscher Nation sich
unter die Tischtücher verkriechend; aus der Tiefe drang hie
und da ein kreischender Laut, hie und da ein ersticktes Brüllen – bis er beim Schluß angelangt war und ein Hoch auf die
Jletscherei ausbrachte, in das die Festgenossen mit unerhör-
ter Begeisterung einfielen. So war William Schönlank, der
große Mäzen. Noch einmal: Gott hab' ihn selig.

In dieser Zeit der verstauchten Mägen und der Totenlisten
tritt eine allgemeine Erschlaffung ein. Die Nerven sind wenig leistungsfähig, und man sieht sich bei den Diners, die
zwischen Weihnachten und Sylvester flott stattfinden, mit
frommen, sanften Augen an, wie die lämmchenhaften Gestalten Overbecks und der andren nazarenischen Maler.
Das allzu viele Essen schadet der Energie. Gelegentlich, am
Schluß eines trauten Beisammenseins vor einem weißen
Tischtuch, schlägt jemand vor, gemeinsam nach dem Wintergarten zu fahren – sofort. Niemand hat die Kraft, erfolgreich zu protestieren. Man wankt also die Treppen hinab
und besteigt mehrere Taxameter. In der Dorotheenstraße
angelangt, wankt die ganze Gesellschaft in den dicht gefüll-
ten Saal. Mit Lämmchenblicken wendet sich einer an den
Logenschließer, der, gerührt durch so viel hilflose Sanftmut
und ein Trinkgeld, den Nazarenern noch dicht vor der
Bühne Plätze herrichtet. Besinnungslos sieht man die Lock-
fords, Hochturner, an Trapezen durch die Lüfte sausen und
denkt sich: ich wünsche nicht, daß sie das Genick brechen;
wenn aber einer das Genick brechen soll, so möge es in mei-

ner Gegenwart geschehen. Zuweilen blickt das fromme
Auge empor, ob noch keiner fällt. Aber sie halten sich gut.
Unter diesen Umständen rufen erst Wanda de Brys herr-
liche lebende Bilder einen stärkeren Anteil wach. Wanda de
Bry verfügt über eine Fülle – über eine Fülle interessanter
Stellungen nämlich, die immer auf wahre Kunstfreunde
wirken muß. Mit einem Schlage erkennt man Wert und
Nutzen der Operngläser; selbst indolente Greise bilden sich
zu Sternguckern aus, die Lämmchenblicke wandeln sich in
Geierblicke. Wanda de Bry und ihre Gefährtinnen haben
ein ausgeprägtes plastisches Talent; um sich ein Air zu geben, bedürfen sie nicht erst prunkvoller Kostüme. Der
Mensch ist frei geschaffen, ist frei. Mit größter Aufmerksamkeit, man darf wohl sagen »minutiös«, folgt die Schar
der Kunstfreunde diesen wechselnden Bildern und lohnt
sie mit ernstem Beifall. Nachher, als die Naive Poldi Augu-
stin Couplets singt, kehrt die Sanftmut wieder in die Gemüter zurück. Diese Naive ist eine hochangesehene Naive,
eine der ältesten Naiven, von denen die Theatergeschichte
weiß; eine durchaus zuverlässige Person, auf der Familien
Kaffee kochen können. Die Festgenossen werden still und
stiller, der Ernst des Lebens wird ihnen im Angesicht dieser
Soubrette dräuend klar, und die müden Köpfchen sinken
auf die Brust. So glotzt man bis zum Ende vor sich hin, mit
einer geistesabwesenden Verwunderung; hier und da regt
sich ein Nerv – besonders als ein gewisser Wallenda kleine
süße Kätzchen auf grimmigen Riesendoggen reiten läßt,
putzige Tierchen mit holden Halsbändern – und gegen elf
wankt die ganze Gesellschaft in das Wedliche Restaurant
unter den Linden und speist mit nazarenischen Mienen bis
um halb eins zur Nacht. Sanft und blödsinnig gleitet man
dann gegen zwei ins Bett.

Totenlisten, Magenweh und Wintergarten! Als vierter
Faktor zwischen den Festen kommt ein neues Drama von
Blumenthal und Kadelburg hinzu. Am Abend vor Sylve-
ster ist es im Lessing-Theater gespielt worden und heißt
»Im weißen Rößl«. Noch seh ich euch vor mir stehen, Blu-
menthal und Kadelburg! Beide verneigten sich; Kadelburg

lächelnd und als siegessicherer Bonvivant, Blumenthal mit
der zögernden Anmut eines Ritters vom Geiste. Noch seh
ich euch vor mir stehen. Das weiße Rößl ist ein Wirtshaus
und liegt im Salzkammergut. Die Wagnersche Witterung
dieses Erdstrichs wird am Schluß des ersten Aktes zu einem
Bombeneffekt verwertet. Drei obdachlose Berliner, Monsieur, Madame et bébé, sitzen auf einem Koffer im Freien –
da beginnt es zu regnen. Wirkliche Wasserstrahlen rauschten im Lessing-Theater hernieder, ein einziges Jauchzen
ging durch das Haus. Und als vollends aus den Regenrin-
nen des Hotels drei armdicke Fontänen hervorschossen
und die Bühne bewässerten, da waren die fremdesten Par-
quetbesucher geneigt, einander an die Brust zu sinken und
zu weinen vor Wonne. Träumende Nazarener rafften sich
auf und wieherten ein-, zweimal vernehmlich. Historisch
war der Moment. Im übrigen schildert dieses Bühnen-
weihefestspiel allerhand berlinische Absonderlichkeiten im
Kontrast zu älplerischer Umgebung. Das »ick« und »det«
im Anblick der Gletscher – der Jletscherei, sagte mein
Schönlank – wirkt eine Zeitlang tief ergreifend. Dann aber
heiratet die Rößlwirtin ihren Oberkellner, ein Rechtsanwalt heiratet die Tochter der gegnerischen Prozeßpartei,
und ein Kaufmannsjüngling heiratet die lispelnde Tochter
Mommsens – wenigstens hatte der Schauspieler Klein die
Dreistigkeit, einen knauserigen Privatgelehrten in der täu-
schenden Maske unseres großen Historikers zu spielen. Das
Ganze aber ist, wie ich in einem Zustand nazarenischer
Sanftmut versichere, ein gar hübscher und erfreusamer
deutscher Schwank, einer der tiefsten von Blumenthal und
Kadelburg. Noch seh' ich euch vor mir stehen.

Mehr zu schreiben verbietet mir die Nervenschlappheit.
Denn wir leben, o Zeitgenossen, in einer Epoche der verrenkten Mägen. Das ist eine Epoche zwischen Weihnachten und Sylvester, in welche die Abfassung dieser Zeilen
fällt. Bleiben Sie gesund, Leser, und beginnen Sie das neue
Jahr mit gutem Glück.

27. Februar 1898

Bevor ich gestern, also am Freitag abend, schlafen ging und mein Nachtgebet sprach, »Ich bin klein, mein Herz ist rein« usw., hatte ich im Berliner Theater mit Apollonius Nettenmair zwischen Himmel und Erde geschwebt. Otto Ludwigs Novelle von den Dachdeckern war durch einen unbekannten Herrn, der sich *₊* nannte, dramatisiert worden. Mit wenig Glück übrigens. Diese Novelle ist ein einprägsames Denkmal bürgerlicher Pflichttreue. Hoch klingt darin das Lied vom braven Apollonius, der nie begehrte seines Bruders Weib, obgleich er sie liebte; obgleich er bloß durch gemeine Ränke sie verloren hatte; und der das Leben für die Wohlfahrt seiner Stadt aufs Spiel setzte. Dieser feste, starke, sittliche Zug ist das Wesentliche an Ludwigs Werk; vor ihm verblaßt beinah die leidenschaftsvolle Handlung zwischen den zwei Brüdern und der Frau des einen, die beide lieben. Diese Handlung allein hat Herr H. Sudermann in einer »Geschichte der stillen Mühle« mit Einzelheiten recht naiv benutzt und auf seine Art zu weißglühender Romanhaftigkeit emporgekitzelt. Unser unbekannter Herr *₊* aber zeigte eine starke Geschicklichkeit, weder diese Handlung noch den sittlichen Zug herauszuarbeiten. Er gab ein lüderlich gemachtes Theaterstück, an dessen Ende man gar noch sicher ist, daß der tugendsame Apollonius die Schwägerin heiratet. Was tu' ich, dachte er, mit dem Entsagungsvollen? Er ließ den Helden lieber was Gutes in Ruhe schmausen. Er ist kein Unmensch. Einige Pietät bewies er immerhin gegen Otto Ludwig; denn er mopste ihm den Dialog. Den bösen Bruder Fritz aber ließ er zerknirscht in den freiwilligen Tod gehen, während er im Original bei einem Mordversuch abstürzt. Herr *₊* ist auch hierin kein Unmensch. Die Nachtseiten des menschlichen Lebens kann er sowohl aus Humanität wie aus Tantieme nicht leiden. Und seine Kunst schwebt somit der Erde etwas näher als dem Himmel.

Zwischen Himmel und Erde ist der schwindelnde Bezirk des Schieferdeckers. Zwischen Himmel und Erde, in

dräuender Gefahr, schwebt Coupeau, der Zolasche Schie-
ferdecker aus dem Assommoir, der schließlich in die Tiefe
saust. Und das ganze Volk unserer, mit Erlaubnis zu sagen,
westlichen Nachbarn schien in der vergangenen Woche da
oben herumzuwandeln, wo jeder Schritt schicksalsvoll sein
kann. Was die kulturfreundlichen Betrachter vor allem
stutzig machte, waren die Anzeichen einer fast bedingungs-
losen Militärherrschaft. Ist es so weit gekommen? auch
drüben? Kein Land Europas scheint gegenwärtig von der
schlimmsten Reaktion verschont zu bleiben. Der Offizier-
stand ist wieder der erste Stand. Ursprünglich war ja wohl
die Aufgabe des Offiziers, das Land gegen äußere Feinde
zu schützen. Die Bewohner eines Hauses stellen einen
Wächter auf und besolden ihn; er beteiligt sich nicht an
produktiven Arbeiten, er ist der abwehrende Diener der
Gesellschaft: ein Beauftragter von wichtigen, aber subalternen Funktionen. Und nun wollen die Diener die Bewoh-
nerschaft tyrannisieren? Es ist da drüben ein Aufstand der
Hausknechte. Jeder Bewohner tut in Ländern der allgemeinen Wehrpflicht dasselbe, was sie tun, und leistet außerdem produktive Arbeit. Wenn man aber das Gebaren
dieser Herren Pellieux, Boisdeffre, du Paty de Clam und
der vielen anderen betrachtet, die hinter ihnen stehn; wenn
man diese insolente Geringschätzung ins Auge faßt, die sie
einem Mann wie Zola bei persönlicher Begegnung geflissentlich erweisen; wenn man diese halbgöttergleiche Willkür sieht, mit der sie die Justiz machen, mit der sie ein ganzes Land einfach bedrohen – dann muß man sich immer
wieder sagen: es ist ein Aufstand der Hausknechte. Leider
haben sich manche Bewohner gewöhnt, vor ihnen auf dem
Bauch zu liegen. Das gibt ihnen einen Schein von Recht. Es
ist ja keine Phrase, daß jedes Volk die Zustände hat, die es
verdient. Und wo allgemeine Begriffsverwirrung herrscht,
ist nichts zu machen. Zwischen Himmel und Erde, in
schwindelnden Höhen, auf unsicherem Boden, schwebt in
dieser entwickelungsschwangeren Zeit die ganze Menschheit. Und die Frage »was will das werden?«, welche der
Herr Spielhagen vor einiger Frist aufwarf, ist wirklich noch

unbeantwortet. Durch alle Länder zieht jetzt die Reaktion. Vielleicht ist sie nur die letzte Kraftsteigerung der fortschrittfeindlichen Mächte, wie ein Sechzigjähriger, bevor er der süßen Liebe entsagen muß, noch einmal ein Klimakterium spürt. Und dann bricht sie an, die bessere Epoche, wo ein demokratisiertes Europa in gemeinsamer vernünftiger Arbeit die kulturförderlichen Faktoren ausliest. Vielleicht – vielleicht auch nicht. Indessen schweben wir zwischen Himmel und Erde.

Um aber etwas nachdrücklicher auf der Erde zu bleiben (ich soll hier, glaub ich, einen Berliner Brief schreiben), so ist festzustellen, daß der Karneval glücklich vorbei ist, d. h. wie hier immer, unglücklich vorbei ist, daß der Aschermittwoch keine nennenswerten Spuren von Buße aufgezeigt hat und daß jetzt die sogenannten linden Lüfte erwacht sind. Alle Teilnehmer dieser letzten Berliner Fastnacht sind sich einig, daß ein gleich hoher Gipfel von Stumpfsinn, Melancholie und Ruppigkeit selten erklommen wurde. Damen aus der westlichen Gesellschaft erzählen, daß sie sich nach Mitternacht allein ins Freie begaben, daß sie Straßen auf und Straßen ab schritten, ohne die geringste Behelligung zu erfahren. Kein Faschingsschwank widerfuhr ihnen. Vielleicht hatten sie auf einen gerechnet. Keine Mißhandlung widerfuhr ihnen. Schutzleute waren nicht in der Nähe. Die Herren, welche im Schlosse eingeladen waren, gingen früh gemeinsam in die Kneipe und wurden sich, vor Pilsener Krügen gähnend, über die allgemeine kolossale Schäkerhaftigkeit der Berliner Fastnacht klar. Drei Leute versichern glaubwürdig, je eine Maske auf der Straße erblickt zu haben. Da aber zwei davon den betreffenden holden Domino an der Potsdamer Brücke gesehen haben wollen – der Domino wallte immer die Potsdamer Straße auf und ab –, so liegt die Möglichkeit vor, daß dieser Domino zweimal derselbe Domino war. Auch schien es dem einen kein privater Domino, sondern gewissermaßen mehr ein öffentlicher Domino zu sein. Er meinte gewiß einen Domino, der von einem öffentlichen Balle kam. Solche öffentlichen Bälle finden übrigens jedes Jahr in der Philharmonie statt,

und auf dem diesjährigen soll sich gegen halb zwei ein
Lieutenant aus Perleberg gezeigt haben – der zum ersten
Mal auf Urlaub in der Spreestadt war und einen aufreiben-
den Zivilbummel in das nächtliche Berlin, da, wo es am
sündhaftesten ist, machte. Dieser Lieutenant wurde sofort
zum Ehrengast ernannt, und der Klub der Lehrlinge aus
Drogengeschäften, welcher vollzählig versammelt war und
in der Tanzpause Zigaretten rauchte, suchte sich ihm durch
ein Mitglied zu nähern. Obgleich es der Obmann und Älteste des Klubs war, der auf sein ausgemachtes Lebemanns-
tum erfolgreich hinzuweisen liebte, gelang dennoch die
Herstellung nachhaltigerer Beziehungen nicht. Der Klub
freilich in seinen Protokollen leugnet es. Was die anwesenden Damen betrifft, so trugen sie einen vorwiegend unpri-
vaten Charakter; mehr kann ich nicht sagen. Dies war nach
den wiederholt geäußerten Meinungen verschiedener Festgenossen das Nennenswerteste vom Berliner Fasching. Und
jetzt, wie gesagt, sind die linden Lüfte erwacht.

Ich muß diesmal kurz sein. Für die nächsten Male drohe
ich unerhörte Bandwurmbriefe an. Nichts anderes dulde
ich neben mir unter dem Strich. Für heut nur noch die
Mitteilung, daß der Maler Ury, der aufgehende Stern des
Berliner, mit Respekt zu melden, Kunsthimmels, ein sehr
schönes Bildnis des Generals von Falkenhausen ausgestellt
hat. Dieser General behandelt den zivilistischen Künstler
gewiß weit glimpflicher als der Herr Pellieux den Herrn
Zola. Und dieser zivilistische Künstler hat diesen General
darum auch sehr glimpflich behandelt. Siehe, wie schön
und lieblich es ist, wann – und so weiter. Derselbe Künstler
aber hat ein Bild geschaffen, das drei nichtuniformierte,
zeitlose Gestalten zeigt und das noch viel bedeutsamer ist,
weil es unendlich an die Seele greift. Wenn es fertig ist, erzähl' ich mehr davon. Es ist kolossal (wenn es auch ziemlich
klein ist). Zwischen dem General aber und den drei sehn-
süchtigen Gestalten pendelt der Maler Ury hin und her.
Auch er: – zwischen Himmel und Erde.

22. Mai 1898

Richard Wagner hat noch kein Denkmal in Berlin und soll eins bekommen. Deshalb hat man eine Musikausstellung gemacht. Was ist dagegen einzuwenden? Nichts. Höchstens, daß Beethoven auch noch keins hat. Ferner wäre zu betonen, daß Berlin bloß in einem repräsentativen Verhältnis zu Wagner steht. Es ist die deutsche Hauptstadt, basta. Daß er Berlin besonders geliebt, daß Berlin ihn besonders früh verstanden: dieses wird niemand behaupten.

Von Wagners Freunden leben eine Masse hier. Einen fragte ich neulich: »Ja, wie war er eigentlich?« Ich stellte ihn mir immer als sächsischen Agitator vor; die Sachsen haben ja das Zeug hierfür. Oft dacht' ich ihn mir wie einen Erfinder – Ganswindt oder so was –, der von einer Idee rein besessen ist, sie weiten Schichten immerfort erörtert, die Leute damit löchert und sich mit einer genialen Zähheit der Marktschreierei als den seligmachenden Hort hinstellt. So ähnlich soll er auch gewesen sein, natürlich im Großen. Aber dazu kam der für ein Genie notwendige Zuschuß von Verrücktheit. Das behauptete mein ehrlicher Gewährsmann. Wissen Sie, erzählte er nachdenklich, Wagner fiel mir um den Hals und herzte mich. Als er mich das nächste Mal wiedersah, waren drei Tage verflossen. Da schaute er mich an, schien mein Gesicht zum ersten Mal zu erblicken und rief böse und fremd: »Wer sind Sie? was wollen Sie? ich kenne Sie nicht!« Was sagen Sie dazu? Die Berliner haben sich sehr gewundert, als sie ihn zuerst in der Nähe sahen. Es war (sprach der Gewährsmann) im Victoria-Theater bei den Nibelungenaufführungen. Da riefen sie nach ihm. Sie dachten gespannt: jetzt wird diese gewaltige Persönlichkeit vor uns erscheinen. Es trollte sich aber eine Maus über die Bühne, eine kleine graue, von hinten seitwärts nach vorn: das war Wagner. Die Leute konnten sich nicht fassen. Mich hat Wagner, so schloß der Gewährsmann, bei jedem Zusammentreffen stärker verblüfft.

Wenn er eine Maus war, wird das Denkmal nicht zu teuer werden. Aber was diese Musikausstellung an Kosten aufbringt, davon dürften noch nicht die zwei untersten Stufen des Sockels bezahlt werden. Denn sie ist verlassen von Menschen und von Gott. Sie liegt in der schrecklichsten Gegend für eine Musikausstellung: in der Alexandrinenstraße, wo sich Speditionsgeschäfte und Lagerhäuser drängen. Ein ganz unbekannter Stadtteil, in den sich westliche Menschen ohne Kompaß und Baedeker überhaupt nicht hintrauen. So ist denn die Ausstellung leer. Alle Schauer der Einsamkeit durchrieseln bald den Besucher, und wenn er vor einem ausgestellten Orgelharmonium Platz nimmt und zur Kräftigung seiner verlassenen Seele ein bißchen den Knabenchor aus dem Parsifal spielt, »der Glaube lebt, die Taube schwebt«, so fahren die Wärter aus tiefem Schlummer, eilen auf den Zehen herbei und betrachten den Fremdling mit Gefühlen frommer Scheu. »Das ist der heutige Besucher der Ausstellung«, scheint ein Wärtergreis mit besorgten Zügen zu einem Wärterjüngling zu sagen. Auch die Kellner, die unten im Hof vor sämtlichen unbesetzten Tischen stehn, sehen verzweifelt aus. Ein düsteres Feuer lodert in ihren tiefliegenden Augen, und sie lachen unheimlich. »Ihn hatte herbes Elend ausgemergelt«, sagte ich, wie Romeo vom Apotheker, still bei mir über den Oberkellner und schlüpfte vorbei. Ich schlüpfte in die oberen Stockwerke des Meßpalastes oder Kaufhauses, immer mit meinem Gott allein. Endlich stieß ich, nachdem ich längere Zeit am Wanderstabe mir selbst überlassen, rüstig dahingeschritten war, auf ein Zimmer mit Wäsche. Sind diese freundlichen Linnen, sprach ich, im Leben der Musiker eine solche Seltenheit, daß man sie ausstellt? Nein, diese Linnen waren von musikdramatischer Bedeutung. Es zeigte sich, daß in ihnen die wichtigsten Szenen aus dem Parsifal eingewebt waren. Sie rührten von der Firma Hesse und Wiebe her, welche zugleich Leibwäsche für Herren, Damen und Kinder den Ausstellungsbesuchern mit herzlicher Dringlichkeit empfahl. Es war ein guter Einfall, den kranken König Amfortas mit seiner schrecklichen Wunde auf einem Tischtuch anzubringen. Der Fleischgenuß bei Tisch mußte dadurch eine natürliche Einschränkung erfah-

ren und das Wagnersche Ideal des allgemeinen Vegetaris-
mus, das er in den Bayreuther Blättern verfocht und im Leben ignorierte, der Verwirklichung um einen Schritt näher
rücken. Auch Servietten gab es, in denen das Bühnenweihe-
festspiel szenenweise gar weihelich eingewebt war. So konnte man sich den milden Gurnemanz bequem über die Knie
legen und sich nachher in der Kundry abwischen.

Von ferneren Phänomenen der Musikausstellung er-
wähne ich die Tabakspfeife des Balladenkomponisten Carl
Loewe. Es ist die echte Tabakspfeife dieses Balladenkomponisten, o Leser. Nicht etwa die untergeschobene Tabakspfeife eines anderen Balladenkomponisten. Sie hängt rechts
an der Wand, und es ist ein Zettel daran befestigt, der besagt, daß es tatsächlich die Tabakspfeife des Balladenkomponisten Loewe ist. Außerdem wäre ein Bildnis zu nennen
der Sängerin Catalani. Diese Sängerin Catalani ist auf anderen Bildern als Sappho verkleidet zu sehen, eine Lyra in der
Hand, sehr posierend, hier jedoch in bürgerlicher Tracht,
und sie hat mit Tinte daruntergeschrieben: Addio, miei cari
abitanti di Magdebourg! Lebt wohl, meine lieben Einwohner von Magdeburg! Das ist doch sehr königlich, so eine
gnädige, allergnädigste Apostrophe an die Einwohner einer
ganzen Stadt zu richten. O, Magdeburger, ihr müßt damals
feuriger gewesen sein als heute und musikschwärmerischer
und liebenswerter. Nicht unerwähnt soll unter den Auto-
grammen ein Brief von Hektor Berlioz an Hans von Bülow
bleiben. Es ergriff mich seltsam, dies zu lesen. Bülow hatte
dem Einsamen, für den er in Deutschland Verständnis zu
wecken suchte, einen Schreibebrief gesandt, darin er ihm
wahrscheinlich Hoffnung und Aufrichtung und allerhand
Zukunftverheißendes mitteilte. Und der Einsame antwortet: »Je l'ai lue (votre lettre) avec bonheur, comme un chat
boit du lait.« Er war beim Lesen des Briefes so selig gewesen wie eine Katze, die Milch trinkt. Mehr konnte Bülow
nicht verlangen. Hiernach aber verließ ich die Musikausstellung, und als ich unten beim Oberkellner vorbeiging,
schien es mir, als summte er jetzt leise das Motiv aus dem
Parsifal »Komm', holder Knabe«, welches die Blumenmäd-

chen singen, um einen Menschen zu verführen. Ich erwiderte verächtlich: »Der Glaube lebt, die Taube schwebt ...«

Außer der Musikausstellung interessiert man sich auch nicht für Spanien und Amerika. Immerhin fand neulich ein Streit statt, welchem von beiden Teilen der Sieg zu gönnen sei. Ein Theaterdirektor legte sich für Spanien ins Zeug. Er hat die Gewohnheit, unbewußt eigenartige Wendungen zu prägen, von denen die berühmteste ist: »Ich begreife die Sache nicht, ich stehe einfach vor einer Nymphe.« Trotz Sphinx und Nymphe ist er in seinem Fache ein tüchtiger Mann. Diesmal brach er Lanze auf Lanze für Spanien, um das es wahrhaft jammerschade wäre, und schloß seine Verteidigungsrede mit den Worten: »Ich bitte Sie, meine Herren, überhaupt – dieses historische Land, in dem die Sonne nicht untergeht!« Viele halten das für die niedlichste aller seiner Leistungen. Toujours le mot, la pointe! kann man ihm lächelnd zurufen; und diese Worte stammen –

Diese Worte stammen aus der Rostandschen Komödie »Cyrano de Bergerac«, die jetzt im Westen das gelesenste Buch ist. Alle verschlingen diese fünf Akte. Sie sollen im Deutschen Theater, wenn der Herbst kommt, gespielt werden und sind vorläufig der stärkste Erfolg des Pariser Theaterjahrs. Was ist mit Cyrano los? Ist das wirklich ein bombenmäßiger Sieg der alten Richtung im Drama über die neue? Kein Schimmer. Cyrano ist ein glänzend gemachtes Werk bewährten Stils, blendend und sprühend vor Geist, stellenweise von wahrhaft dichterischer Herrlichkeit erfüllt und an die Seele greifend; eine Erweiterung bisheriger Kunstgebiete stellt es im geringsten nicht dar, es läßt sich auf einen Kampf mit der naturalistischen oder symbolistischen Strömung überhaupt nicht ein, und so darf man seines Besitzes froh sein, ohne ihm irgendwie besiegende Kräfte zuzuschreiben. Cyrano, der Held, ist ein prachtvoll gezeichneter Gascogner: schlagfertig, eitel, stolz, etwas renommistisch, arm, ein wundermutiger Fechter, ein wunderfeiner Poet und ein Edelmann bis in die Fingerspitzen. Den Kummer seines Lebens bildet seine große mißgestaltete Nase. Sie führt sein tragisches Schicksal herauf.

Er liebt Fräulein Roxane, seine Jugendfreundin und Cousine, sie aber glüht für einen jungen Krieger von lieblichem Äußeren. Sie bittet Cyrano, in dieser Liebe ihr beizustehen, und der Dichter verspricht es, ohne seine Liebe mit einem Wort zu gestehn. Er hält sein Versprechen. Die herrlichsten Verse und Witzworte souffliert er sogar dem Jüngling, der mehr schön als klug ist. Cyrano lebt sich in diesen heißen, witzigen Liebesreden aus, er weiß doch, daß es seine Worte sind, die so an das Ohr der Geliebten dringen, wenn er selbst sie ihr nicht sagen darf. Und wenn sie seine Nase nicht schön finden kann, wird sie seine Verse schön finden müssen. Das Fräulein wird in Wahrheit durch diese Verse allmählich bezaubert, so daß sie die äußere Schönheit ihres Geliebten vergißt und nur noch seinen Geist, nämlich unbewußt Cyranos Geist liebt. Der junge Mensch geht im Kampf zugrunde. Und nun erhält Cyrano, der ihr das Andenken des betrauerten Toten nicht trüben zu dürfen glaubt, die Lüge, daß jene vergötterten Verse der inbrünstigen Liebe von ihm stammten, ein Leben lang aufrecht. Nur als er, zu Tode getroffen, von seinen Gegnern hingemeuchelt, sich noch einmal zu ihr schleppt, die eine heitere stille Klosterfrau geworden ist, und als er im Dunkel die letzten Verse, die sie von jenem Jüngling erhalten zu haben meint, auswendig herstammelt –

> Mon cœur ne vous quitta jamais une seconde,
> Et je suis et je serai jusque dans l'autre monde
> Celui qui vous aima sans mesure …,

da erfährt die Einziggeliebte das Schicksal seines ganzen Lebens. Und an einen Baumstamm gelehnt, erwartet der selig-unselige Gascogner, den Degen in der Faust, den nahenden Knochenmann und stirbt. Dieser letzte Akt ist von einer so hinreißenden Schönheit, er greift so tief und erschütternd ans Herz, daß jede Debatte über alte und neue Richtung dämlich erscheint. Hier ist das, worin sich die Vertreter aller Richtungen begegnen, die etwas können und sind. Das Schönste an dem Werk bleibt der traurige Humor, der nicht von einem Franzosen herzurühren scheint; das Schönste bleibt die Charaktermischung in diesem törichten, edlen, verrückten, herrlichen Cyrano, der überall zu spät kommt, überall verkannt und unbekannt bleibt, überall unglücklich und lustig ist, im Sterben noch Witze macht und stolz, unbefleckten Schildes, vor der Masse seiner Privatfeinde ausruft:

N'importe, je me bats, je me bats, je me bats.

Dieses wundervolle Wort ist die Losung aller Don-Quixote-Naturen, aller besseren Menschen: n'importe, je me bats, je me bats, je me bats! Und über dieser Losung vergessen wir fast, daß Rostands Drama vielfach nur als eine fein herausgearbeitete Spielerei vorher erscheint.

Im übrigen spricht man noch immer von dem neueröffneten Presseklub und den Eröffnungsreden. Schmollers, des Nationalökonomen, Rede enthielt einen Protest gegen die herrschende Reaktion, als welche sich bemüht, den Universitätslehrern die Freiheit zu nehmen. Der Professor stellte die Presse in so schwierigen Läuften als willkommene Helferin der Professoren hin. Ich entsann mich, als ich das las, daß gewisse Professoren selber durch dunkle Maßregeln, wie die Entfernung sozialistischer Zeitschriften aus akademischen Lesehallen, und allerhand Vortragsverbote eine liebenswürdige Bereitwilligkeit gezeigt hatten, Herrn Bosse zu helfen. Und es schien mir, daß eine Propaganda der Tat innerhalb der Fakultäten noch weit empfehlenswerter sei als eine Propaganda in Worten bei Kluberöffnungen. Eine zweite Rede hielt Herr Sudermann, die gleichfalls noch immer besprochen wird. Es schlägt seinem eigenen Verhalten ein bißchen ins Gesicht, daß er von der »sittigenden Macht der persönlichen Annäherung der Kämpfer im heißen Tagesstreit« sprach und daß er die Ausgleichung der Gegensätze als herrlichsten Vorzug einer Schriftstellervereinigung pries. Er hat nämlich die Eigentümlichkeit, wenn er den Urheber abfälliger Kritiken in einer Gesellschaft trifft, auf und davon zu gehen; selbst auf die Gefahr hin, eine Hausfrau in Ungelegenheit zu setzen. Nun legt so ein Urheber, bei Gott dem Allmächtigen, *kein* Gewicht auf die »persönliche Annähe-

rung«. Aber wenn der Mann in seinem Leben so handelt, ist
es seltsam, daß er vergeßlich genug ist, bei der ersten Gelegenheit von der sittigenden Macht persönlicher Annäherun-
gen und vom Ausgleich der Gegensätze im heißen Kampf so
angenehm weihevoll zu plaudern. Dies wollte ich mit gütiger
Erlaubnis, ganz untertänigst kopfschüttelnd und sehr ergebenst lächelnd, gewissermaßen sozusagen feststellen.

In der nächsten Woche mehr. Bis dahin addio, miei cari
abitanti di Breslavia.

29. Mai 1898

Die allgemeine Weltlust steht jetzo, im Monat Mai, bei Söhnen und Töchtern dieser Stadt in leuchtender Blüte. Diese
Sippschaft wandelt unter grünen Bäumen dahin, die in stillen feinen Straßen sehr poesiehaft gepflanzt sind, so in der
Landgrafenstraße oder am Lützow-Ufer, wo kleine träume-
rische Brücken sich räkeln, von denen man dunkelgrüne
Wipfel in holder Reihe dunkelgrünem Wasser zugeneigt
sieht. Der Himmel ist mit Respekt zu sagen: azurfarben, und
auf den Wipfeln wippt etwas Weißes, nämlich Kastanien-
blüten, und manche fallen auch hinunter in das grüne Wasser, eine sinkt sogar auf den Kopf so 'ner strammen blonden
Person, die auf langem böhmischem Obstkahn hinten das
schwere Steuer führt, indem sie sich mit den nackten Armen
auflegt und es mit dem ganzen Körper seitwärts schiebt;
vorn keucht ihr kleinerer Mann, auf und nieder, die Ruder-
stange gegen die Schulter gepreßt; und oben am Ufer stehen
zwei Lawntennis-Jungen im Alter von vierundzwanzig Jahren und schielen brütend nach der Blonden.

Unter grünen Blumen wandeln abends die Geschäftsmädchen. Sie stoßen mit der Spitze ihres Schirmes tupfend
auf den Boden und blicken hinauf in die Luft. Sie sehn un-
geduldig aus und doch weich; wissen nicht, ob sie lächeln
oder kribblig werden sollen, schwanken zwischen Ärger
und seltsamer Seligkeit, und manchmal sagen sie, wenn
der Schirm zur Abwechslung einen Baum tupft: »Hach!«
Nicht etwa »ach«, Leser, sondern: hach. Jetzo im Mai sind

diese Geschäftsmädchen sehr süß. Und von einer müden
Verliebtheit wie – ich weiß nicht wer. Daß diese Verliebtheit mit Unwillen gepaart ist, macht sie doppelt reizvoll.
Es sind oft gut resolute Bürgerstöchter, die ihre Sehnsucht
hinunterzudrängen entschlossen sind; aber es geht nicht.
Und wenn man ein paar Schritte hinter ihnen hersteigt und
spricht: »Welch schöner Abend, dieser heutige Abend,
heut abend!«, so lachen sie gegen ihren Willen über diese
leis variierte nationalberlinische Dummheit. Na ja; wozu
soll das schlechte Leben nützen. Es ist Unsinn, ein Gespräch mit aller Gewalt zu vermeiden, das kostet ja nicht
den Kopf. Und … wenn es ihn kostet; wozu soll das
schlechte Leben nützen. Sie summt (besonders wenn zwei
zusammengehn, weil sie dann koketter und sicherer ist)
das einheimische Walzerlied: »O Fata-ha Morgana, steig
auf in aller Pracht.« Ganz leise und mit dem Schirm schlen-
kert sie jetzt. Und wenn man, nach eines zweiten Abends
dunklen Seligkeiten, sie nochmals sieht, vielleicht wieder
drei Abende später, so fragt man, wie es geht, und sie antwortet lächelnd auf berlinisch: »Danke, man pinschert sich
so durch.« Dann schlendert man zusammen durch den
träumenden Tiergarten nach den Zelten oder in Kistenma-
chers holden Garten am dunklen Fluß und rudert so lange,
bis kein Boot mehr verliehen wird. Schließlich pinschert
sie nach Haus, und der gemeinsame Weg führt zurück
durch den träumenden Tiergarten. Der Ausgang in dieser
grünen Wildnis ist schwer zu finden. O Fata Morgana.

Das Wort pinschern ist ein neues Wort. Abgeleitet ist es
von dem Substantivum der Pinscher. Im übrigen ist es
mannigfaltig, tief und neckisch. Der Begriff des Gehens
liegt ihm als erste Bedeutung zugrunde. Daß sich ein Pinscher fortbewegt, kann kein Einsichtiger leugnen. Auch
daß die Art seiner Fortbewegung nicht ohne Anmut und
Würde ist, scheint ausgemacht. Wenn nun ganze Familien
sich etwa in Rom aufhalten und nachher erzählen: »Wir
pinscherten auf das Kapitol«, so liegt darin eine Gegen-
ständlichkeit der Darstellung, die an die besseren home-
rischen Gleichnisse mahnt. Man denke sich, wie die Fami-

lie, Vater und Mutter voran, die zwei Töchter hinterher,
auf das Kapitol pinschert, und es entsteht sofort die Frage:
wie konnte die deutsche Sprache bisher ohne dieses Wort
für Italienreisende aus Berlin auskommen? Allmählich bekam pinschern denn doch eine allgemeinere Bedeutung.
Durchs Leben gehn, nicht bloß gehn: das lag darin, im wei-
testen Sinne. Pinschern bekam den Ewigkeitszug. Wie
geht es? man pinschert sich so durch! Auf dem Trottoir der
jungen Daseins-Straße (die, ogottogott, immer eine Sackgasse ist) rennt alles durcheinander, große schwere Stiebeln
und süße kleine Schuhe, finstere und holde Schicksals-
mächte, bald kriegt ein armer Pinscher einen wüsten Tritt
im Gedränge, bald wird er vom Saum eines Mädchenrok-
kes angenehm gestreichelt, bald gibt es Hiebe, bald Liebe,
auf dem Fahrdamm kommen Wagen angerauscht, und Rä-
der sind nicht von Pappe, und Pferde haben Hufnägel, ein
Hundefänger mit der Schlinge, es ist das Gesetz, schleicht
auch herum, und wenn man auf einen ausgehungerten
Weber stößt, gelüstet es ihn gar nach Hundebraten, kurz:
vieles Schicksalsmächtige droht, man hat's nicht leicht, und
es ist aller Ehren wert, wenn man sich glücklich an das
hohe Ziel durchpinschert – nämlich an das Ende der Sackgasse. Besser bleibt es allerdings, man beißt bei Lebzeiten
in die Beine, um mehr nach Belieben frei wandeln zu können. Und wann einem die kaffrigsten Kaffern Maulkörbe
anzulegen suchen, beißt man sie desto empfindlicher. Hier
ist der Punkt, wo der Pinscher in tragische Größe hin-
einwächst, wo er zum kämpfenden Pinscher wird. Aber
der kämpfende wie der duldende ... ogottogottogott! Im
Grunde ... ogottogottogott!

Diese Gedanken werden mit Notwendigkeit geweckt
durch die Antwort eines kleinen Mädchens auf die Frage,
wie es ihr gehe. Im übrigen aber steht Berlin jetzt im Zeichen der Frühjahrsparaden. Die Hauptleute pinschern sich
um die Majorsecke 'rum, und Constantin, der Herzog von
Sparta, ritt gestern mit tapfer gezogenem Säbel an der
Spitze seines Regiments über das Tempelhofer Feld. Constantin sah frisch und gesund aus. Der ganze Vormittag war

auch darnach angetan, die beste Stimmung in den Menschen zu erwecken. Es war ein Lenzestag. Berlin schickt lediglich sozialdemokratische Abgeordnete in den Reichstag, aber diese Frühjahrsparade ist neben den christlichen Feiertagen wahrscheinlich das einzige Berliner Volksfest. Wer am letzten Donnerstag durch die morgenfrischen Straßen schritt und die allgemeine Teilnahme der Bevölkerung im Anblick der weißen Festhosen des Heeres sah, der fühlte, daß der Militarismus ein Faktor ist, mit dem wir zu rechnen haben. Die Hosen, während sie gleich einer langhingestreckten Säule die hügelige Belle-Alliance-Straße aufwärtsgetragen wurden, leuchteten in hellem, überwältigendem Freudenschein, ein Glanz strömte von ihnen aus, der einer Stärke von tausend Lichtkerzen nahekam, und es verblaßten dagegen die Hemden der Familienmütter, in denen sich solche am offenen Fenster freimütig zeigten. Alles war voll Lust und Wonne im Lenz. Die Sozialdemokraten kauften Knobländer und nahmen kalten Kaffee in Flaschen auf das Paradefeld mit, um bis zum Ende auszuhalten und in Ruhe das heiß begehrte Schauspiel mit ansehen zu dürfen. Imposant war es wirklich. Der Kaiser saß auch vorzüglich zu Pferde, und er war bei der Parade ganz in seinem Element. Mich interessierte wieder die Frau Friedrich Leopold, die mit feurigen Rappen angesaust kam. Sie sah wieder so frisch und verwegen aus (verwegen im lustig-guten Sinne) wie meistens, und die zahlreichen Züge sportlichen und menschlichen, freien Humors, die über sie im Schwange sind, leuchteten in der Erinnerung der Leute auf, und alle huldigten ihr freundgewillt. Nachher wurde gefrühstückt; es währte diese Tätigkeit zuweilen bis knapp nach Mitternacht, und es sei nochmals betont, daß die Frühjahrsparade wirklich ein wahres echtes Volksfest ist.

Nächstens sind Wahlen. Wie gut, daß die Köpenicker Justiz grade jetzt ihr Urteil über die Verbrecher von Adlershof gefällt hat. Sie haben am achtzehnten März illuminiert; und daß sich der Bürger Lehmann hierüber geärgert hat, ist durch eidliche Aussage mehrerer Zeugen unwiderruflich festgestellt. Lehmann hat sich wirklich geärgert, das steht

jetzt fest. Es liegt dieserhalb und wegen eines Flugblattes
grober Unfug vor. Daß das Flugblatt in zwingendem ur-
sächlichem Zusammenhang mit der Illumination steht, ist
nicht nachgewiesen, auch wohl nicht nachweisbar. Jedenfalls aber macht es pro Person fünfzehn Mark. Der Amtsanwalt bedauerte, daß nicht eine mehr als sechswöchige
Haftstrafe angängig sei. Und wir bedauern es auch, im Interesse der Wahlen, daß diese Haftstrafe nicht tatsächlich
verhängt wurde. Königliche Häupter sind straflos, besonders wenn sie im Grabe ruhen; sonst könnte am Ende
Friedrich Wilhelm der Vierte, der sich des öffentlichen
Hutabziehens vor diesen am achtzehnten März für das
deutsche Vaterland Gefallenen schuldig machte, noch eilig
verknackt werden. Und allerhand Zeitgenossen, über deren halb blödsinnige Reden sich Millionen und aber Millionen in Deutschland ärgern, müßten jedesmal fünfzehn
Mark erlegen. Ich denke hierbei an Politiker, die ihren ex-
tremen Standpunkt auf eine prononcierteste Art vertreten,
so daß unter den Mitgliedern der Gegenpartei mehr als ein
Lehmann gekränkt und beunruhigt werden. Das kostet
also jetzt immer fünfzehn Mark. Und eine besondere
Frage steigt auf: Was verdienen jetzt die Burschen, die öffentlich zum Verfassungsbruch auffordern? Was verdienen
die Burschen, die zum Staatsstreich mahnen? Was verdienen die Burschen, die das Reichstagswahlrecht durch einen
kurzen Akt zu beseitigen wünschen? Die unter fünfzig
Millionen Deutschen ganz sicher fünfundvierzig Millionen auf die frechste Art vor den Kopf stoßen? Wieviel
Jahre Zuchthaus verdienen sie nach der entsprechend ange-
wandten Theorie des Köpenicker Schöffenrichters? Wenn
die Adlershofer eine Illumination gemacht haben, von der
niemand nichts weiß, und der Amtsanwalt sechs Wochen
darob für zu wenig hält, wie will er jene weitreichenden
Rüdigkeiten überhaupt sühnen? Der Amtsanwalt weiß es
nicht; und er sühnt sie gar nicht. Nächstens sind Wahlen.

Die allgemeine Weltlust steht jetzt im Monat Mai an der
Spree in leuchtender Blüte. Pfingsten ist herangekommen,
die Kastanienbäume blühn, die weißen Pyramiden fallen

ins grüne Wasser, alles lacht in Wonne, die Kleiderge-
schäfte florieren, und fröhlich pinschern die kleinen Mädchen abends zum Rendezvous. Ich wünsche dem Leser
vergnügte Feiertage. Aber das wahre Pfingstfest werden
wir erst feiern, wenn es ein freieres Pfingstfest sein wird.
Hoffentlich erleben wir's.

12. Juni 1898

Was tut es, Leser, daß man einen Berliner Brief nicht in
Berlin schreibt, sondern auf einer Insel im Adriatischen
Meer? Nichts tut es. Man kann auch hier die Nachricht do-
kumentieren, daß der Fürst Hohenlohe auf seinem Posten
bleibt. Heute früh las ich im Garten: Hohenlohe non si ritira. Ich frühstückte grade. Wie beruhigt war ich. Man
denkt immer, wenn man eine kurze Zeit vom Vaterlande
fern ist, die Leute könnten unsere Abwesenheit benutzen,
um gleich Späne zu machen. Aber non si ritira, er zieht sich
nicht zurück, er kanzelt fürderhin weiter – ich aß mit wah-
rem Genuß die auf dem Teller gehäuften grünen Schoten
und fragte den Paduaner Studenten, der aus Venedig einen
Ausflug hierher gemacht und mit seiner frischen Geliebten
zusah, wie er geschlafen hätte. Er versicherte, daß die Frisur dieser Venezianerin, welche Alba hieß und die er Aube,
Morgenröte, nannte, eine geschlagene halbe Stunde gedau-
ert habe. Er sei sich bloß als der allgemeine Direktor, Or-
ganisator, Impresario und Zeitgenosse dieser Frisur vorgekommen. In Wahrheit sah Alba in der träumenden
Melancholie ihrer einfachen Züge, die von einer unglaublichen Fülle weicher Haare beschattet waren, sehr entzük-
kend aus, und als ich ihr beteuerte, daß Hohenlohe, allen
entgegengesetzten Gerüchten zum Trotz, die sie nur nicht
glauben möge, wirklich im Amt bleibe, atmete sie erleichtert auf und tat einen Männerschluck Vermouth, der eine
gewisse Größe an sich hatte. Dieses Volk hat den Zusammenhang mit der Antike nie ganz verloren.
    Chioggia ist eine Insel im blaugrünen Adriatischen
Meer. Sie liegt vier Meilen von Venedig entfernt, und ich

bin zu ihr zurückgekehrt, nachdem ich sie einmal, vor fünf Jahren, betreten. Schon damals wollte ich nicht mehr nach Deutschland heimkehren, denn hier war es blödsinnig schön. Jetzt habe ich noch weniger Lust dazu. Ich werde wohl hierbleiben, bis an das Ende meiner Tage, und nur manchmal nach Venedig hinüberreisen und im Capello Nero zur Nacht essen, eine halbe Stunde auf den steinernen Mosaikplatten einer gewissen Piazza unter den Lacerten zur Abendmusik herumgehn, dann den geflügelten Löwen auf der Säule vor dem Dogenpalast angaffen, dann über meine wohlbekannten Gäßchen, Plätzchen, Brückchen, durch manchen überdachten Torweg, an manchem Brunnen und an mancher alten Mauer vorbeischlüpfen (diesmal wird nicht geschlendert, in Venedig wird geschlüpft), dann ein bißchen zu nächtlicher Weile nach dem Lido segeln (wie damals!), so daß der Nachen, wenn er über die Abendfluten der großen grünroten Lagune schießt, ganz zur Seite geneigt ist durch die Kraft des braunen Segels, und der Insasse denkt: komm heran, komm heran, Tod – jetzt will ich ersaufen im Angesicht der seligsten Stadt dieser Erden, jetzt nimm mich auf, Wasser, und ersticke mich, der ich nicht ertragen kann dieses Übermaß von Schönheit und verblute, verblute, verblute, wenn du mich nicht kühlst. Und dann will ich mich an die Ostspitze des Lido stellen und versuchen, ob ich nicht auf Berlin pfeifen kann, daß man's drüben hört.

Dieses, lieber Leser, will ich tun, wenn ich gelegentlich von der Insel Chioggia nach Venedig hinüberreise. Chioggia spricht sich in der maßgebenden Aussprache seiner Bewohner Kiöhdsa aus. Die Bewohner lallen; sie sagen nicht Kiodscha, wie ein normaler gemeiner Italiener, sondern sie haben diese feinere, zierlichere Art des Veneto-Dialekts. Sie flöten Kiöhdsa, gleichwie in Hannover oder an irgendeiner friesischen Küste die Konsonanten wie bisher kindlich ausgesprochen werden. Die Bewohner dieser Insel sind lediglich Fischer. Die Kerls sind so verwegen, daß sie mit ihren Barken bis nach Griechenland hinüberfahren. Mein Freund und ich – wir zwei sind hier allein – wollen in

diesen Tagen mit ihnen fahren, nach Griechenland. Vorläufig sind wir gestern mit dem paduanischen Studenten und
seiner Geliebten sowie mit einem anderen paduanischen
Studenten und seiner Geliebten, welche Ida hieß, auf einem Segelboot über das Adriatische Meer gekreuzt. Ida
sang, und Alba, Aube, die Morgenröte, war entzückend
melancholisch. Zwölf Flaschen hatten die Halunken in einem Schaff mit Eiswasser mitgenommen. Wir tranken sie
aus mit ihnen und sahen aus den grünblauen Fluten bald
dieses, bald jenes Dorf der Westküste mit seinem Kirchturm, seinem Campanile, in weißen Farben emporsteigen
und waren selig und diskutierten über den Idealisten Kant
und den Positivisten Comte und auch über Gabriele D'Annunzio, welchen die Studenten als einen jammervollen
Macher erklärten, und auch über die italienischen Liebes-
verhältnisse jüngerer Männer und über Alba und Ida, doch
vorwiegend über Alba, Aube, die Morgenröte, mit ihrem
wundersam beschattenden Haar.

Und es befand sich auf dem Schiff ein Mann namens Nicola. Dieses war sein Vorname. Aber alle Bewohner der Insel Chioggia oder Kiöhdsa kannten selbigen, denn er war
ein Kommissionär, ein Figaro, ein Faktotum, und die pado-
vanischen Studenten tauften ihn auf meine Bitte Sancho
Pansa, weil er dem runden Begleiter des Don Quixote gar
so ähnlich sah. Er war dick, hatte ein sinnlich breites Maul,
eine flache Nase und aß, da er die Gastfreundschaft edler
Männer genoß, für siebzehn und eine halbe Person. Auf
vierzehn Tage, sprachen wir, ißt sich Nicola heute voll.
Und also geschah es. Zuletzt aber bekam er in einer Osteria
auf der Insel, welche sich »zu den Antiche Nazioni«
nannte, Krach mit beiden Geliebten der paduanischen Studenten, und er drohte, der Alba, Aube oder Morgenröte,
einen Teller an den Kopf zu werfen. Da trat eine peinliche
Stille ein, und wir betrachteten den stiernackigen 40jähri-
gen Burschen, der uns wohl gefährlich erschien. Einmal
sollte er einem Gegner sogar einen ganzen Tisch an den
Kopf geworfen haben. In ziemlich dramatischer Stimmung
aßen wir die Erdbeeren, die mit Mühe und Not auf der In-

sel zum Dessert aufgetrieben worden waren, und wir erkannten jetzt klar die Ursache des Zwistes zwischen der
Venezianerin und dem dicken Nicola. Sie hatte ihm zweimal mit voller Wucht eine Frucht ins Gesicht geworfen, er
hatte sich das verbeten und hatte das italienische Kraftwort
Porca beim zweiten Male drohend ausgerufen. Das ließ sie
sich nicht gefallen. Und Nicola, unser allgemeiner Kammerdiener, noch von den Getränken auf der grünblauen
Adria benommen, drohte, die Tafel aufzuheben und sie
insgesamt durch die Luft zu schleudern. Um die Frisur Albas, Aubes, der Morgenröte, und um ihre Gehirnschale
war es dann geschehen. Und im Grunde erkannte ich, wie
sehr Nicola recht hatte, denn die Fremdlinge hatten ihm
Wasser in seinen Wein gegossen, Wasser in seinen Kaffee,
Wasser in seinen Vermouth, Wasser in jedes Getränk, sobald es ankam, und Albas Hand war auf seine dicken Bak-
ken grausam gesaust, um den Refrain eines Meerliedes ein-
drucksvoll zu markieren. Das erträgt kein Mensch, und
Nicola hatte recht. Schließlich beruhigte er sich, als wir
nachts in den Gasthof »zum Gobbo« gingen, um den Tag
unter dem Leinwand-Baldachin dieses Wirtes zu beschließen. Alba goß ihm zwar wiederum Wasser in seine Birra di
Puntigam, doch er runzelte nur vorübergehend die Stirn,
ließ sich von den chioggiotischen Insel-Honoratioren an-
ulken, fühlte sich ganz als Original und sagte zuletzt (es
ist keine Feuilletonistenlüge) mit lauter Stimme durch
den Garten: questa è la vita. Ich will ein Schuft sein, wenn
er nicht sagte: questa è la vita, das ist das Leben. Ich war ein
bißchen ergriffen. Ich nahm mein Glas unter dem Zeltdach
empor, beugte mich mühselig über den Tisch in seine Ecke
und stieß mit dem stiernackigen Nicola zweimal an, indem
ich seine Worte in deutscher Sprache wiederholte: das ist
das Leben. Es ist wiederum keine Feuilletonistenlüge,
wenn ich behaupte, daß der verfressene und sonst recht
spitzbübische Schelm die Bedeutung dieses Augenblicks
erkannte und mir mit einem gewissermaßen freimaureri-
schen Einverständnis ernst in die Augen blickte: questa è la
vita. Und rings um uns, an den Mauern des Gartens, wuch-

sen Platanen und Lorbeerbäume und Wein und Oliven,
und von der Junifrische des Adriatischen Meeres schien ein
Hauch durch die Nacht herüberzuwehen.

Chioggia ist eine Insel, vier Meilen von Venedig. Hier
haben wir uns, mein Freund und ich, vor dem venezian-
schen Stimmengewirr und dem Menschengewühl und vor
den Lacerten zurückgezogen, und vor den Rufen der Mu-
schelverkäufer und dem höflich klagenden Anreißertum
der Gondoliere und vor den blutaufreizenden Nachtgesän-
gen einsamer Wanderer. Chioggia ist eine Schifferinsel, alles ist hier für die verwegenen Schiffer bestimmt, für sie
wird der Flachs gesponnen, für sie sind die Seilereien unter
freiem Himmel, für sie flechten die wundersamen Geschöpfe von Mädchen und Frauen die Netze, für sie sitzen
diese unglaublich schönen, zarten, dunklen Meerkreaturen
auf den Steinplatten der Inselstraßen und flicken Segel,
und der Fremde wird wie ein Wunder bestaunt und an-
gelacht und bewillkommnet, wenn er freundlich grüßt.
Die Männer dieser Frauen sind oft Monate lang, halbe
Jahre lang auf dem Meere, und die Treue ist oft ein lee-
rer Wahn, und die Chioggiotinnen stehen im Rufe besonderer Leidenschaft und Sehnsucht. Schon Goethe hat sie
gekannt.

Die Duse ist eine Chioggiotin. Sie ist auf dieser kleinen
abgelegenen Insel mit den vielen Kirchen und der steingeplatteten mattgetönten Hauptstraße geboren. Ihr Vater
schon und ihre Mutter hausten hier. Bühnenkünstler
beide, und die tiefe Anmut, die Schönheit und Feinheit,
die liebe Grazie und der harmonische milde Adel dieser
Chioggiabewohner prägt sich in der größten Chioggiotin,
der einigen Einzigen, der Vertreterin tiefsten Menschen-
tums, unvergeßlich und unvergleichlich und unsterblich
aus. Dieses verzauberte Eiland mit einer höheren harmoni-
schen Klasse von Erdenkindern, die nicht in ihrer Bildung,
sondern in ihren Instinkten ein übermenschliches Ideal
darstellen, ist die würdige Heimat jener Erscheinung, die
ebenso nah mit den Wurzeln des Volkstums wie mit den
Wipfeln der letzten Kunst verbunden ist. Der Name Duse

ist ein verbreiteter chioggiotischer Name. Es gibt allein
an der Hauptstraße eine kleine Druckerei oder Typogra-
phie Duse und – oben, in der Nähe des Tors – einen Emilio
Duse, barbiere. Leser, verargen Sie es mir, daß ich mich
bei diesem Emilio Duse, barbiere, rasieren ließ? Er kannte
die Tragödin nicht, erklärte mir auch, kaum mit ihr verwandt zu sein, doch sein Freund, der ihn in der Mittags-
stunde besucht hatte und bei ihm seine Zeitung las, berichtete vom alten Vater Duse, dem Kiöhdsoten, und drückte
das Bedauern der gesamten Inselbewohner aus, daß die
Eleonora auch nicht ein einziges Mal in ihrer Heimat gespielt habe.

Chioggia ist eine Insel, vier Stunden von Venedig. Wenn
man mit der Segelbarke auf das Meer fährt, sieht man bei
gutem Wetter in der Ferne den Campanile von San Marco
aus den blaugrünen Fluten steigen. Jeden Tag gehen wir
durch Chioggias enge Gassen mit der mattgetönten Bunt-
heit, vorbei an den unglaublich schönen Kiöhdsotinnen,
welche Netze flicken und Hanf spulen. Jeden Tag gehen
wir an das blaugrüne Meer, ziehn uns am Strande aus und
trollen uns einfach hinein in das frische, milde, grüne Juni-
wasser. Drüben liegt Venedig. Und abends, wenn wir im
Garten des kleinen chioggiotischen Gasthofs sitzen oder
bei zwei brennenden Kerzen auf dem Zimmer die Feder
über das Papier führen, ertönt nahe und ferne Musik, Man-
dolinen und Geigen, und eine Stimme, die auch in der Lustigkeit leise vibriert, singt etwas. Wir gehen dann wohl
auch in der steingeplatteten Hauptstraße auf und ab, und
die barhäuptigen Mädchen der Insel wandeln ruhig in der
Abendkühle, schwarz das Schultertuch oder Fazzoletto,
schwarz der Rock, schwarz die Augen, schwarz das Haar.
Und eine ferne Stimme in uns ruft: Komm' heran, komm'
heran, Tod.

Hohenlohe non si ritira, so stand heute in der »Gazzetta
di Venezia«. Die Morgenröte, Aube, Alba, hat es nur geglaubt, als ich sie beschwor, den entgegengesetzten Gerüchten kein Vertrauen zu schenken. Was macht ihr aber,
meine lieben Berliner, ihr andern neben Herrn Hohen-

lohe? Geht es euch gut? Mögt ihr glücklich werden alle miteinander! Möget ihr glücklich werden! Möget ihr glücklich werden.

19. Juni 1898

Die Wahlen sind vorüber, wenn diese Zeilen erscheinen. In Venedig regnet es. Heut, als am Donnerstag, da in Deutschland gewählt wird, ist die große Lagune stürmisch bewegt, und sie schlägt an die Steinfliesen der Piazzetta.

Gestern nacht saß in den gedeckten Säulengängen des Dogenpalastes allerhand verlumptes Volk und zog sich in sich selbst zurück vor dem Winde, der über die Lagunenstadt jagt. Vermummt schlüpften sie über die kleinen Marmorbrückchen, die Kapuze über den Kopf gezogen, so daß sie wie dunkle Spitzsäulen, die zwischen fallenden Wassern heimlich tanzen, ganz märchenhaft dahinhuschten. Und doch – wenn man sie anspricht, haben sie nichts Koboldgleiches. Sie antworten mit adliger Sittenfeinheit und Bescheidenheit, mit Takt und stiller Einfachheit in eben diesen nächtlichen Wetterschauern, wenn sie wie dunkle Spitzsäulen über die Brückchen irrlichterlieren und in Seitengäßchen auf schmalen Pfaden am Wasser verschwinden. Um Mitternacht, als der Sturm recht drohend war, saßen die wassergewohnten Venezianer in mancher erleuchteten Weinschänke und manchem ihrer kleinen Kaffeehäuser inmitten von Straßen, die sonst in Tiefdunkel starrten und von Wassern stärker und melancholischer durchrauscht wurden. Um Mitternacht fuhr ich ein Stück auf dem Canal Grande, bis zur Rialtobrücke, an dem goldnen Haus vorüber, ca d'oro geheißen, und an dem Palazzo Vendramin vorbei, in welchem Richard Wagner gestorben ist; die Wasser rauschten oben und unten, der Vendramin war klitschenaß, und in meinem Herzen lebte dennoch eine unsagbare Freude. Um Mitternacht ging ich durch einsame Gäßchen, deren Bewohner längst gestorben schienen, durch schmale steinerne gestorbene Gäßchen, durch Gäßchen mit alten verrosteten Pfortengittern zum Durchgucken, durch Gäßchen mit stummen, verwitterten Marmortieren, über kleine gequaderte, gestorbene Plätze mit drei Brunnen aus altem Marmor und mit einer plötzlichen grauen Kirche von holden runden Formen. Und einmal sah ich im Vorbeischreiten, beim schmalen Durchblick in eine schmale Ferne, die Seufzerbrücke nächtlich schweben, und die fallenden Wasser weinten an ihr hernieder.

Heute wird in Deutschland gewählt. Wer möchte nicht gern dabeisein und mithelfen – ein Trost bleibt es, daß in Berlin das Ergebnis von vornherein feststeht und daß die Stimme eines in Venedig weilenden Menschen nicht mehr in Betracht kommt. Wenn Not an den Mann käme, wär' es doch verfluchte Pflicht und Schuldigkeit, abzureisen und den allgemeinen, geheimen und direkten Zettel kräftig in die Urne zu schieben. Wir denken heute viel an Deutschland. Es ist über dem grünen, weiten, stürmischen Wasser Morgen geworden, über das der Blick bis an jenen Punkt schweift, wo die heller grünen Wogen des Adriatischen Meeres heranbranden. An die Piazzetta und ihre Marmorquadern schlagen die Wellen; oben auf der schlanken, hohen Säule brüllt der venezianische geflügelte Löwe in die Gewässer, die Augen weit geöffnet, der Schwanz peitscht die Lüfte.

So viel Löwen wie hier sieht man nirgends in der Welt. Und alle sind geflügelt. Manche davon sind uralte, halb zerbröckelnde Löwen, aus grauen Zeiten der Republik, Löwen mit komisch eingebogenem Hintern und wehmütig-stolzem Gesicht. Sie sitzen auf dem Allerwertsten, und ihre Verkürzung ruft ein herzliches Mitgefühl mit solchen uralten, ehemals republikanischen Löwen wach. Inzwischen waren sie nämlich österreichisch, und heut sind sie friedliche Bewohner der friedlichen Provinz Venezien, der stillsten aller italienischen.

Die pensionierten Löwen gleichen den Bewohnern dieser Stadt. Es ist schwer zu glauben, daß hier einstmals Renaissancemenschen gelebt haben. Aller Trotz, alle wilde Majestät, die um die Weltmacht ringt, Meere bändigt,

Griechenland erobert, Selbstvergottung treibt und nur die gigantische Verquickung des Wüstenkönigs und des Adlertiers, der Pranken und der Fittiche, als ein leidliches Symbol der eigenen Herrlichkeit aufstellt – das alles ist dahin. Ist dieses Volk verbraucht? Oder hat es vielmehr die höhere und edlere Kulturstufe der unkriegerischen Menschen erklommen, auf der die schwerblütigen Germano-Slaven des preußischen Nordens erst in vier Jahrhunderten stehn werden? Sei dem, wie ihm sei, wir werden bei unseren Lebzeiten kein vornehmeres und lieblicheres Volk auf Erden sehen als diese Venezianer, die einzigen, die uns eine Ahnung des versunkenen Griechentums geben. Vielleicht waren sie früher deshalb wild, weil sie noch mit Naturgewalten zu kämpfen hatten, weil sie Dämme errichteten, Murazzi, weil sie Ulmenpfähle in den Wassergrund rammen mußten, um Brücken, Stadtviertel, Kirchen, Palazzi darauf zu bauen, weil sie von Feinden umtost waren. Heut ist alles gesichert. Gefahren gibt es nicht, die Arbeit ist längst vollendet, und nur die Vornehmheit jener stolzen Zeiten, nicht ihre Härte ist den Bewohnern geblieben. Sie leben in einer Stadt, die keinen Nerven unzart erregt, sie wissen diese stillen Herrlichkeiten selbst zu schätzen, sie sind arm und adlig und fast bedürfnislos, und solches Gemisch von stiller Heiterkeit und stiller Melancholie, das der Wasserstadt zu eigen ist, bildet den Grundzug ihres Wesens. Denn Freundlichkeit allein wäre läppisch, wenn sie nicht zugleich so ernst, fast schwermütig, Grazie allein wäre abstoßend, wenn sie nicht zugleich so stolz und sanft erschiene. Ja hier lebt versunkenes Griechentum, oder vielleicht mehr als Attikas herrlicher, doch fühlloser Glanz; hier ist Moderneres, Menschlicheres. Um es kurz zu sagen: hier lebt der Begriff Duse.

Fast vierzehn Tage bin ich jetzt hier, bald von Venedig nach der Zauberinsel Chioggia eilend, bald von der Insel im Abendschein gen Venedig über die Flut getragen. Jetzt haben wir uns dauernd in der Wasserstadt niedergelassen, vom Fenster seh ich die Kirche della Salute, aus der Lagune steigend, ich sehe das Sklavenufer entlang, ich sehe den

goldenen Dogenpalast mit den weißen Säulen, ich sehe
den einzigen Campanile ruhig in den Himmel dringen, ich
sehe die Piazzetta und die Palazzi, und alles erscheint mir,
als ob es, mit Perlmutter eingelegt, auf einem altmodischen
Portemonnaie angebracht wäre, aus den dreißiger Jahren,
wie ich es bei uns im Hause erblickte, bevor ich in die
Schule ging. Dieses Portemonnaie lag in einer Schublade,
nachher in einem Fache des Mahagonispindes, Chiffon-
nière beibenannt, neben den silbernen Leuchtern, der silbernen Fischkelle und den Operngläsern, und es gehörte
meiner Großmama, einer feinen, alten Dame mit weißen
Löckchen, Amalie mit Vornamen. Sie sang öfter das Lied
»Hektors Abschied«, denn sie hatte Gitarre spielen gelernt,
und ich entsinne mich, wie sie stets einen Fehler machte,
wenn sie begann:

> Will sich Hektor ewig von mir wenden,
> Wo Achill mit den unnahbarn Händen
> Dem Petroklus gräßlich Opfer bringt.

Ich weiß nicht, woran es lag, daß meine Großmama
Petroklus und nie Patroklus sang. Manchmal sang sie auch
das Lied: O Maler, o mal' mir mein Liebchen, o mal' es so
schön, wie es ist, o male die lächelnden Grübchen, o Maler,
vergiß es mir nicht. Jedenfalls besaß sie das Perlmutter-
portemonnaie, und an ihr gütiges Gesicht werd' ich hier
immer erinnert, wenn die Sonne über Venedig scheint und
wenn von den Perlmuttersäulen und Perlmutterbogen der
perlmutternen Paläste die perlmutterne Lagune glitzert.
Das alles darf ich wirklich sehen, was in dunklen Kinder-
jahren in einer dunklen Schublade lag, und wenngleich ich
schon einmal drei Wochen hier hauste, kann ich mich noch
immer nicht daran gewöhnen. Meine liebe Großmama ist
nie hierhergekommen. Und doch hätte sie hier auch Gitar-
respielerinnen finden können, von denen die eine vielleicht das Lied von Achilles und Petroklus, zum mindestens aber ein Lied von irgendeinem Maler und seinem
Liebchen gesungen hätte. Das Andenken meiner Großmama sei gesegnet! Hätte ich doch ihr Portemonnaie hier!

Und (Leser, bleiben Sie stark) wäre es doch zufällig zum Platzen voll!

In Berlin wird heute gewählt. Auch in dieses venetische, dieses stille Land der Träume dringt zuweilen ein verlorener Ton aus dem politischen Getöse. Als wir auf Chioggia wohnten, war an jedem dritten Haus eine Mahnung in schwarzer Ölfarbe zu lesen: Votate per il professore Giuseppe Veronese – stimmt für den Professor Giuseppe Veronese. Und in die herrlichsten Herrlichkeiten dieser Insel drängte sich immer der Name des Professors. An einer stillen Seite aber stand, gleich wenn man dem Fischer-Eiland sich näherte: Onorate la memoria di Felice Cavallotti! In schwarzer Ölfarbe war diese Erinnerung an den Toten, den lebenslänglichen Kirchenfeind, Dichter und Duellanten hingemalt: Cavallotti-Teller aus Metall, mit dem Bildnis des Erstochenen, wurden uns in diesem selben Chioggia auf der Straße verkauft, als eben ein Gottesdienst für die Schutzheiligen der Insel von der Klerisei abgehalten worden war mit rotem und goldenem Gepränge, mit modernem Konzert und hinreißend reaktionären Predigten. Und ein Cavallotti-Lied kaufte ich auf dieser Fischer-Insel bei einem Bänkelsang-Händler, der an einer Ecke am Sonntag Liebesweisen und Stücke aus der Göttlichen Komödie und Schauerballaden und Gesänge auf den afrikanischen Feldzug gegen Menelik feilhielt. Es war betitelt: Il duello mortale di Felice Cavallotti – canzone popolare novissima, und enthielt das tiefe Bedauern, daß Cavallotti, als er mit Macòla die Klinge maß, einen Stich in den Mund bekam, so daß sein edles Blut dahinfloß, was allen nur Schauder erwecken konnte. Es begann mit den schwer zu übertreffenden Versen:

> Cavallotti con Macòla
> La sua spada misurò;
> Ma la punta nella gola
> Per la bocca penetrò.
> Corre il sangue in larga vena,
> Cessa l'anima e il respir:
> A così tremenda scena

Debbon tutti inorridir.
D'Italia il bardo
Forte e gagliardo
Così finì
L'ultimo dì.

Zum Schluß hatte die dichtende Volksseele mit hohem
Recht auf die allgemeine Blödsinnigkeit des Duells hingewiesen. Maledetto sia il duello, grollte sie; es sei ein »dum-
mes Laster«, es sei ein Vorurteil; eine brutta usanza; und
immer wieder klagte das Refrain: d'Italia il bardo usw.

Auch in der Kirche war die Politik im Spiel gewesen.
Man feierte das Fest des heiligen Fortunat und des heiligen
Felix, der besonderen Patrone der Insel Chioggia. Es ist ein
in ganz Italien berühmter Tag, und die Schiffer kehren aus
den entferntesten Gewässern heim, um ihn mitzumachen
und ihre Gattinnen wieder einmal zwei Tage lang zu küssen. An diesem Fest hielt ein feiner und starker Pfaffe, die
Auslese alles edelsten Pfaffentums, die Predigt vor den
Chioggioten. Er sprach nicht pfäffisch, nicht zelotisch,
sondern mit weicher, voller Kraft, er ging auf und ab, er
gestikulierte, seine Stimme zitterte und war eindringlich,
er sprach mit der schlichten Überzeugtheit eines ganz
selbstverständlich Gläubigen und zugleich mit der Überlegenheit eines seelenbannenden Redners, und er war ein
schöner, ernster Mann und hatte ebenso gesunde wie
künstlerisch durchseelte Züge, die aller abgestuften Wand-
lungen fähig waren. Und mit diesen Mitteln zog er gegen
die moderne Welt zu Felde – und erklärte doch: er sei
nicht gegen den Fortschritt, nur eins solle man ihm lassen:
Gesù, Gesù, Gesù. Und die Kirche sei gar nicht freiheits-
feindlich, und die Wissenschaft wolle sie auch nicht hem-
men, aber die Kirche sei das einzig Wahre, und es gebe
heut eitle und unsaubere Schriftsteller, und die Chioggioten seien ein begünstigtes Volk, und er erzählte den Le-
bensgang ihrer zwei Heiligen, des heiligen Felix und des
heiligen Fortunat, und beide standen, sowohl Fortunat wie
Felix, als Wachspuppen unterhalb der Kanzel, mit römi-

schen Kriegsrüstungen angetan, sehr niedlich, und darunter mit wollenen Kleidchen, und die Füße standen auf niedlichen Kanonenrohren, obgleich die zwei Heiligen, Felix sowohl wie Fortunatus, zur Zeit des Kaisers Diocletian gelebt hatten, wo es Kanonen nur in verschwindend geringer Zahl gegeben haben wird. Die chioggiotischen Schiffer, die heimgekommen waren, ihre Frauen zu küssen und die Patrone zu ehren, hörten dem politischen Pater zu, und ich dachte, daß das Deutsche Theater in Berlin einen so eindringlich-bewegsamen und aristokratisch-innigen Seelenzergliederer gegenwärtig nicht besitzt.

An alle diese politischen Begebnisse in Italien muß ich heute denken, da in Deutschland Wahl ist. Die Wellen schlagen stark an die Piazzetta, über die Brückchen fegt der feuchte Sturm; morgen früh beim Tee lesen wir hoffentlich die Telegramme in der Gazzetta di Venezia, die aus Deutschland den Sieg der vorwärtsdrängenden Mächte melden. Indessen beschließe ich diesen »Berliner« Brief, der heut nacht noch über die Alpen muß, beim Scheine zweier Lichter, die ich jetzt angezündet und auf zwei blaue hölzerne Heiligenleuchter gesteckt habe.

Ich habe diese Heiligenleuchter in der Via Garibaldi gekauft und noch einen Antonius von Padua dazu. Er ist aus Holz und einem aufgeklebten Bild, recht einfach. Auch eine kleine Lampe gehört dazu und ein Rosenkranz und dann ein Gekreuzigter aus schwarzem Holz. Adieu!

26. Juni 1898

ITALIENISCHER REISEBRIEF

Wozu es verheimlichen, Leser, daß ich tagsüber, seit ich in Florenz bin, ohne Bekleidung herumlaufe oder herumliege. Man kann gar nicht anders. Höchstens daß man zum Frühstück ein bißchen zu Bonciani geht, immer im Häuserschatten, ganz kätzchenhaft an der Wand entlang. Dort ißt man zwei Pfund Maccaroni mit Tomatensaft und Par-

mesan, dahinter drei Scheiben kaltes Roastbeef, dahinter
eine Süßigkeit, das Ganze begießt man mit einem halben
Liter Chianti vecchio (bianco), es kostet nicht allzu viel
und ist ausgezeichnet, und wenn die elfte Vormittags-
stunde eben vorüber ist, sitzt man schon wieder im kühlen
verdunkelten Zimmer, ein schmachvoll Entkleideter, und
die Wirtin, wenn sie anklopft, muß erst siebeneinhalbe
Minute warten. Gegen Abend geht man dann aus, in der
Dunkelheit nimmt man die Hauptmahlzeit, und wenn die
Mitternacht schon näher zieht, löffeln alle Florentiner aus
Weingläsern Limonen-Eis, manche auch Tamarinden-Eis,
und manche aus Wassergläsern den blutroten Eistrank
Grenatino. Dies die wichtigsten Angaben über die Kunst-
stadt Florenz.

Vielleicht beschreib' ich sie ein andermal. Nur wer diese
Hitze kennt, weiß, was ich leide. Eine Ahnung steigt mir
auf, mit geradezu verblüffender Klarheit: daß dieser Brief
nicht allzu lang werden wird. Es ist ein Glaube, ja eine
Gewißheit, mir ist, als ob in der Ecke des dämmerig verdunkelten Zimmers ein Engel stände und zu mir spräche:
»Über ein kleines, so wirst du aufhören zu schreiben.«
Wird er recht behalten? Es ist aber ein Botticellischer Engel, wohl aus den Uffizien durch die Sonnenglut herüber-
geschwebt, und seine stillen schönen nackten Füße stehen
lieblich auf dem kühlen Fußboden. Der Bursche gefällt
mir. Er könnte einen mit den Flügeln sehr hübsch fächeln.
Und dann seine Prophezeiungen sind so angenehm.

Heute früh stand in der Zeitung Fieramosca einiges über
unseren Ernst Günther von Schleswig-Holstein. Er soll sich
nächstens vermählen. Ich wußte noch gar nicht, daß seine
Erwählte, die kleine Coburgerin, eine Tochter jener Luise
ist, die jetzt mit ihrem Gatten Zerwürfnisse hat. Ich wußte
gar nicht, daß Ernst Günther die Tochter dieser Luise heiratet. Aber es stand in der florentinischen Zeitung Fieramosca – basta così. Des ferneren stand darin, daß Luise sehr
viele Schulden hat und daß – der Leser merke jetzt auf –
und daß der Schwiegersohn einen großen Teil davon bezahlt habe. Als ich dieses gelesen hatte, wurde mir klar, daß

die Phantasie der romanischen Völker von tiefer Farben-
glut ist, gewaltig ausschweifend und bis in die fernsten,
schwindelnden Höhen siegreich fliegend. Nachdem ich es
schwarz auf weiß hatte, daß Ernst Günther die Schulden
seiner Schwiegermutter bezahlt, legte ich die Zeitung Fieramosca weg und frühstückte weiter.

In der Ecke, wo der Engel gestanden hat, summen jetzt
allerhand zanzare, welche man auch gewissermaßen-sozusagen Mücken nennen könnte. Die Fensterläden sind zu,
nur der eine läßt ein bißchen durchgucken. Unten in der
Sonne traben kleine Wagen mit vorgespannten munteren
Eselein dahin. Daß die Tiere nicht blödsinnig vor Hitze
werden, bringt mich in Erstaunen. Auf den Kopf freilich
hat man ihnen sehr liebenswerte Hauben gesetzt, aus weißer Leinwand und mit Häkeleien durchbrochen. Auch die
florentinischen Omnibuspferdchen tragen weiße Hauben,
weiter hinten noch eine Art Jäckchen, bei den größeren ist
das schon eine Nachtjacke, und sie sehen aus wie Beamten-
frauen in der Morgenstunde. Das alles sehe ich aus meiner
Wohnung. Mit Wohnungen habe ich großes Glück. Die
jetzige liegt an dem Flusse Arno, schrägüber von der steinernen Burg des Signoriapalastes, in welchem die Medici
das große Wort führten, und von den an Bedeutung unerhörten Uffizien. Unten am Haus ist nach dem Wasser zu
ein kleiner Garten, in welchem abends etwan hundert
Leuchtkäfer schwelgen. Diese grünschimmernden Lüm-
mels treiben einen beispiellosen ausgelassenen Unfug mit
nächtlichem Herumfliegen in Ölbäumen und Weinspalie-
ren, und wenn man so gegen zwölf hinuntersieht, wird
man fast geblendet, wie sich die Kerls balgen und küssen
und auftauchen und verschwinden. Jetzt ist es leider noch
Tag, und ich sehe – jenseits des Gärtchens und jenseits des
Flusses und jenseits der florentinischen Türme – durch
diesen Fensterladenspalt gerade auf die Zypressenhöhen
und Olivenhaine der Talwände. Die Höhen, von denen
Florenz umgeben ist, sind das Lieblichste an dieser Stadt.
Denn im Innern ist sie wenig reizvoll und lange nicht so
schön, wie ihr Name uns klingt. Ich hatte mir etwas Phan-

tastisches gedacht und fand einen geräuschvollen, geschäf-
tereichen Ort. Nach Venedig ist es schwer, hier zu leben.
Glaubet mir, liebe Freunde, es gibt auch einen Italien-
Schwindel. Es wird übertrieben. Was ein anderer sieht,
sehe ich auch. Aber nach den Schilderungen deutscher Ita-
lienfahrer hatte ich mir unter Florenz – immer die innere
Stadt ins Auge gefaßt, denn die Landschaft der äußeren
ist entzückend – einen Böcklinschen Platz vorgestellt. Ich
dachte mir etwas Schattig-Schönes. Etwas Dunkelgrün-
Steinernes mit zarten Rosen – ja das war was: dunkelgrü-
nes Gestein mit Blumen, mit Schatten, mit Böcklinscher
Stille. Aber die Wirklichkeit brachte mir den verdammten
Vergleich mit Dresden nahe. Er ist schon so oft gemacht
worden, und der Musikhistoriker Ambros hat eigens einen
Aufsatz geschrieben, um nachzuweisen, daß Florenz in
Wahrheit mit Elbflorenz nicht verglichen werden dürfe.
Hol ihn der Teufel, ich brauchte fast eine Woche, um den
Gedanken an Dresden loszuwerden. Vielleicht war mir
Florenz im Anfang bloß deshalb unsympathisch, weil es an
Sachsen erinnerte. Das beiläufig. Ich kann dieses König-
reich nicht leiden.

Ich habe mir Erdbeeren-Eis holen lassen. Ein großer
Weinkelch voll kostet fünfzehn Centesimi oder zwölf
Reichspfennige. Es erfrischt sehr. Beim Essen las ich in der
»Tribuna« die neuesten Reden unseres Kaisers, Wilhelms
des Zweiten. Er hat zu den Schauspielern am Tage seines
Regierungsjubiläums gesprochen, und sie sollen sehr überrascht gewesen sein. Großer Vater, das läßt sich denken. Sie
werden von der Kritik immer schlechtgemacht, und sie
erfahren nun, daß sie, die Histrionen des Berliner Schauspielhauses, bedeutsam genug sind, bei dem königlichen
Selbstrückblick auf ein zehnjähriges, ungemein rastloses
Wirken und Schaffen als besonderer, als der am meisten
ausgezeichnete Faktor in Betracht gezogen zu werden.
Das muß den Frohsinn dieser Bühnenmitglieder außerordentlich erhöhen, und mit doppelter Freudigkeit werden sie künftig die vom kaiserlichen Herrn auf dem Hoftheater bevorzugten Dichter, sei es Hebbel, sei es Lauff, zu

Ehren bringen. Was aber den Naturalismus anlangt, gegen
welchen der Jubilar polemisierte, so ist der doch auch bei
Hebbel zu finden. Ja, viele behaupten, daß die modern
naturalistische Dramendichtung zum großen Teil grade
auf jenem erbarmungslosen Psychologen aufgebaut ist, der
es nicht verschmähte, in die gemeinsten, schmutzigsten
Tiefen der sogenannten Menschenseele und des Lebens
hinabzudringen, der in beinah jedem seiner Werke einen
sexuellen Konflikt und nicht nur das, sondern einen ganz
ausgesucht sexuellen Konflikt bietet. In diesem Punkt also
müssen wir dem Kaiser in aller Bescheidenheit von Florenz aus widersprechen. Ein anderer Umstand aber hat
unsere Genugtuung erweckt. Es geht wiederum hervor,
daß der Kaiser naturalistische moderne Dramen aus dem
Verlag von S. Fischer liest. Er hat nachweislich diese modernen naturalistischen Dramen niemals auf einer Bühne
gesehen. Da er ein Urteil über sie fällt, hat er sie also ganz
zweifellos gelesen, sonst würde er ja nicht so scharf und
nicht mit so großer Sicherheit abgeurteilt haben. Und da
er sich mit diesen Werken privatim befaßt, wird er sich
vielleicht allmählich an sie gewöhnen.

Donnerwetter, da steht der Engel wieder. Endlich! Ich
hab' ihn schon lange erwartet. Er gibt mir ein Zeichen. Er
selbst wischt sich mit der Rückseite der linken Hand den
Schweiß von der Stirn, fächelt sich mit einem sanften,
frommen Schnupftuch ein bißchen und schaut genäschig
auf meinen Rest Erdbeer-Eis. Keinen Strich mehr, sage
ich – höchstens noch einen leidlichen Schlußsatz anstands-
halber. Wenn ich wieder in Berlin bin, schreib' ich längere
Briefe; die beiden jüngsten waren ohnedies zu lang. Also
adieu, Sie kleiner Botticelli, machen Sie, daß Sie wieder in
die Uffizien kommen. Ich begieße mich jetzt noch einmal
mit Wasser von Kopf zu Fuß, ziehe mich langsam und
sorgfältig und recht leicht an und wanke dann zum Abendessen. Bis Mitternacht schlürf ich nachher Limonen-Eis,
und nach der Heimkehr stecke ich den Kopf aus dem Fenster und beobachte die Leuchtkäfer.

Uff!

7. August 1898

Jetzt ist er schon eine Woche tot. Ganz gewöhnt hat man sich nicht daran. Aber das gesamte Leben des Mannes übersieht man jetzt und übersieht es mit unbefangenen reinen Augen. Um möglichst wahr zu sein: die Stimmung gegen ihn wechselt mit jedem Vormittag und jedem Nachmittag. Bald erscheint er als der Einzige, der Wundermensch, das Genie; bald wieder fragt man sich, ob es denn wirklich so vielen Aufhebens wert ist, was er geleistet. Manchmal hat man eine Anwandlung und setzt den Fall, er hätte nicht so ausgesehen wie Bismarck, sondern wie ... na, Windthorst. Und man fragt sich, ob er dann dieselbe Rolle gespielt hätte. Ob man auch dann den großen, lapidaren Menschen in ihm gepriesen hätte. Er hätte dasselbe sagen und dasselbe tun können, was er getan und gesagt hat: trotzdem wäre die Gesamtcharakteristik anders ausgefallen. Man hätte weniger das Gewicht auf das Imponierende als auf die gewandte Schlauheit gelegt – dennoch hätte die seelische Zusammensetzung, wie gesagt, dieselbe sein können. Man wird einwenden: er würde dann anders gesprochen haben, wenn er körperlich minder lapidar gewesen wäre. Wäre er klein und dünn und kurzsichtig gewesen, er hätte vorsichtig und witzig gesprochen, nicht kürassiermäßig. Kann sein. Vor allem aber wäre er dem – nachmals blödsinnigen – Könige Friedrich Wilhelm IV. weniger aufgefallen und vielleicht minder würdig erschienen, auf einen Posten berufen zu werden, der für die Entwicklung der preußisch-deutschen Schicksale so belangvoll wurde. Ja, es gibt Minuten, in denen man sich sagt: wenn dieser Friedrich Wilhelm ihn nicht berufen hätte, was dann? Er würde im verborgenen geblüht haben wie die Bismarck-Bohlen und andere Standesgenossen. Man würde gewirtschaftet, würde dieselben Züge rauhbeinig-flotten Junkertums entwickelt haben – es hätte sie bloß keine breiteste europäische Öffentlichkeit kennengelernt. Schließlich, sind es nicht typische Züge? Wenn man die Lebensäußerungen sämtlicher märkischen Agrar-Edelleute verzeichnen wollte, die Ost-

preußen vielleicht noch hinzugenommen, so käme ein diesem gar verwandtes Persönlichkeitsbild recht oft zustande.
Diese Leute fluchen, kommandieren, reiten, rauchen, jagen, wirtschaften alle ungefähr auf dieselbe Weise. Ist das
wirklich so wundersam? Es hat freilich für deutsche Durch-
schnittsseelen, namentlich aus dem Bürgerstand, trotz der
freiheitlichen Gesinnungen ihres Programms, einen wonni-
gen Reiz, wilde, stürmische Gutsbesitzerssöhne von Adel
zu sehen, sie als Ideale von Lebensenergie und -flottheit zu
bestaunen. Nicht nur die Helden des ehemaligen Achtund-
vierzigers Friedrich Spielhagen – sie heißen recht gern
»Malte« – gehören in dieses Kapitel; sondern auch gewisse
Gestalten des erfolgreicheren H. Sudermann. Alle die koketten Burschen, vom Grafen Trast bis zum Junker Röcknitz und bis zu Leo v. Sellenthin aus dem Schundroman »Es
war« (die eigentlich Spielhagensche Gestalten sind), alle haben dieselben flotten, rücksichtslosen Züge, auch den falschen »großen Zug«, und die Autoren bewundern sie heimlich. Selbst der Bürgersmann Gustav Freytag, der abseits
von jenen steht, bewundert ein bißchen den »tollen« Herrn
von Fink. Sie sagen sich: es sind doch unerhörte Kerls; eigentlich wohl schädliche Individuen, aber wir fühlen uns so
angenehm geehrt in ihrer Gesellschaft; so hochgemut. Ähnlich steht das deutsche Bürgertum – nein: ein Teil dieses
Bürgertums – einer Gestalt wie Bismarck gegenüber. Es ist
der atavistische, aus Begeisterung und Zittern zusammen-
gesetzte Respekt vor dem Raubritter. Es ist eine Liebe mit
seligem Gruseln, bei welcher die Leibwäsche nicht sauber
bleibt. Sie blieb es nicht bei dem schreibgewandten Unternehmer, der sich romanhaft und schauspielerisch als einen
»Apostaten« verbrämen möchte und bis jetzt mehr gerissene Renegatenzüge als Apostatenzüge an den Tag gelegt
hat. Sie blieb es auch nicht bei jenem begeisterten Friedrich
Spielhagen, der bei ausgeprägtem schriftstellerischem De-
mokratismus so tief komisch geworden ist durch seine
stadtbekannte Regierungsrats-Eitelkeit. Allen ist der Junker etwas uneingestanden Köstliches. Obwohl doch dieser
Typ, wenn man etwa den Maßstab antiker geschmeidiger

Adelsgestalten an ihn legt, etwas sehr Schwerfälliges, Ras-
selndes, Kaffriges bekommt, etwas Polterndes – Vandali-
sches. Man nehme selbst den antiken Junker: Alkibiades.
Wie biegsam, wie ästhetisch, wie elitemäßig, wie adlig erscheint die Gestalt gegen den Kürassier-Staatsmann, gegen
dieses Gemisch von Schlauheit und derber Schwere, gegen
diese Vereinigung von behaglicher Milde und Gewalttätig-
keit, gegen diesen burschikosen Humor, gegen diesen bor-
nierten Monarchismus a priori; und wie frei erscheint der
Helene gegen dieses Maß von Heuchelei, die immer einen
höchsten Herrn demütiglich vorschiebt, sich hinter einem
Allergnädigsten verkriecht (einem Allergnädigsten, welcher mit jedem Tage deutlicher als Puppe erscheint) und
die nie zu sagen wagte: ich bin ich. Der erste Napoleon hat
es gewagt, Bismarck hat es nicht gewagt, obgleich seine Instinkte den bonapartischen verwandt waren. Dort ist Klarheit, hier ist Verschwommenheit. Dort ist Unverblümtheit,
hier ist Servilität. Ein Kerl, ein Recke, ein Kraftmensch –
und immer die elende, christliche Berufung auf den höheren, zu beachtenden Willen, der in Wahrheit nicht exi-
stiert. Immer dieses Gemisch von bewußter Täuschung
und (was schlimmer ist) unbewußt überkommener Subor-
dinationsduselei, von empfundener Selbstverkleinerung.
Der eine war ein großer anständiger Verbrecher; der andere war das Genie eines Subalternbeamten. Die höchste
Potenz eines wildgewordenen Administrators, der nie aufhörte, sich als Administrator zu fühlen. Der den Begriff des
angeborenen Chefs auch im Tode nicht loswerden kann.
Uäh!
  Ich schließe für heute. Sie mögen sagen, Leser, was Sie
wollen, es kümmert mich nicht. Ich will wieder nach
zwei Tagen versuchen, in diesem Thema fortzufahren.
Die Zeit ist ernst. Man muß sich sammeln und das ausspre-
chen, was man auf dem Herzen hat. Den bloßen Feuilleto-
nismus soll der Teufel holen. Man darf aber nach der Grazie eines Feuilletonisten streben, man soll es sogar. Alle
sollten es und doch fortiter in re zu Werke gehen. Fortis-
sime in re. Mir scheint dieser Bismarck, wie ich schon

sagte, jetzt an jedem Vormittag und jedem Nachmittag anders. Beides habe ich die Leser dieser Briefe merken lassen.
Warum sollte ich mich vor ihren Augen nicht zur Klarheit
durchringen. Wir kommen alle nicht fertig zur Welt.

Und so will ich das nächste Mal Herrn v. Bismarcks Verhältnis zu dem blödsinnigen Nietzsche in Erwägung ziehen. Bis dahin adieu.

14. August 1898

Sommertage in Wien

Als ein Heimgekehrter sitzt man in Berlin. Immer noch
ein Heimgekehrter. Les pieds ici, les yeux ailleurs. Wir sagen, um den Victor Hugo notdürftig zu verdeutschen, lieber: l'âme ailleurs. Von den heißen Seligkeiten Roms, den
glanzlosen, verzehrenden, tötenden, hebt die Erinnerung
ein süßes, nordischer gedämpftes Bild ab: Wien. Man kann
sich im Klange dieses Namens wälzen: Wien; Wien. Lebte
man dort, es wäre gewiß scheußlich. Dann würde Berlin
die Freiheit sein, die aufgehende Sonne, die Hoffnung.
Weil uns aber keine Ruhe irgendwo beschieden ist und
Sehnsucht immer dorthin zieht, wo der Körper augenblicks nicht weilt: so erfassen uns weiche und lustige, liebliche und wehmütige Stimmungen, wenn wir an diese
Stadt Österreichs denken. Als ob da unten Holderes blühte
und Paradieshafteres! Als ob gar ein Ziel da unten wäre! Es
ist kein Ziel. Wien ist für eine Erinnerung. Wien ist ein
Abendtraum. Wien ist für »l'âme ailleurs«.

Wie aber dem sei: es läßt sich nicht leugnen, daß eine
Ausstellung der gemeine Vorwand unsres Besuchs war.
Franz Joseph herrscht jetzt gerade fünfzig Jahr. Daher danken wir ihm die Ausstellung und den Vorwand. Möge er
glücklich werden. In der Ausstellung – wozu sollt' ich es
verhehlen, Leser? – befindet sich eine Freßallee. Alle besseren Wiener erzählen dieses: daß sich dort eine Freßallee
befindet. Man könnte sie auch feiner eine Ernährungs-
straße nennen, wenn es nicht pedantisch wäre. Denn in

Wahrheit werden dort mannigfaltige Gegenstände, welche
zur leiblichen Ernährung des Menschen geeignet und be-
fähigt sind, feilgehalten. Und noch entsinn' ich mich des
letzten Nachmittags, als wir drei Mann hoch in die Bäcker-
läden einbrachen, den süßesten Mädeln gegenüberstanden,
arg lächelten und sehr verschmitzte Backwaren mit Mohn
und Vanille und unglaublichen Benennungen kauften,
auch verschluckten und zu verdauen suchten. Es war einer
der angenehmsten Nachmittage; und am Abend saßen wir,
glaub' ich, sinnend im Burgtheater und nahmen nachher
ein Gastmahl in der Concordia, nachdem wir vorher zwei
Gastmähler, drei Frühstücke, vier Lunchs, sieben déjeuners
dinatoires, fünfeinhalb Mittagessen, sechs kalte Buffets und
eine Privateinladung verzehrt hatten. Die deutschen Brüder in Österreich bewirteten mit einer Herzlichkeit, mit einem Nachdruck, mit einer Entschlossenheit, daß wir beinahe schwach wurden. Man wußte nicht, ob man nach
Wien gereist sei oder nach (hier muß der gerissene Feuilletonist einen Gedankenstrich anbringen) – Nassau. Hi, hi.
Und wenn ich ein symbolistischer Schriftsteller wäre,
würde ich vollends andeuten, daß mir als Symbol für unseren Wiener Aufenthalt eben jene Ausstellungsallee erschienen sei, welche man nennt die – –. Ha, ha.

Es ist sehr angenehm, Feuilletons über sympathische Erinnerungen zu schreiben. Wohl dem Feuilletonisten, welchem der Übergang so leicht gemacht wird wie mir an dieser Stelle durch den Symbolismus. Der Symbolismus, der
in der Malerei, ist nämlich das hervorstechendste Kennzei-
chen der Wiener Ausstellung; schon um seinetwillen ist sie
wert, gesehen zu werden. Die Wände und die Fassaden
sind mit symbolistischen Malereien bedeckt. Das ist ein
Novum. Keine Ausstellung ist noch so radikal symboli-
stisch gewesen wie diese. Es erscheinen innen und außen
seltsame Frauenleiber, die ich im Leben nie gesehen – die
im Leben selten vorkommen dürften. Frauenleiber, die gar
harmonisch-ornamental gestaltet sind; Frauenleiber, deren
Linien arabeskig-absunderlich sich schlängeln; Frauenleiber, deren grünliche Färbung (wenn man den Natur-

geschichtsbüchern trauen darf) von der tatsächlichen Färbung dieser Geschöpfe abweicht. Daneben erscheinen
Kellnergestalten, namentlich auf symbolistischen Speise-
karten, Kellnergestalten, welche von Reinicke, Kirchner,
Thomas Theodor Heine oder Franz Stuck gemalt zu sein
scheinen. Sie sind aber nicht von ihnen gemalt. Aus den
Suppenterrinen dieser Kellner steigt ein symbolistisch-ara-
beskenhafter Rauch sehr ornamental in die Höhe. Der Appetit wird dadurch mächtig gereizt. Und wenn die Gäste so
zahlreiche Wandgeschöpfe mit ganz dünnem, zartem Far-
benanstrich und mit den ganz absunderlichen Blumen –
stillen ulkigen Lilien oder verrückt gewordenen Levkojen –
längere Zeit betrachtet haben, soll es vorgekommen sein,
daß der eine oder andere ein Mostrichfäßchen ausleckte;
ganz plötzlich. Im Ernst verdient der Mut und die Frische,
mit welcher die Wiener Künstler hier eine modernste
Kunstströmung in der Praxis durchgesetzt, ungeknausertes
Lob. Über Wert und Unwert der symbolistischen Malerei
kann man verschiedener Ansicht sein, über den moralischen Sieg dieser Künstler nicht. Und sie haben, mit all
ihren symbolistischen Mittelchen, eine Hauptavenue zustande gebracht, wie sie etwa die Berliner Gewerbe-Ausstellung nicht besaß. Im ganzen ist diese freilich monu-
mentaler gewesen.
    Der bosnische Pavillon übt eine besondere Anziehung.
Er schließt sinnlich, greifbar das ein, was Österreich an
deutscher Kulturarbeit im Osten leistet. Die irdische Sen-
dung dieses teuren, zusammengeflickten, schicksalgeprüf-
ten Landes erhält ein Symbol. Wie man Kinder erzieht,
Wildlinge zähmt, Vagabunden anständig macht, das dämmert dem Betrachter auf. Aber noch etwas anderes dämmert ihm: wie man Halbbarbaren gegenüber den Unternehmer spielt. Österreichische Kultur, d. h. deutsche
Kultur, bringt nämlich auf den Weltmarkt, was die Bosniaken erzeugen. Und was das Land an Früchten, Weinen bietet, was an Tabaken, Holzschnitzereien, Waffen, Kunstge-
genständen, was an Seidenstoffen und Wollshawls, das ist
in diesem reizvollen, orientalischen Gebäude vereinigt. Wir

prüften die Früchte und fanden sie gut. Wir prüften den
Wein, den Mostar, und fanden, daß der rote wie der gelbe
recht schlückerige und unterhaltsame Getränke sind. Der
Hofrat von Görmann führte uns sehr geschickt; liebenswerte Bosniaken von höherer Charge waren selig und en-
thusiasmiert, in den Spezialabteilungen die Vorzüge ihres
sympathischen Vaterlandes zu demonstrieren. Und wir
aßen dazu ein Gebäck, welches ein Mittelding zwischen
Waffeln und Mazzes war. Dieses Gebäck ist in Bosnien
sehr beliebt.

Darauf sahen wir den Polizei-Pavillon. Die Polizei hat in
Wien alles ausgestellt, was ihr die Liebe und Verehrung der
breiteren Schichten des Publikums sichert. Man fragte sich
schon oft: wie kommt es, daß die Polizei so beliebt ist? Jetzt
hat der kluge Oberkommissar Windt die Antwort darauf
gegeben: Daher kommt es, weil sie mütterlich und liebreich für die Untertanen sorgt. Sie will die Menschheit
nicht bloß ins Loch stecken! Vielmehr führt sie – wie allerhand Wandbilder im Polizeipavillon zeigen – verirrte Kinder ihren Mamas zu; sie schafft gestürzte Radfahrer ins
Krankenhaus; sie geleitet Betrunkene liebevoll zur Gattin
heim; sie tut auch sonst gar viele wohltätige Handlungen.
Tiefgerührt schritten wir durch die fromme Halle. Ringsum von den Wänden grüßten traute Einbrecherwerk-
zeuge, gebrauchte Mordinstrumente nickten freundlich,
Verbrecherbildnisse in Lebensgröße lächelten still hernieder, kurz, es war eine behaglich schöne Feier. Zu unserer
Genugtuung hatte der Maler Horovitz ein »Porträt des Po-
lizei-Präsidenten Ritter von Stejskal« ausgestellt. Ferner
hatte der Maler Kasparides ein Ölgemälde »Rettung eines
Mädchens aus der Donau« gesandt, was sehr gefiel, wäh-
rend Anton Kaiser das Aquarell »Polizei-Kommissariat
Leopoldstadt« darbot. So ging es weiter. Mit unsichtbaren
Lettern schien an der Decke dieses originellen Pavillons der
Spruch zu leuchten: Kunst und Polizei – nur eines sei.
Wahrhaft fesselnd und belehrsam wirkte die Bertillonsche
Abteilung. Da sieht man, an Wachsfiguren verdeutlicht, das
ganze System des bahnbrechenden Franzosen, der leider im

Zolaprozeß einen etwas bedenklichen Eindruck gemacht hat. Auch der Laie findet hier Vergnügen an Raubmördermessungen. Die Schädelverhältnisse der Pleitemacher bieten unendlich viel intime Reize. Das Knochensystem leidenschaftlicher Taschendiebe gewährt natürlich auch manches Lockende. Und der Daumenabdruck eines gewerbsmäßigen Urkundenfälschers kann den Liebhaber einfach hinreißen. Nur schwer konnten wir von diesen uns rasch liebgewordenen Räumen Abschied nehmen. Bevor wir es aber taten, war Herr Oberkommissar Windt so freundlich, einige von uns für das Verbrecher-Album photographieren zu lassen. Ohne durch störende Hinweise auf unsere künftige Entwickelung den Ereignissen irgendwie vorgreifen zu wollen, ließ er uns nur Platz nehmen und auf unsere fröhlichen Bitten genau in der rechtwinkelig präzisierten Haltung angeschraubter Verbrecher konterfeien. Es war sehr komisch. Am übernächsten Morgen bekam ich ins Hotel eine Postkarte von ihm, auf deren Rückseite mein Verbrecherbild nebst freundlichen Grüßen und Empfehlungen sichtbar war. Ein Poststempel war durch Irrtum auf diese Seite der Karte geraten, und so benutzte ich sie in Italien als Paß. Ich hatte keinen andren; den florentinischen Postbeamten hat sie sehr imponiert. Mit gutem Gewissen aber darf ich sagen, daß Herr Windt der liebenswürdigste Polizist ist, den ich bis heute kennengelernt.

Noch einen liebenswürdigeren Mann freilich gab es in Wien, dem ein kleines Denkmal zu setzen es mich zum Schluß drängt. Das ist Herr Johann Lichtenstadt. Er ist der kollegialste aller Kollegen, der vertrauenswürdigste aller Vertrauensmänner. Wieviel Mühe er sich gab, seinen reichsdeutschen Freunden auf den heiteren Weg über das Wiener Pflaster noch heitere Blumen zu streuen, weiß die kleine Schar, die ihn kennenlernte. Dieser ehrwürdig-fröhliche Veteran der Schreiberzunft weiß mit den jüngsten Füchsen auf Bruderfuß zu leben und studiert ihre Wünsche an den Augen. Er sei gegrüßt und von Herzen bedankt.

Als ein Heimgekehrter sitzt man in Berlin. Wien ist eine

Erinnerung; ein Zielpunkt für »l'âme ailleurs«. Die Wiener
Tage waren schön, doch von den schönsten habe ich nicht
gesprochen. Wenn die Seele zurückschweift, zieht sie auch
in den Stephansturm und in das hochgelegene Kirchlein
»Maria am Gestade« und in den Prater, wohin mich ein
Dichter führte. Und hier weilt sie am Ende länger als in der
Ausstellung. Wien ist ein Abendtraum.

18. August 1898

In der Villa des Dekameron
Ein Besuch in Florenz

Die Villa des Dekameron ... wahrscheinlich ist sie die berühmteste der Welt. Denn die freche Grazie des Boccaccio
und die naiv-sinnliche Fröhlichkeit seines vielberufenen
Buches sind mit leisen Schellenklängen durch die Jahrhunderte gezogen und haben gemeldet, daß dieses Landhaus
lieblich auf einem Hügel bei Florenz gelegen ist, daß es
einstmals sieben Jungfrauen und drei junge Männer beher-
bergt hat, Flüchtlinge vor der großen Florentiner Pest im
Jahre 1348, und daß die jungen Gäste hier jene schelmisch-
derben Geschichten erzählten, die in der Form so fein und
attisch sind und wie ein unvergängliches Gelächter aus den
lebensvollen Tagen der Renaissance herüberklingen.

In diesem heißen Florentiner Sommer hab ich das seltsame Landhaus kennengelernt. So oft hatte es mir beim
Lesen die Phantasie reizvoll beschäftigt! Heute gehört es
der Familie des Earl of Crawford. Die Liebenswürdigkeit
eines alten Herrn, der seinen Besitz verwaltet, hat mir den
Zutritt ermöglicht.

Eines Dienstags, so erzählt Boccaccio, seien die sieben jungen Damen morgens in der Kirche Santa Maria Novella
einander begegnet, als gerade die Pest am schlimmsten wü-
tete. Diese Kirche kennt heute jeder Besucher von Florenz,
schon wegen der hochberühmten Madonna von Cimabue
und wegen der schweigsamen Kreuzgänge des anstoßen-

den Klosters. Die Mädchen plauderten nach dem Gottesdienst in herzlicher Besorgnis; sie standen verlassen da; die
Angehörigen waren geflohen oder dahingerafft. Um nun
den Anblick der Seuche nicht länger zu ertragen, beschlossen sie, aufs Land zu ziehen. Bloß um männliche Begleitung waren sie verlegen. Doch siehe, in diesem Augenblick
traten drei junge Leute in die Kirche, von vornehmen Sitten wie sie, und bald war man einig, gemeinsam zu handeln. Am nächsten Morgen fand der Auszug statt; nach
einmaligem Wechsel des Aufenthalts blieben sie in jener
Villa, die in so hoher Anmut auf einem Hügel gelegen ist,
und erzählten einander, um den Geist heiter zu erhalten,
die schlimmen Geschichten des Dekameron.

Die Vorgänge in dieser Villa hat Boccaccio erfunden. Die
Villa selbst hat er nicht erfunden. Er wählte ein bestimmtes
Landhaus, das er kannte, zum Ort der Handlung: die Villa
Schifanosa, wie sie in seinen Tagen hieß. Heut nennt sie
sich Villa Palmieri, nach den letzten italienischen Inhabern,
die zu Neapel leben und in den fünfziger Jahren den köst-
lichen Besitz mit Kind und Kegel an reichen englischen
Hochadel veräußerten. Selbst die Familien-Ölbilder der
Palmieri wurden dabei verkauft – sie hängen noch immer
an den steinernen Wänden der fremden Besitzer.

Viktoria, die Königin von England, ist zweimal in der
Dekameron-Villa zu Gaste gewesen. Die Crawfords sind
ihr befreundet. Sie blieb Wochen und abermals Wochen.
Ihr Anteil gilt gewiß mehr der eigenartigen Landschaft als
den Erzählungen der drei Jünglinge und der sieben Mädchen.

An Boccaccio aber erinnert im Vestibül eine Marmortafel.

Wenn man heut die Stadt Florenz durch die Porta San
Gallo verläßt, gelangt man in einen sehr unangenehmen
Vorort, der zu Boccaccios Zeiten nicht bestand. Hier drän-
gen sich primitive Schlächterläden und wenige Spezerei-
geschäfte in neuen feuchten Häusern. Allenfalls ein »Café
Boccaccio« erinnert an den Dichter. Dahinter führt ein

sonniger Weg, zollhoch mit weißem Staub bedeckt, am
Ufer des Flusses Mugnone entlang. Hie und da Bauernhäuser; das Flußbett ist ausgetrocknet, schwarzäugige Kinder spielen im Grunde. Eine steinerne Brüstung begleitet
den Weg, der höher und höher hinansteigt, und auf seiner
anderen Seite erheben sich graue Mauern, über die bald
eine schwarze, steile Zypresse ragt, bald ein Olivenbaum
die biegsamen Zweige senkt. Über diese graue Steinmauer
breitet sich nach einer Weile dunkler Efeu – und hier er-
schaut man zuerst, auf einer heiteren Anhöhe jenseits der
Mauer gelegen, die berüchtigte Villa des Dekameron.

Wahrhaft heiter blickt sie ins Tal; sofort steigt der Gedanke auf, daß sie zu lieblich abgeschiedener Geselligkeit
wie geschaffen ist. Fünf große grüne Fensterbogen grüßen
aus der Höhe. Eine Uhr an der Vorderseite ist von braunen
und roten Gebilden behaglich umgeben, und dunkle Streifen kreuzen reizvoll die helle Farbe des Hauses. Ein fla-
ches, braunes Ziegeldach deckt das Ganze recht einfach.

Zypressen-Alleen führen zur Villa hinauf, dunkle, star-
rende Haine erheben sich zu ihrer Rechten und zu ihrer
Linken, sie vom Wege absondernd, zu ihren Füßen aber
liegt Florenz und das Arnotal, und hinter ihr schwebt, in
den Himmel ragend, die Bergstadt Fiesole, die uralte etrus-
kische Veste Faesulae, die heut mit ihren holden Villen und
Gärten und ihrem Turm ein friedvolles Paradies ist. Nicht
umsonst hat sich Arnold Böcklin hier angesiedelt. Es ist somit schwer zu sagen, nach welcher Seite die sieben Jungfrauen und drei Jünglinge eine schönere Aussicht hatten:
nach diesem Fiesole hinauf – oder hinab in die wunder-
selige Niederung der blühenden Stadt, der bella Firenze,
die auch in den Pestgreueln die alte Schönheit und den
Blumenreichtum inmitten lieblicher, milder Höhen bewahrt hatte und die mit ihren Türmen, Marmorkirchen,
burgartigen Palästen, steinernen Brücken und rotbraunen
Dächern einen unvergleichlichen Anblick bot. Von hier
sieht man Florenz, ohne es zu hören.

Als mir der Verwalter die Tür der Villa geöffnet hatte –
ich war über eine langsam ansteigende Rampe mit mar-

morner Balustrade hinaufgekommen – und als ich in dem
kühlen Raume des Hauses stand, sah ich nichts. Nicht einmal die Hand vor meinen Augen. Denn in purpurne Finsternis ist alles gehüllt, solange die Grafen Crawford abwe-
send sind; das heißt: fünf Monate im Jahre. Mein Führer
stieß die Fensterläden auf, und das Licht fiel auf Marmor-
wände und marmorne Böden, die gelegentlich mit anderem Gestein durchsetzt waren. Matratzen lagen zum Lüften ausgebreitet, und alles in dem Hause strömte ein
Gefühl sommerlicher, schlummernder Verlassenheit aus.

»Ich will Ihnen gleich das Zimmer des Boccaccio zeigen«, sagte mein Führer – »er hat eine Zeitlang hier gearbeitet.«

Wir schritten, dicht bei der Marmortafel, die von dem
beredtesten toskanischen Prosaisten rühmend sprach, in
eine ruppige kleine Stube, in der jetzt ein Wächter schläft.
Alle Wände kahl, in der Ecke ein eisernes Bettgestell, darüber ein Spiegelscherben für die Schönheitsbedürfnisse des
Wächters; das war alles. Hoffentlich schlief er gut. Ich erinnerte mich, mit welcher jämmerlichen Sorglosigkeit die
Italiener die Wirkungsstätten aller ihrer großen Dichter
vernachlässigen, und mir fiel das traurig verwahrloste, ver-
kommene und übelriechende Geburtshaus Dantes in der
nach ihm benannten Straße zu Florenz ein. Mein Führer
bedeutete mich, daß Boccaccio allerdings noch einen anderen Arbeits- und Wohnraum zur Verfügung gehabt habe,
und zeigte auf die umgrenzenden Korridore. Glücklicherweise ist ein langwährender Aufenthalt des Dichters in dieser Villa nicht verbürgt.

Wir schritten weiter, durch verdunkelte Säle, deren Tra-
chit-Fußboden mit Leinwand oder mit Matratzen bedeckt
war. Wozu, dachte ich, braucht die Familie Crawford so
viele Matratzen! Aber mein Begleiter erklärte mir in wohl-
wollendem und ruhigem Toskanisch, daß sie eine sehr aus-
gebreitete Familie sei, daß sie auch recht häufig Gäste empfange. Als die Königin von England zuletzt da war – sie
kam Anno 89 und Anno 92 zu Besuch –, führte sie über
hundert Hofleute mit, weibliche und männliche. Diese

wurden sämtlich in den Nachbarhäusern untergebracht.
Denn alle Häuser, die man in der Nachbarschaft sieht, ge-
hören mit zur Besitzung des Grafen Crawford und sind der
Dekameron-Villa gewissermaßen attachiert. Während wir
zuweilen unmutig über die Matratzen stolperten, gelang es
dem Verwalter durch allerhand listige Kniffe, bis an ein
Fenster vorzudringen und wiederum die Läden aufzusto-
ßen. Wir befanden uns jetzt in einem prachtvollen Raum,
der beim Umbau der Dekameron-Villa im siebzehnten
Jahrhundert zum Theatersaal hergerichtet worden war.
Oben war eine Art Marmorgalerie angebracht, die jetzt bei
Crawfordschen Festlichkeiten den Musikern dient. Im
Vordergrunde unten stand, mit Sackleinwand umhüllt,
eine Büste der Königin von England, und der Führer fragte
mich sogleich, ob er sie enthüllen solle. Ich dankte freundlich; dagegen fesselten zwei alte große Ölgemälde meinen
Blick, von denen das eine aus den Zeiten des Boccaccio
stammte und die Villa in ihrer damaligen schlichten Form
zeigte. Das andere bot ihr Bild nach dem Umbau und ließ
erkennen, wieviel an Rampen, Treppen, Türmchen und
sonstigen Zierlichkeiten hinzugekommen war.

Nach unserer Wanderung durch die Säle gelangten wir
in einen Säulenhof, einen cortile, in welchem träufelnde
Brunnen neben breiten seltsamen Blattpflanzen verstohlen
flüsterten. Es lag etwas Einlullendes, in Schlaf Wiegendes
in der ganzen Sphäre dieses wundersamen Schloßteils, der
mit seinem kühlen Gestein unmittelbar an die Gemächer
stieß. Graf Crawford, hochgeborener – nicht um die Matratzen hab ich Euch beneidet; um diesen verzauberten
Marmorhof aber könnt ich dem Besitzer wirklich gram
sein. Viel Schöneres wird es auf der Welt nicht geben. Und
doch – es gibt wohl Schöneres; das sah ich gleich, als wir
auf die Terrasse traten, die den Marmorhof abschließt. Das
ewige Wunder des Südens, der Zauber einer Natur voll
Holdheit und Hoheit, ein heiliger Rausch voll Abendluft
und Süße, ein Menschenparadies im Tal und auf den Höhen, hier war es erblüht. Im Tale lag Florenz, die schei-
dende Sonne küßte es noch einmal, sie küßte die Marmor-

kirchen und die Stadtburgen, die Zypressenabhänge und
unten im Grunde den Fluß, bis er sich in den grünen Ap-
pennin verlor, sie beleuchtete die Dörfer, die hoch in der
Ferne auf den Bergen klebten, und die einsamen Klöster
auf den Gipfeln, auch allerhand seltsame Kastelle und unten friedfertige Ortschaften in grünen Abdachungen. Unter der Terrasse aber, im Grase und in tausend Olivenbäumen, zirpten die Grillen; eine abendweiche, ruhevolle
Stimmung wuchs herauf, die Zypressenhaine schienen
leise zu zittern in einer schweigenden Regung vor dem
Gutenachtsagen, und drüben im Tal des Mugnone knieten
unter alten Weinstöcken schwarzhaarige Mäher im Grase
und schickten sich an, Feierabend zu machen. ... Das alles
ist zur Zeit der sieben Jungfrauen und der drei Jünglinge
nicht anders gewesen; es ist so gewesen, auch wenn das
Landhaus nicht in allen Einzelheiten ausgebaut war wie
jetzt. Heut wachsen auf der Terrasse und unten im Garten
Pfirsichbäume und Magnolien, auch spanischer Flieder,
auch Zitronen und Rosen, auch Lorbeer und Feigen-
bäume, Palmen und Akazien und Ulmen; neben Mandel-
bäumen sprießen Passionsblumen, neben dunklen Pinien
blüht und glüht die Myrte, tausend südliche Kelche
schwängern den Abend mit zartem, schwerem Duft. Kein
Zweifel, es ist der seligste Garten der Welt. Und man
begreift die lustige Schar des Dekameron, die im Anblick
dieses Landhauses erwägt, »se paradiso si potesse in terra
fare ...«

Auch den Boccaccio begreift man – der gewußt hat, was
er tat, als er die Villa Schifanosa zum Schauplatz wählte.
Gerade hier fand er den wundervollsten Gegensatz zum
Florentiner Elend und Grauen; gerade in dieser heiteren
Ruhe den wundervollsten Gegensatz zur wilden Zerrüt-
tung und Todesnot der Stadt, just wie er gegen die Pest das
feinste und geistvollste Gegengewicht in ausgelassenen,
lebensheißen Minnegeschichten verwegener und verliebter junger Leute gefunden hatte. Hier spricht ein großer,
ewiger Humor, denn er ist vom Sterben umwittert; und
ein wahrer, menschlicher Humor, denn alles Schöne dieses

Erdenlebens spielt noch einmal mit dem seltsamen Land-
hauszauber hinein. Höhen und Tiefen kannte der Mann,
der dieses unvergängliche Buch geschrieben hat.

Ich dachte an ihn, als ich die Villa längst wieder von fern
in der Höhe liegen sah und nun allein am letzten Ende des
tief und tiefer hinabsteigenden Hains auf eine Pforte in der
umschließenden Steinmauer zuschritt. Wenn man das Antlitz zurückwandte und die Augen schloß, konnte man sich
einbilden, daß da oben die sieben Jungfrauen und die drei
Jünglinge saßen und einander lächelnd Geschichten von
verliebten Männern und klugen, schalkhaften Edelfrauen
erzählten. Die kühlen Brunnen im Marmorhof rannen, die
Grillen sangen auf den Olivenbäumen, die Zypressen zit-
terten, von Florenz her drang ein abendlicher Glockenton,
und die Königin des Dekameron, Fiametta, begann graziös
zu sprechen: »Bellissime donne ...«

Fünf gute englische Foxterrier kamen herangejagt. Sie
machten Witze und haschten einander. Alle sahen tadellos
erzogen aus. Ich ließ sie vorüberhopsen und erinnerte
mich, kopfschüttelnd und erwachend, daß heute die prü-
deste und steifste Aristokratie der Welt auf dem verlassenen Schauplatze des leichtsinnigen Dekameron ihr korrek-
tes Szepter führt.

Und ich öffnete die Pforte.

2. Oktober 1898

Drei Wochen haben die Leser Ruhe gehabt vor diesen
Briefen. Es geht wieder los. Nichts soll ihnen geschenkt
werden. Oh, ich werde mich rächen, daß ich verhindert
war. Oh, ich bin imstande und kommentiere noch einmal
sämtliche Ereignisse, die seit drei Wochen gewesen sind.
Leser, es war eine Uhrenausstellung, soll ich sie beschreiben, soll ich –? Es ginge trefflich, denn ich habe sie nicht
gesehen. Anderthalb Spalten wär' ich imstande, darüber zu
schreiben. Oder soll ich die Empfindungen nachtragen, die
mich während der Krönung von Hollands Königin beseel-
ten? Ich könnte nachträglich behaupten, dieses Ereignis

habe in Berlin einen »lebhaften Anteil« wachgerufen, und einiges über das holländische Volk im allgemeinen sagen. Spielend auch würd' ich zwanzig bis fünfundzwanzig Zeilen wegen der Nichtbestätigung des Genossen Singer für die Schuldeputation vollmachen. Von der Stettiner Kaiserrede einfach zu schweigen. Oh, welchen Wert hätte das Dasein noch für mich, wenn es mir für immer versagt sein müßte, die Wichtigkeiten des Berliner Lebens als ein Feuilletonist zu erörtern? Wenn ich nie mehr über die Regulierung des Potsdamer Platzes schreiben dürfte? Wenn Uhrenausstellungen ohne mich abgehalten werden könnten?

Immerhin: das Vergangene soll vergangen sein. Ich stürze auf die Gegenwart. In Jandorfs Warenhaus wäre beinahe eine Kohlengasvergiftung vorgefallen. Vorgefallen wäre sie. Allein sie ist vereitelt worden, in Jandorfs Warenhaus. Photographieren kann man daselbst sich lassen für eine Mark und achtzig Pfennige. Ein Dutzend Bilder in Visitformat erhält man für diesen Preis. Zugleich erhält man anderes: Küchentöpfe, Klaviernoten, Hemden, Blumenvasen, Rauchtabak, Musselin-Vorhänge. Neben dem Hauptquartier der Heilsarmee befindet sich Jandorfs Warenhaus am Halleschen Tor. Eine zweite Ausgabe aber am Spittelmarkt. In einem von beiden Gebäuden wäre die Kohlengasvergiftung beinah vorgefallen. Ich erfuhr es rechtzeitig; sonst hätte das Ereignis ohne Kommentar meinerseits bleiben müssen. Was aber will (so fahre ich mit einer geschickten Feuilletonistenwendung fort), was will selbst das ausgedehnteste Warenhaus gegen die Ausdehnung des Riesenrades besagen, das jetzt für Berlin geplant wird?

Just in diesen Tagen ist es beraten worden. Kann man einen aktuelleren Vorgang denken? Man kann es nicht. Der Kommerzienrat Goldberger und belgische Patrioten haben ein Konzilium abgehalten. Es ist für sie eine Herzenssache, am Savignyplatz ein nettes, angenehmes Riesenrad zu errichten. Weiß man, was das ist? Es ist ein Rad mit ungeheurem Durchmesser, und es hängen daran allerhand Glaskästen von der Größe eines Waggons. Es sind Aussichtswaggons. Wenn nun das Rad sich dreht, gehen die

Aussichtswaggons, die unten sind, nach oben; und die oben sind, gehen nach unten; so geht es immer fort. Gibt es etwas Einfacheres? Man steigt ein, in den Glaskasten, der zuunterst hängt; dann wird man langsam in die Höhe gedreht. Zuweilen eine kleine Pause: da steigen unten Leute ein oder Leute aus. Einmal aber kommt man ganz nach oben. Da ist es am schönsten. Dann geht es auf der anderen Seite wieder runter, sehr allmählich, und man gleitet, wie von einem Kirchturm, adagio, der Erde zu. Bis man schließlich unten ankommt und aussteigt. Da lacht man fröhlich, heiter, munter, angeregt, lebendig und wirft im Davonwandern einen treuherzigen Blick nach den Glaskästen, welche noch ganz oben hängen.

Es dauert aber, Leser, eine Umdrehung zwanzig Minuten. Wenn also zwei gemeinsam hinaufsteigen und sich im Glaskasten verloben, kann bei der Ankunft die Verlobung schon zurückgegangen sein. Gemeinsam aber schwebt man über des Lebens Höhen, über des Lebens Tiefen hin. Die Menschen sieht man bloß noch krabbeln wie (um ein originelles Gleichnis zu brauchen) wie Ameisen. Weil nun auch der nächste Waggon in ziemlicher Ferne schwebt, ist man von allem, was Mitbürger heißt, geschieden; für zwanzig geschlagene Minuten. Demnach: wenn man sich mit jemandem auszusprechen hat, zum Beispiel mit einer Dame, der man vielleicht auch eine Abhandlung ungestört vorlesen will, so klettert man mit ihr in das Riesenrad. In Wien soll das oft vorgekommen sein. Man erließ eine Verordnung, nach der das geflissentliche Absentieren und die Abhaltung von Vorlesungen innerhalb des Riesenrades, oder vielmehr längs der Peripherie des Riesenrades, untersagt wurde.

Ich fuhr in diesem Sommer hinauf. Mit einem Dichter. In Wien, mein ich. Wir waren ziemlich allein und stiegen über den Lichtern des Praters empor. Der Abend wiegte schon die Erde, und an den Bergen hing die Nacht. Unter uns, in »Venedig in Wien«, wimmelten die Gerechten und Ungerechten, gondelten auf dem falschen Canal Grande, nachtmahlten, trafen einander im Gehen und zogen die

Hüte, standen vor den Pavillons der Volkssänger, rauchten
Virginias, horchten auf die Orchester und lebten auch sonst
dem Zerfall der Habsburgischen Monarchie entgegen. Wir
aber sahen über die dunklen Bäume des Praters hinweg,
über die Stadt mit den erleuchteten Häusern und den Kirchen, und sahen dahinter die nächtlichen Gipfel des Wiener Waldes aufsteigen. Ohne lyrisch zu werden: es war ein
schwer zu vergessender Anblick ... Wer weiß, was man
vom Savignyplatz aus sehn wird. Die Stadtbahn ganz sicher. Vielleicht schweift das entzückte Auge bis zu dem
tosend, mit schäumendem Gischt, orkanartig und wetter-
gleich herniederrasenden Sturz der Wasser im Victoriapark, wenn sie im farbigen Zauberlicht gleißen. Vielleicht
schweift er auf die Neubauten mit den stolzen Maurer-
gerüsten. Auf eine Fülle von Holzplätzen ist so gut wie bestimmt zu rechnen. Wer weiß, was man vom Savignyplatz
aus sehen wird. Es macht mir ernstliche Sorge. Nahezu
unruhig bin ich.

Im übrigen fängt der Name Faschoda an, mich zu ärgern, in eine gereizte Stimmung zu versetzen. Die Zeitungen bringen ihn alle Tage. Man überfliegt das liebe Blatt
und stößt fortwährend auf eine Faschoda-Angelegenheit.
Bald versteckt sie sich gemein und elend im Depeschenteil.
Bald springt sie mit politischen Erörterungen an sozusagen
hervorragender Stelle ins Gesicht. Nie werde ich wissen,
welche Bewandtnis es mit Faschoda hat. Es ist auch gänzlich gleich. Eine Frauensperson, das steht jetzt fest, ist Faschoda nicht. Und jedenfalls wird man durch die Wieder-
holung dieses Namens schwer gereizt. Ich frage: braucht
man sich das gefallen zu lassen? Nein. Welch schwacher
Trost bleibt es hiergegen, daß Martin Bendix jetzt gemeinsam mit den unsterblichen ungarisch-jüdischen Schauspielern auftritt, die sich Donat und Anton Herrnfeld nennen,
von denen der ältere die unvergeßbare Gestalt des Isidor
Blumentopf auf die Beine gestellt hat. Dort hält Martin
Bendix nun ergreifende Volksvorträge. Er läßt einen Jüngling seine Lebensgeschichte erzählen. Der Jüngling holt
weit aus und träumt sich in seine Jugend zurück. Ich habe,

sagt er, meinen Eltern bei der Geburt um so größere
Freude gemacht, als ich unter acht Kindern das einzige
eheliche war. Noch manche feinen Züge aus seinem Leben
erzählt der Jüngling. Eine gewisse Anmut, etwas Träume-
risches, eine lieblich zartsinnige Grazie umduften ihn. Man
kann all diesen Blütenhauch nicht in ein Feuilleton bannen. Ein merkwürdiger Krankheitsfall wird im Laufe des
Abends noch mitgeteilt. Herr Bendix hat einen Freund,
dessen Gattin an Nikotinvergiftung erkrankt. Er wundert
sich, daß dieses Übel einer Frau zustoßen kann: bis er erfährt, daß der Freund sie täglich vertobakt hat. Hier sind
die Hörer tief erschüttert. Sie verbreiten die letzte Errungenschaft des geliebten Mannes unter denen, welche sie
nicht an der Quelle gehört haben – wie ich zum Beispiel –,
und machen Propaganda für den Genius der Schäkerhaftigkeit. Sie sagen, der Name Bendix sei für allen Humor der
Scholle ein Schibboleth. Sie sagen, er sei köstlicher denn
Literatur. Sie sagen, Bendix sei ein Volkslied. Andere bäumen sich gegen die neuen Wendungen von der Nikotinvergiftung und dem spätgeborenen ehelichen Knaben. Sie
halten mit Zorn und Eifer entgegen, daß jetzt die Redensart »Hier können Kaffern Familien kochen« mindestens
ebenso beliebt und im Schwange sei, daß sie aber nicht auf
jenes Mannes Miste wuchs. Das halten sie mit Zorn entgegen. Die anderen sagen dennoch, Bendix sei ein Volkslied.
Und allmählich schlingen sich in der bewegten Gegenwart
Isidor Blumentopf, Faschoda, die Nikotinvergiftung, der
eheliche Knabe, das Volkslied, die Familienkaffern und das
Schibboleth in einen wundersamen Reigen, groß wie ein
Riesenrad auf dem Savignyplatz, und es wäre undenkbar,
daß diese Phänomene all' existierten, ohne daß sie durch
mich vor dem Hinabgleiten in die Ewigkeit einen Kommentar bekämen. Das ist ein Bedürfnis, eine Notwendigkeit, etwas nahezu Schreiendes, eine Sache, die uns sonst
einfach fehlen würde, ein Umstand, dem widrigenfalls
längst hätte abgeholfen werden müssen, eine gottlob endlich denn doch ausgefüllte Lücke, eine Sorge für mich seit
langer Zeit, mit einem Wort: eine Pflicht.

Und so will ich diese Pflicht auch in der nächsten Woche erfüllen. Vielleicht wird in Jandorfs Warenhaus wieder ein Gas-Ausströmen vereitelt. Das wäre! Glück haben muß man, Leser. Leben Sie wohl. Glück haben muß man.

11. Dezember 1898

Ich habe heut auffallend wenig Lust, einen Berliner Brief zu schreiben. Seltsam, nicht? Das Fräulein, dem ich diese Briefe diktiere, erklärt, daß ihr Papa Geburtstag hat. Schon ist mein Entschluß gefaßt, an die Redaktion zu telegraphieren: »Der Papa des Fräuleins hat Geburtstag, Feuilleton unmöglich.« Aber das Pflichtbewußtsein siegt – ich werde plaudern.

Worüber? Soeben stand der Rentier Düsterbeck vor Gericht. Er hat seine Frau mit einem Messer gestochen, jener Düsterbeck. Ehemals betrieb Düsterbeck eine Bäckerei, welche in guten Zeiten gut ging und fünfzehntausend Mark Überschuß abwarf. Dennoch war Düsterbeck nicht glücklich. Die Eifersucht peinigte ihn. Und hier ist in Wahrheit der Punkt, wo die Düsterbecksche Gerichtsverhandlung über landesübliche Gerichtsverhandlungen hinauswuchs. Düsterbeck hatte seine Frau im Verdacht mit einem Förster. Nach Neubabelsberg war der Rentier gezogen, um Erholung zu finden; alldort trat der Forstmann seinem Hausstand näher. Der Gerichtshof hat geäußert, daß die Beschuldigung gegen den Förster und die Gattin durch nichts bewiesen sei. Bewiesen ist sie auch nicht. Aber der Gatte rief, noch jetzt, wo er die Sühne für die Bluttat erwarten mußte, in ekstatischer Verzweiflung: er glaube an den Betrug des Weibes mit dem Waldbeamten. Bewiesen? Wann wird ein Ehebruch bewiesen? Unter dreihundert Fällen dreimal, wahrscheinlich seltener. Gerade die Unbeweisbarkeit ruft die entsetzliche Qual hervor. Das Gericht zeigt sich in solchen Fällen als eine Stätte mangelhaften Trostes für den Zweifelnden. Die Argumente, mit denen dort gewirtschaftet wird, sind derb und

dick. Ein Ehebruch ist dann begangen, wenn der unerhörte
Zufall eintritt, daß Zeugen vorhanden sind. Oder dann:
wenn dicke und derbe Indizien ihn klarmachen. Oder
dann: wenn ein Geständnis vorliegt. Aber die feineren Indizien bestehen für kein Gericht. Das soll nicht ein Vorwurf sein, es ist nur die Feststellung eines Elends. Für den
Gatten bestehen aber die feineren Indizien – die feinsten.
Er merkt eine Veränderung an der Frau. Er kennt sie und
fühlt, daß im Laufe des langen Zusammenlebens die berühmte Wurstigkeit eingetreten ist, auf ihrer Seite. Daß
man sich allzu gut kennenlernte. Daß sie nichts mehr von
ihm erwartet; und daß sie, unbeschäftigt, wie sie ist, sich
nach etwas Neuem sehnt; nach einer Erscheinung, die ihr
stagnierendes Leben umrütteln könnte.

So behandeln die Dramatiker den Fall. Ähnlich ist er ja
auch im Leben; nur daß er in viel rüderen Formen verläuft;
mit mehr kleinen Gehässigkeiten, mit mehr würdeloser
Schwäche; mit mehr rasendem Egoismus, mit mehr gemei-
nem Abscheu. Der Rentner Düsterbeck watete nach gerichtlicher Feststellung früher mal durch einen Mühlbach,
weil er die Frau mit dem Mühlenbesitzer in Verdacht hatte.
Was muß der Mann in allen den Jahren gelitten haben. Er
scheint ein Opfer modern erotischen Mißtrauens. Das
Weib wird mit der größeren Bewegungsfreiheit heut un-
kontrollierbarer. Man kann sie nicht an die Kette legen wie
früher – Vertrauen ist alles. Wo dieses Vertrauen leise bebt,
ohne noch zu wackeln, da sprießen grenzenlose, nagende
Schmerzen. Wie derb und dick erscheint uns Shakespeares
Eifersucht. Nicht nur die Geschichte mit dem Taschentuch, der ganze Fall Desdemona erscheint uns recht hand-
greiflich. Wir würden eine so grobkonkrete Angelegenheit
schon fast zu den ungefährlichen rechnen. Man sehe, wie
anders die gegenwärtigen Dichter das erotische Mißtrauen
behandeln. So anders, wie die Zeit anders geworden ist.
Um von Strindberg zu schweigen, der wahrscheinlich seelisch krank ist und an Verfolgungsideen leidet – man
nehme Paul Bourget. Bei ihm dreht sich alles, noch mehr
als bei Dostojewski, um etwas Unwägbares im Mißtrauen;

um den Schatten eines Schattens, den Schimmer eines
Scheins. Durch mikroskopische Kleinigkeiten solcher Art
wird die Raserei entfacht. Der Dichter ist dabei so freundlich, sich auf die Seite der Frauen zu stellen – er gibt den rasenden Mannsbildern mit strafenden Blicken unrecht. Er
glaubt, daß sie wirklich nur Einbildungen folgen – der Gut-
mütige. Seiner ist das Himmelreich. Das Mißtrauen entsteht bei ihm meist zwischen Liebenden, von denen die
Frau verheiratet ist. Sie hat mit dem Geliebten die Ehe gebrochen – der Geliebte argwöhnt also, daß sie fähig ist, sie
mit anderen auch zu brechen. Das scheint folgerichtig. Ist
sie untreu gewesen, ist sie es, wird sie es sein? Die Antwort
darauf besteht in Mißhandlungen. Es gibt bei Bourget häufig Keile. Selbst die stille, edle Pauline im Roman vom Gelobten Land bekommt ihre Senge … Diese Lösung erscheint uns komisch, wenn wir sie kühl überblicken. Die
Komik vergeht, sobald man inmitten der Ereignisse steht.
Eine zähnefletschende Leidenschaft, Tränen, Wut, Gier
und unsägliche, brüllende Schmerzen ergeben sich als etwas Selbstverständliches. Es scheint eine moderne Krankheit. Der Rentner Düsterbeck, der einstens durch den
Mühlbach watete, hat in Neubabelsberg sein dreijähriges
Kind gefragt, ob die Mama einen Ehebruch begangen. Er
hat die Krankheit. Das dreijährige Kind antwortete – er beteuerte es wenigstens – in bejahendem Sinne. Der Rentner
Düsterbeck zog sein Taschenmesser und stach die Frau
fünfmal in den Nacken und einmal in den Unterleib. Sie ist
rasch genesen, und er bekam vier Monate. Der Mann hat
den Gerichtssaal mit absonderlichen Gefühlen verlassen.
Er weiß noch immer nicht, ob er damals betrogen wurde
oder nicht. Er wird es niemals wissen.

In Berlin ist sonst nicht viel los. Weihnachten rückt näher, und zwar auffallenderweise mit jedem Tag. Es ist rauh
und windig, die Kaufleute des Westens stellen ihre Waren
zur besseren Lockung auf die Straße, und das Christkind
hat uns auch den Herrn Kirschner gebracht als Oberbürgermeister. Seitdem er hinauszog vors Brandenburger Tor
und dem Kaiser seinen Glückwunsch aufsagte, zweifelt

kein kleinstes Schulmädchen länger, daß er wirklich im
Amt ist. O, er gefällt uns wohl, der neue Bürgermeister;
nur wird er hoffentlich in Zukunft etwas dreister. Es ist ja
wahr, er kam in eine ungewohnte Lage. Der Herr Polizeipräsident teilte ihm die Depesche des Hofmarschallamts
mit, darinnen die harmlose Bemerkung stand: *falls* die Stadt
beabsichtige, den Kaiser zur glücklichen Rückkehr aus
dem Lande der Ungläubigen feierlich einzuholen, werde
sich hierzu beim Einzug eine Gelegenheit bieten. Ja, wann
denn sonst als beim Einzug? Das Hofmarschallamt schrieb
überdies: falls. Bitte: falls! Lag darin ein Wink mit dem
Zaunpfahl? Keineswegs, Leser – denn einem Monarchen
kann ja nichts an befohlenen Huldigungen, sondern nur an
freiwilligen liegen. Zudem wußte man, daß der Herr
Kirschner vor seiner Bestätigung in einer besonders ängst-
lichen Abhängigkeitsstimmung sein mußte; daß also ein
Wink mit dem Zaunpfahl auf ihn einen doppelten Druck
ausüben müßte. Aus diesen Gründen ist anzunehmen, daß
das Hofmarschallamt in der Tat nur eine gar harmlose, gewissermaßen treuherzige und aufrichtig freundschaftliche
Mitteilung mit jener Depesche machte, ohne zu winken.
Wenn Herr Kirschner dennoch seinen Frack anzog und
den Glückwunsch aufsagte, so drängte ihn halt sein volles
Herz. Und als er vor die Tore gewandelt war, half ihm sein
Glaube. Was tut das bißchen Knurren der Wasserstiefel-
Freisinnigen – die erteilen keine Bestätigung. Jetzt aber,
nachdem der Herr Kirschner durch Klugheit und Ent-
gegenkommen Bürgermeister geworden ist, möge er die
Stadt in tapferer und entschlossener Weise nach seinen
alten Grundsätzen vertreten, und im übrigen möge er
glücklich werden.

Es ist nichts los in Berlin. Ich machte neulich einen Ab-
stecher nach Wittenberg. Luther und Faust standen vor
meiner Seele. Alte Kirchtürme grüßten herüber. Ansons-
ten ist es ein kahles und frierendes Nest. In der Collegienstraße schlummerten Erinnerungen an die Macht geistiger
und weltlicher Wissenschaft, die in versunkenen Tagen
dort geblüht. In der »Collegienstraße« schlief das ehema-

lige Augustinerkloster, durch dessen Pforte mit leisen, historischen Schauern der berlinische Betrachter einzog. Hier hat Luther als Mönch gelebt. Ein Bildnis zeigt die asketischen, durch Nachtwachen und Denkarbeit mitgenommenen Züge des jungen Priesters. Hohle Wangen, vorstehende Knochen, nichts von der zuversichtlichen Frische des späteren Reformators. Hier ähnelt er dem Savonarola und anderen wilderen Aufrührern wider die römische Kirche.

Es ist sehr seltsam, heut an einem Winternachmittag in Luthers Wohnung herumzugehen, wo er mit der Käthe und den Kindern glücklich gehaust hat. Die Küsterstochter macht die Führerin. Man wandelt über die alten Dielen, die in der Mitte noch erhalten sind. Der wohlbekannte Raum von Luthers Familienzimmer. Eichene Bänke, eine ziervolle Decke mit gemütlichen, bunten Figuren, am Fenster noch der bescheidene Stuhl des Doktors, daneben ein Sitz für die liebe Ehefrau. In der Ecke der alte, grünglasierte Ofen. Vor den Fenstern liegt in wundervollem Frieden, von den Gebäuden des ehemaligen Klosters umgeben, ein stiller Platz. Ein paar Bäume stehen drauf, und im Sommer mag hier fröhliches Grün einen holden Gegensatz zu den verwitterten Mauern geben. In diesem Collegienhof liegt für den Betrachter ganz Wittenberg, die verschollene Stadt. Auch Hamlet soll hier studiert haben, noch ehe der Doktor Faustus den Studenten die griechische Helena hervorzauberte, »Menelai Hausfrau«, und sich, um die letzten Wahrheiten der Welt zu erkunden, dem alten Feinde Gottes verschrieb, dem Satan, welcher im dunkeln Reiche Gehenna heimisch ist.

Das ist Wittenberg – und wir stehen dann vor der Schloßkirche und sehen die Türöffnung, in der einst die Thesen hingen. Die Pforte selbst ist ersetzt, nur das Loch ist noch das alte. Unter schwerer metallner Platte liegt drinnen Martin Luther begraben. Der Küster führt uns ans Grab. Unter den Quadersteinen ruht der Leib des Kämpfers, aber die Grabplatte ist quer über ihn gelegt und deckt seine Gebeine nicht ... Dürftig, reizlos, kahl und unge-

wöhnlich elend ist diese kleine Stadt. Doch erinnerungs-
mächtig steigt mancherlei herauf, und es ist wirklich sehr
seltsam, einen Winternachmittag in Wittenberg herumzu-
strolchen. Auch Melanchthons Haus steht noch in der Collegienstraße. Er schläft neben Luther.

Das Fräulein sagt, die Geburtstagsfeier ihres Papas be-
ginne jetzt. Es sei die höchste Zeit, aufzuhören. Was soll ich
machen, Leser? Ich muß ihrem Wunsch nachkommen.
Und so schließe ich mit einer Wendung, die ich noch nie
gebraucht habe: daß ich in der nächsten Woche vielleicht
länger sein werde. Adieu.

18. Dezember 1898

Nur unter einer tiefen seelischen Depression kann ich den
heutigen Brief beginnen. Die Angriffe gegen mich mehren
sich, zum Teil unter Verweisung auf diese Briefe. Wo soll
ich mich hinkehren, ich armes Brüderlein? Männer von
Geist und Talent im »Kleinen Journal« erheben die Feder
wider mich. Keller, der Lokalredakteur des »Berliner Tage-
blatts«, hat auch schon ein Entrefilet voll ätzender Lauge
veröffentlicht. Selbst Hans Land griff mich an. Wenige
werden diesen Schriftsteller gering einschätzen; nämlich
bloß diejenigen, die ihn gelesen haben. Herr Land hat eine
Zeitschrift gegründet, konnte aber bereits vorher nicht
schreiben. Selbst seine Gegner gestehen ihm das zu. Neben
der dichterischen Tätigkeit arbeitete Herr Land an der
Börse, und im Schwarm der unvereidigten Fondsmakler
machten seine umlockten Leidenszüge einen tiefen Eindruck. Man gönnt diesem betrübten Menschen, der außer
einem gewissen Mangel an Beanlagung lauter gute Eigenschaften besitzt, das Allerbeste; und es ist zu wünschen,
daß der Börsen-Asra endlich mit seiner Zeitschrift Glück
hat. Sonst schreibt er wieder Novellen. Übrigens hat er
mich zur Mitarbeit an dieser Zeitschrift aufgefordert, und
ich hatte abgelehnt, solange ich nicht wisse, was er zustande brächte; sein Angriff hängt wohl damit nicht zusammen.

Auch der Dr. Rudolph Steiner, Philosoph, liest diese Berliner Briefe. Im »Magazin« erklärt er, aus ihnen zu wissen,
daß ich Nietzsche »nicht zu mögen geruhe«. Ich geruhe in
der Tat nicht. Der Herausgeber des »Magazins« ruft mir zu,
daß Nietzsche von Hartlebens »Sittlicher Forderung« entzückt gewesen wäre. Das könnte ein Grund mehr sein, ihn
nicht zu mögen. Denn Hartlebens Einakter ist zwar ein un-
terhaltendes, feines Stück, aber grade sittlich recht unbedeutend. Doch wer kann Nietzschen so nahe stehn wie
jener Steiner? Im Reklameteil der Zeitschrift findet sich
folgendes Urteil über sein Nietzsche-Buch: »In der immer
mehr anschwellenden Nietzsche-Literatur bildet diese
wahrhaft bedeutende Erscheinung einen Markstein.« Darunter steht: Verantwortlicher Redakteur Dr. Rud. Steiner.
Über ein Goethebuch findet sich die Notiz: »Rudolph
Steiners Buch ist endlich *das* Goethe-Buch, das geschrieben
werden *mußte*, das aber kein anderer schreiben konnte als
usw.« Darunter steht: Verantwortlicher Redakteur Dr.
Rud. Steiner. Steiner kargt Steinern gegenüber nicht mit
ermunternder Anerkennung. Übrigens ist Steiner, sosehr
er als Kritiker zum Kugeln ist, ein netter Mann und hat nur
eine Untugend. Als die Réjane hier war, stellte ich das in einer Zeitung fest. Er schrieb in Begeisterung, daß ihre Lie-
besleidenschaft »dem Zuschauer einen warmen Hauch
durch den ganzen Leib treiben muß«. Ich wies auf diese
ungewöhnliche Wirkung hin. Wenn ihm die Réjane schon
einen warmen Hauch durch den ganzen Leib trieb, welche
Wirkung hätte die Duse auf ihn geübt. Nicht auszudenken. Man hätte dann schreiben können: in einer immer
mehr anschwellenden Duse-Begeisterung bildet diese
wahrhaft hervorragende Erscheinung einen Markstein.
Und so weiter.

Jetzt ist die Jane Hading in Berlin. Ich will von ihr erzählen. Die Untugend, die Steinern im Anblick hervorragender Schauspielerinnen beschleicht, dürfte wieder in die
Erscheinung getreten sein. Denn die Frau hat manchen
hinreißenden Moment. Sie ist eine etwas übermittelgroße
Gestalt, von wundervoller Anmut der Bewegungen; na-

mentlich in der Gegend der schlanken Schultern werden
ihre Linien reizvoll. Es ist aber ein tieferer, seelischer Reiz,
der von ihr ausgeht. Am stärksten liegt er in den Augen, die
grau und träumerisch-gütig sind. Ein lyrisches Element
umschwebt sie; die Réjane ist mehr dramatisch. Die Réjane
hat die größere Technik und ist in höherem Grad Französin. Die Hading aber, an schauspielerischen Künsten so viel
ärmer und innerhalb dieser Künste so viel weniger vollendet, wirkt einprägsamer als Mensch. Sie fühlt das Leiden
der irdischen Kreaturen anscheinend in jedem Augenblick,
nicht nur in den tragischen Augenblicken. Es liegt in ihr.
Sie ist ein harmlos-gutes, mitleidsvolles Geschöpf, und im
Schmerz hat sie etwas sehr Liebenswürdiges. Eben mehr
Liebenswürdiges als Tiefes. Sie erscheint als eine ernste,
reizende, feine Person, und es trifft sich vorzüglich, daß sie
auch Theater spielt. Wenn die Réjane eine Lerche ist, ist
die Hading eine Art Nachtigall. Auf den Lidern dieser Ha-
dingschen Kameliendame ruht ein schwarzer Schatten. Ja,
auf der ganzen Gestalt liegt dieser leise Schatten. Ihre weiche Anmut ruht auf dem Grunde zärtlicher Melancholie.
Leider kopiert sie in vielen Punkten die Duse. Und auf
eine Art, die nicht mehr erlaubt ist. Selbst den Tonfall beim
Anrufen der Zofe »Nanina!« ahmt sie bedenkenfrei nach.
Hat sie keine Ahnung, wie wir die Duse kennen? Glaubt
sie, daß wir die Nachahmung nicht merken? Man fühlt jedesmal genau: jetzt wechselt sie den Ton und beginnt mit
Dusescher Raschheit zu sprechen; sie »setzt ein«. Doch neben solchen Äußerlichkeiten hat sie Augenblicke von rein
hingegebener Menschlichkeit. So wenn sie aufspringt und
an den Hals des Geliebten fliegt. Es äußert sich dann jenes
Seltsame, Weibliche, Zuckende im Schmerz, das an die Hysterie grenzt. Die Wirkung ist unmittelbar fortreißend. Was
muß Steiner hier empfunden haben. Im übrigen stieg die
Erinnerung an die Duse zaubermächtig an diesem Abend
herauf. Die Duse ist am größten als Kameliendame. Man
sieht sie mit zitternder Seele und zitternden Händen. Man
fühlt, daß sich hier ein Mensch enthüllt, der in Jahrhunderten nicht wiederkehrt. Sie kann die Weltanschauung eines

Zuhörers, sein Verhältnis zu den Mitmenschen umkrem-
peln. Als die Duse im selben Lessing-Theater die Kameliendame gespielt hatte, befand ich mich nach dem Schluß
plötzlich vor der verlassenen Schauspielerpforte und wartete dreiviertel Stunden, bis sie in den Wagen stieg. Man
zieht zwar den Hut, aber man möchte auf die Knie sinken.
Bei der Hading sagt man nachher: »Ach, sie war reizend«
und fragt anschließend: »Wo gehn wir heute hin?«

Die Politik nahm diese Woche neben der Französin
stark in Anspruch. Nicht bloß der Reichstag. Stoeckers Persönlichkeit ist, seitdem »Das Volk« nach Siegen verpflanzt
wurde, wieder hervorgetreten. Er scheint jetzt reif für ganz
offizielle Nekrologe. Noch einmal befaßt man sich vor
dem Scheiden mit dem verehrten Mann, der so mancherlei
Gaben des Geistes und Charakters in sich vereinte. Sein
letzter Lichtblick werden die warmen Huldigungen gewesen sein, die ihm Herr M. Harden in der »Zukunft« dar-
brachte. Es war eins der köstlichsten Schauspiele, als unser
Isidor den Gottesmann und Volkswirt feierte. Vielleicht
hat sich's bloß darum gehandelt, ihn zur Mitarbeit für die
Zeitschrift zu gewinnen. Herr M. Harden schrieb, wie bekannt ist, auch an den Prof. Delbrück in überschweng-
lichen Worten, und als dieser Brief unbeantwortet gelassen
wurde, schrieb der Stolze ganz ergebenst zum zweiten Mal.
Als auch das nicht zog, dann erst schimpfte er. Warum soll
er also zur Gewinnung des Herrn Stoecker nicht ebenfalls
angelegentliche Mittel verwendet haben? Man kann Herrn
Stoecker ohne Haß betrachten und wird doch sagen müssen: er war in jeder Regung ein subalterner Kopf. Es ist vielleicht kein Zufall, daß sein Vater Feldwebel gewesen ist.
Auch der Sohn hatte als Wirtschaftsreformer einen Feld-
webelhorizont. Diese gradlinigen, beschränkten Ziele; diese
patriarchalisch gestrenge und schlaue Borniertheit mit den
Begriffen Obrigkeit und Untertan im Hintergrunde; diese
stramme Weltanschauung gegen die Wissenschaft, die ihn
etwa erklären ließ, Virchows Lehre vom Urschleim sei der
Urleim, auf den die Bürger gehen sollen, was ganz nach
Instruktionsstunde klingt: sind es nicht Feldwebelzüge? In

einer kreißenden Zeit, in der die alt' und neue Welt durch-
wühlt ist, das Heil von einer protestantisch-berlinischen
Bewegung zu erwarten; gegen die kirchlich nicht in Reih
und Glied stehenden, religiös und wirtschaftlich disziplin-
freieren paar Juden scharf einschreiten, sie degradieren und
auf diese Art eine europäische Gefahr abwenden zu wollen:
ist es nicht feldwebelhaft? Unsittliche Züge wurden an dem
Mann recht oft, die tiefe Vernageltheit aber verhältnismäßig
selten betont. Sie scheint mit in erster Reihe zu stehen. Sie
umspannt seinen sozusagen spezifischen Idealismus. Ihm
wohnte bei allen ehrsüchtigen Motiven zugleich eine be-
schränkte Überzeugung inne; es ist eben das immanente
platte Feldwebeltum. Daß Stoecker als ernster Faktor der
Wirtschaftsreform zu schätzen sei, als in Betracht zu zie-
hender Arzt der kranken Zeit, wird außer Isidor, dem Zeit-
schrifteninhaber, niemand andeuten. Sollte der Reformer in
einem Denkmal verewigt werden, so müßte er in der Mitte
dargestellt werden zwischen dem Schneider Grüneberg
und dem Portier Aschenbrenner; er ist über die geistig niederen Zonen nie emporgekommen, er blieb unten kleben,
und etwas Spießbürgerhaft-Widerliches umhüllt ihn. Wir
rufen ihm ein herzliches Lebewohl zu.

Und auch dem Leser ruf' ich es für heute zu. Wenn man
ein Feuilleton zu Ende geschrieben hat, fühlt man sich so
wohl. Lediglich die bösen Folgen des Feuilletons bleiben
noch zu bedenken. Ich hab' solche Angst, daß ich jetzt wieder angegriffen werde um dieses Briefes willen. Ich zittere
vor Keller, ferner vor dem Manne von Geist und Talent im
»Kleinen Journal« und namentlich vor Hans Land. Dagegen fürchte ich mich nicht vor Rudolph Steiners Zorn.
Denn, was ihn betrifft, so scheint es vorteilhafter, daß er
einen nicht leiden kann, als daß er ihm den Tribut seiner
Bewunderung darbringt. Lebt nochmals herzlich wohl.

1899

Heut vormittag ist meine Stimmung sehr Alfred de Mussetsch – und ich soll doch sagen: Prosit Neujahr, mein lieber Leser. Schon gleich nach dem Aufstehen um ... Uhr (ergänzen Sie, mein lieber Leser, was gut scheint) ist diese Stimmung, diese unwiderstehliche, süße, blasse, zaubervolle, sozusagen herniedergeschwebt. Hängt das mit der Verdauung zusammen? Ist es ein letzter Gruß von dem vielen Sekt, der in den Feiertagen getrunken ward? Sei dem, wie ihm sei: in mir murmelt jemand seltsame Worte. Ich sprach zu meinem Herzen, zu meinem schwachen Herzen: was willst du noch, wenn du die eine liebst? Was wechselst du? Versäumst das Glück vor lauter suchenden Wünschen. Siehst du das nicht? ... So murmelt der in mir. Aber französisch heißt es:

> J'ai dit à mon cœur, à mon faible cœur:
> N'est-ce point assez d'aimer sa maîtresse?
> Et ne vois-tu pas que changer sans cesse,
> C'est perdre en désirs le temps du bonheur?

Es ist wahrlich ein sehr schönes Gedicht. Und will mir heute nicht aus dem Kopf. Immerhin sage ich: Prosit Neujahr, mein lieber Leser.

Kurz ehe das Jahr zu Ende ging, ist der ehemalige Oberstleutnant von Egidy gestorben. Man braucht ihn als einen wesentlichen Faktor nicht anerkannt zu haben; und doch wird man auf sein Grab einen grünen Kranz legen wollen. Der Mann tat, was er konnte. Er hatte sich befreit aus dem Kerker der Kaste. Und er wollte andre Menschen befrein, nicht bloß von der Kaste, sondern von falschem Christentum und vom echten Elend. Über seine Mittel wollen wir nicht reden. Die Gestalt hat einen josephini-

schen Zug. Eine warme, nicht stürmische Humanität lebte
sich in regsamer Geschäftigkeit aus. Über ihn schwebten in
unsichtbarer Gloria die Worte »edel sei der Mensch, hilfreich und gut«, die im Laufe der Zeit und der Zeitungs-
artikel etwas mitgenommen worden sind. Sie haben, so gewiß sie von Goethe stammen, in diesen Tagesbewegungen
ebenso gelitten wie die Erinnerung an Nathan den Weisen,
der allzu oft in ungeschickten Entrefilets von schwachbe-
gabten Redakteuren angerufen wurde. Der Nathan bleibt
trotzdem der Nathan. Aber für Moritz von Egidy paßten
jene Goetheschen Worte justament in dem etwas verblaßten Schimmer. Originalität und die elementare Frische großer Naturen waren seine Sache nicht. Was er als »Denker«
geleistet, war von andern weit besser gesagt worden, auf
deren Namen sich Nacht gesenkt hat. Ihn kündet manch
Lied, manch Heldenbuch, weil er ein Oberstlieutenant
war. Kennt ihr des Deutschen Vaterland? Nichts für ungut;
auf Überläufer fällt meist ein doppelt heller Lichtschein;
und Egidy hat sich der rasch erwiesenen Ehren nachträglich durch gute Einzeltaten wert gezeigt. Man denke an
Ziethen. Wilhelm von Polenz, der mit Egidy verkehrte,
ließ vor kurzem ein Drama erscheinen, das ziemlich unbe-
achtet geblieben ist. Es wirkt auch als dramatisches Kunstwerk in vielen Punkten schwach. Dennoch lebt in der
Hauptgestalt ein Zug von Größe. Es ist ein Gefängnisarzt,
der »mehr in die Weite als in die Nähe sieht«. Er will, begeisterter Reinheit voll, durch Liebe die Verbrecher zum
Gesellschaftsfrieden führen. Er bricht am Schluß zusammen, als ein vertierter Bursche sein Bemühen mit Hohn
straft. Warum bricht er zusammen? Ein anderer, den er er-
löst, ist ja auf gutem Weg geblieben. Der Dichter bleibt die
Antwort schuldig. Jedenfalls scheint er in dieser Hauptgestalt Herrn von Egidy gezeichnet zu haben; dem nur ein
gefestigteres Ende beschieden war. Polenz ist mit seinem
ethisch heißen Atem ein guter Dramatiker für Herrn von
Egidy. Vielleicht wäre Björnson ein noch besserer. Auch
Egidy hatte, wie jener Gefängnisarzt, Verluste grade von
seiner Menschenfreundlichkeit und dem nicht zu knapp

bemessenen Vertrauen. Sein Vermögen mopste ihm ein Buchhändler, der Sohn eines berühmten Gelehrten; ein Mensch mit Schlapphut, wirrem Lockenhaar und Rhapsodenmanieren. Es war ein Spiel des Zufalls, das diesem philosemitischen Offizier von einem Juden widerfuhr – was ihm von einem Christen auch hätte widerfahren können. Er wechselte die Gesinnung darum nicht. Im Grunde ist es selbstverständlich; lohnt aber, heut erwähnt zu werden. Was die Regimentskameraden betrifft, so waren nicht alle auf den Oberstlieutenant gut zu sprechen. Mancher ärgerte sich über sein Auftreten, worin eine Art militärischen Hausfriedensbruchs erblickt wurde. Mancher war verschnupft, daß der Kamerad so rasch zu einer zivilistischen Berühmtheit wurde, was nicht jedem z. D. und a. D. im selben Tempo gelingt. Ich entsinne mich schmunzelnd, wie ein andrer Oberstlieutenant, mein alter Freund, im Gespräch mächtig über ihn herzog. Als aber Egidy in den Reichstag gewählt werden wollte, sammelten Tiergartendamen zur Entschädigung Stimmen von Haus zu Haus. Sie verbargen es nicht vor ihren Männern, doch oft vor ihren Vätern.

Ehe das alte Jahr zu Ende ging, fielen Bäume ins Grab. Es wurde die Umkrempelung des Tiergartens beschlossen. Der Kaiser, der nicht grundsätzlich zurückschreckt, wo Umkrempelungen dringend geboten sind, hat das Versprechen eines erneuten Tiergartens den Berlinern zum Weihnachtsgeschenk gemacht. Die Erneuerung geschieht, indem man viele Bäume niederhaut. Dadurch entstehen Spielplätze für Kinder, Sportplätze für Erwachsene. Der Tiergarten wird dann Lockmittel bieten, um volkstümliche Schichten anzuziehen. Jetzt gehört er bloß den Westlichen und den Selbstmördern. Man trifft in Wahrheit unverhältnismäßig viel Frauensbilder im holden Schauer der Waldespracht, deren Federhüte drei Stockwerke hoch sind. Und ihre Kleider rascheln und rauschen; und ihre fein behandschuhten Hände umspannen liebliche Schirmchen von extremer Pracht und Köstlichkeit. Also bewegen sie sich dahin, und wenn zwei Karawanen einander treffen, gibt es

Jubelgeräusche, Schnalzen, Schnattern, Ausrufe und allgemeine Hojotohoklänge. Die Waldvögelein fliehen; die alten Bäume rasen vor Antikapitalismus. Dem wird jetzt abgeholfen. Bürgerlichere Trachten und nervige Beine werden den Park bevölkern. Der Schwarm des berlinischen Volkes macht sich ja aus der bloßen Natur nicht viel. Hierin unterscheidet er sich von der Gräfin Melanie. Nun aber dürfen sie auf dem Rasen liegen, alle, oder auf »Dritten abschlagen«. Auch können sie gratis zusehen, was die Sportbrüder für seltsamliche Hantierungen ins Werk setzen. Nun lohnt es, einen Freßkober mitzunehmen.

Meine lieben und verwitterten Bäume, fahret in Fried' und Freud' dahin. Wir haben kein Recht, den herrlichsten Teil Berlins grollend für uns allein zu fordern, und ihr fallt möglicherweise als ein Opfer demokratischen Sinnes. Möglicherweise. Seit der Studentenzeit kannten wir manchen Riesen, der auf unsere seligsten und affigsten Abenteuer herabblickte. Er wird jetzt verarbeitet. Vielleicht zu einer Wiege, darin die Tochter meiner Flamme schlummert und menschliche Verrichtungen übt. Ihr alten Kerls, die Dinge kehren nicht zurück, die wir gemeinsam erlebt; doch sie sollen nicht verloren sein, weil die Erinnerung leicht und lieblich wie versunkene Rosennächte emporweht. Auch der eine Baum vielleicht wird fallen, hinter dem eine Mutter schnaubend an einem Sommertage erschien, an ihrer Tochter Stelle. Ich wollte auf den Baum klettern, sie anscheinend auch. Ich aber aus Genierlichkeit; sie aus Wut und Zappelei. Elende, maledeit sei dein Gedächtnis. Auch am Neuen See werden sie wohl die Bäume fällen. Schade, denn er ist einigermaßen hinreißend gewesen. Was werden die Nachkommen von ihm wissen? Hört es alle: dorten gondelten wir im Sommer durch süße Buchten mit überhängenden Zweigen, an kleinen Inseln und Halbinseln vorbei, eh' die Sonne schlafen ging. Ganze Gesellschaften holder junger Elitemenschen schritten zum Bootsverleiher. Und wenn die Gesellschaften zwanzig Mann hoch waren, so machten sie in sechs bis sieben Fahrzeugen bunte Reihe. Wir ruderten; natürlich schweigend.

Am Geländer auf kleinen Brücken, unter deren schwarzem Schatten der Nachen durchglitt, stand manchmal ein schwermütiger Mensch, ein Dichter vielleicht, und spuckte in die grün-rote Flut. Manche blickten auch einsam und anständig hinab, und es schien in den gleitenden Gondeln ihre Sehnsucht hinzufahren. Die jungen Mädchen im Boot klapperten dann mit den Augen, welches das einzige Geräusch weit und breit war. Über die Baumriesen, wie das Sitte ist, sank allmählich das Dunkel, und es geschah, was ein neuer Dichter gesungen hat: Durch die alten Lindengänge, abendduft- und sommerschwer, trug der Wind noch »Rheingold«-Klänge, von entfernten Gärten her. So war es damals, bevor die Bäume umgehackt wurden. Wenn wir aber ausstiegen, wurde das berühmte verwehte Trompetensolo an unser Ohr getrieben. Und vielleicht murmelte man schon damals: Ich sprach zu meinem Herzen, zu meinem schwachen Herzen, was willst du noch … usw.

Bevor das alte Jahr zu Ende ging, wurde das Schicksal besiegelt in einer Kneipe, die uns teuer war. Man weiß, daß die Akademischen Bierhallen eingehen sollen. Sie fallen mit den alten Bäumen. Erinnerungen nehmen auch sie ins Grab, die einen Teil unsrer geliebten, verfluchten Jugend ausmachen. Zwischen zwei Kollegstunden gingen wir rüber Billard spielen. Das war oben im ersten Stock. Unten durfte man nur bleiben, bis die Fleischgänge und Gemüsegänge knappemang verschluckt waren. Die Kellner in Jägeranzügen ergingen sich peripatetisch, und sie hielten mit beiden Armen ein Gestell von drei Etagen und boten im Ausruferton ein Helles an. Man winkte, und ein Schnitt ward abgeladen. Tischdecken gab es nicht. Wohl aber Wachsleinwandtücher, crêmefarbig mit mulmigen Schattierungen. Man ging bloß dann in diese Kneipe, wenn man absolut nichts mehr zum Versetzen hatte. Wenn alle Kommilitonen der nahen und fernen Bekanntschaft gleichfalls hinmußten: weil sie blank waren wie eine gescheuerte Badewanne. Zähneknirschend oder schalkhaft, je nachdem, aß man für fünfzig bis fünfundsechzig Pfennige ein reiches Mahl mit Zubehör. Brot aß man dazu für zwei Mark. Beim

Austritt aus dem festlichen Gebäude stieß man auf Hegels Denkmal; und am achtundzwanzigsten, wenn die flüssigen Kapitalien völlig Leine gezogen hatten, ergaben sich hier Betrachtungen »de consolatione philosophiae«.

Eines Vormittags spielte ich mit dem Sohn eines Berliner Juristen oben Billard. Wir waren beide in schwerer Stimmung. Am vorangegangenen Abend in einem freien Gesangverein, den ich leitete und der aus Beamtentöchtern bestand, hatte man gemunkelt, daß es dem Kaiser Friedrich schlechtgehe. Am Morgen hatten es die Zeitungen auch gesagt. »Rieß«, sagte ich, und wir legten die Billardstäbe weg, »mir ist, als ob er jetzt gestorben wäre.« Wir gingen schwer und beklommen hinunter. In der Universität war ein dunkles, wirres Tohuwabohu. Der Kaiser war tot. Die Professoren teilten mit, sie würden nicht lesen. Die Studentenscharen gingen hinaus, nach den Linden. Die Standarte drüben war heruntergelassen. Rieß schritt an meiner Seite. Wir sprachen keine Silbe. Dieser Vormittag bildet meine stärkste Erinnerung an die alte Kneipe. Fahr dahin auch du, in Fried' und Freuden.

Egidy, der Tiergarten, die alte Kneipe – nichts von allem angetan, meine seltsamliche Stimmung zu verscheuchen. Sie ist noch mehr Alfred de Musset als vorhin. Und wieder murmelt einer in dem bedauernswerten Chronisten: j'ai dit à mon cœur, à mon faible cœur … und so weiter. Der Teufel soll das faible cœur holen.

29. Januar 1899

Herr von Tiedemann, der Hakatist, erschien als Zeuge im Prozeß Harden-Delbrück. Sein Auftreten war eine unvergeßliche Episode, nicht bloß für das subjektive Gefühl des Chronisten: für alle Augen- und Ohrenzeugen. Die Zeitungen haben darüber Näheres nicht gemeldet. Ich will es tun.

Ein Herr im schwarzen Rock mit rötlich-blonden angegrauten Bartkoteletten und friedfertigen Gesichtszügen erhob die Hand zum Schwur und sprach den Eid mit einer dünnen, matten, hohen Stimme nach. In demselben Tonregister legte er dann seine Bekundungen ab. Er hatte zu bekunden – zum Vorteile des widerbeklagten Ethikers Maximilian Harden –, daß ein bestimmter Polenartikel in Delbrücks Preußischen Jahrbüchern Ärgernis unter den Deutschen der Provinz Posen geweckt habe. Dieser Artikel soll von Herrn von Koscielski verfaßt worden sein, obgleich er dem Anschein nach einem Deutschen zugeschrieben werden mußte.

Das alles bekundete Herr von Tiedemann. Seine Unkenntnis in dieser für Hakatisten wichtigen Sache stellte sich gleich heraus: er wußte nicht einmal, daß die »Münchener Allgemeine Zeitung« sofort nach dem Erscheinen des Artikels die Verfasserschaft eines Polen als selbstverständlich angenommen hatte. München ist weit vom Schuß, und Herr von Tiedemann sitzt bei Bomst. Dies beiläufig. Herr von Tiedemann erzählte mit matter, hoher, dünner Stimme in schlechtem Deutsch etliches mehr vom Hakatismus, als er zu sagen nötig hatte. Ein Gemurmel ging durch den Zuschauerraum, als gleich im ersten Satz die Wendung »voll und ganz« vorkam. Stotternd, drucksend und mit eingeschobenem, leisem, mattem »äh« erklärte er: es gebe zwar Deutsche in der Provinz Posen, welche die hakatistische Polenpolitik nicht mitmachten; aber die Hakatisten und er betrachteten diese Personen nicht mehr als Deutsche. Ich weiß nicht, ob Herr von Tiedemann die größte Intelligenz innerhalb des Dreiblatts darstellt; oder ob ihn Hansemann und Kennemann überragen: aber ich weiß, daß er auch dann nicht das Recht hätte, den Deutschen-Titel nach Gutdünken abzuerkennen und zuzuerkennen, wenn er eine fünffach größere Intelligenz darstellte, als er anscheinend ist. Mit gutem Fug zog der Justizrat Sello, Delbrücks Verteidiger, den strammen Schluß, daß nach Herrn von Tiedemanns Ansichten unsere Regierung zur Zeit Caprivis nicht aus Deutschen bestanden habe. Das Wort deutschnational kam mindestens siebzehn Mal und ein halbes in seinem kurzen Auftreten vor. Wenn man so deutschnational ist: wie verträgt sich's, daß man die

deutsche Sprache so schlecht in der Gewalt hat? Dieser
Widerspruch weckt genauso nachdenkliche Empfindungen wie die unduldsame Strenge des Zeugen gegen diejenigen, so eine andere Polenpolitik für die bessere halten.
Man kann über die politischen Meinungen und Taten Delbrücks nach Belieben urteilen, es war aber für jeden Hörer
eine beinahe physisch peinliche Empfindung, als dieser
Tiedemann es wagte, ihn vor Gericht wie einen Nicht-
mehrdeutschen zu behandeln. Der Professor entgegnete
leise hinwerfend, er glaube, Preußen und Deutschland mit
seiner Anschauung ebenso zu dienen wie Tiedemann. Die
Hörer, die sich über das ganze Phänomen dieses Zeugen
kaum fassen zu können schienen, sagten sich: das also ist
Tiedemann! das ist ein vielgenannter Faktor aus der Zeitung! das ist eine politische Nummer! Sie hatten fast ununterbrochen gelacht. Als aber Tiedemann den Raum verließ,
erhob sich von seinem Stühlchen Herr Maximilian Harden
ehrfurchtsvoll. Isidorchen machte seinen Diener, daß es
eine Art hatte. Er beschrieb mit dem Podex eine Respekts-
wellenlinie; und er neigte das ausgeruhte Köpfchen, während die Augen doch zu Herrn von Tiedemann empor-
blickten. In dieser Linie lag die ganze Seele des Mannes.
Man bekam einen Einblick, wie dieser Gehenkte und Gerissene mit einflußreichen Herren, die seinem Blatt nützen
konnten, verkehrte.

Herr von Koscielski-Admiralski wurde noch einmal in
die Debatte gezogen. Tiedemann bezeichnete ihn, in verhältnismäßig fließendem Deutsch, als den »gefährlichsten
Gegner des Deutschtums, der je gelebt hat«. Herr Maximilian Harden, der überzeugte Hakatist, hatte eines Tages
bei diesem Koscielski gefrühstückt. Dabei ist nichts zu finden; nur, wenn es ein anderer getan hätte, der Ethiker würde
fünf bis sechs geschlagene Jahre darüber Witzchen gemacht
haben. Er betonte vor Gericht eifrig, daß ihn Koscielski zum
Frühstück wahrhaft geschleppt habe. Wahrhaft geschleppt:
er nahm nämlich einen Strick, schlang diesen um den Bauch
des widerstrebenden Apostaten und schleifte ihn so durch
die Straßen in seine Wohnung; dort hielt er ihm so lange die

Nase zu, bis er die Speisen und den Wein schlucken mußte. Nicht anders als so vollzog sich das Frühstück. Ob es
Borschtsch gab oder Kapuschniak oder Piroggen und ob
vorher Wodka getrunken wurde (oder doch lieber nachher
Curaçao?), darüber wurde nichts mitgeteilt. Dagegen teilte
Delbrück allsogleich einen Brief des Herrn von Koscielski
mit, in welchem der Schlachzize erzählt, daß ihn Harden
fortwährend um Beiträge für sein Organ »angebettelt« habe.
Angebettelt: so lautete die herbe Bezeichnung des Früh-
stückgebers; der Apostat wollte sich vor Wut ein Bein aus-
reißen. Wie er denn auch sonst die ruhige Koketterie, die
er bei Vorträgen vor neuen Hörern zum besten gibt, in dieser Verhandlung im geringsten nicht bewahrte. Er fühlte,
daß er der Angeklagte war; daß er den Prozeß auch dann
verloren hätte, wenn Delbrück zu einer höheren Geldstrafe als er verurteilt worden wäre. Und es war ein unvergeßlich komisches Bild, wie er bei vorgehaltenen Lügen
schwitzte. Die Überlegenheit und das Lächeln waren beim
Teufel.

Das Ergebnis dieser Verhandlung ist nicht belangvoll.
Man weiß jetzt, daß der Apostat dreist gelogen hat, als er
im Interesse seiner Zeitschrift die briefliche Zusage eines
Beitrags von Treitschke erfand; dieser Brief ist eine schlichte
Vorspiegelung des tapferen Moralisten. Aber das wußte
man vorher. Ferner: noch zur Zeit, als sich Harden an den
altersschwachen Bismarck herangemeiert hatte, schrieb er
mit Herrn Mehring zusammen einen Artikel, der sich ein
bißchen gegen Paul Lindau, besonders aber gegen das
holde Wunder im Sachsenwalde richtete. Aber das wußte
man ja auch. Der Ethiker hat sich dann gegen Hartleben
eine ungewöhnlich schmierige und feige Handlung zu-
schulden kommen lassen. Die Einzelheiten, die Otto Erich
mitteilte, waren köstlich, besonders die Unterschrift »ein
Mann aus dem Volke« sowie das halbe Einverständnis mit
der Bezeichnung Schweinhund; doch überrascht war auch
davon niemand. Er hat zehnfach Unanständigeres begangen. Überrascht war aber doch mancher, daß Herr Maximilian Harden zuletzt die Flinte ganz ins Korn warf und

die Beweisaufnahme über die bösen Punkte zu vereiteln
suchte. Man hätte diese vollständige Deroute nicht erwartet. Aus den Zeitungen hat man auch nicht ein entferntes
Bild bekommen. Es war ein trauriges Unterliegen. Nicht
vor Herrn Delbrück. Er unterlag vor einem unbekannten
Gegner, welcher aus tausend Köpfen das Auge prüfend
und lächelnd auf diese emporgekommene Gestalt richtete.
Was er jetzt tun wird – ob er in seiner Zeitschrift weiter-
lügt, ob er nach Paris übersiedelt mit der Gattin eines Tier-
garten-Kaufmanns, mit der er neuerdings fortlief –, das ist
nicht meine Sorge. Schade um den Mann und seine glänzende Gewandtheit. Er ist ein Advokatentalent ersten Ranges. Nur wollte er was anderes scheinen. Er ist von Geburt
ein Fritz Friedmann, ein Wronker: und er markierte den
Propheten. Er ist ein Geschäftsmann: und er markierte den
einsamen Abtrünnling. Er ist unehrlich bis auf die Knochen: und er markierte den Sittengeißler. Für die berechnete Gesinnungslosigkeit erfand er den Begriff des Aposta-
tentums. Kurzum: ein charmanter Mensch, bloß zu reich
an … Komödienfehlern. In den nächsten Wochen dürfte er
ein paar gute und sensationelle Artikel schreiben, um die
kleine Entehrung zu vertuschen. Wenn die Scheidungs-
geschichte nachher in Ordnung ist, die vierzehn Tage
in München erbrummt sind und auch die sechsmonatige
Festungshaft ein paar saftige Aufsätze mit Ärmeln abge-
worfen hat, wird er schon weitersehn. Der Mann geht
nicht unter. Er wird noch viele Apostatenzüge zum besten
geben. Möge er glücklich werden.

– – Heut ist Kaisers Geburtstag. Die Häuser haben ge-
flaggt. Nicht alle, aber viele. Wenn in Deutschland derjenige bestraft wird, der beim Kaiserhoch sitzen bleibt: müßten da nicht auch die Hauswirte bestraft werden, welche
nicht flaggen? Mich dünkt: ja. Zeitgenossen, wir lassen die
Hoffnung nicht schießen, daß dieses Gesetz in Kraft tritt.
Wie aber dem sei: heut morgen fuhr ich durch die Leipziger Straße, in welcher die Flaggen flogen. Am Spittelmarkt
ist ein neues Warenhaus errichtet; heißt Jandorf und ist
beliebt nahezu wie Wertheim. Dort stand im Schaufenster

eine Huldigung für den Kaiser. Eine Gruppe, wie die
Gruppen in der Siegesallee, mit einer runden Bank, mit
einem Hohenzollern und zwei Männern seiner Zeit. Der
Hohenzoller war natürlich unser Kaiser. Als Männer, die
für seine Zeit charakteristisch sind, hatte man – na wen gewählt? Bosse und Miquel. Es war ein unvergleichlicher Anblick. Die Oberleiber der zwei Staatsmänner ragten aus der
Bank, ihre Namen standen unterhalb des Nabels. Der Wa-
renhäusler Jandorf, anscheinend der einzige, welcher die
Absicht hat, Herrn Bosse ein Denkmal zu setzen, greift der
Geschichtsentwickelung vor. Schon lange vermissen viele
von uns ein Köller-Monument. Wie denkt Herr Jandorf
darüber? Vielleicht setzt er das am nächsten nationalen
Festtag.

Als ich nach der Rückkehr von der Flaggenfeier eine
Zeitung bei der kohlensauren Marie kaufte, las ich einen
merkwürdigen Fall. Ein Arbeiter H. Maaß in Diesdorf bei
Magdeburg begrub seine Mutter. Drei Hände voll Erde
warf er hinab; er sprach dabei die Worte: »Du hast gelebt
und gestrebt. Auf Nimmerwiedersehn!« Ich finde diese
Worte einfach schön. Sie geben den Sinn des Lebens; sie
enthalten eine Weltanschauung; sie zeigen, daß der Mann
nicht den abgetretenen Pfad der schwachsinnigen Redensarten wandelt, die von einem versinkenden Geschlechte
her bei ernsten Lebensfällen im Schwange sind. Ein Arbeiter auf dem Dorfe redet solche Worte heut! Gewiß, es mag
viele geben, die solche Worte ebenfalls nur mitsprechen;
ohne sie durchdacht zu haben. Immerhin: sie werden, falls
sie die Neigung spüren, darüber nachzudenken, nicht auf
Widersprüche stoßen. Es ist die neue herrliche Lebens-
lehre, welche die Menschen im Lauf dieses Daseins ihr Bestes zu geben und ihr Bestes zu erwarten anregt; und sie
findet eine ergreifende Gestalt in der Aufschrift über der
Pforte eines freireligiösen Friedhofs: »Macht hier das Leben gut und schön, kein Jenseits gibts, kein Wiedersehn.«
Aus dieser Weltanschauung heraus sprach der Arbeiter auf
dem Dorfe. Er bekam vier Wochen. Der Grund war dieser:
daß im Gemeindekirchenrat Aufsehn und Empörung

durch seine Worte erregt worden sei. Dann schlag' ich
doch vor, daß man den Professor Virchow ins Loch steckt.
Und auch die anderen Naturforscher. Denn erfährt man im
Gemeindekirchenrat von Potschappel, was diese Burschen
öffentlich verkünden, so werden die Mitglieder vielleicht
ohnmächtig. Wir aber grüßen den Arbeiter H. Maaß in
Diesdorf und wünschen ihm eine angenehme Haft. Womit
ich die Ehre habe zu sein:

Kerr.

12. Februar 1899

Von dieser Erde schied in den letzten Tagen die Sängerin
Amalie Joachim, geborene Schneeweiß, aus Marburg in der
Steiermark. Sie war bis ans Alter gelangt. Doch von hinnen
schwebte eine zeitlose Gestalt, berückend und erinnerungstief, von frischen Kränzen und duftstarken Blumen
gewiegt, von einer unergründlichen und zaubervollen Musik umwittert, in mächtiger und holder Glorie. Aus versunkenen Zeiten wird dieser Name selig emporblühen, und
das verschollene Leuchten ihrer Herrlichkeit mag durch
späte Fernen wundersam grüßen. Sie war nicht eine Sängerin, weil sie zu singen wußte. Sie war eine Sängerin darum:
weil ihre Seele und ihr Schicksal vom dunklen Reiz jener
magischen Gestalten umflossen war, die in sehnsuchtsvol-
ler Schönheit und verschleiertem Glanz durch die Musik-
geschichte ziehen, Wunder und geheimnisvolle Gegenstände der Dichtung. So wie Klara Schumann nicht eine
Pianistin gewesen ist; sondern eine Novellengestalt. Ich
wüßte nur einen, welcher vermocht hätte, der geborenen
Schneeweiß ein Erinnerungsblatt zu schreiben: der Schriftsteller Robert Schumann. Er scheint mir der herrlichste
Jünger Jean Pauls, und mondbeschienen sind die teuren
Blätter, die Schumanns Spott und Andacht in Worte klei-
den. Hoffmann, der Callot-Hoffmann, kannte diese Sphäre
der Sängerinnen auch; doch seine wüstere Dämonie entbehrt den leisen Zauber und die zarte Innigkeit, die von
dieser unvergeßlichen Hand ausging.

Amalie Joachim war die Frau des reifen, stillen Meisters, dessen Namen sie trug bis zum Ende. Hier ruht ihr Schicksal. Die beiden standen zueinander in ferner Nähe und naher Ferne. Ein versunkener Zauber schwebt um beide unwiderstehlich, wie Zypressen und der Duft der Blume Jelängerjelieber. Sie waren vereint, die Getrennten; sie trennten sich, Vereinte. Es gibt ein Lied von Schubert, dessen Worte Rückert geschrieben hat. Wie ein dunkler Gruß durch die Welt zieht es. »O du Ent – –«. Man scheut sich, die Worte niederzuschreiben. Gesungen müssen sie werden; und die sturmgefriedeten Akkorde, die ein verhaltenes Schluchzen und nie erstorbene Sehnsucht verhüllen, tönen über den Schlaf der Erde. Das ist die Melodie des Paars. Man kann sich eine Novelle denken, darin ein Geiger von gefestigter Kraft und ernster, schweigender Maëstria in einem Lehnstuhl sitzt, nach vorn geneigt, und auf den Boden sieht. In der Dämmerung schreitet von hinten eine Entschwundene, eine Sängerin, an den Stuhl. Dunkle Schleier, gleitende Gespinste umschlingen beide, eine Stimme mischt sich mit dem alten tiefen Ton des Straduarius, die Welt versinkt. »Ich halte dich in dieses Arms Umschlusse – sei mir gegrüßt …«

Noch aus dem Chaos: – – – Ich halte dich in dieses Arms Umschlusse – sei mir …

Gesänftigte Kraft ist alles an diesem Manne, der jetzt der Geschiedenen ein Wort der Trauer nachrief. Sein Wesen ist mild und stark. Vor Jahren sah ich in seiner Wohnung einen Band des Grimmschen Wörterbuchs. Die Brüder Grimm hatten ihm diesen Band geschenkt. Auf die erste Seite schrieben sie: er werde das deutsche Wort »angenehm« darin finden; es solle ein Merkwort sein für das, was der Verkehr mit ihm sie fühlen ließ. Das Wort angenehm ist aber hier in einem tieferen Verstande gebraucht; im Ursinn, wie es bei den Grimmschen Brüdern nicht anders denn geziemend scheint. Denn es bedeutet für diesen Beethovengeiger eine herrliche, ernste Freundlichkeit; nicht was Lieblich-Spielendes. Gerhart Hauptmann, der um ein Menschenalter Jüngere, gehört auch zu den wahren

Naturen, aus deren körperlichem Wesen die eingeborene
Reinheit leuchtet. Joachim liebt ihn; vielleicht darum mit.
Der edelste und konservativste Künstler trat zu dem frühen, schmerzvoll ringenden Meister. Noch eh' sie sich
kannten, war eine Zusammenkunft verabredet. Sie geschah
unlängst in aller Stille. Der Ältere hatte die Geige mitge-
bracht und spielte vor Gerhart Hauptmann, für Gerhart
Hauptmann, Stunde um Stunde. Was beide fühlten, werde
ich nicht zu sagen haben. Hauptmann trinkt die Musik.
Beethoven ist sein Stern. Besonders liebt er die cis-moll-
Sonate.

Hol' der Deibel die Zeitungsschreiberei. Heut ist wundervolles Wetter. Die Fenster stehn auf bei der Abfassung
dieses Briefes. Ich habe wenig Lust, über aktuelle Dinge
Amüsierliches zu sagen. Herr von Kröcher und Herr von
Kayser sind verhaftet worden. Na ja; mögen sie glücklich
werden. Ich hätte Lust, Ostern nach Rom zu reisen. Die
Zeitungen melden, daß ein Schriftstellertag dort abgehalten wird. Ich möchte trotzdem fahren. Zwischen Bellevue
und dem Bahnhof Tiergarten erinnerte heut früh schon
was an Rom, nämlich in der Stadtbahn. Ein Floh hopste
über das Polster. Eine Dame mit der Notenmappe bewegte
zwei Finger nervös in der Gegend des Halses. Das ist nur
ein kleiner norddeutscher, dachte ich; die Hüpferiche in
der ewigen Stadt sind potenter. Lebensvoll umjuckte mich
das Angedenken dieser kleinen Römer. Man braucht bloß
in der Trambahn zu fahren oder in ein Geschäft zu treten,
und man hat sie weg. Zwei dieser Burschen hatten eines
Tages an mir gefrühstückt. Gegen Mittag stieg ich im Co-
losseum herum, hoch oben, sah hinab in die Arena, wo die
großen Bestien mit den Gladiatoren rangen, und hinüber
nach dem Titusbogen. In diesem gewalttätigen, nietz-
scheanischen Zirkusgebäu von starrer Brutalität machten
die Dioskuren den zweiten Angriff. Sie wollten jetzt Mittagbrot essen. Die Kriegsführung war unerbittlich. Ich
hatte zwei Römer vor mir; oder hinter mir. Nun vollzog
sich etwas, was mir bis zum siebzigsten Geburtstag vor der
Seele stehen wird. Ich faßte den einen, während der andere

fast gleichzeitig entkam. Hoch oben stand ich während dieses Vorgangs, und jetzt ließ ich den Verhafteten auf das Forum hinunterspringen. Die wilde Genugtuung, die ich dabei fühlte, läßt sich in Worten nicht beschreiben. Ich hatte einen Moment an den tarpejischen Fels gedacht; aber der Weg war zu lang. Während ich dann befriedigt hinabstieg und nach Neros goldnem Haus hinübersah, dachte ich an die Erzählung von einem Bürger aus Galizien, der gewettet hatte, er könne, solange ihm der Schneider Maß zum Anzug nehme, mit dem Kratzen pausieren. Es ging aber nicht. Und er sprach zu dem Schneider, während er sich listig mit dem Finger scheuerte: »Machen Sie mir *hier* einen Knopf… und *hier* einen Knopf.« Und während er an der Seite herumfuhr, dringender: »Und *hier* einen Knopf!«

Alles das stand mit einem Schlag vor meiner Seele, als heut morgen in der Stadtbahn römische Erinnerungen dämmerten, während durch zwei offene Fenster sozusagen die Frühlingsluft strich. Herr von Kröcher und Herr von Kayser befinden sich immerhin in Haft; ich darf sie nicht aus den Augen verlieren. Soll ich auf sie einen Stein werfen? Ich soll es nicht. Herr von Kayser ist bei Hofe vorgestellt worden. Wie schmerzlich mag es dem jungen Mann ohnehin sein, daß er nach den Einladungen zu Hoffesten, an die er festgestelltermaßen gewöhnt war, im glanzlosen Moabit lebt. Kayser soll gewerbsmäßig gespielt, Kröcher soll geschleppt haben. Der wahre Held jedoch, Herr Wolff, ging auf Reisen. Herr Wolff spielte nicht richtig. Er war der Unternehmer, der weitschauende Kopf, der Gründer des Geschäfts, der Anstaltsleiter, der Betriebsprinzipal – kurz, daß ich's ganz zusammenraffe: der Verleger. Kröcher war bloß junger Mann beim Verleger. Schon Gustav Freytag hat auf die geringen wirtschaftlichen Fähigkeiten des Adels hingewiesen, der vor bürgerlichem Unternehmungsgeist in die zweite Reihe gedrängt wird. Daß der entlassene Offizier einen subalternen Posten innerhalb des Instituts bekleidete; daß er bloß für den andren die Sache hochpinscherte; daß er sich am Schluß festnehmen ließ, während der Brotherr in die Ferne schweifte: das wirft auf die

Struggle-for-lifer-Gaben unserer Aristokratie ein ungünsti-
ges Licht. Man könnte auch als Chronist die Behauptung
fallenlassen, es gebe zu denken. Zweifellos. Und so schließen wir diesen Absatz mit der Bemerkung: das gibt denn
doch zu denken.

Schließen wir überhaupt den Brief damit. Es wäre auch
sonst höchstens noch »Vicky« zu erwähnen, ein Schauspiel
von Otto Fuchs-Talab, welches heut, als am Freitag abend,
im Berliner Theater gespielt wurde. Vicky ist österreichischer Kadett. Sein Vater ist Galeriedirektor, seine Mutter ist
Ehebrecherin. Sie reist mit einem Maler ab. Vicky ist herzig:
er schlägt sich für die Mutter. Er liegt schwerkrank darnie-
der. Es gibt viel Rührung. Vorher ist das Schauspiel glatt und
geschickt und von erfahrener Wiener Hand gemacht. Der
Beifall hätte in diesem Hause stärker sein dürfen.

Immerhin: mir liegt die Frage am Herzen, was aus
der Romreise wird. Sie gibt zu denken. Jedenfalls dürfte
der nächste Brief, wie sich der Fall auch entscheide, um
11,4 Zentimeter länger sein. Schluß. Adieu.

19. Februar 1899

Also Liebermann, Skarbina, Leistikow et tout le reste (die
Yvette spricht das: etulrääääähste) wollen etwas Gründliches gründen. Ich möchte keinem für Kunstkritik bestall-
ten Mitmenschen vorgreifen; ich möchte nur eben sagen,
daß sie etwas Gründliches gründen wollen. Draußen beim
Theater des Westens hoffen sie auszustellen. Dieses Bühnenhaus steht gleich einer Maeterlinckschen Sagenburg,
vom Schicksal knurrend umgraust, ein gar geheimnisrei-
cher Schlemihl aus Ziegelsteinen, voll schrecklicher Wunder. Daneben ist ein Garten; mit Marmorbildern still geziert, mit Hypotheken reich belastet. Das soll der Garten
der Erkenntnis werden. Liebermann holt den Vogel herunter, der schweigend-mystisch über dem Garten schwebt,
den Pleite-Geier. Liebermann wird ihn beschneiden an
den Füßen; Skarbina wird ihn kämmen und schmücken;

und Leistikow wird ihn dabei festhalten. Dann verkleiden
sie ihn als Phönix.

Was ich sagen wollte: es gibt die merkwürdigsten Nah-
rungszweige. So zum Beispiel die Malerei. Sie ist eine
Kunst; aber was nebenher in Berlin so mit unterläuft, das
sind Beiträge für die niedere Komödie. Welche Mittel werden angewandt! Das Heiligtum, die Weihe und der Musen-
kuß, na ja; und nebenher der listige, angstvolle, zähe Kampf
um den Verkauf, um die Verkehrsstellung, um drei Zeilen
unter dem Strich. Es gibt welche, die erholen sich nicht in
Gesellschaften; sondern der ernstere Teil der Arbeit beginnt. Mit zusammengebissenen Zähnen schreiten sie zum
Festmahl. Der Blick ist geschärft, alle Sinne werden kon-
zentriert, eine geniale Einseitigkeit läßt sie beim Gespräch
immer bloß einen Gedanken hegen: ob das Luder kauft?
Das Tischweib zur Linken, das Tischweib zur Rechten, Engel können sie sein – mögen sie glücklich werden! Nein,
häßlich können sie aussehen wie ein Stück Unglück, falsch
dürfen sie sprechen, eingesetzte Zähne sollen sie haben, be-
labern sollen sie sich beim Weintrinken: wenn sie bloß Bilder kaufen. In Novellen liest man, daß eine Gesellschaft
»durch die Anwesenheit einiger bekannter Erscheinungen
aus dem Schwarm des fröhlichen Künstlervölkleins belebt
wurde«. Der Kundige murmelt: oi, oi. Einen Künstler gibt
es in Berlin, welcher durch Melancholie Bilder verkauft. Er
nimmt vierzigtausend Mark im Jahr ein und ist verheiratet.
Er setzt sich neben die Frauen von Maschinenfabrikanten,
größeren chemischen Instituten und Bankgeschäften. Er
soll mit den Tischkarten mogeln. Das Tischgespräch endet
mit der Zusage eines Atelierbesuches. Die Zusage wird von
der Frau nervös und mit scheinbar gleichgiltiger Stimme
gegeben. In Begleitung des Mannes geschieht der erste Besuch (es ist der letzte, sie weiß es bloß nicht). Dem Gatten
sind Bilder eklig; er wird dumm gemacht, wie immer.
Wenn beim Besuch nicht auf Anhieb ein besseres Pastell gekauft wird, entschließt sich der Künstler, das Novellenma-
nuskript aus einer Truhe zu holen, das für solche Zwecke
bereitliegt. Er liest seine Novelle vor. Daß sie ungedruckt

ist, interessiert den Fabrikanten wahnwitzig. Die Frau ist
aber wirklich mit der Seele dabei. Hiernach erfolgt regelmäßig ein Bilderankauf. Wieso, weiß man nicht; aber die
magische Tatsache steht fest. Nach der ersten Zusammenkunft erlahmt die Schwermut des Künstlers. An ihre Stelle
tritt Gelassenheit. Und die Umstände fügen es, daß ein weiterer Verkehr nicht stattfindet.

Es gibt auch Künstler, die reiche Verwandte haben. Auch
sind sie mit Glücksgütern selbst versorgt. Bei denen kauft
die Verwandtschaft Bilder, d.h. ohne Amortisation und
auch nicht mit Anzahlung, und schenkt sie der Nationalgalerie. So wird der talentvolle Cousin hochgepinschert.
Die Nationalgalerie, welche die deutsche Hauptstadt in
neuer Kunst vertritt, muß von Geschenken leben, und so
weist sie nicht alles zurück. Questa è la vita. Verzeihlich ist
die Erregung des Künstlers, der eine Sonderausstellung
macht. In einem der vier oder fünf Berliner Kunstsalons
findet sie statt. In einem dunkeln kleinen Nebenraum kauert, lauert der Maler. Er verkriecht sich hinter ein Sofa mit
höherer Lehne. Mit leise wackelnden Ohren, zum Knäuel
geballt, saugt er die Äußerungen der Betrachter ein. Die
Kritik mißhandelt ihn, vergewaltigt ihn, meuchelt ihn. So
will er zur Abwechslung hören, wie die Laien schimpfen.
Nicht alle tun das. Wenn er die Stimme eines bedeutende-
ren Kohlenmenschen gewahr wird, oder wenn Elektrizi-
täts-Aktien die Bilder besichtigen, dann bebt sein Ohr
leise, leise. Und er fragt sich zagend: ob das Luder kauft? ...

Manche geben Malstunden. An junge Damen aus edlen
Tiergartenhäusern. Das trägt unter Umständen fünfzehntausend Mark Jahreszuschuß. Einzelne sind recht begehrt.
Sie machen um elf einen Rundgang im Atelier, wo diese
Weiberchen sitzen. Sie werfen einen Pädagogenblick auf
das Geleistete, mit Fassung, röcheln einen Fingerzeig und
entfernen sich. Manchmal sitzen fünfzig Mitgiftmädchen
so beisammen und beschmieren Leinwand. Öfter kauft
diese, öfter aber auch jene von ihrem Taschengeld ein Bild
des Meisters. Der Meister, welcher vermählt ist, zieht mit
der ganzen Schar zuweilen hinaus in Gottes freie Natur.

Wenn es erlaubt, ist Halensee mit diesem Ausdruck zu belegen. Im Gebüsch verteilt, sitzen die Mädchen da und machen allerhand Bewegungen mit ihrem Pinsel. Sie helfen der Freilichtmalerei endlich auf die Beine. Nachher fahren sie nach Haus Mittagbrot essen. Ihre Mütter aber pressen den Meister, bis er ihren Empfangstag besucht. Jede hat ihren Empfangstag. Die eine bekommt manchmal die Halluzination, sie stamme aus dem Ausland; obgleich doch die Provinz Posen in allen ihren Teilen zu Preußen gehört. Jedenfalls spricht sie dann französisch und erklärt: je reçois tous les mardis. Das sprach sie auch zum Meister. Was sollte er tun? Er war ein geübter Märtyrer, er schützte nicht mal die Unkenntnis dieser Sprache vor. Die Genossinnen aber im Atelier verbreiteten aus Neid und Wut folgendes: die Ausländerin sei eines Tages im Coupé in Schlummer gesunken, als sie mit ihrem Gatten reiste; in der Zwischenzeit stieg eine Person ein und fuhr zwei Stunden lang mit; als nun diese Person ausstieg, erwachte die Schlummernde und rief durch das Coupéfenster ihr nach: je reçois tous les mardis. Das ist natürlich nicht wahr. Immerhin: se non è Verdi, è ben Trovatore.

Das wären die wichtigsten Vorgänge aus dem Reiche der bildenden Kunst. Um die Leser auch über das Musikleben auf dem laufenden zu halten, sei mitgeteilt, daß ein neuer Gesang die Straßen durchklingt. Die Worte scheinen noch wesentlicher als die Melodie. Sie drehen sich um die Frage, ob für eine Person weiblichen Geschlechts, von der nicht klar wird, ob sie ledig oder vermählt ist, eine Sitzgelegenheit durchaus nicht beschafft werden könne. Der Taufname der Ermüdeten ist Hulda. Man darf annehmen, daß der Fragesteller unter keinen Umständen ihr Gatte ist, mag sie selbst welchem Zivilstand auch immer angehören; denn ein Gatte würde den Eifer für die Beschaffung der Sitzgelegenheit nicht so intensiv empfinden. Ob der Grund für Huldas Bedürfnis eine dauernde Schwäche in den Beinen ist oder bloß eine vorübergehende Mattigkeit, das steht gleichfalls nicht fest. Man kann wohlwollend annehmen, daß es sich um eine mit Tugenden reich gesegnete Erschei-

nung handelt, welche bloß das kleine Laster hat, nicht
lange stehen zu können. Wie aber dem sei: der Begleiter
forscht nach keinen Gründen, bloß nach ihren Wünschen.
Er fragt: »Ist denn kein Stuhl da – für meine Hulda?« Er
wiederholt die Hauptpunkte in besorgter Eindringlichkeit:
ist denn kein Stuhl da, Stuhl da. Stuhl da – für meine
Hulda, Hulda, Hulda? Die Melodie bewegt sich in aufstei-
gender Tonreihe, die bei erster Nennung des Namens
Hulda die Höhe erklettert. Das Ganze klingt wie ein ent-
kräfteter Schrei, temperiert durch den Dreivierteltakt.
Hulda drängt die Tante aus Polzin in den Hintergrund. Um
das Bienenhaus kümmern sich auch nicht mehr viele. Von
der Überwindung Kille-kille-Pankows gar nicht zu reden.
Selbst »weißt du, Muatterl, wos i träumt hab'« mit der
daran knüpfenden Mitteilung, Redner habe »in Himmi
eini g'sehn«, verführt heut niemanden. Keine Selbsttäu-
schung vermöchte über die Tatsache hinwegzuhelfen, daß
Hulda gesiegt hat.

Ein lustigs Lied ist in diesen Zeitläuften nötig. Da wir in
wichtigeren Dingen so wenig Freiheit haben, lebt sich die
Volksseele in diesen verhältnismäßig harmlosen Vergnügungen des Witzes und Verstandes recht kraftvoll aus. Daß
das rote Haus in der Königsstraße (ein ungemein rotes
Haus!) bereits die Wartburg genannt wird, hat man gelesen. In dieser Wartburg scheint es keine Ritter zu geben.
Bloß einen Orden frommer Männer, die sich in den christlichen Tugenden der Demut und des Mundhaltens üben.
Es muß geradezu eine Gesellschaft von Geißelbrüdern
sein, die bei jedem Schlag, der auf ihren Rücken saust,
hehre Schauer fühlen. Sie halten die hintere Seite gleich
hin. Sie sind groß und stark und konsequent in der Abneigung gegen Konflikte. Hier hat sie an Festigkeit noch niemand übertroffen. Sollten sie in ihrem Beruf, in der Entsa-
gung, zugrunde gehn, so werden sie in Fried' und Freud'
dahinfahren. Auch wir werden dann Fried' und Freud'
empfinden. Jedes Volk hat die Regierung, die es verdient.
Jede Stadtverwaltung verdient so lange zu warten, wie sie
sich geduldet. Ein Abgeordneter unseres Landes heißt

Stockmann. Das ist ein Witz des Schicksals. Wir haben keinen, der ein Stockmann wäre. Bis er kommt, schmettern
die Männer zwischen Frankreich und dem Böhmerwald
das inhaltsvolle Lied von der Hulda. Sie sollen – – – –!

5. März 1899

Die Gedanken vieler Berliner sind auf den Papst gerichtet.
Sehr begreiflich. Seitdem die Zentrumpf-Partei an der
Spitze der deutschen Angelegenheiten marschiert, ist der
Vatikan für uns eine doppelt wichtige Sache. Ganz zu
schweigen von dem menschlichen Anteil für einen Neun-
zigjährigen, der überdies noch Verse macht. Der römische
Papst dichtet, wie der Deutsche Kaiser komponiert. Die
Aufnahme freilich, welche die Leistungen beider Potenta-
ten gefunden haben, war verschieden. Die Verse des Papstes begegneten einem ehrfürchtigen Schweigen, während
der Sang an Aegir allenthalben fröhliches Händeklatschen
zeitigte. In der Schule lernten wir lateinische Verse machen; Anleitung zu deutschen Versen gab es nie. So aber
konnten wir uns in die Seele Vergils versetzen, welcher
einmal vierundzwanzig geschlagene Stunden zu einem
Hexameter gebraucht haben soll. Die Unfehlbarkeit des
Papstes kommt vor dem eisernen Gesetz dieser Längen
und Kürzen nicht in Betracht; die Sache muß stimmen, sie
muß gelernt sein. Auch das Komponieren muß eigentlich
gelernt sein. Welche von beiden Künsten aber nun die
schwierigere sein mag, stehe dahin; in jedem Falle wird das
Haupt eines Thronsitzers, der kunstfroh und ausübend ist,
von einer privaten Gloria umleuchtet, umflimmert, umschwebt, neben dem Herrscherglanz.
    Eine seltsame Magie steigt für den Romwanderer von je-
ner Stätte auf, wo jetzt der alte Mann auf dem Lager ruht.
Seitlich von der Peterskirche erhebt sich etwas – so zwischen gelb und braun und rötlich schwankend; mit vielen
Fenstern; fast zurückgezogen und versteckt, ja, man
könnte sagen: auf der Lauer liegend. Das ist der Vatikan.

Eine Festung, ohne jedes Abzeichen des Krieges; im gei-
stigsten Sinne. Die verschwiegenen Fenster schielen vor,
wenn man der Grabstätte des Petrus, über die Michelangelo seine Kuppel wölbte, mit aufgerissenen Augen naht…
Über dieser ganzen Stadt liegt Blutdunst. Golgatha, Golgatha! Am Morgen sieht man erschüttert den Gigantenbau,
wo einst die Christen den losgelassenen Bestien zum Vergnügen der Einwohner vorgeworfen wurden; und am
Abend (am ersten Abend, den ein Deutscher in Rom verbringt) sitzt man draußen auf den Stufen des Vatikans und
denkt über die Tragikomödie der Weltgeschichte nach;
denn hinter diesen Mauern wohnt die zweite Macht, welche das alte Raubtier Rom beerbte; von hier aus wird –
nein: wurde die Welt regiert. Der Zauberer übt von hier
aus den Einfluß auf die Gemüter, bis nach Australien; Einfluß, der kaum menschlich und doch allzu menschlich ist.
Beruhigt euch, die dritte Macht ist unterwegs.

Auf den Stufen des Vatikans sitzt man mit zusammengeschnürter Kehle, in halber Verzweiflung über das Nutzlose
des weiten Menschheitsgeschicks. Man reißt sich los, und
wie zur Befreiung vom Seelenkrampf läßt man sich von
zwei flinken Rößlein wegführen aus diesem scheintoten
Stadtteil mit den schweigenden Säulen, man springt dann
aus dem Wagen auf einen abendlichen, stürmisch belebten
Platz, wo vor den Cafés moderne Menschen herumwim-
meln und die Zeitungsverkäufer brüllen. Der eine schreit:
»L'Avanti! L'Avanti! L'Avanti!« Man stürzt auf ihn los. Gerade dieses Blatt muß es sein – in diesem Augenblick. Es ist
die Erlösung. Und wenn man es überflogen hat; wenn die
Seele von der unsäglichen Erregung dieser niederschmet-
ternden, einzigen Stadt nur ein wenig zur Ruhe gekommen ist: dann drängt sich gleich die notwendige Frage auf:
und die vierte Macht? Wann beginnt die vierte? Die dritte
ist die letzte nicht. Es gibt nichts Alleinseligmachendes,
auszunehmen selbstverständlich die römische Kirche.

Der Kanossagänger Heinrich, wenn man einem deutschen Dichter glauben darf, fraß den Groll hinunter und
erhoffte die Rache von der Zukunft Deutschlands. Dort

wird der Mann erstehen, »der die Schlange meiner Qualen
niederschmettert mit der Streitaxt«. Jawohl!! Schon froh-
lockte man, daß in diesen Versen Bismarck geahnt worden
sei; poeta propheta – und so weiter. Aber der derbe Empor-
kömmling konnte gegen die eingesessene Jahrtausendmacht
nicht an. Er focht mit einem Gespenst, der Mann des Fleisches und Blutes. Er hieb in die Luft und zog mit Beulen ab.
Diese Macht kann nicht durch einen Mann gestürzt; sie
kann nur durch eine Bewegung abgelöst werden. Vielleicht
ist die Ablösung Auflösung? Vielleicht geschieht ein Aufgehen im Neuen? Jede Helferin soll willkommen sein; am Or-
ganisationstalent der römischen Kirche hat noch niemand
gezweifelt; man soll sie organisieren lassen; zum Schluß
nimmt man ihr die Sorge mit einem kräftigen Händedruck
des Dankes ab … Die Italiener sehen auf diesem Gebiet
schon heller und weiter als wir. Der Don Albertario, welcher mit den Aufrührern sozialistischen und anarchisti-
schen Bekenntnisses ins Zuchthaus geworfen wurde; der
mit dem letzten Fanatismus freiheitlicher Gesinnung als ein
unerschlaffter Kämpfer für die Volksrechte eintrat: der war
ein Kleriker. Generale sperrten ihn in den Kerker; Waffen-
träger sind es, die auch die anderen vergewaltigt haben; und
noch jetzt ist die Amnestie für dieses Fähnlein der begeisterten Menschenhelfer nicht zur Tat geworden. Wenn man
zu wählen hat zwischen dem Soldatentum, wie es heut als
gewalttätiges Werkzeug überlebter Instinkte die Menschheit bedrücken kann, und zwischen dieser Kirche, die mit
unkörperlichen Schwertern ficht und einen wundervollen
flair hat für den jeweiligen Stand der Entwickelung; welche
die Dinge sich zu eigen machen, nicht sie niederkartätschen
will: dann wird man das kleinere Übel von zweien in ihr
sehen. Immer ruhig organisieren lassen – und dann den
Händedruck.

In diesen Tagen des odendichtenden Papstes schreitet
auch der Ketzer mit stillen Gefühlen, stiller am Vormittag
als am Abend, vor jener verborgenen Fensterfront entlang,
hinter welcher der alte Herr Pecci gebettet liegt. Man
braucht den hysterischen Zauber nicht mitzumachen, wel-

cher durch Paul Bourget und andere katholisierende Snobs heute getrieben wird: aber den starken seelischen Wirkungen dieser leisen, besänftigenden Welt entzieht sich niemand. Wer durch das Tor schreitet, erblickt zum Überfluß einen kleinen Kirchhof zur Linken, und über der Pforte steht in schweigenden Lettern: »Teutones in pace«. Sehr seltsam, dieses teutones in pace. Man sieht die paar Gräber der Deutschen, die hier in Frieden schlafen. Ein paar deutsche junge Kleriker – vielleicht sind sie aus Ingolstadt? vielleicht sind sie aus Neiße? – gehen still vorüber, lächelnd, von der Vormittagssonne beschienen, und das blonde, kurzgeschorene Haar ist von keinem Hut bedeckt; sie sind hier beheimatet. Sie sehen aus jungen, leuchtenden, stillen Augen im Vorbeischreiten nach der versteckten Fensterfront drüben, vor der sich die Kuppel kolossalisch reckt, und mit den Fingern streifen sie wie spielend an dem kleinen Gitter lang, über welchem geschrieben steht Teutones in pace. Ja, es ist eine Zaubersphäre. Sturmgefriedet liegt dieser Winkel der Welt, die scheintote vatikanische Stadt, in deren Lüften gleichsam zusammengedrängt das tiefe Wunder des Katholizismus weht. Der alte Herr mit den spitzen scharfen Zügen ruht in seinen Betten. Die Kardinäle sind an der Arbeit. Eine lautlose Arbeit, verborgen, scheintot. Der Nachfolger wird weiter organisieren, wie der Vorgänger. Er wird für dieselben Mächte organisieren, wie der Vorgänger. Und eines Tages schlägt die Uhr, und der Oberpriester sieht, wie groß die Bewegung geworden ist und wie die Soldateska immerhin die schlechtesten Aussichten hat. Und er betätigt den flair. Und er treibt in den Arm der neuen Macht, welche schon Millionen für sich hat, die Zehnmillionen und die Hundertmillionen. Die Götterdämmerung bricht an. Und es heißt: homines in pace. (Genauso, Leser, kommt es.)

Um von anderen weltbekannten Dingen zu reden: Friedrich Spielhagen hat sein Jubiläum hinter sich. Er ist in der Philharmonie festlich gespeist worden. Somit nahm er das gute Recht hin der namhaften Männer seines Alters: keiner von ihnen wird sans phrase geehrt. Der Jubilar dürfte nach menschlicher Berechnung dieses Fest nicht ungern mitgemacht haben. Fontane besaß kein Talent zur Feierlichkeit und mußte zur Ehrenmahlzeit halb gezwungen werden. Spielhagen besitzt ein lebhaftes, ein bemerkenswertes Talent zur Feierlichkeit. Die Worte vom »greisen Jüngling« sind mit Recht auf ihn mehrfach angewandt worden. Aber das persönliche Wesen dieses greisen Jünglings zeigt recht viel Formales. Den bloßen Menschen, losgelöst von herrschenden Kulturformen, kann man sich schwer in ihm vorstellen. Mein geistiges Auge sieht Spielhagen im Gesellschaftsrock. Weiß der Teufel, wie der Mann in eine demokratische Richtung als Autor verschlagen worden ist. Er muß sich in völlig anderen Lebensverhältnissen bewegt haben, als er vor Zeiten diese Bahn beschritt. Alles Trockene ist ihm sicherlich fern: und dennoch ist er im Leben ein Regierungsrat. Steifheit im gewöhnlichen Sinne ist sein Fall nicht; die impulsive Art seiner belebten Rede kann sogar ehrliches Vergnügen wecken; und dennoch – seine Seele trägt einen Scheitel! Der hochoffizielle Zug seines Auftretens ist unter denen, die sich seine Freunde nennen, mehr als gerecht ein Anlaß zum Spaßen geworden. Keiner sagt es ihm aber ins Gesicht. Warum nicht? Schade. Ein Vierundsiebzigjähriger, der bereits das Ehrenessen seit vier Wintern hinter sich hat, meinte zu mir im Hinblick auf das Spielhagenfest: »Da wird *viel* gelogen werden!« Ich hatte keine Zeit, im einzelnen festzustellen, ob er recht hatte. Ich weiß nicht, ob Spielhagen unter anderem wegen seines sympathischen Verhaltens gegen die jüngere Literatur gerühmt wurde. Mir ist so. Über die Tiefe und Überzeugtheit dieses Verhältnisses sind seine Freunde auch nicht einig. Schade. Und doch verdiente Spielhagen, der Mensch (ich rede vom Menschen) und der Schriftsteller, die volle Wahrheit zu wissen. Er hat alle liebenswürdigen Züge der Alten, die sich gegen das Alter sträuben. Dieser Heldenkampf gegen die Vergänglichkeit gewinnt ihm die Herzen, auch der Jugend. Und er ist versöhnlich. Wenn er mit jemandem einen Strauß hatte, schreibt er ihm sicherlich hinterher einen versöhnungsvol-

len, besänftigenden, mildernden Brief, der allerdings zu
spät eintreffen kann. Er ist nicht nachtragend. Nachdem er
als der Vorsitzende einer literarischen Gesellschaft Herrn
Maximilian Harden ausgeschlossen – ganz formell ausgeschlossen, ohne mildernden Umstand –, wurde er doch
sein Mitarbeiter, als der Ausgeschlossene dann seine so erfolgreiche Zeitschrift herausgab. Was den Schriftsteller in
Spielhagen betrifft und seine Bedeutung für das Geschlecht
nach Achtundvierzig, so brauch' ich davon um so weniger
zu reden, als er in diesen Blättern jüngst gefeiert worden
ist.

Apropos Maximilian Harden. Ich habe die letzte Nummer der »Zukunft« gelesen. Die Würde, die Versöhnlich-
keit, die Haltung, der Ernst, womit er auf Mehrings Flugschrift erwidert: das ist zum Schreien. Er will wohl nach
der kompromittierlichen Wendung seiner Angelegenheiten
vornehmer Schriftsteller werden? Bei ihm fragt man immer nach dem tieferen Grund. Als Talleyrand starb, erwog
man: warum mag er das getan haben? Ähnlich bei unserem
einsamen Apostaten mit der großen Geschäftstüchtigkeit.
»Sie wissen, daß meine Kenntnis volkswirtschaftlicher Zusammenhänge minimal ist.« Auf diesen Satz, den er um die
Zeit der Zukunftsgründung an Mehring schrieb, geht er
bedauerlicherweise nicht ein; er hatte wohl keine Zeit
dazu, weil er gerade der deutschen Wirtschaftsgeschichte
nachsinnen mußte und vielleicht auch das Wort »Cobdenismus« mit gelassenem Ernst und wehmütiger alter Ver-
trautheit niederschrieb. Ich kann aber auf seine sonstige
Verteidigung auch nicht eingehen für heut und schließe
mit dem wiederholten warmen Wunsch, daß er – zunächst
in Weichselmünde – glücklich werden möge. Und auf die
Festungsbriefe mit Ärmeln warten wir. Adieu, Leser.

2. April 1899

Ein einziges Thema bewegt die berlinischen Herzen: Familie Rosengart. Diese Familie ist eine interessante Familie. Schon lange hatte man gedürstet, einen Haufen Übermenschen beisammen zu sehen – endlich gelang es. Fern von den großen Verkehrsmittelpunkten wuchs, blühte, wirkte Familie Rosengart, im kernigen Ostpreußenland. Es ist der Bezirk jener sagenhaften Gestalten, welche der Schriftsteller H. Sudermann im jüngsten Drama vorführt; die Bernsteinerde, wo der Knecht Hans Lorbaß Jahrhunderte vor Becker und Stantien ansässig war; wo eine Zeitlang Prinz Witte lebte, der Mann der Reiherfederpose, der gumbinnische Hamlet. Auch Kant soll die Provinz Ostpreußen bewohnt haben. Und Nietzsches Jubel über die Familie Rosengart wäre um so stürmischer gewesen, als sie zum Possen hart bei der Stadt des kategorischen Imperativs hauste.

Was liegt uns daran, ob Hanna Rosengart ihren Gemahl totschießen ließ oder nicht? Der Mord ist kaum so belangvoll wie das Drum und Dran dieser deutschen Familie. Ein diable boiteux geht bei Lesage umher und hebt durch einen Zauberkniff die Dächer ab, so daß man in die Wohnungen der Menschen blicken kann; was da sichtbar wird an verborgenen Schicksalen, ungeahnten Vorgängen, das ist erstaunlich. Ein hinkender Teufel hat auch in Zögershof das Dach abgedeckt. Man sieht gerade, wie die gnädige Frau –. Aber man soll sich nicht in Einzelheiten verlieren. Kurzum: die gnädige Frau ist eine gesunde und kräftige gnädige Frau, und die verzärtelnde Kultur der zahmen Gegenwart vermochte nicht, ihren Neigungen die angeborene Frische zu rauben. Nachdem sie dem Staat zehn Kinder geschenkt, wovon fünf am Leben blieben, waltet sie, die züchtige Hausfrau und Mutter der Kinder, in der Speisekammer wie auch im Keller mit einer gewissen Unermüdlichkeit. Voll Tatkraft beschützt sie den Gatten vor wütenden Arbeitern, schleppt ihn aus der Kneipe nach Haus, wenn er – um eine Bezeichnung aus Lassalles Bres-

lauer Knabentagebuch zu brauchen – »en Schwein« ist, sie
läßt sich von ihm mächtig verhauen und sieht auch sonst
nach dem Rechten. Geld ist da wie Heu, beinah drei Millionen, und Not leidet diese Agrarierin ausschließlich an
Männern. Das Motto ihres Lebens scheint: O lieb’, solang
du lieben kannst. Und wie meistens ist das zärtliche Temperament mit äußeren Reizen begnadet. Fontane sagt:
schöne Männer sind schwach. Er hat recht, so gewiß nicht
alle schwachen Männer schön sind. Frau Rosengart war
eine femme à hommes, weil sie Männern in die Augen
stach. Sie waren hinter ihr her. Sie ist wirklich hübsch – für
Berlin wurde sie eine volkstümliche Gestalt, denn die Zeitungen haben ihr Bild veröffentlicht, damit es weiten
Schichten der Nation zugänglich werde. Man sieht, auch
geistig, diese Renaissancegestalt vor sich, in Lebensgröße,
wie sie aus dem vollen wirtschaftet, auf Übertünchungen
kein Gewicht legt, man hört ihre losgebundene, rein
menschliche Sprache, wenn sie den Inspektor »mein Lang-
beinchen« lächelnd benennt, wenn sie den Wunsch äußert,
ihr Gatte möge das Genick brechen, und sie möchte gern
eine Belohnung zahlen, wofern einem Kutscher durch
Wagenumschmeißen diese Wirkung gelinge, und wenn sie
in sittiger Rede zu Gleichniszwecken einen Bullen heran-
zieht. Kurz und gut: die Frau hat Hand und Fuß, sie ist ein
Übermensch.

Auch die Kinder der Überfamilie fesseln in Berlin den
allgemeinen Anteil. Die Übermenschen August Rosengart
und Karl Rosengart, die im zarten Alter von achtzehn und
fünfzehn Jahren stehen, erbrechen jene Speisekammer,
welche der Schauplatz so mancher Übermenschen-Tat gewesen sein soll, und betrinken sich furchtbar an Rotwein
und Cognac. Ungebändigt walten auch bei ihnen die Regungen renaissancemäßiger Naturen. Schwer bezecht liegen die Jünglinge ausgestreckt, total »en Schwein«, und als
nach dem Erwachen der Leiter des Haushaltes für die Zukunft diese stillen Gelage zweier Brüder verbietet, fassen
sie den Plan, ihn zu erschießen.

Der Leiter des Haushaltes ist gezwungen, Herrn Adameit zu Hilfe zu nehmen, den Überonkel. Dieser Adameit, welcher seine Schwestern gern köpfen lassen wollte und die Finanzen der Rittergüter nicht ungern verwaltet hätte, ist nach den Zeitungsberichten »ein großer, schöner Mann mit blondem Bart«. Der Überonkel strebt das Vertrauen des Neffen August zu gewinnen und erbietet sich, ihn in das Leben einzuführen. Unter seiner Leitung macht der Jüngling die ersten belangvolleren Schritte in der Stadt, im Liebesleben. Nicht minder auf die kleine Nichte wirkt der große, blonde Adameit erziehlich ein. Alles in allem: wäre nicht der Referendarius Wolff gewesen, ein hervorragend tüchtiger Mensch in vielfacher Hinsicht, wer weiß, ob seine Braut Johanna nicht doch die Verurteilung erlebt hätte. Auch von den sonstigen Zeugen dieses Prozesses gewann man anheimelnde Bilder. Aus dieser Schar hatten bloß zwei im Zuchthaus gesessen, und einer Inspektorsgattin ward als mildernder Umstand für ihre Konfusion angerechnet, daß sie Brennspiritus zu trinken pflegte; die Dame war auch in der Verhandlung molum. Zweifellos wäre es kindisch, Ostpreußen nach den Ergebnissen dieses Prozesses als ein verkommenes Sumpf- und Seuchenland hinzustellen. Niemand ist so dumm. Aber das allgemeine Kulturbild, das hier auftauchte, ist nicht wegzulöschen. Man wage nicht, fernerhin die naturalistischen Dichter zu schmähen; sie bleiben hinter der Wahrheit zurück. Kein meckernder Keuschheits-Eduard erlaube sich noch, in deutschen Zeitschriften wegen der übertreibenden Schmutzphantasie neuerer Autoren zu winseln. Als Gerhart Hauptmann im Sonnenaufgangsstück die ländlich-schändlichen Verhältnisse reicher Schollenbesitzer in Schlesien zeichnete, da erhob sich ein pharisäisches Geheul auf der ganzen Linie. Das sei in Deutschland nicht möglich; oder wie man in solchen Fällen sagen muß: denn doch Gott sei Dank nicht möglich. Es *ist* möglich. Und wir haben vielleicht zahlreichere Übermenschen, als wir wissen.

Gegen diese Stallrenaissance kamen andere Ereignisse nicht ernstlich in Betracht. Herr Séverin, der »größte Mimiker der Gegenwart«, und Herr Leo Hirschfeld, ein Wiener Dramatiker, stellten sich den Berlinern vor. Sie fanden

schwache Teilnahme; keine Ablehnung, doch Begeisterung
auch nicht. Leo Hirschfeld, der Verfasser des Schauspiels
»Die Lumpen«, verbeugte sich im Lessing-Theater mehr-
mals und erwies sich beinahe als den größten Mimiker der
Gegenwart. Ich fand an seinem Schauspiel alles matt. Manches noch matter. Man hat gelesen, daß der leidende Held
ein Schriftsteller ist; daß er den bösen Pakt mit der Bühne
schließt und dichterische Träume opfert; und daß er, emporgekommen, in der Seele verfettet. Einer mehr. Den Unterschied zwischen dem Anständigen und dem Unanständi-
gen spüren die Hörer an des Helden Gestalt kraft einiger
äußerer Momente; nicht sowohl kraft ernsterer Seelenzüge.
Gestern abend lernt' ich ihn kennen, am Gründonnerstag,
diesen Dichter im Schauspiel; und noch heute, als am Kar-
freitag, weiß ich nicht, wer er gewesen sein mag. Er ist wohl
eine unbezifferte Größe. Ist standhaft und anständig; schön.
Gibt nach und ist unanständig; schön. Möge er glücklich
werden, hol' ihn der Teufel. Kurz und gut: das Wesentliche
an diesem Stück ist, daß es in allen Punkten unwesentlich
ist. Es hat viel Abgegriffenes und kommt aus zweiter Hand,
auch aus dritter, auch aus fünfter. Die Literatenwitze, die es
zieren, sind manchmal drollig, manchmal nicht. Aber die
Forderung des Realismus, daß alles dem Leben entnommen
sein müsse, ist bei ihnen erfüllt. Einer in dem Werk sagt: wir
haben die Novellen unseres Freundes gelesen, und zwar
schon lange bevor er sie geschrieben hat. Wir könnten sagen: diese Scherze weckten viele Heiterkeit, und zwar als
sie zum ersten Mal gemacht wurden. Daß sie bloß zur
Kennzeichnung des Milieus dienen statt als Selbstzweck,
dazu ist das Stück nicht genug Milieustück und zu viel Ku-
lissenstück. Immerhin: es ist auch ein Anfängerstück. Möglich, daß sich Herr Hirschfeld entwickelt, zumal kein stürmischer Erfolg ihn so verdirbt wie seinen Helden. Die
Freude über seine paar schwachen Hervorrufe brauchte
man ihm weniger zu versäuern, wenn nicht etwas, beinah
eine Wallung, sich bemerkbar machte gegen dieses Greuliche, dieses Ewig-Gestrige.

Der Mimiker aus Paris spielte einen Pierrot. Er ist die

Hauptgestalt der Pantomime »'chand d'habits« von Catulle Mendès, die man im Metropol-Theater aufführt. Die Yvette hatte Herrn Séverin eine glänzende kollegiale Empfehlung gegeben; wir mißtrauten dem Kollegialen nicht genug; und trauten dem Glänzenden zu sehr. So war das Ergebnis eine Enttäuschung. Herr Séverin wirkt ganz annehmbar durch die Kunst der Linien; Linien des Körpers wie Gesichtslinien. Aber bestürzend wirkt er nicht. Wer von uns könnte dem Zauber widerstehn, den ein Pierrot ausströmt? Niemand. Meist ist es heute der arme weißgepuderte Bursch, der Maskengewandung trägt und im Herzen unendliches Leid verbirgt. Ja, man wird in diesen raffinierten Zeitläuften rasch so weit sein, daß der lustige Pierrot nicht mehr immer bloß dieser tragische, der bald als fou lunaire in verliebter Sehnsucht den Mond anstarrt und schmerzlich lächelt, bald als Bajazzo zerrüttende Eifersuchtsqual mit Leoncavalloscher Musik durchlebt. Der Zauber ist vorhanden, der Kontrastzauber, und bei Séverin wird er durch die Mitwirkung des Grausigen noch künstlicher hochgepinschert. Pierrot erschlägt einen Kleiderjuden; er raubt ihm, was er hat: einen Königsmantel und die Barschaft. Sowohl auf Schritt als auch auf Tritt steigt nun das Gespenst des Ermordeten, in den Keller Geschleppten, aus der Versenkung und stört ihm die Freude des Daseins. Herr Séverin hat das Amt, diese mißlichen Seelenverhältnisse durch tänzerisches Hinundhereilen, durch Verziehen der Gesichtsmuskeln, durch Handbewegungen kenntlich zu machen. Einem Landsmann jenes Kleiderhändlers erschien der Gebrauch von Händen und Armen beim Sprechen unentbehrsam; und als erzählt wurde, daß jemandem Arme und Beine abgefahren seien, fragte er bekanntlich: »Womit redet er?« Wir möchten im Gegenteil fragen, wenn jemand auf die Sprache verzichtet: womit redet er! Es scheint, daß die Sprache das geeignetste Werkzeug zum Reden ist. Wenn Kainz längere Gleichnisreden spricht, namentlich von Shakespeare, so versteht man ja auch die Worte nicht; immerhin kommt der allgemeine Klang der Stimme öfter zu den Bewegungen erläuternd hinzu. Die-

ser Séverin ist jedoch ein Trappistenschauspieler. Nicht mal
wie die Taubstummen, die zuweilen Grunztöne einlegen,
äußert er sich. Er schweigt so leidenschaftlich, als hieße er
Maximilian Harden und man fragte ihn, wo Treitschkes
Brief sei. Im Grunde aber sind, wie gesagt, seine Gesichtsmuskeln nicht talentvoll genug, den Mangel der Rede vergessen zu machen. Er sollte nur in Stücken von Skowronnek, Stratz, Leo Hirschfeld, Richard Voß und Ernst
Wichert auftreten. Es wäre ein Genuß, und er müßte alle
Rollen zugleich übernehmen.

Als ich nach dem Theater am Gründonnerstag in be-
greiflicher Schwermut die Friedrichstraße entlangzog, fiel
mein Blick auf das Schild eines Lokals, drauf weithin sichtbar als Bierlieferant Haase in Breslau angegeben war. Etwas
im Inneren regte sich mir – auch ich war in Breslavien geboren –, und ich drang ein. Es war keine Einbildung, die
meisten Leute an den Tischen redeten schlesisch. Ich sah
mich nach der Ellenmalchen um. Risch und munter –

> Risch und munter war se immer,
> Wußt vun keener Krankheit nich.
> Wenn der Tud su fix nich käme,
> Läbt’ se heite – das sag’ ich.

Aber sie kam nicht. Wie sollte sie auch, da sie bereits verstorben war? Jedenfalls trank ich das Bier von E. Haase aus
der Heimat, und mich ergriff, ich wußte nicht wie, himm-
lisches Behagen. Nach einem Jahrzehnt mannigfachster Erlebnisse trifft und grüßt man auf dem Daseinspfad das alte
Haasebier. Ein schlechter Kerl will ich sein, wenn etwas
Gleichgutes in Berlin gebraut wird. Herr Schultheiß, Herr
Bötzow, Herr Pfefferberg, Herr Patzenhofer, lassen Sie sich
begraben. Dieser Haase läuft besser als ihr.

Ich wüßte keinen Ausspruch, womit ich passender meinen heutigen Brief beschließen könnte. Adieu, Leser.

7. Mai 1899

Jemand sprach einen französischen Vers zu einer Gesellschaft. Er traf einen andren wie einen Blitzstrahl. Wer ihn
gedichtet hat, weiß ich nicht. Ich denke mir, er wird von
Musset sein. »En te perdant je sens que je t'aimais.« Wenn
ihn nicht Musset schrieb, wer weiß, welcher verblaßte Romantiker es tat, der uns sonst nichts mehr zu sagen hat. Wir
lachen vielleicht über seine anderen Verse insgesamt. Doch
über diesen zu lachen ist unmöglich. En te perdant je sens
que je t'aimais ... En te perdant je sens que je t'aimais.
     Der Winter ist zu Ende, auch in Berlin. Der Mai ist ge-
kommen, die Bäume schlagen aus. Es gießt und ist kalt wie
im Januar. Immerhin: der Winter ist zu Ende. Auf fünf Monate geht man auseinander. Es flieht der Zauber, der inmitten strahlender Erdenmenschen im Abendschein erhellter
Räume niederschwebte, aschblonde Haare und dunkle Augen oder dunkle Haare und rubenssche hold-verschwim-
mende Äuglein mit einsamen Reizen umwitternd. Wie ein
leichtes Gewinde wehten diese Haare manchmal um eine
stille, junge, nicht mehr reine Stirn. Und wie Sommerfäden
schwebten sie hoch über der frevelhaften Schönheit der
Brust und des Halses. Die eine glitzert, wenn sie tanzt; als
ob dies dunkle, ausgeschnittene Kleid sich in Tautropfen
gewälzt hätte, bevor es in den magischen Strahl der bunt-
gleißenden Glasblumen und mattgefärbten Flammenkel-
che kam. Mit etwas zagen Gefühlen saugt man den unzeit-
gemäßen Waldmeistertrank ein, der statt des Sekts den
Lenz verkündet. Und noch einmal zittert es aus den Licht-
kronen in der Mitte und aus den leuchtenden Blüten in den
Winkeln hernieder, einen süßen Wahnsinn in den Seelen
beschwörend. Der Frühling ist gekommen, es gießt mit
Bindfaden, der Abschied naht.
     Noch einmal sieht man sie im Theater sitzen; drei neue
Stücke von Schnitzler werden gespielt; justament von
Schnitzler! Man sieht eine Gestalt des Stücks, von der als
einer Verstorbenen geredet wird, die junge Frau eines Ge-
lehrten im Stück, eine leuchtende Verbrecherin von zartem

Leichtsinn, man sieht sie lebendig auf ihrem Sessel sitzen im Zuschauerraum, das Theater ist verdunkelt, man blickt kaum auf die Bühne, sondern immer querdurch über die Köpfe der von einem matten Schein erhellten Parquetmenschen nach ihr, die man so gut kennt; und man möchte jetzt im Halbdunkel wieder mit ihr allein sein und sie wieder in die Arme nehmen und sie totküssen. En te perdant je sens que je t'aimais. Der Frühling naht, die Menschen verreisen, und wen man in fünf Monaten lieben wird, von wem man in fünf Monaten wiedergeliebt wird, das wissen die Himmlischen. So ist das Leben. Was vor wenig Monden als ein Abenteuer begann, als Gesellschaftsflirt mit einem ersten frechen Kuß, das kann am Schlusse selbigen Winters mit einem Verbluten enden. Aber man verblutet nicht. Recht empfindsam ruft ein dunkeläugiger deutscher Romantiker vom Beginn dieses Säkulums, Clemens Brentano: »Was ist Scheiden anders als eine Träne und Wiedersehn anders als ein Kuß!« Es ist nicht wahr. Scheiden sind Küsse, Küsse, Küsse; und Wiedersehn ist ein Lächeln. En te trouvant je t'aimerai encore.

Soll man nun erzählen, was außerdem in Berlin los ist, so greift man nach einer Zeitung, die in einem Balkonzimmer, wo diese Zeilen geschrieben werden, auf einem kleinen Tische liegt. Aber was ist das für eine Zeitung! Es steht darauf: »Das Kränzchen. Illustrierte Mädchenzeitung«. Den Leitartikel bildet eine Geschichte »Lissy« von Bernhardine Schulze-Smidt. Als Motto über dieser Zeitung für junge Mädchen stehen die Verse:

> Gab Gott dir eine Kunst zu üben,
> Kann nie sich ganz dein Leben trüben.

Wenn Gott den jungen Mädchen eine Kunst zu üben gab, so wird sich, das hoffe auch ich, ihr Leben niemals ganz trüben. Wie tröstend, daß die Redaktrice ihnen diese Zuversicht immerhin auf den Lebensweg gibt. Auf der fünften Seite befindet sich das Bild »Beiß' doch mal«. Es stellt eine Kleine dar, die einer Statue den Finger in den Mund steckt. Das ist ganz naiv. Auf der siebenten Seite steht ein kleiner

Artikel mit der Überschrift: »Im Brautschmuck«. So wird den leuchtenden jungen Blüten der Mund früh wässerig gemacht. Auf der neunten Seite befindet sich ein großes Bild mit der Unterschrift: »Am Hochzeitsmorgen«. Schon wieder? Auf der elften Seite wird einiges über Parfumerien mitgeteilt. Es ist also eine Zeitschrift für besitzende junge Mädchen. Auf der letzten Seite ist ein Modenbild, »Backfischleins Haarfrisur« ... Meine lieben jungen Mädchen, meine lieben Backfischlein, meine lieben Kröten aus besitzenden Häusern, lest recht fleißig die Zeitschrift »Das Kränzchen«, damit ihr vom Hochzeitsmorgen träumt, damit ihr eine Kunst zu üben versteht, in deren Besitz euer Leben sich niemals ganz trübe, damit ihr für Parfumerien regen Sinn bekommt, damit Backfischleins Haarfrisur nach einem Journal auf die lieblichste Weise hergestellt werde – meine holden Blüten, meine seligen Kinder, meine lieben Prinzessinnen. Wenn alles gut geht, kommt dann ein Tag, wo auch ihr im Theater sitzt, neben dem Gatten, und aus einer mittleren Parquetreihe ein Herr im halbdunkeln Raum nach euch sieht, während ihr zuweilen bei einer Bewegung glitzert und zuweilen, im matten Schein des Orchesterlichts, die Augenbrauen verzieht und lacht; und er möchte im Halbdunkel wieder mit euch allein sein, euch in die Arme nehmen und euch halb totküssen. So ist das Leben – meine holden Blüten, meine seligen Kinder, meine lieben Prinzessinnen.

Aber was ist wirklich in Berlin los? Gott sei gepriesen, es gibt noch einen »Lokalanzeiger«. Da liegt er. Rasch aufgeschlagen, die Zeit drängt, dieser Brief muß zu Ende, um sieben soll man schon wieder dunkel angezogen sein und sie vielleicht, vielleicht, vielleicht treffen, vor dem weißen Tischtuch, auf welchem Blumen stehn, über welches Blumen gestreut sind, inmitten des Stimmengewirrs, im letzten Rausche der Waldmeisterbowle, des Abschiedsliebestranks – (hol ihn der Deibel, Sekt ist besser). Was also meldet mein »Lokalanzeiger«? Krampfhaft liest man mit fetter Überschrift. »Flüchtige Hebamme. Die gerichtlich hinterlegte Kaution im Stich gelassen hat die Hebamme Kaatz aus der

Dragonerstraße« ... Das ist sehr schade, daß sie sie im Stich gelassen hat. »Kaum auf freiem Fuße, trat die Hebamme eine Reise nach der Schweiz und von dort nach Amerika an; die Kaution ist nunmehr, da die Beschuldigte trotz wiederholter Aufforderung sich dem Richter nicht gestellt hat, als dem Fiskus verfallen erklärt worden.« O, über die flüchtige Hebamme Kaatz. Von der Schweiz reiste sie nach Amerika, aber der Fiskus hat dreitausend Mark an ihr verdient. Wie soll man diesen Fall verallgemeinern, so daß er eine tiefere psychologische Bedeutung innerhalb eines Berliner Briefs bekäme? Man könnte etwa sagen: Hebammen entwickeln manchmal die seltsamsten Seelenzüge; sie sind fähig, von der Schweiz nach Amerika zu reisen und dem Fiskus dreitausend Mark in den Rachen zu werfen. Dunkel dämmert etwas herauf, eine Zeitungsredensart, »der Racker von Fiskus«. Wie wär' es, wenn man diesen Absatz mit jener Redensart schlösse? Der Chronist würde ein nachdenkliches Lächeln aufstecken, und mit leicht hinwerfender Bewegung das Wort »Racker von Fiskus« den Lesern unterbreiten. Mit Satire, Ironie, tieferer Bedeutung und, was nicht zu unterschätzen ist, mit Lächeln schließt dann der Absatz.

Der Mai ist gekommen. Herrmann hat fünfzehn Jahre Zuchthaus weg, der Barbier Busse ist auf Lebenszeit verurteilt worden. So ist die Welt. Der eine hat Pech, der andere hat Glück. Der eine hat im Affekt ein Frauenzimmer umgebracht, steht in jungen Jahren, ist vielleicht abnorm und badet den Zorn der Geschworenen über die allgemeine Unsicherheit aus, weil sein Prozeß nach Rosengart, nach Guthmann, nach Herrmann stattfindet. Der andere hat eine anständige Frau gemeuchelt, ohne Affekt, trotz des vortrefflichen Rechtsanwaltes Mamroth, er war von je ein Bösewicht, dürfte elf bis siebzehn Kinder vergiftet und zwei bis fünf andere Frauensbilder ermurkst haben – dennoch kommt er mit fünfzehn Jahren davon. Er brummt sie ab am Lebensabend nach einem vergnügungsreichen Dasein. So ist die Welt.

Ob die Breslauer wohl wissen, daß Theodor Fontane mal eine Geschichte geschrieben hat, betitelt »Unterm

Birnbaum«? In dieser Geschichte ereignet sich mancherlei,
was in dem Kellermord unsres Zeitgenossen Herrmann
nun auch zutage getreten ist. Bei Fontane ist es ein Hausbesitzer und Gastwirt, der den Mord verübt. Er braucht
Geld. Er erschlägt einen Reisenden und vergräbt ihn im
Keller. Nicht einen Reisenden im allgemeinen Sinne des
achtzehnten Jahrhunderts, sondern im kommerziellen
Sinne des neunzehnten Jahrhunderts, einen Commis voya-
geur. Der Reisende verschwindet plötzlich, man vermutet,
daß er in den Fluß gefallen ist, in die Oder, welche an der
Stadt Frankfurt vorbeifließt, und Gras wächst über die Tat.
Aber man munkelt bei Fontane und munkelt, daß in jenem
Grundstück einer vergraben ist. Fontanes Mörder war
schlauer als Herrmann; er lenkte den Verdacht auf sich und
eine bestimmte Stelle seines Gartens, wo man ihn mit Licht
zur Nachtzeit hantieren sieht. Dort gräbt die Gerichtskom-
mission nach und findet – nichts. Nun ist er sicher. Aber
man munkelt, munkelt. Nach Jahr und Tag (ich glaube, es
sind auch fünfzehn Jahre) steigt der Mörder in den Keller,
um den Ermordeten umzugraben. Ohne seinen Willen
schließt sich die Kellerfalltür hinter ihm; er kann nicht hinaus. Und als er mit dem Skelett allein ist, vor dem er nicht
entfliehen kann, packt ihn die Angst; man findet mit ver-
zerrten Zügen den vom Schlage Getroffenen neben dem
bloßgelegten Leichnam. Auch diese Fontanesche Geschichte ruht, soviel ich weiß, auf einem wirklichen Vorgang; er
hat nichts getan, als sie mit fester, kalter Meisterschaft zu
erzählen. Eins ist in der Erinnerung am ergreifendsten. Der
Ermordete sitzt am Abend vor der Mordnacht im Kreise
der Hausgäste und schwindelt fürchterlich. Er nimmt den
Mund doppelt voll, einmal als ein Weltstädter unter Spie-
ßern, dann als Reisender. Er sitzt und trinkt und schwindelt, und er wird auf diese Art ganz menschlich gezeigt,
ohne daß eine entfernte Spur auf die Tragik wiese, die seinem Atmen in der Nacht ein Ende setzt. Dieser Zug hebt
Fontanes kühle Erzählung in das höhere Reich einer Le-
bensdichtung, aus dem niederen Reich einer Kriminalno-
velle. Der Herrmannsche Mordprozeß hat ähnliche tiefe

Lebensperspektiven nicht bloßgelegt. Aber der Mörder Herrmann wird vielleicht in den volkstümlichen Schauermären der Stadt Breslau für späte Geschlechter ein unheimlicher Held sein. Publikum, vernimm die Mordgeschichte ...

Mehr ist in Berlin wirklich nicht los. Eine schlechte französische Truppe gastiert hier; ich hatte keine Lust, sie anzusehen. Alle Kenner hatten vorher dringend gewarnt. Sie behielten recht. Auch die Sandrock ist gestern gekommen; möge der Allmächtige ihr ein langes Leben bescheren. Die Stunde drängt; die Stunde drängt. In vierzehn Tagen bin ich in Paris. Auf vier Wochen nimmt man dann Abschied von der Stadt an der Spree, von den letzten abendlichen Begegnungen in erleuchteten Zimmern, von dem Waldmeistertrank, von dem Stimmengewirr – und von allem andren. Von allem andren.

En te perdant je sens que je t'aimais.

11. Juni 1899

Brief aus der Normandie

Die Insel Wight lag strahlend im Mittagslicht, als unser Schiff von ihr Abschied nahm. Eine friedvolle Stille, ein reicher Baumwuchs, ein verborgenes Schloß, kleine Landhäuser und unten herum der Golfstrom – Italien ist ja schöner (ach, auf Schritt und Tritt wurden wir daran erinnert), aber diese Mischung hat auch ihre Seligkeiten. Es glitzerte von Treibhäusern, winkte und blinkte von nickenden Wipfeln, und ein nachdenkliches Gemüt könnte man hier wohl im Schatten geruhsam spazierenführen. Adieu, Wight!

Unser Auge war offen für alle Schönheit dieser Erden. Wir hatten gerade wundervoll gefrühstückt an Bord und recht aufheiternden Mâcon vieux getrunken. Zu den holdesten Angelegenheiten des Daseins gehören lunches und dinners auf solchen Schiffen. Dreimal täglich trifft man sich, die Plätze sind von vornherein belegt, man hat immer diesel-

ben Tischgenossen. Zu unserer kleinen Tafel gehörte eine
Amerikanerin mit ihrer Nichte, sodann Herr von T. nebst
Frau und Tochter aus Berlin. Nun verließen sie uns, um
von Southampton dies Land, dies England, zu bereisen.
Kurze Begegnungen dieser Art sind die schönsten. In zwei
Tagen hatte der Verkehr seinen Höhepunkt noch nicht erreicht; das ist das beste. Es war ein zarter, feiner Zauber, der
uns flüchtig umschwebte. Ein Wehen, ein Grüßen, ein Vor-
übergleiten – ein Taschentuch, von einer jungen Hand im
Winde gehalten, der Schimmer eines Lächelns, die Erinnerung einer Erinnerung. Adieu, Wight!

Die Insel lag im Mittagslicht. Als wir bei Cowes und Spit-
head vorüberrauschten, begriffen wir die Neigung unseres Kaisers, hier zeitweilig herumzusegeln. Das Dasein auf
der »Auguste Victoria«, das so reizend unterhaltsam und so
billig ist, hatte unsere Berliner gesellschaftlichen Gewohn-
heiten kaum unterbrochen. Es war die Kultur der großen
Städte, vom frischen Seewind umhaucht. Nach ein paar
Stunden aber waren wir allein. Ein kleines Schiff trug meinen Freund und mich an die französische Küste; die einzigen zwei, die sich nach Cherbourg einbooten ließen. Das
große Fahrzeug schwand in der Ferne. Wir winkten mit
den Taschentüchern, obgleich unsre flüchtigen Freunde
nicht mehr darauf waren. Im Anblick Frankreichs war ein
Lied gespielt worden, welches die Deutschen aus dem
Schluß der beiden Grenadiere von Robert Schumann kennen und welches für die Franzosen mit den Worten beginnt: allons enfants de la patrie, le jour de gloire est arrivé.

Später, als wir an den normannischen Küsten eine Zeitlang
herumgestrolcht waren, an keinem Orte lange seßhaft,
nach Ost und wieder nach West von kleinen Schiffen getragen, lernten wir diese Seebauten etwas näher kennen.
Der Anblick von Cherbourg mit seinen steinernen Wäl-
len, mit den Forts auf Meerfelsen, hatte den Begriff »Napoleon« in uns geweckt. Allmählich aber tauchte der Begriff »Maupassant« auf. Das waren seine Normannen, die

er wieder und immer noch einmal schildert. Männer in
Leinwandkitteln mit braunen Gesichtern. Breite Frauen,
gestrickte Mützen auf dem Kopf, Riesenschürzen um den
ganzen Leib. Schwerfüßig und doch lebhaft.

An einem schönen Abend saßen sie in einem budenartigen
Theater beisammen, mit Kind und Kegel, lachten über die
Späße und staunten über die Wunder der alten volkstümlichen Vorstellungen. Ein kleiner Mann mit eingedrücktem
Zylinderhut, künstlichem Buckel, weißgepuderten Bajazzo-
wangen und einem seltsamen Gesicht, aus welchem liebenswürdige Demut, groteske Komik und der Gram über
ein verfehltes Schicksal redeten, machte den Prologus. Er
erklärte vor jedem Aufgehen des Vorhanges, was kommen
würde, schnitt Gesichter, sagte calembourgs. Alles auf eine
Weise, die herzgewinnend und herzzerreißend war. Als er
vor den Schlußszenen auf Johanna von Orleans hinwies,
das französische Nationalmädchen, deren Schicksale auf
der Bühne vorgeführt wurden, teilte er mit, sie werde am
Ende von den Briten auf einem Scheiterhaufen verbrannt
werden; doch über ihr werde ein Engelein erscheinen, das
ihr den Weg zum Himmel öffne. »Dieses Engelein«, fuhr
er fort, »werde *ich* spielen.« Die Zuschauer lachten über
den armseligen, fahlen, stoppligen Menschen, und mit einem selbstironischen Gesicht schlich er vor dem herabge-
lassenen Vorhang entlang nach den Soffitten, tat an der vordersten Kulisse so, als ob er sich fürchterlich beschädigt
hätte, stieß ein Schmerzensgeschrei aus, verzerrte die grotesken Züge ganz absonderlich und verschwand langsam
hinter der bemalten Leinwand.

Nachher nahm Johanna den Degen ihres Königs hin, in
voller Wappenzier, richtete sich auf, die Engländer zu besiegen, tötete Feinde und wurde schließlich verbrannt. Es
war ein patriotisches Schauspiel, und Rufe der Bewunderung wurden laut. »Lève-toi, Michette, lève-toi!« schrie
eine fette Mutter ihrem kleinen Mädchen zu, als Jeanne
d'Arc in stolzer Glorie strahlte. Eine junge Normännin,

braune Wangen, gelbes Haar, hatte oben an der Eingangs-
treppe gestanden, ein Mädel von achtzehn Jahren mit
leuchtenden geschlitzten Augen, und bei jedem Witz hatte
sie mit einer Baritonstimme gelacht, daß das Theater zitterte; sie genierte sich nicht. Jetzt war sie ernst und sah gespannt nach der Jungfrau. Der kleine alte Prologus stand
hinter den Kulissen, wir konnten ihn sehen, und während
er sich unbeobachtet glaubte, schien sein Gesicht zu ver-
schnaufen, es war müde und abgespannt, aber zugleich
blickte er auf Johanna, die in bengalischer Beleuchtung auf
einer Art Plattform langsam herumgedreht wurde, damit
sie von allen Seiten sichtbar wäre. Eine kleine Schmieren-
komödiantin spielte sie. Die Zuschauer waren zufrieden
und klatschten. Vorher, wenn ein Witzwort fiel, hatten sie
auch nicht geknausert, und einer rief an solchen Stellen:
»Das ist gut, das ist gut.« Auf französisch: »à la bonne
heure, à la bonne heure!« Zuletzt kam der Prologus ins Par-
kett und verkaufte »moralische Witzbüchlein« zu seinem
Benefiz, wobei er auf entzückende Art, schalkhaft und de-
mütig, drollige Bemerkungen improvisierte. Es war wie ein
Rest der alten Stegreifkomödie.

Am ersten Abend auf französischem Boden traten wir – es
war Mitternacht – aus einem Kaffeehaus der kleinen Festungsstadt ins Freie. Nebenan war die Apotheke. Vor uns
stand ein Haufe von Menschen. Was ist los? Man hat einen
aus dem Wasser gezogen! Der Apotheker war nicht sofort
erschienen. Die Wut der Versammlung schwoll und explo-
dierte eins, zwei, drei. Die Apotheke wurde vor unseren
Augen gestürmt. Ein Mann, den übrigen vorausrasend,
sprang unter Gebrüll gegen die obere Hälfte des Tors – wie
er, gleich einem Federball, da hinaufkam, weiß der Deibel –
und schmetterte seine Füße gegen die Pforte. Andere taten
dasselbe. Es krachte. Eine losgelassene Tigerbestialität zu
wohltätigem Zweck entfesselte sich, mehrere sprangen
wieder mit voller Wucht und vollem Gewicht hoch oben
an das Tor, der Apotheker erschien endlich in Angst und
Hast, er wurde zu dem Mann geschleppt, der mit blauem

Antlitz auf der Straße lag, im fahlen Laternenlicht, vor dem
»Café du grand balcon« – – einer rief in gutherzigem Ton:
»il lui faut de l'air«, und alle wichen zurück, indem sie in
Besorgnis für den Verunglückten wiederholten: »de l'air!«
Die tolle Wut war in eine warmblütige Hilfsbereitschaft
umgeschlagen. Das war das Volk, welches die Bastille erstürmt und sie für die Nächstenliebe erstürmt hatte. »Il
soupire«, sprach ein Frauenzimmer mit anscheinend glück-
lichem Gesicht zu uns; sie schien gutmütig aufzuatmen.
Ein Polizist kam dazu und sagte in stillem, liebenswürdi-
gem, leisem Ton: »Pardon, messieurs«, als er durch den
Schwarm drang. Alle waren gutmütig. »Er ist noch jung.«
»Er hat geschlafen, als er herabfiel.« »Wenn man ihn ins Leben rufen könnte!« »Oh, le malheureux!« Nach einer
Weile hörten die Männer mit den fieberhaften Belebungs-
versuchen auf. »Ist er tot?« »Ich glaube, die Zunge hängt
ihm heraus.« »Man will ihn jetzt ins Bureau schaffen.«
»Oh, le malheureux!« Und der Zug bewegte sich mit dem
Leichnam durch die nächtlich einsame Stadt mit den klei-
nen Häusern.

Auf einer halbtägigen Seefahrt von der Nordwestküste
nach Havre – es war ein kleines Schiff, und das Meer lag
friedlich – war eine Fischerstochter so lieb, uns die An-
fangsgründe des normannischen Dialekts lächelnd beizu-
bringen. Sie fuhr zu ihrer Schwester nach Havre, bei der sie
bleiben sollte. Der Schwager verkaufte Musikinstrumente
kleineren Kalibers sowie gewisse süße Kuchen, und er tat
das, wie sie erzählte, in Clownstracht, um sie besser loszuwerden. Sie kannte ihren Bestimmungsort nicht. Maria
Dudot hieß die offene, nachdenkliche, liebenswürdige Person; sie war neunzehn Jahre, keineswegs von ungewöhnlicher Schönheit. Doch ihre lieben, zuverlässigen Augen,
die wir nach menschlicher und göttlicher Berechnung in
diesem Leben nicht mehr erblicken werden, scheinen bestimmt, uns für manche Zeit eine einfache, freundliche und
hold erfrischende Erinnerung zu bleiben. Maria Dudot
(Mária, auf der ersten Silbe betont) klingt so posiert, so ro-

manhaft. Aber sie hieß doch so und war ganz ungeziert. Sie
hatte dabei die taktvolle Sicherheit, welche die Kinder dieses Landes wohl sämtlich haben. Der Rausch fehlt ihnen,
Italien ist nur einmal in der Welt. Auch die Naivität fehlt
ihnen, sie besitzen dafür die lebendig urteilende Frische.
Als wir von französischen Offizieren erzählten, die hinter
erstaunlich unschönen Frauen her waren, sagte sie präzis:
»l' n' cherchent pas la beauté, l' cherchent les femmes!«
Dieses Epigrammatische noch bei einem Landmädel, das
ist das Erbteil der Rasse. Ihr Vater wählte patriotisch. Die
Familie aß als Lieblingsgericht den Kopf des Seeaals mit
Schalkartoffeln. Von Zola wußte sie bloß, daß er zu einem
Jahr Gefängnis verurteilt war. Sie wollte durchaus nicht
glauben, daß er Romane schrieb. Geschichten? Erzählungen? Wirklich? Ich sagte ihr, worum sich der »Germinal«
drehe. Sie folgte mit scharfer Lebhaftigkeit im Erfassen.
Der Grundzug leuchtete ihr ein – alles Blöde war ihr fern.
Ja, es leuchtete ihr ein! Und Dreyfus, ob sie von dem gehört? Natürlich; ah, ça n'finira jamais; wer ist dieser
Mensch? für unsereinen würde man nie so viel Aufhebens
machen! Sie schien eine Dreyfusgegnerin zu sein. Wir
tranken dabei auf dem kleinen Deck Bordeaux und Cidre,
das unvermeidliche normannische Lieblingsgetränk, das in
den Gasthäusern zum Essen unberechnet gereicht wird,
und sie nahm mit liebenswürdiger Heiterkeit ein Glas an.
Nachher wurde sie wieder nachdenklich. Zuweilen zeigte
sie uns ein baquiaou (bateau). In Havre war sie ganz still.
Wir begleiteten sie in die Rue Bazan, wo in Nummer 38
die Schwester wohnte. Vor der Tür spielte ihr kleiner
Neffe mit Namen Gaston. Er sprang auf sie zu und rief:
»Bonjour, Maria!« Sie schüttelte uns noch einmal die Hand.

In Trouville sahen wir das Meerleuchten. Die Pariser sind
noch fern; es ist ein normannisches Fischernest mit ver-
schlossenen Villen. Um Mitternacht am Strande phospho-
reszierten bei jedem Schritt Milliarden von kleinen Lebe-
wesen, welche die See auswirft. Immer eine Milliarde
nimmt so viel Raum ein wie ein Pfennig. Es funkelte wie

Glühwürmer, wohin wir traten. Die herankommenden
Wellen erglühten, leuchtend, gleißend, wie grünblaues Ra-
ketenfeuer, der Leuchtstrahl schoß durch die Nacht durch
das Wasser und erstarb. Mein Freund sagt, daß die kleinen
Milliarden und Billionen dabei Hochzeit feiern. Ich habe
etwas Ähnliches noch nie gesehen.

Am Tage zog eine Kinderprozession vorüber. Schwärme
von kleinen Mädchen waren als Himmelsbräute gekleidet,
mit langen schleppenden Mullkleidern und hängenden
langen, weißen Schleiern. Ein Priester mit windbraunem
normannischem Gesicht ging unter einem Gebethimmel
und trug die Monstranz. Und alle sangen.

In Sainte-Adresse standen wir auf den Uferfelsen und
blickten in leuchtender Sonne in das Meer und nach fernen
leuchtenden Buchten verschwimmender Küsten auf der
gegenüberliegenden Seite. Ein Gerüst stand da. Ein Junge
kletterte hinauf und schrie, als er oben war: »Vive la
France!«
    Auf den Fahnen der Kinderprozession hatte gestanden:
Cœur de Jésus, sauve la France!
    Adieu, Leser!

2. Juli 1899

PARISER TAGEBUCH

… und nachdem ich sie zwei Tage betrauert hatte, begrub
ich ihr Angedenken; ich zerriß die Telegramme, in denen
sie schwindelte, knöpfte eine helle Krawatte an und ging
durch die Straßen dieser Stadt. Der jüngst verstorbene
Henri Becque hat auch Gedichte hinterlassen; eins davon
zeigte mir Herr Dr. A. E., ein Deutscher, mit dem ich auf
der Berliner Germanistenkneipe mal zusammengesessen
hatte. Es war ein Zeitungsausschnitt. Der Kritiker Catulle
Mendès, der neulich Keile bekam, hat dieses Gedicht jetzt
beim Tode veröffentlicht, um zu beweisen, daß der Ver-

storbene ein Genius war, ob er schon wenig hervorbrachte. Herr Dr. A. E. holte den Zeitungsausschnitt aus seiner Bücherei herunter, an einem Vormittag, in seinem luftigen Arbeitszimmer auf halber Höhe des Montmartre.

> Es ist mir nichts von ihr geblieben;
> Nicht eine Locke, die verblich,
> Kein Bild – kein Brief, den sie geschrieben;
> Ich haßte sie, sie haßte mich.

So versuchte ich's zu übersetzen; doch für Gedichte gibt es keine Übersetzungen. Das Original lautet:

> Je n'ai rien qui me la rappelle,
> Pas de portrait, pas de cheveux,
> Je n'ai pas une lettre d'elle,
> Nous nous détestions tous les deux.

Weiter:

> J'étais brutal et langoureux,
> Elle était ardente et cruelle –
> Amour d'un homme malheureux
> Pour une maîtresse infidèle.
>
> Un jour nous nous sommes quittés
> Après tant de félicités,
> Tant de baisers et tant de larmes
>
> Comme deux ennemis rompus
> Que leur haine ne soutient plus
> Et qui laissent tomber leurs armes.

Man wird nach allem zugestehen, daß dieser mißkannte Dramatiker, der vereinsamt starb, ein Genius gewesen ist. Das Gedicht umschließt den ganzen Fall. Es liegt darin das Elend und die Seligkeit, das Wilde und das Heilige der Adamskinder, das schlafende Mondlicht und der schmerzvolle Sonnenbrand, es ist wie ein Kampf zwischen Cherubin und Harpyien, es birgt Asche und Lohe, es birgt Abgestorbenes und Fieberhaftes, Glorie und Schmach, Blumen und Mist, Liebe und Wurstigkeit, Sehnsucht und

Verachtung. Mögest du glücklich werden, hol' dich der Teufel.

So wurde ich in die französische Lyrik eingeführt, obgleich ich sie schon von Berlin aus kannte.

Die Gräber dieser Stadt sind das denkwürdigste. Eines liegt unten, wie in einem weiten, weißen Brunnenschacht aus Marmor. In einem Dom. Goldnes Licht fällt durch goldgefärbte Fensterscheiben im Hintergrund. Es fällt nicht in seinen marmornen runden Schacht. Schlachtengöttinnen, zwölf Stück, aus Marmor, blicken unten auf seinen Porphyrsarkophag. Manche sieht düster aus, der Dämon schläft, ohne zu schnarchen, den ehernen Schlummer in ihrer kalten Hut. Wir in Deutschland sehen ihn stets als Dämon. In Frankreich, auf Bildern und Statuen, sieht man ihn häufiger als Artillerieoffizier. Auch Coquelin spielt ihn so, nüchterner, menschlicher, in dem Jammerschmarren »Plus que reine«, welchen die Bühne am Sankt-Martins-Tor aufführt. Er gibt sich nicht die Mühe, die bleiche Titanenmaske aufzusetzen: er behält sein Bourgeoisgesicht. O Suske, o Ferdinand Suske, der Sie am Lessing-Theater ihn spielten und heute, glaub' ich, in Stuttgart engagiert sind, um wieviel dämonischer gingen Sie vor. O Suske ... in »Madame Sans-Gêne«! Auch in Versailles auf den Schlachtenbildern von Horace Vernet sieht Napoleon nicht cäsarenhaft starr aus, sondern wie ein nervöser kleiner Offizier. Und doch bieten diese Versailler Leinwände an Renommisterei mehr, als man verlangen kann. Schlachten, die wir in der Schule nie gelernt, werden durch lange Glorienbilder verewigt. Es stimmt einen Deutschen nachdenklich, daß dieser Italiener, der als Gesamterscheinung größer ist als Bismarck, nebenbei als militärischer Fachmann größer war als Moltke. Aber dies beides kann man ohne Gigantenpose sein. In der Nähe, in Frankreich, sieht sich alles minder pathetisch an. Hier hat man auch Taine gelesen; auch die neueren Memoiren und Briefwechsel; man weiß, daß Napoleon Bonaparte menschliche Eifersuchtsqualen litt, erst um Josephine Beauharnais, dann um Marie Louise (o Trost!), daß er an den Pyramiden sich in Pein verzehrte und dann als Weltherrscher noch einmal. In Cherbourg höchstens, der Kleinstadt, ist er als heroischer Komödiant in Bronze gegossen. Er sitzt auf dem Roß und streckt als lebendes Bild die Hand aus, während am Sockel bloß die Worte stehen: »Ich beschloß, die Wunder Ägyptens in Cherbourg zu erneuen.« Sonst nichts. O Suske!

Fernab vom Invalidendom schläft ein anderer, unter einer Weide, Alfred de Musset. Freunde haben sie gepflanzt, wie er es wollte. Er schrieb nämlich, da er noch lebte:

> Mes chers amis, quand je mourrai
> Plantez un saule au cimetière,
> J'aime son feuillage éploré,
> La pâleur m'en est douce et chère,
> Et son ombre sera légère
> A la terre où je dormirai.

So pflanzten sie eine wundervolle, eine schlanke, zarte, hellgrüne Weide. Ich habe so leuchtendgrüne Weiden noch nie gesehen; bei uns sind sie ja grau. Diese aber senkt ihre jungen, seligen Blätter auf den Stein, fast bis auf das erinnerungstiefe Antlitz des Mannes, der hineingemeißelt ist, und sie scheint niemals altern zu wollen. Die Verse von der Weide sind unter seinem Bildnis in den Stein gegraben. Mes chers amis, quand je mourrai, plantez un saule au cimetière.

Dieser Friedhof hat Gebirge und Tiefen. Auf einem Gipfel sahen wir im Schein der Abendsonne das Grab Ludwig Börnes. Es ist ein stiller Stein; er blickt in das grüne Totental hinunter. Ein Schimmer von Entsagen, Verzichten, Aufgeben scheint diese schlichteste der schlichten Stätten zu umhüllen. Ludwig Börnes reine, asketische Seele mit ihren Irrtümern – von der Wirklichkeit am Ende so weit entfernt wie die eines Mathematikers – ruht nach vergeblichen Kämpfen aus. Die Wirklichkeit hat ihm glänzend Unrecht gegeben. Er wies auf Spanien als ein Muster hin; – wenn seine Augen heut noch sähen! Und könnt' er heute von den Totengebirgen herab auf Paris blicken; welche

Enttäuschung. Immerhin: ein reiner, glühender Abgesandter war er, ein tapferer Heiliger für die Gerechtigkeit, der mit Engelszungen redete und den die Flammen des eigenen zitternden Herzens töteten. Franzosen haben ihm den Denkstein gesetzt. Jünglingshaft verschönt blickt sein gramschweres Gesicht aus Stein, von David d'Angers liebreich gebildet. Vögel singen in den verschlungenen Bäumen dieses Gebirges.

Im Vorbeischreiten zogen wir vor jedem Freunde den Hut. Nicht weitab lag Chopin. Wir grüßten den Sänger Béranger, der sich mit seinem Freunde Manuel begraben ließ. Wir grüßten den toten Molière, der neben Lafontaine wie auf einem Podium schläft. Wir gingen an Racine vorüber. Wir grüßten den Figarodichter Beaumarchais und standen vor Balzacs Denksäule still. Es ist eine bergige Totenstadt. Unten, vom Stein der Rachel wenige Minuten entfernt, ragt das Grabmal zweier Liebenden empor, des Abälard und der Heloise. Er war als junger Mönch ihr Lehrer, und sie gebar ihm ein Kind. In verschiedenen Klöstern brachten sie den Rest des Lebens zu, durch den Raum getrennt und für die Ewigkeit vereint. Wie wundervoll, daß man ihre gemeinsamen Sarkophage hierherschaffen ließ in die Hauptstadt der Franzosen. Wie ein hoher steinerner Baldachin strebt das Grabmal in die Friedhofsluft; den Sarg hat Abälard bei Lebzeiten selber meißeln lassen. Blumen blühen ringsum, von roter, leuchtender, seliger Farbe. Ein steinernes Hündchen schläft zu den Füßen des Mönchs. Man erkennt Abälards und der Geliebten Züge. Sie muß ein einfaches, reizendes Mädel gewesen sein – vor tausend Jahren. Die holde Wildnis eines uralten Gartens umschlingt den Platz. Äste und Ranken durchwinden einander in der Luft, in Nähe und Ferne, von oben nickt das Totengebirge, und aus der Erde sprießen Juniblumen.

Auf einem anderen Kirchhof, auf dem Märtyrerberg oder Montmartre, schläft Heinrich Heine. Am Abend kamen wir in Paris an; am nächsten Morgen fuhren wir gleich an dieses Grab. Die Pariser Kirchhöfe sind wirklich Totenstädte: mit gepflasterten Straßen. Dieser Dichter liegt nicht weit von einer Hauptstraße. Der Grabstein enthält nur die Worte: Heinrich Heine. Darunter, von Blumen überwachsen, findet man dann beim Suchen den Namen der Mathilde Mirat, seiner Frau. Die Blumen sind zur Hälfte wild; das Grab ist schmucklos. Oben, auf dem Sokkel, hängt einer der hier üblichen Immortellen-Kränze aus Metall. Ich hatte Lust, ihn herabzureißen. Vorn am Gitter ist eine kleine Schale für Visitenkarten. Eher ein Körbchen. Es war ganz gefüllt. Parisfahrer aus allen Ländern dieser Erde kommen hierher und geben dem Verstorbenen ihre Karten ab. In fremden Sprachen stand hie und da ein Wort stürmischer Huldigung. Zwei Bäume, von den Nachbargräbern, neigen sich über diesem Grabe und greifen mit den Ästen ineinander. Auf den Straßen von Paris werden Rosen verkauft. In diesen Junitagen erheben sich ganze Wände von Rosen über den Handwägelchen der Verkäufer, und jede Arbeiterin kauft sich für zehn Centimes einen dicken Strauß wundersamer Rosen. Solche Rosen brachten wir ihm mit, Rosen von den heiligen Boulevards, von den Straßen. Wir breiteten sie zu seinen Füßen aus; sie leuchteten durch die Ranken.

Eine Seite aus dem Tagebuch von Paris, wie wenig sagt sie. Dieses Tagebuch enthält aber an Seiten tausend und drei. Fast lieben wir die Toten dieser Stadt mehr als ihre Lebenden. Doch was hier lebt, ist noch voll von altem, unergründlichem Zauber, heute noch, in fünfzig Jahren nicht mehr vielleicht, wenn die Anglisierung und Germanisierung und Amerikanisierung vollzogen ist. Noch fühlt man etwas Athenisches, noch im letzten schmucklosen Mädel auf der Straße, wenn sie plötzlich mit leiser bescheidener Grazie eine Frage stellt. Noch bei den elenden, bezahlten Cancan-Tänzerinnen des moulin rouge, wenn sie ihre Glieder bewegen. Noch bei den kleinen Kröten aus der Nähstube, wenn sie bei Bullier lebensheiß im Walzer schwimmen. Als ob ein Duft aus den Haaren dieser Geschöpfe strömte – wie aus einer Welt, die versinken muß. Es soll hier kein Gemüt geben. Na ja. Doch in dieser holden Sphäre heiteren Tageslichts, in diesem menschlichen, zarten Lebenszauber finden sich vielleicht Tröstungen, die anderswo die Sterne versagen.

Und ehe diese Welt scheidet, grüßen wir sie noch einmal.

30. Juli 1899

In Berlin ist ein Mann infolge der Hitze tobsüchtig geworden. Sein Beruf war in der Zeitung nicht angegeben. Möglich, daß er Feuilletonist war. In Paris war die Hitze groß, in London noch größer, und die französischen Blätter konnten mit etwas Galgenhumor schreiben: »Diese Köter, die Angelsachsen, übertrumpfen uns auf jedem Gebiet, selbst in Hitze.« Man kann sich vorstellen, daß der Verfasser dieses Scherzes noch weit bessere Scherze macht, wenn geringere Hitze ist. Bezeichnend für die kleinen Verhältnisse Berlins, daß an den Wettersäulen das Quecksilber nicht hoch genug klettern konnte. Die Vorrichtungen fehlten. Die Leute dort haben den großen Zug nicht. Sie können sich kaum denken, daß etwas ins Kolossale anwächst. Immer gemäßigt; Mittelzone; Durchschnitt. Wenn dann so ein Ereignis kommt, erklären sie die Natur für exaltiert und halten sich für die Vernünftigeren. Kalte Bäder sind an so heißen Tagen sehr angenehm. Ich glaube nicht, daß der vorhergehende Satz ein Paradoxon enthält. In Berlin vollzieh sich diese Bäder so, daß das Wasser des Flusses zur Erfrischung und zur Verunreinigung des Leibes beiträgt. In Paris wird ja auch mancherlei in die Seine gegossen, was den, sozusagen, Nachtseiten des menschlichen Körpers entstammt. Aber der Fluß an sich ist generöser; nicht so mickrig, ruppig, schielend, mißtrauisch, verstunken und kleinlich wie die Spree. Auch die Lagunen stinken – gewiß; der Canal Grande sogar heftig. Doch es ist ein Gestank, der den großen Zug hat. Er wirft einen ganzen Menschen um. Die Spree riecht nur schlecht.

In Berliner Badeanstalten sieht man in der heißen Zeit gute Turnleistungen. Wenn die Männer und Knaben

springen, bieten sie einen gerundeten und korrekten Anblick. In Paris springen sie auch – und es ist ein großes Vergnügen, in ihrer Gesellschaft wochenlang jeden Tag in der
Seine herumzuplätschern, deren Pariser Ufer sich von unten am schönsten ansehn –, aber ihre Sprünge wirken nicht
heroisch, nicht stramm, nicht tadeloooos. Sie springen ge-
schickter; aber weniger tadeloooos. Man muß unbedingt
die Beine schließen, beim Kopfsprung, so daß der Körper, durch die Luft schießend, eine Einheit bildet, gewissermaßen einen Strich. Die Pariser aber fallen wie eine Stern-
schnuppe, die sich grenzenlos freut. Sie haben keine Würde
und schließen die Beine nicht, ces misérables. Sie fallen
durchs Universum und tauchen mit Heiterkeit in die grüne
Flut ihres geliebten Flusses, ihres liebsten Flusses, der nicht
wie unser Rhein eine Tagereise von der Hauptstadt entfernt ist. Vorsehung, warum fließt der Rhein nicht durch
Berlin? Er wird sich hüten. Was ich sagen wollte: in einer
Berliner Badeanstalt fürchtet man immer, Keile zu bekommen. Ich werde das Gefühl nie los. Unsere Bevölkerung
hat diesen Wesenszug in sich, einen jugendfrischen Wesenszug; und wer bei uns auf Körperverletzungen immerhin von vornherein gefaßt ist, ist weise. Die positive Gesinnung, die Goethe dem ersten seiner starken Gesellen in
den Mund legt, äußert sich auch im Spreebad:

Wenn einer mir ins Auge sieht,
Werd' ich ihm mit der Faust gleich in die Fresse fahren.

Es gibt kein ganz ruhiges Naturgenießen, kein friedvolles Sinnenidyll, wenn immer etwas Senge im Hintergrund
lauert. Auch wenn man hier zum Spaß ins Wasser gestoßen
wird, wächst an der in Betracht kommenden Stelle kein
Gras mehr. In Frankreich vollzieht sich alles in viel zarte-
ren Formen. Wir stellen uns dieses Volk meistens falsch
vor. Ich glaubte auch, bevor ich hinkam, eine stolze, tem-
peramentsheiße, aggressive Rasse dort zu finden. Aber ich
fand ein ganz zartes, feines, leises Volk, mit einem etwas
müden Zug von vieler Kulturarbeit, mit einer wundersamen stillen Liebenswürdigkeit, mit leisem, natürlichem,

ausgeglichenem Wesen, mit ruhiger Heiterkeit, gutmütig und beinahe kindlich. Ihr linder Himmel freut sie, ihr reiches Land gibt ihnen, was sie brauchen, die Arbeiter leben besser als unsere Achtgroschenrentiers, sie tunken nach dem Braten ihre Artischockenblätter in die geliebte Sauce aus Pfeffer, Salz, Essig und Öl, trinken Wein in Fülle, und in der besten Erdbeerzeit halten sie darauf, allmittäglich einen gehäuften Teller dieser Früchte mit dicker süßer Sahne zu begießen und sie hierauf zu verschlucken; und noch der Erbärmlichste trinkt zum Schluß einen Café au cognac. Es ist das Land, das heut den Abstieg angetreten hat, auch in schweren Krisen besonderer Art schwebt, in dem aber doch der einzelne sich weit glücklicher fühlt als der einzelne in anderen geordneten positiven und straff regierten Ländern, die auf der Höhe der Situation stehen. Es ist das Land, das vor hundert Jahren seine Könige losgeworden ist; und die Leidenszüge – von den Schmerzen, welche die Bewohner vorher durchgemacht –, die Leidenszüge haben ihr Antlitz vermenschlicht und verschönt; und die geistige Arbeit hat ihr Gesicht sozusagen durchseelt. Es ist das Land, das zwar keine großen Dichter besitzt, das aber von oben bis unten durchtränkt ist von Literatur; das Land, wo auf den Straßen der letzte Strolch nicht nur unbegrenzte Achtung vor der Gewalt des Wortes des Intellektes und vor der Macht der Kunst hat – wo auch die verkommensten Bummler, um ihre kleinen Waren an den Mann zu bringen, künstlerische Abstufungen und Abschattungen entwickeln, die uns besseren Erdenwandlern an die innerste Seele greifen und ein fast schmerzliches Lächeln hervorrufen. Es ist das Land, wo ein kleines Straßenfrauenzimmer, eine ruppige, elende, mit schiefgetretenen Absätzen, die auf Montmartre an etlichen absinthtrinkenden Herren vorbeistreicht, in Entsetzen gerät, weil sie Absinth nach dem Diner trinken, statt vorher, und ausruft – in einem ganz unbewußten Vollgefühl einer selbstverständlichen, überlieferten Kultur: »Oh, mais, ça – ce n'est pas français!« Es ist das Land, wo eine der stärksten Redewendungen, die einem Menschen entgegengeschleudert wird, nur lautet:

»Vous n'êtes pas gentil.« Es gibt zum Beispiel Deutsche, die
vor dem Café Mazarin sitzen und wütend werden, wenn
ein Hausierer nicht von der Pelle geht, obgleich er ihnen
gratis die wundersamsten Reden hält und Kunststücke vor-
macht – und sie werden schließlich wütend, benehmen
sich wie die Wilden und brüllen, er solle fortgehen, gereizt
und übermüdet von den Dingen, die sie gesehen haben,
und aus eingeborener Unausstehlichkeit. Es ist eine peinliche Szene. Der Hausierer nimmt sein hüpfendes Kanin-
chen, oder was er sonst hat, und sagt im Abziehn bloß: vous
n'êtes pas gentil. In Berlin würde er zum mindesten murmeln: »– – – –!« Hier spricht er aber laut und feinfühlig:
vous n'êtes pas gentil.

Was ich sagen wollte: Wenn man in diesem Lande beim
Baden an heißen Tagen ins Wasser gestoßen wird, geschieht
es natürlich auf andere Weise als in Rixdorf. Das wollte ich
sagen. Es geschieht nur selten, nur unter guten Bekannten,
und auf harmlose, zarte Art. Was Aristoteles als eine
Grundbedingung des Humoristischen aufstellt, das Anodynon, ist hier von vornherein gesichert. Deshalb kommt man
mehr zum böcklinschen, sinnlichen, plätschernden Natur-
genuß, an so heißen Tagen; zumal die Bademeister in der
Seine keine Unteroffiziere sind. Nichts ist hier streng,
scheel, gewalttätig, unlogisch und heuchlerisch; alles ist von
leichter, holder, stiller Freiheit erfüllt. Die Schuljugend,
auch die Polytechniker oder die Studenten mit ihren phantastischen Bart- und Haartrachten, ohne Schmisse und mit
spiritualistischem Ausdruck, gehn da nackt spazieren, Arm
in Arm, am Rande entlang, einer schreitet zum Büffet und
bietet seinen zwei Freunden edle Schnäpse an, die Kleinen
und die Großen duschen sich lachend, und es ist ein ewiges
Springen, ein ewiges lachendes Versinken in den geliebten
Fluß, der keine Tagereise von der Hauptstadt entfernt ist –
eine volle, nicht gewaltsame Lebensfreude, und sie fallen
wie die Sternschnuppen, in ruhigem Genießen, in die Flut,
wenn auch nicht tadelooooos.

So heiß also ist es in Berlin jetzt. Ein deutsches Fürstenkind, Jutta von Mecklenburg, aber hat in diesen Tagen er-

kannt, daß die einzig wahre unter allen Religionen doch
die griechisch-orthodoxe ist. Zu dieser trat sie über. Man
kann sich denken, wie ihr Hinübertritt in Berlin, der deutschen protestantischen Hauptstadt, auf diejenigen Kreise,
die sich für solche Dinge interessieren, gewirkt hat. Über
Jutta waren lange vorher kitzlige Gerüchte im Schwange,
die wir von Anbeginn als böswillige Erfindungen betrachtet haben. Ihre religiösen Sonderneigungen sind aber nun
wenigstens festgestellt. Ihr Gewissen, ihre Überzeugung,
drängt sie vom Herrn Superintendenten mit dem prote-
stantisch-fromm gescheitelten Haupthaar weg in die Arme
eines phantastisch-bärtigen, wilden Metropoliten. Gleichviel. Zieh' dahin, deutsches Fürstenkind. Du stammst aus
dem biedersten und kernhaftesten und tugendhaftesten
deutschen Lande, aus dem gemütlichen Mäklenborg – und
bist doch eines Tages griechisch-katholisch geworden. Seltsam sind die Wege der Vorsehung. In Glaubenssachen gibt
es eben keine festen Berechnungen, da folgt jeder dem heiligen, unwiderstehbaren Drange des Gemüts. Mögest du
jedenfalls Danilo glücklich machen, dich mit Mirko gut
vertragen, mit den Domestiken auskommen und in ihrem
Schoße, den dir die orthodoxe Kirche darbietet, selber
glücklich werden. Dies ist der Wunsch eines einfachen
Chronisten.

Nichts steht mehr fest in der Welt. Zur selben Zeit ist der
Baron Erlanger vom Papst empfangen worden. Und nicht
genug damit, hat er ihm noch ein kostbares Geschenk von
der Madame … Heine überbracht. Wo ist ein Pol in der Erscheinungen Flucht? Ola Hansson und Frau Laura, geborene Marholm, deren frühe geistige Pleite nur wenige vor-
ausgesehen haben, sind katholisch geworden. Wo ist ein
Pol? Und Maximilian Harden ist noch immer evangelisch.
Es steht nichts mehr fest in der Welt.

Hoffentlich bestätigt sich die Nachricht, die ich in zer-
streuter Stimmung irgendwo gelesen habe, daß der Privatdozent Arons von der philosophischen Fakultät freigesprochen wurde. Aber auch wenn sie sich nicht bestätigt, will
ich rasch sagen, was ich über ihn sagen kann. Er ist Sozial-

demokrat, und sein Schwiegervater heißt Bleichröder. Er ist Privatdozent; und er sieht aus wie ein Gesandtschafts-attaché. Sein Schwiegervater heißt aber nur Julius Bleich-röder, nicht Gerson von. Derselbe ist noch nicht vom Papst empfangen worden. Arons hat zwei Kinder. Diese wollte er konfessionslos erziehn lassen, der Staat erlaubt es aber nicht. So wurden sie zwei kleine Protestanten. Arons ist von sehr großer langer Diplomaten-Figur.

Ich bin jetzt entschlossen, ein Ende zu machen. Über Thermometer, Badeinstitute, nationale Schwimmunter-schiede, Jutta, Erlanger, Hansson und Arons sich ausgelas-sen haben heißt den Besten seiner Zeit genugtun. Sollte dieser Brief wider Erwarten zu kurz geraten sein, so würde es mich schmerzen. Wir haben auf der Schule gelernt, daß Wärme den Aggregatzustand der Dinge ändert, indem sie sie ausdehnt. Nur bei Feuilletons ist es manchmal umge-kehrt: sie zieht sie zusammen.

In Berlin ist ein Mann infolge der Hitze tobsüchtig ge-worden. Sein Beruf war nicht angegeben. Adieu, Leser.

20. August 1899

Die meisten Menschen werden gezwungen, den Zweck ih-res Lebens zu verfehlen. Der schönste Zweck des Lebens wäre doch, spazierenzugehn. Die wenigen, die in der Lage sind, immer spazierenzugehn, scheinen aber für Gärten, Wälder und Menschenblumen mit stumpferem Sinn be-gabt als wir, die wir beispielsweise schreiben und das Spa-ziergehen mittlerweile unterbrechen müssen. Schreiben ist gemein, erleben ist schöner. Dieser Glaube überschleicht mich besonders am Freitag, dem schönsten Tag der Woche, wo ein Berliner Brief fällig ist …

Aber jetzt wollen wir ernst sein.

Bei der Ankunft in Berlin fand ich eine Todesnachricht. Zeitschriften und Zeitungen, eine Menge, lagen aufgesta-pelt. Alle zu lesen ist undenkbar. Man müßte erstens Ge-hirnerweichung haben, wenn man es täte; und dann noch

einmal bekommen, wenn man es getan hätte. Trotzdem
konnt' ich nicht widerstehen, in das »Recht der Feder« zu
blicken, ein Schriftstellerblatt, von Martin Hildebrandt
herausgegeben und wegen seines kämpferischen Tons unterhaltsam zu lesen. In der zusammenfassenden Rubrik für
Personennachrichten stand: »Hugo Ernst Schmidt, der für
Berliner Blätter als Kunstkritiker tätig war, ist, 37 Jahre alt,
am 25. Juli in Berlin verstorben.« Er gehörte zu den Jugend-
freunden Gerhart Hauptmanns. Ein seltsam anziehender
Mensch, der tiefere Eindrücke hinterlassen hat, ohne je etwas Notorisches gewesen zu sein. Äußerlich stellte er sich
schlank ohne Zierlichkeit dar, von hellem Haar und blau-
grauen Augen. Eine ganz stille Erscheinung, doch nicht
verträumt. Er schien gesünder als die Gestalten des dänischen Dichters Jacobsen; sonst aber hätte er eine davon
sein können. In Breslau auf der Kunstschule hatte er gelernt; in denselben Tagen, als der Bildhauer G. Hauptmann
dort wegen Unfleißes relegiert wurde. Sie waren zwei gute
Gefährten. Schmidt trieb die Malerei. Auch er diente unter
Crampton. Ein Berliner Verleger besitzt Bilder von ihm.
Vielleicht war es die Zusammensetzung seines Temperaments, was ihn zur theoretischen Kunstbetrachtung über-
gehn ließ. Seine Kritiken hatten das Merkmal einer sachlichen Stille, und ein Mitfühlen mit der Kunst lebte darin.
Über ihnen lag etwas Reines. Vor vier Jahren gründeten
Felix Hollaender und der Doktor Ploetz eine Wochenschrift in Zeitungsgestalt, welche seither von einem reichen Mann gekauft worden ist. Als sie jung war, schiffte sie
mit tausend Masten in den Ozean. Ich war als Theater-Re-
zensent gemietet, Hugo Ernst Schmidt machte die Kunstkritik. Diese Zeitschrift wurde nachts gedruckt, die Bera-
tungen fanden statt, wenn andere Menschen schnarchten,
das Gasglühlicht surrte und fauchte, es roch nach Lettern-
schwärze und neulackierten Möbeln, zwei Damen waren
anwesend, eine schlanke und eine korpulentere, und wir
verschluckten Streuselkuchen mit sehr gutem Kaffee, zum
Zeitvertreib, und unterließen nicht, Zigaretten zu rauchen.
Wenn die dumpfe Geisterstunde schlug, kamen nach aller-

hand Sonntagsvergnügungen die Mitarbeiter angefahren; wenn das erste Kikeriki nicht mehr fern war, eilten sie nach Hause; und beim Erwachen lag das Blatt vor ihnen, und sie ergötzten sich an dem, was sie Sprühendes geschrieben. Durch diese nächtlichen Redaktionszimmer sah ich die Gestalt Hugo Ernst Schmidts gehn. Er ging still dahin, ein beschriebenes Blatt in der Hand, den Kopf etwas gesenkt. Später hörte ich, daß er mit der Frau eines anderen abgereist war. Ich kannte sie vom Sehen. Eine Russin; schwarze Augen, schwarzes Haar. Zum letzten Mal traf ich ihn im Ausstellungsgebäude am Lehrter Bahnhof. Ich glaube, er hatte sie geheiratet. Er war ganz schwarz gekleidet, und sein helles Haar stach von der Grundfarbe seiner schönen Gefährtin ab.

Wenn ich mich frage, was diesen Mann, mit dem ich im Leben wenig zu tun gehabt, so erinnerungstief im Tode macht, weiß ich kaum eine Antwort. Es ist wohl das Licht, das ihn umschwebt hat. Er hat nichts hinterlassen, nicht viel geschaffen, ging auch wohl schwer aus sich heraus, und doch ist es unmöglich, ihn zu vergessen. Er scheint eine Novellengestalt gewesen zu sein; wie aus dem Freundeskreise Robert Schumanns die frühverstorbene nebelhafte Erscheinung Ludwig Schunkes still und verschollen hervornickt. Es liegt ein Geheimnis über solchen Gestalten. Und heut scheint es mir, als ob ich ihn immer so gesehen hätte, mit dem Ausgang eines frühen und lautlosen Todes im Hintergrund. Das ist natürlich Täuschung. Er ist zufällig gestorben, während andere auf Reisen waren; und war tot, als sie zurückkamen.

Noch einen anderen Tod erfuhr ich. Ein junges Mädchen aus der diplomatischen Gesellschaft Berlins ist indessen aus der Welt gegangen; die Tochter eines auswärtigen Botschafters. Bei einem Eisenbahnunfall hat sie ihr Leben gelassen. Ich kannte sie. Vor Jahren kam ich zweimal wöchentlich zu ihr. Ich war damals noch nicht Schriftsteller, sondern bloß Germanist; und man hatte mich ersucht, ihr Wissen nach der literargeschichtlichen Seite zu ergänzen. Sie war eine zarte, blasse Erscheinung mit dunklen Augen

und aschblondem Haar; das Wesen von einer zurückhal-
tenden, scheuen Lieblichkeit. Die ganze Erscheinung hatte
so viel Innerliches, Feines, Durchseeltes; – ein unergründ-
licher Zauber schwebte über der allzu kurzen Zeit zwischen Winter und Frühling, in der ich ihr Vorträge hielt.
Vorträge waren es nicht eigentlich, es waren fast Gesprä-
che. Die Engländerin saß dabei. Die leise, unsagbare Anmut des jungen Mädchens entfaltete sich, wenn sie vom
Stoff gefesselt war, zu der entzückenden Liebenswürdigkeit zarter Naturen, die lebhaft werden. Und wie der flüchtige Schimmer eines Schimmers leuchtete ein feiner, lieber
Zug von Schalkhaftigkeit auf – von einer innigen, fast
schwermütigen Schalkhaftigkeit, die an jugendlichen Gestalten seltsam hinreißend wirkt. So, noch in der Erinnerung, umschwebt sie ein melancholisch-lustiger, einziger
Reiz, und es weht ein wundersamer Schauer holdester
Menschlichkeit aus versunkenen Tagen herüber. Zuweilen
kam sie eben von einer Wagenfahrt mit der Engländerin;
ihre zarten Wangen mit dem matten Teint leuchteten.
»Wir haben Ihren Kaiser getroffen«, sprach sie lustig, »er
fuhr an unserm Wagen vorüber, hat mich gleich erkannt
und zuerst gegrüßt.« Dann bot sie den Tee an, auf einem
ganz kleinen ziervollen Tischchen, aus fremdländischem
Holz, dessen herabhängende Seitenwände sie empor-
schlug. Und in den Bewegungen kam der tiefe, verlorene
Zauber dieser seltenen Seele reizvoll in die Erscheinung.
Bald lachte sie wieder und holte ihre Autographensamm-
lung, in der sie Bismarcksche Schriftzüge besonders fesselten. Ihre Mutter, eine starkgeistige Frau, mit der zu reden
eine große Erfrischung bildet, war anders als sie: fast männ-
lich entschlossenen Temperaments. Zu ihr sah sie mit
scheuer Anmut auf und erschauerte in lächelnder Liebe.
Sie war, alles in allem, eins der holdesten, einsamsten und
begnadetsten Wesen, die ich in meinem Leben kennengelernt. Noch vor kurzem hört' ich von ihr, durch eine gemeinsam bekannte Dame, die auf Spaziergängen am Gen-
fer See ihres leisen Zaubers innegeworden war. Jetzt bei
der Rückkehr erfuhr ich ihren Tod. Die Metallteile eines

Eisenbahnzuges hatten diesen Körper zermalmt. Der Kopf
war zerquetscht worden.

Noch eine andre Persönlichkeit ist indes gestorben, an
die mich eine Erinnerung knüpft. Ein Musikprofessor. Ein
absunderlicher Mann, der mir nun, im Leichengewand, in
jener Mischung von Komik und Tragik erscheint, welche
den Begriff des Humorhaften entstehn läßt. Es war der bekannte Klavierpädagoge mit dem schwer aussprechbaren
Namen Breslaur. Das fehlende »e« hat mich immer gekränkt. Eines Tages, als ich grade daranging, mit Wilhelm
Tappert, dem Kritiker, die letzte Polka zu tanzen, erhielt
ich von ihm ein Schreiben. Es war dringend gehalten. Es
sollte mir Material zur Verfügung gestellt werden, neue
und wichtige Mitteilungen warteten meiner, er bitte gleich
um meinen Besuch. Ich fuhr hin. Zwischen Büchern und
Noten, in seiner Wohnung in der Oranienburger Straße
schlurfte der Pädagoge im Schlafrock hin und her. Er war
sehr gemütlich; beglückwünschte mich zu meinem Vorhaben und plauderte über Konzerte, Fachzeitschriften, Musiker, seinen Gesundheitszustand, politische Verhältnisse,
und ich erfuhr, daß er, glaub' ich, eine Witwe geheiratet
hatte, die im Besitz einer Druckerei war; bei alledem hörte
er nicht auf, im Zimmer Schlittschuh zu laufen. Es war
dicht vor der Prozeßverhandlung, und ich hatte keine Zeit.
Ich mahnte ihn an seine Mitteilungen. Aber er glitt hin und
her, sprang in dunkle Winkel, schlenkerte mit den Schlaf-
rockbändern, und es war nichts aus ihm rauszukriegen. Ich
wurde energischer, doch er hatte offenbar Angst bekommen, bereute sein Schreiben und wagte nicht, das zu bekennen. Wie ich ihn fassen wollte, er entzog sich mir durch
Schlittschuhlaufen. Als ich endlich auf die Tür zuschritt,
glitt er an den Schreibtisch. Dort nahm er, halb ängstlich,
halb wohlwollend, ein Druckheft und überreichte es mir
mit einer Widmung. Ich dachte: also doch! Aber es war ein
von ihm verfaßtes Schriftchen über den Kurort »Weißer
Hirsch« bei Dresden. Er sah mich dabei rührend an. Ich
konnte nicht umhin zu danken, und wir schieden in
Freundschaft. Möge die Erde ihm leicht sein.

Heut früh im Tiergarten war es kalt; schon ganz spät-
herbstlich. Regenschauer fielen, und das bekannte Rascheln der braunen Blätter ließ nicht nach. Ich möchte zu-
rückgehen, nach Paris. Die Unruhen in der Straße Chabrol
hindern dieses Volk nicht, mit allen Sinnen und Nerven zu
leben. Dort kann man spazierengehen; dort verfehlt man
weniger den Zweck des Lebens, und herbstliche Todes-
gedanken bleiben fern.

Immerhin: – auch dort stirbt man.

27. August 1899

Zum achtundzwanzigsten August

»Freuet euch, ihr lieben Brüder« …

… Hundertfünfzig Jahre sind morgen um, seit Wolfgang
Goethe auf die Welt kam. Ein holder Jubel geleitet diesen
Tag. Im Himmel die Engelein schlagen Cymbeln und blasen Schalmeien, weil er gekommen ist. Geister und Menschen heben das Haupt und lächeln, aus zweien Welten,
denen er lebendigen Leibes beiden angehört hat; die Un-
terirdischen selber winken stumm, denn auch von ihnen ist
er Teil gewesen.

Er ist gekommen. Alles, was auf Erden, in Himmel und
Hölle ein atmendes Empfinden hat, heilig oder wild, einsam-
still oder brausend, dämonisch oder gesänftigt, schmerzvoll
oder selig, verliebt oder grüblerisch-ringend; alles, was je
durch einen grünen Wald gegangen ist und nachts bei der
Lampe sehnsuchtsvoll die Welt um ihr Geheimnis fragte;
alles, was die bitter-süße Zaubermacht der Liebe erfahren
hat und in den verschlungenen Gängen des Lebens die matten und die leuchtenden Farben, die finsteren und die holden
Umrisse sinnend aufnahm; alles, was Anfang und Ende des
Daseins, Erblühen und Abblühen und die wundersame Mitte
seligen Wirkens mit tieferer Inbrunst begriffen hat; alles, was
auf Erden genoß und litt, auf Erden Irdisches und Himmli-
sches durchlebte, Kämpfer und Sünder und Überwinder war:

alles grüßt ihn, den Menschensohn, den Lebensmenschen, den Strahlenden, Herrlich-Chaotischen, in dessen Seel' und Leib zusammenströmte, was an verworrenem menschlichem Reichtum über eine ganze Rasse, ja eine ganze Epoche der Staubgeborenen verteilt ist. Sein Geburtstag ist ja die Erinnerung an ein Wunder. Die Einsiedler des Lebens und die Weltkinder mit heißen Wangen lächeln, die frommen Seraphim und die kleinen Mädchen Deutschlands streuen Blüten, einen ganzen Frühlingsregen, die Sünderinnen und die Entsagenden schweben heran, die Blumen, Bäume und das Gebirg' freuen sich, die ganze Natur ist stolz, und zu den Sternen dringt aus einer Heerschar von Seelen der unvernehmliche Jubelruf: Er ist gekommen! Er ist gekommen!

Wolfgang! Wolfgang!

Nichts Schmerzliches ergießt sich in die Feier deines Tages. Sollten wir Schiller feiern, mit dem du auf dem Sockel in Weimar doch nun einmal abgebildet bist, so würde etwas Wehes um unsre Lippen zucken. Ihn lieben wir mit Schmerzen. Er war ein Märtyrer dieses Lebens. Und niemand kann sein gedenken, ohne die Male seiner edlen Wunden zu sehn und zu verstummen. Dich lieben wir in deiner Schönheit, Weinlaub im Haar, atmend und strahlend.

Und wenn wir Beethoven feiern sollten, den leidvoll geliebtesten aller Deutschen, so packt uns etwas Erschütterndes, die unausdenkbare Tragik eines Blutzeugen. Mit fliegendem Haar im Sturme des Lebens, von Pein und Wehe umgraust, steht seine einsame Schmerzensgestalt. Ihn feiern heißt schluchzen und ein heldisches Menschenschicksal beweinen.

Du warst anders.

Hast die vier grauen Weiber heranschleichen sehn, in deiner allumfassenden Seele, und hast sie sprechen gehört: ich heiße der Mangel; ich heiße die Schuld; ich heiße die Sorge; ich heiße die Not. Du hast sie gehört, denn du hast sie gestaltet. Und hast sie doch von ferne nur gehört, weil dein Stern so gütig und du selbst so abwehrend klug warst.

Wolfgang! Du hast die Blätter fallen sehn, die Zeit hat vor
deinem Leibe nicht haltgemacht. Wo's fröhlich klang und
lustig ging, da rührten sich deine Füße – und zuletzt hat
doch das tückische Alter auch dich mit seiner Krücke getroffen. Aber du fandest dich ab. Deine Frau Mutter schon
hatte den Dingen die gute Seite zu entnehmen gewußt; du
warst der Erbe. Die Genossen unserer heutigen Tage sind
finsterer. Sie scheinen ehrlicher verzweifelt und schneiden-
der. Ihr Weltgestalter Henrik Ibsen aus Skien sucht ans
Ende der Wahrheit zu gehn und ist am Ziel gefestigt-hoff-
nungslos. Uns leuchten die Entgötterer auf den Weg. Bereit
sein, ohne Illusion zu handeln; das Gesetz der Umwand-
lung hinnehmen; der großen Stille schweigend entgegen-
warten: das ist alles. Auch Ibsen läßt die unseligen Eltern
des kleinen Eyolf, das enttäuschte Menschenpaar, bis zum
Schlusse schaffend wirken: aber weil es das geringste von allen Übeln ist. Du läßt deinen Menschen wirkend schaffen,
weil es die höchste aller Seligkeiten ist. Du wußtest, daß auf
Vernichtung alles hinausläuft; daß jedem, er sei auch, wer er
mag, ein letztes Glück und ein letzter Tag blüht – und hast
doch alles beschwichtigt. Beschwichtigt und beschönigt?

War es ein Nichtsehnwollen? Bist du vom Stamme jener
Indogermanen, die Positives um jeden Preis erbeuten müssen? die an den dunkelsten Dingen noch Erfreuliches her-
ausfinden? Machtest du harmonische Miene zum schmerzlichen Spiel?

Nein. Aus deinem Blut heraus warst du ein Bejaher.
Unwiderstehbar hat dich der leuchtende Reiz des Lebens
umflutet, die schweren Düfte der Blume Jelängerjelieber
und tausend anderer schwebten aus reichen Tälern süß berückend auf deinen Pfad; die brausende Glorie des Seins
und die selige Magie dieser bunten, erscheinungsreichen
Welt hast du in jedem Frühling, im Gewitter, in hundert
Rosennächten bei schlafendem Sternenschein, bei manchem Kuß, beim Heranschweben menschlicher Gestalten
und Gestaltungen, beim Abschied und bei jedem neuen
Herzensturm in Pein und Wonne, oft zwischen Büchern
und Papier durchfühlt.

Und du standest vor diesem wundersam unergründlichen Chaos strahlenden Auges, ein Diesseiter, ein Antichrist, ein einziger Auskoster des Lebens, ein einziger Wiedergestalter des Erlebten. So umbraust und umsungen vom Traum der irdischen Erde, hast du abgewogen – den Schmerz und das Glück. Und noch in erkaltenden Tagen ließ Erinnerung das Glück emporsteigen über den Schmerz, und du riefst: es sei wie es wolle, es war doch so schön!

Wolfgang! Wolfgang!

Aus solchem Lebensgefühl läßt sich die ethische Weltanschauung begreifen. Was du Ethisches an dir hattest, war sozusagen organisch. Die ruhige Entwickelung, die sich nicht aus einem Theorem, sondern aus der Natur ergibt, ohne Gewaltsamkeit nach der guten oder bösen Seite hin, und ein bißchen unbarmherzig wie die Natur; diese ruhige Entwickelung mit dem dunklen Drang des guten Menschen – ist dir oft das Maßgebliche in deiner Ethik. Ein rechtgläubiger Ethiker warst du vielleicht nie. Zuweilen in späten Tagen erscheinst du wie ein Egoist mit Anwandlung von gemeinnützigen Sinnsprüchen. Deine imperativischen Hinweise bedünken uns wie Ausweichungen vor dem eigentlichen Ethischen. Du hast mit vorrückenden Jahren immer deutlicher die große Furcht vor allem Gewaltsamen bekundet – wo du jung nach Gewittern lechztest. Was die Ruhe eines glückverwöhnten, tätig-stillen Seins beirren konnte, lehntest du ab; du sahst es einfach nicht. Kein Zweifel: bei dieser Furcht vor dem Gewaltsamen spielte oft ein Versagen der Leitung mit: zuweilen schien der Becher Sekt zu fehlen, der nach Bismarcks Behauptung den Söhnen unseres Landes öfter fehlt. In der Jugend hattest du ihn. Höfisches kam hinzu. Paul Bourget nennt dich einmal einen »divin philistin«. Das ist stark. Doch wir fühlen oft, wo du aufhörst, der Sohn der Frau Rat zu sein, und wo du anfängst, der Sohn des Herrn Rat zu werden. Seltsam, daß eine Gestalt wie du, gleich dem tatkräftigsten aller Deutschen, auch den dienerhaften Zug hatte. Der eine nennt

sich einen treuen *Diener* seines *Herrn*: und unser großer
Dichter, in feinerer Regung und ungezwungener, demütigt
sich vor Fürstlichkeiten und Nichtigkeiten ein Leben lang,
höfisch fühlend. In der berühmten Karlsbader Szene steht
Beethoven aufgerichtet, als die nichtigen Gesalbten des
Herrn vorbeischreiten; und er mochte wohl spotten, wie er
Goethe vor ihnen im Staube sah. Wir brechen darum nicht
den Stab. Der Dichter war sich bewußt, was er eintauschte.
Aber schön wär' es doch, wenn unserem Größten solche
Kleinlichkeiten, so Allzumenschliches, erspart geblieben
wäre. Nicht kleine nazarenische Fanatiker, aber logische,
großartig-gradlinige Künstlermenschen wie Beethoven
und Michelangelo könnten hier seine Widersacher werden.

Goethes beste Ethik liegt schließlich doch im Beispiel:
im Ringen. Sie liegt im Streben nach dem Unsterblichen,
wie sie im Sänftigen und Bändigen liegt. Ein sündhafter,
schwankender, strahlender, menschlicher Mensch steht vor
uns, der die sinnliche Liebe durchgeistigt und durchseelt,
der an sich schafft mit einsamen Schmerzen; der nicht bloß
ein Kunstwerk im Leben erlebt – das kann ein Casanova
auch –; der sein Erleben realistisch und mit allen Luftschat-
tungen, die zwischen den Dingen wittern und ungreifbar
sind, ewig macht, nachdenklich erschauernd. Das ist das
einzige. In seiner Selbstzucht, im Ringen und Gestalten –
in seinen Schmerzen liegt seine Ethik.

Verworren wie ein Wald an äußerem und innerem
Reichtum, ein weiches und feines Gnadengeschöpf, mit
Rückfällen und Inkonsequenzen, ein Kämpfer und oft Be-
siegter, der niemals ein Monument hat sein wollen, sondern ein Erdensohn; der zu gesänftigtem Reichtum und
himmlischer Kraft vordrang: so erscheint er als der herrlichste Mensch einer Übergangsepoche: als die Mischung
des Instinktmenschen und des Geistesmenschen. Vom alten schönen Ungeheuer hat er noch die sinnliche Kraft,
aber zum neuen, papierernen Wesen ist er noch nicht abgemagert. Es ersteht ein Lebensmensch, ein Denkmal
zweier Epochen, ein Ausläufer wie ein Vorläufer.

Auch ein Ausläufer! Zwischen uns sei Wahrheit. Vieles
Imperativische, das er gespendet hat, paßt noch für ihn.
Oder noch gerade für Menschen einer gleich sturmgefriedeten, äußerlich kampflosen Welt. Er hat gezeigt, was einer
werden kann, den das Schicksal inmitten der Flut auf einen
umblühten Stein gehoben hat. Die andern ringen bis an
den Hals in den Wellen. Und ihre Lieder, wenn sie singen,
sind andre Lieder. Das Schicksal der schwimmenden Millionen erfüllt die Zukunft als ihr stärkster Inhalt. Er hat
auch das geahnt; in den Wanderjahren Wilhelm Meisters
finden sich kommunistische Erwägungen. Doch für die
Sehnsucht dieser Schwimmenden ist er nicht der Chorag
geworden: vielmehr das gesangvolle, schalkhafte und unsterbliche »Judenjüngelchen« Heinrich Heine, aus dem
unbesiegbaren Stamm der Unterdrückten: der neue Sänger
der großen Städte; ihrer Liebe und ihres Hungers; der die
neue Lyrik der gepflasterten Straßen gab; der in der Wel-
tenstadt Paris saß und dichtete, während der andere noch
an der Ilm entlangwandelte, durch Flur und Hain.
    Hier ist die Scheide zweier Zeiten.

Wundersam leuchtend blickt heut Clärchen hernieder. Sie
sitzt auf einem Stern, welcher zum Luftbezirk der Stadt
Brüssel gehört. Sie trägt einen Heiligenschein, dieses kleine
Mädchen, wie die starken Madonnen. Sie war bloß die
Tochter ihrer Mutter und die Geliebte eines leichther-
zigen, schönen, schwermütig-frohen Mannes. Und trägt
doch einen Heiligenschein! Auch Philine reitet auf einem
Stern und streut Blumen in das Weltall. Ihr feines, lachendes, freches Antlitz ist verklärt, und wieder trägt diese Sün-
derin das Haupt einer strahlenden, gloriosen, wunder-
gewaltigen Madonna. Und alles neigt sich vor Philine und
spricht: Ehre sei dir in der Höhe, auch du hast die Krone
des Lebens getragen.
    Und Lotte schwebt durch die Wolken, blaß, voll Kum-
mers und voll Liebe, und der einzige Freund drückt auf
ihre Hände den wehen Mund, und auch er trägt einen
Heiligenschein und ist ein Märtyrer, wie die der christli-

chen Kirche. Und ein dunkles Wesen schleicht herauf, das
Kind zweier Geschwister (Bosse! Bosse!!), aus dem Lande
der Sonne und des Südens, aus dem Lande Italia, wo die
Zitronen blühen; aus dunklen Augen sendet sie lange
Blicke, die unter dunklen Wimpern ersterben, und eine
versunkene jugendinnige Stimme spricht: Heiß' mich
nicht reden, heiß' mich schweigen. Mignon!! (Ob diese
zwei Ausrufungszeichen nicht antigoethisch sind? Immerhin!) Leonore steigt dann herauf. Warum hatte sie dieses
abwehrende, allzu gesänftigte Benehmen? Es bleibt ein
Schrecken, wenn man den jungen Wolfgang betrachtet. Es
erscheint uns Lebensmenschen nicht ganz begreiflich,
selbst wenn wir uns Mühe geben. Warum Askese, warum
nicht Mensch sein? Wir verstehen abgeklärte Erscheinungen – aber die Sanvitale kommt doch bei uns zu Ehren. Sie
ist organischer. Die anderen sind bei Goethe unaussprechlich fein, doch am letzten Ende mit zweifelhaftem Da-
seinsrecht geschaffen. Herrlich naht Iphigenie, die höchste
Vollendung dieses Typus, und der tiefe Lebenstakt des
einzigen Dichters greift hier in unsere Seele. Una poenitentium aber, sonst Gretchen genannt, winkt zuletzt (als
Letzte nicht) aus dem christlichen Himmel. Zwischen
dem samaritanischen Weib, der ägyptischen Maria und
frühverstorbenen seligen Knaben erscheint das menschlich holdeste Götterbild. Sie redet, noch da »sich an-
schmiegend«. Wir hören die Weltenlaute:

> Neige, neige
> Du Ohnegleiche,
> Du Strahlenreiche,
> Dein Antlitz gnädig meinem Glück …

Engel! O, schlagt die Cymbeln, blast die Schalmeien. Er
ist gekommen! Ein Hort der Freiheit; ein hoher Mensch;
ein Künstler; ein Ewigkeitszeuge; ein Einziger.

Senkt Blumen, einen Frühlingsregen, auf sein lebendiges
Grab. Freut euch mit uns. Lacht – Sonne, Mond und
Sterne.

3. September 1899

Ein Berliner Chronist hat nicht über den Prozeß Dreyfus
zu reden: weil dieser sich in Rennes abspielt, nicht in Berlin. Er darf höchstens über den Oberst Schwartzkoppen reden: weil dieser sich in Berlin befindet, nicht in Rennes.

Schwartzkoppens Gestalt ist noch sphinxartiger geworden, noch geheimnistiefer, noch unfaßbarer, seit der Zeuge
Lebrun-Renault von einem halben Geständnis des Angeklagten erzählt hat, woraufhin anscheinend Dreyfus verurteilt werden wird. Wir haben die Erklärung des Grafen Bülow gehört und glauben ernstlich, daß sie ohne Kniffe und
Hinterhältigkeiten abgegeben wurde. Wir haben als anständige Menschen auch keinen Grund zu denken, daß der
Hauptmann Lebrun-Renault ein Schuft ist; wir wissen
nichts Nachteiliges über ihn, und er hat geschworen. Es ergeben sich dann folgende Möglichkeiten: entweder er hat
richtig gehört; oder er hat nicht richtig gehört. Die zweite
Möglichkeit wird das Kriegsgericht kaum in Betracht ziehen. Wir in Deutschland eher, weil die feierliche Erklärung des Grafen Bülow vorliegt. Nun hat man schon hun-
dertmal mit Recht in den Zeitungen betont, daß nicht diese
uneidliche Versicherung des Herrn von Bülow auf das
Kriegsgericht wirken kann, sondern nur die eidliche Aussage des Herrn von Schwartzkoppen vor der Schranke.
Und jetzt, wo dem unseligen Hauptmann Dreyfus mehr als
je das Messer an der Kehle sitzt, befaßt man sich mehr als je
mit der Gestalt dieses Dichters – Schwartzkoppen ist Dichter – und sucht den Sphinxerich zu entzaubern. Ich glaube
nicht, daß es mir gelingen wird, aber ich will eine Geschichte erzählen.

Mancher kennt sie vielleicht. Ein junger Bengel, der Philosophie studiert, kommt in eine aristokratische Familie als
Hauslehrer. Die Tochter ist ein hübsches zartes Mädel. Er
setzt Himmel und Hölle in Bewegung, um sie in sich verliebt zu machen. Ihre keusche und seine Natur sträubt sich
lange, aber die psychologische List des Menschen und
seine tolle Leidenschaft siegen zum Schluß. Als sie glaubt,

daß er nachts auf seinem Zimmer Gift nehmen wird, kommt sie zu ihm. Und jetzt zum ersten Mal sinkt die Sprödigkeit: sie bekennt, daß sie mit ihm sterben will. Beide leeren, ehe sie den Giftkelch heranholen, den Taumelkelch der Liebe. Als der Morgen kommt, mahnt sie zum Sterben. Er aber will nicht. Seine Stimmung ist jetzt minder schwermütig als gestern abend. Er verschließt das Gift. Sie aber, die ihre Ehre preisgab, nur weil sie sich vor dem Sterben glaubte, verschafft sich nach etlichen Tagen anderes Gift und tötet sich. Der Fall hat wenig mit Herrn Schwartzkoppen zu tun? Aber jetzt kommt es.

Der Student gerät, aus allerhand selbstverketteten Gründen, in den Verdacht, das Mädchen vergiftet zu haben. Er kommt ins Loch, er kommt vor Gericht. Dort führt er seine Sache anders als Dreyfus: er verteidigt sich überhaupt nicht. Er ist in Groll und Trotz und Hochmut und Stumpfsinn mit sich zerfallen und will nicht durch einfache Darlegung der tatsächlichen Vorgänge die Ehre des toten jungen Mädchens öffentlich preisgeben. So wird er verurteilt werden, die Verhandlung naht dem Ende, das Messer sitzt ihm, wie jetzt Dreyfus, an der Kehle. Nur einer weiß außer ihm, was geschehen ist. Das ist ein Offizier, wie Herr von Schwartzkoppen. Nämlich der Bruder des Mädchens, dem das mißhandelte Opfer vor dem Tode die Wahrheit schrieb. Dieser Offizier fühlt, daß der Student unschuldig verurteilt werden wird. Im entscheidenden Augenblick schleppt er sich vor den Zeugentisch und legt, mit zusammengeschnürter Kehle, Zeugnis ab vor aller Welt, daß seine Schwester entehrt worden ist, daß sie aber sich selbst getötet hat. Der Student wird freigesprochen.

Was nun folgt ist für uns nicht von Belang, sosehr es für den Studenten von Belang ist: der Offizier schießt ihn auf der Straße tot. Das mag er mit sich abmachen.

Es ist Paul Bourgets bester Roman, »Le disciple«, welcher diese Geschichte enthält. Ihr Gerippe, das sieht man hier, erinnert an den alten spannenden Situationsroman. Ihre Darstellungsart, das sieht man hier nicht, ist von der gerissensten und lehrhaftesten Seelenkunde der Modernen

erfüllt. Aber ich will nicht erörtern, ob Bourget einen guten Roman, ob er einen schlechten geschrieben hat; möge
er glücklich werden, hol' ihn der Teufel. Er hat in diesem
Roman jedenfalls die wesentlichsten Züge des christlichen
Soldaten gestalten wollen, der nicht nur Christ und Soldat,
sondern obendrein Edelmann ist; der mit einem Wort auf
die geschwollenste Art sämtliche Voraussetzungen für Tugend besitzt. Nun glaube ich nicht, daß das Modell des
christlichen adligen Soldaten in den verschiedenen Ländern verschieden ist. Hamon, der Verfasser der »Psychologie des Berufssoldaten«, hat beispielsweise nachgewiesen,
daß die soldatische Brutalität, soweit sie in den europäischen Heeren auftritt, sich überall in den gleichen Formen
äußert. So wird auch die Tugend des Soldaten überall die
gleichen Züge haben. Bourgets Held hat sie: er bekennt die
Schande seiner toten Schwester, um einen Unschuldigen
nicht verurteilen zu lassen. Es gilt für ihn nicht bloß, die
höchst seltsame »Würde der Zurückhaltung« preiszuge-
ben, welche gewisse Offiziere unter gewissen Umständen
wahren; es gilt für ihn, das Stärkste zu bekennen, was ein
Vertreter des konservativen Ehrbegriffs bekennen kann:
daß ein weibliches Familienmitglied mit einem Leck aus
der Welt ging. Er schleppt sich vor die Schranken und bekennt. Die Geschichte ist ein Roman.

Herr von Schwartzkoppen hätte minder Anstrengendes
zu bekennen. Doch er bewahrt die Würde der Zurückhaltung, nimmt den Abschied nicht (er könnte nachher ganz
gut wieder eintreten), geht nicht nach Rennes und bekennt
nicht. Nun gibt es zwei Möglichkeiten: Entweder Dreyfus
hat tatsächlich zu ihm Beziehungen gehabt – dann konnte
Herr von Bülow als anständiger Mann sich nicht feierlich
für das Gegenteil verbürgen, zumal Schwartzkoppen seine
Quelle gewesen sein muß. Oder Dreyfus hat keine Beziehungen zu Schwartzkoppen gehabt, dann –. Ja, dann verstehen wir die Welt nicht mehr; dann verstehen wir die
christliche, soldatisch-tapfere, edelmännische Welt nicht
mehr, deren Tugenden man uns in der Schule einzubüffeln
wagt. Wo, zum Donnerwetter, fängt diese berühmte Ehre

an? Man braucht nicht blindlings einen Stein auf Herrn
von Schwartzkoppen zu werfen; man braucht auch Dreyfus für keinen sehr angenehmen Mitmenschen zu halten –
er war streberhaft, vordringlich, egoistisch, prahlerisch und
bloß vielleicht kein Verräter. Für uns Ethiker in Deutschland kommt jetzt alles auf die Alternative hinaus: entweder
Bülow oder Schwartzkoppen. Soll der eine entschuldbar
sein, so müßte der andere gelogen haben. Und die nach-
denklichen Fragen, die sich daran knüpfen, werden für uns
bestehenbleiben, gleichviel ob der Ex-Bewohner der Teufelsinsel verurteilt wird oder freikommt. Es handelt sich
hier um eine eigene Kultur-Angelegenheit, nicht mehr um
den Prozeß eines fremden Mannes.

Die Entschuldigungsgründe für Herrn von Schwartzkoppen fallen um wie gemähte Halme. Ist ein Nachteil für
Deutschland zu befürchten? Unsinn! Es handelt sich bloß
darum, zu sagen, wer in diesem Falle *nicht* Spion war; es
soll nichts Positives angegeben werden; man kann nicht
sehen, wo der Nachteil steckt. Sind Zwischenfälle vor Gericht zu befürchten, wenn er als Zeuge auftritt? Die entfernte Möglichkeit liegt allerdings vor: Ein Duell kann,
wenn die Offiziere aneinandergeraten, unausbleiblich werden. Aber Schwartzkoppen bebt nicht vor dem Duell zurück, es gehört ja zu seinem Handwerkszeug, da liegt ja
gerade das Soldatische; ich frage nochmals, wo eigentlich
der soldatische Mut beginnen soll, der vielgerühmte, wenn
er nicht irgendwo beginnt. Alle Entschuldigungsgründe
fallen um. Der Kredit des homo militaris hat auf französischer Seite in diesem Prozeß sehr gelitten. Viele von uns
haben in Deutschland eine erhöhte, besondere Ehrenhaf-
tigkeit des Offiziers im Gegensatz zu den produktiven
Staatsmitgliedern niemals gelten lassen. Sie werden jetzt
erkennen, wie sehr sie recht hatten. Vor Jahresfrist fand der
berühmte Bazarbrand in Paris statt, bei welchem die Herren der besten Zivilgesellschaft Frauen schlugen und ins
Feuer stießen, um sich zu retten; es war der offizielle Ban-
kerott der gesellschaftlichen Ritterlichkeit. Der Dreyfus-
prozeß, in welchem sehr wenig an Dreyfus und sehr viel

am ethischen Moment gelegen ist, scheint zeigen zu sollen, was am militärischen Ehrbegriff Form und was daran Inhalt ist. Hierin liegt für die Deutschen der wichtigste Punkt, nicht des Falles Dreyfus, sondern des Falles Schwartzkoppen.

Ein Ethiker, oder der es werden will, kommt in diesen Tagen schlecht auf seine Kosten. Daß das ethische Gefühl im Lande durch die Abstrafung der Verwaltungsbeamten gestärkt wird, kann man nicht behaupten. Sie haben nach ihrer Überzeugung gestimmt; und es handelt sich nicht darum, ob diese Überzeugung vernünftig oder blödsinnig ist. Man könnte eine gewisse ironische Genugtuung fühlen, daß nun den konservativen Beamten recht sein muß, was früher den liberalen billig gewesen ist. Aber wir verzichten auf diese Genugtuung und stellen lieber fest, daß das eine unrecht und das andere unbillig war. Der ganze Fall ist unglaublich. Warum läßt man die Wählbarkeit der Verwaltungsbeamten überhaupt zu, wenn sie an einem bestimmten Punkt für die Vertretung ihrer Wählerschaft bestraft werden? Wozu erst das Spiel und die Verkleidung, als ob wir konstitutionell wären? Man denke sich folgenden grotesken Fall. Ein Hausbesitzer hat hundert Mieter. Er beauftragt seine Angestellten, jeden Wunsch seiner Mieter zu seiner Kenntnis zu bringen, und gibt den Mietern dieses Recht, sich vertreten zu lassen, kontraktlich. Sobald nun der Angestellte einen Wunsch übermittelt, der ihm nicht zusagt, schmeißt er ihn raus. Das ist gleich freundlich gegen die Angestellten wie gegen die Mieter; nicht wahr? Und die Mieter werden merken, daß ihr Kontrakt anfängt der reine Ulk zu sein, und werden einstimmig protestieren trotz aller sonstigen Zwistigkeiten auf den Korridoren und in der Waschküche. So ist das Verhältnis des Staates zu Wählern und Gewählten, sofern die Gewählten Beamte sind. Wenn weniger Beamte gewählt würden, weiß Gott, wir wären einverstanden. Aber wenn sie einmal gewählt sind, soll man sie für die Ausübung ihrer Befugnisse nicht züchtigen.

Durch ethische Zwickmühlen dieser Art, welche unsere

Regierung aufmacht, schadet sie der allgemeinen Moralität mehr, als es die meisten Druckschriften und Theaterstücke tun, welche sie aus Frömmigkeit verbietet.

Die offiziell herrschenden Ideale wackeln. Sie haben den Knax. Hoffentlich ist die nächste Woche ethischer.

29. Oktober 1899

Über die Bilderstürmer, den Marmorfrevel und den partiellen Abbruch der Kurfürsten sind sich die Parteien merkwürdigerweise nicht in die Haare geraten; obwohl eine solche Zerklüftung herrscht. Nur die Partei der deutschen Steinmetze und die Partei der italienischen Steinarbeiter kämpften vorübergehend. Sie schoben Prybislaws abgebrochene Nase einander in die Schuh', bebend vor Entrüstung und Konkurrenz. Anhaltepunkte wurden keine dafür erbracht; und da der Täter seine Tat in Berlin vollzog, wird er nie entdeckt werden. Denn wie die Kinderchen an der Mutter Brust schlummern, geborgen und sicher, so ruhig wandelt ein übeltäterischer Schurk' in dieser Stadt; still, als Gast beschirmt, und wie in Arkadien. Es muß einen Ort in der Welt geben, wo auch Verbrecher ein letztes sicheres Glück genießen. Das ist Berlin. Es war schon im achtzehnten Jahrhundert die Stadt der Humanität.

Mag nun der Verbrecher ergriffen werden (indem er sich der Behörde stellt), mag er unerkannt bleiben, seine Tat ist recht verdammenswert. Es drängt uns, zu erforschen, was der Ikonoklast für Beweggründe hatte. Versetzen Sie sich, Leser, in die Seele eines solchen. Allgemein wird angenommen, daß eine politische Kundgebung nicht vorlag. Dann ergäbe sich immerhin die bedauerliche Tatsache, daß dem nächtlichen Schänder ein lebhafterer Sinn für Zusammengehörigkeit mit der Bürgerschaft abgeht. Er rächt sich für irgend etwas; er macht sich Luft. Vielleicht hat ihn seine Frau gepiesackt (das wird es gewesen sein), vielleicht auch hat ihn sein Dienstherr schlecht behandelt. Der Ärger der Öffentlichkeit bildet seine Genugtuung. Wenn erboste

Privatleute ein Gefühl der Befreiung spüren, sobald sie
etliche Tassen, Waschgeschirre und Eßgefäße zertöpfert
haben: so fühlte jener Schurk' sich erleichtert, als er einen
Bischofsstab, ein marmornes Ornament, die Nase eines
Wendenfürsten und ähnliches in Trümmer sinken sah. Das
kann der psychologische Vorgang sein. Er muß es nicht
sein. Es ist auch folgendes möglich: Am Geburtstag des
österreichischen Kaisers klettert bisweilen ein Mann auf
den Stephansturm und befestigt eine Fahne. Er hat es sich
gelobt. Es ist ein Sport. Richard Wagner sagt einmal:
»Deutsch sein heißt eine Sache um ihrer selbst willen treiben.« Liebe für den Kaiser braucht gar nicht vorhanden zu
sein. Vielleicht hat auch der Denkmalsbube sich freiwillig
ein Ziel gesetzt, ohne Erbitterung und ohne Haß; vielleicht
wollt' er nur diese Sache um ihrer selbst willen treiben. Das
Ergebnis wäre für ihn ein sogenannter Ulk. Steigerung des
Selbstgefühls wäre damit verknüpft, entspringend aus der
überwundenen Gefahr und dem siegreichen Entwischen;
das Bewußtsein, viele Köpfe in Bewegung gesetzt zu haben. Jeder Dozent der Psychologie wird mir beistimmen;
so und nicht anders war es. Es kann aber auch folgendermaßen gewesen sein. Vielleicht war der Nachtvandale
doch von politischen Gründen bewegt. Dann scheint seine
Tat erst recht verdammlich. Es ist nicht erlaubt, mit dem
Hammer zu politisieren; schon Nietzsche mißfiel mir immer, der mit dem Hammer bloß philosophiert. Das Ab-
hauen von Ornamenten ist keine Widerlegung. Auch darf
politische Wut niemals die Kunstwerke der Gegner vernichten wollen; es kämen zu kleinliche Dinge heraus. Man
sehe das heutige Paris: es hat keine anständige Bildsäule
von Napoleon. Welcher Mangel! Und wenn in Deutschland zur Zeit der sozialistischen Republik der Große Kurfürst von Schlüter zerhaun werden sollte, was aber nicht
anzunehmen ist, so würden honette Menschen die letzte
Ohrfeige, die sie in ihrer Hand haben, und den letzten
Fußtritt, den sie in ihren Schenkeln besitzen, mit der letzten Kraft unter diese Politiker verteilen. Es ist aber nicht
anzunehmen. Höchstens würde man die Berolina entfer-

nen, welche recht dämlich aussieht, und durch eine intelli-
gentere ersetzen; mit gutem Fug, zunächst aus Gerechtigkeit, dann aus ästhetischen Gründen. Politiker sind aber
selten ästhetische Kritiker. War der Schänder Prybislaws
ein Politiker, so verdient er im Sinn aller Kulturfreunde
doppelte und dreifache Strafe. Wie leicht hätte er ein wirkliches Kunstwerk zertrümmern können. Der Bursche unterscheidet nicht und zerschlägt mal etwas Wertvolles. Für
heut sind wir mit dem Ärger davongekommen.

Was sonst vorgeht, liegt großenteils außerhalb von Berlin; man spricht hier bloß davon. Es ist Krieg. In Südafrika
sollen sich, wie man erzählt, die Engländer und die Buren
bekämpfen. Die meisten Leute ergreifen Partei. Infolge eines merkwürdigen Zufalls bin ich nie Mitglied des Alldeut-
schen Verbandes geworden. Es kam immer etwas dazwischen, ich war so beschäftigt. Jetzt wär' ich wahrscheinlich
aus diesem Verein entfernt worden, wenn man erfahren
hätte, daß ich im Haus eines befreundeten Künstlers beim
Abendessen mit der Engländerin gemeinsame Sache
machte. Das Fräulein befand sich in einer erdrückenden
Minderheit, wie Wippchen sagen könnte. Es speisten lauter Burenfreunde am Tisch. Man setzte ihr nicht schlecht
zu. Am Schluß glaubte sie sich allein verantwortlich für die
großbritannischen Übergriffe am Vaalfluß. Sie war hochrot
auf beiden Wangen und wollte versichern, daß sie es nie
wieder tun würde; sie dauerte mich. Da schluckte ich die
letzte Scheibe Braten herunter und sprang ihr bei, über den
Tisch. Sie hatte früher, als sie noch weniger Deutsch
konnte und nach der Analogie ihrer Muttersprache alle
Menschen duzte, mich in einer Gesellschaft laut gefragt:
»Waunst du in Bölin?« Sie meinte, ob ich in Berlin wohne.
Diese Erinnerung war mir unendlich rührend. Also ich
schluckte sie runter, die Scheibe, und sprach: Mir persönlich ist es Wurscht, ob England etwas mehr einsackt. Wo
dieses Volk regiert, ist Kultur, und wenn man hinkommt,
fühlt man sich ganz wohl. Während es mir beispielsweise
nicht Wurscht ist, ob Rußland irgendwo herrscht; überall
dort fühlt man sich unwohl. Gegen die Unterdrückung ei-

nes kleinen selbständigen Volks regt sich allerdings manches Ethische in mir. So sprach ich. Die Untertanin der verschiedenen Königreiche legte Gabel und Messer weg vor Wonne und dschubelte mir zu, über den Tisch. Ich sagte deshalb in gemeiner Berechnung: Außerdem sind die Buren ein Volk, das sich niemals wäscht, und sie sollen sehr konservativ im Fortschrittemachen sein; rückständig, unzeitgemäß, dickhäutig, kaffrig. Sie sprach: Dschawohl, kaffrig! Sie redete jetzt die deutsche Sprache mit allen Feinheiten. Nun fügte ich einschmeichelnd hinzu: ich habe im Figaro einen Leitartikel von Arved Barine gelesen, vor acht Wochen; der bewies, daß Indiens Besitz für England davon abhänge, daß England in Südafrika Alleinherrscher sei. Wieso es davon abhängt, weiß ich nicht mehr; aber ich hab' es gelesen. Dschawohl, röchelte sie. Nachdem ich mir nun ihre Liebe fest gesichert hatte, sprach ich in diplomatischer Gerissenheit mit leiser Stimme zu den Burenfreunden: Wo England herrscht, ist Kultur – nämlich für uns, die wir hinreisen; aber die eingeborene Bevölkerung, meine Herren, befindet sich in ekligem Zustande; denken Sie, daß ich das nicht weiß?! Die Britin aß wieder und war beschäftigt; die Körperkraft, die ihr in fünfminutiger Pause entgangen war, sammelte sie ein. Deshalb konnte ich mutiger hinzufügen: England will Transvaal so verwalten wie Kanada, wenn es zur Annexion kommt; nun weiß ich aber von meinem kanadischen Freunde Edmond de Nevers, daß in Kanada die englische Herrschaft mehr als wackelt; die Selbständigmachung ist bloß eine Frage der Zeit; so ist es in vielen anderen Kolonien, so wird es auch in Transvaal sein. Notabene, fügte ich hinzu, wenn die Annexionsfrage überhaupt noch einmal berührt wird – die Buren schlagen sich ja glänzend. Diese letzten Worte hatte ich getuschelt, weil sie eben aufhörte zu essen. Prost, sagte ein Burenfreund, und kam mir ein Stück (näher). Thank you, sprach beim Mahlzeitsagen die blonde junge Dame und drückte mir lange meine Hand. Ich fragte mich innerlich mit Bedauern, warum ich nicht die Laufbahn eines Staatsmannes statt eines Schriftstellers eingeschlagen. Daneben tauchte wieder die Frage auf, warum ich nicht Mitglied des Allgemeinen deutschen Verbandes geworden war. Vielleicht hing beides zusammen, wer weiß?

Mein nächster Brief soll aber wirklich länger sein. Hoffentlich unterstützen mich die Ereignisse. Ich beabsichtige, den ganzen Raum unter dem Strich allein auszufüllen.

17. Dezember 1899

Allgemein aufgefallen ist es, daß nicht unter dem Protektorat des Freiherrn von Mirbach die Berliner Königlichen Bühnen eine Heinefeier veranstaltet haben. Man hatte das erwartet und munkelt, daß ein infolge der großen Kälte entstandener Schnupfen die populäre Gestalt des Obersthofmeisters verhindert hatte, diesen seinen alten Lieblingswunsch in die Tat umzusetzen. Er soll gegenwärtig nicht schlecht verstimmt sein, daß er den Termin verstreichen lassen mußte. Statt dessen wurde Heine durch Pau... Pau... Paul Lindau gefeiert und vorher von Osk... Osk... Oskar Blumenthal besungen. Also wurde er durch Blumenthal und Lindau besungen und gefeiert. Wie ich aus Paris, cimetière, Montmartre, Avenue de la Cloche, erfahre, legte sich der Dichter auf den Bauch und stieß mit dem mittleren Teil seiner Rückenpartie fortwährend gegen den oberen Sargdeckel, bis Mathilde, geb. Mirat, ihm zurief: »Voyons, Henri, ça m'tombe sur les nerfs.«

Noch ein zweiter Grund hinderte den Freiherrn von Mirbach, eine Tätigkeit zu entfalten, wie sie seinen Neigungen entspräche. Er soll viel im Kopfe haben. Ein Konflikt mit dem Kaiser droht ihm, wie ich aus nachstehendem Vorgang weiß. Ich goß den letzten Schluck meines Weins hinunter, als die Tür aufging. Es war in einem westlichen Wirtshause. Mein alter Bekannter Siegmund, den ich immer Wehwalt nenne, weil es ja doch dasselbe ist, trat ein, erblickte mich und setzte sich freudig erregt zu mir. Er ist höherer Beamter, mit einer unausgefüllten Lebenslücke, ewig nach etwas anregender Zerstreuung suchend (von sie-

ben Uhr nachmittags ab) und von stiller Wut gegen Künstler und Schriftsteller durchnagt. Warum? Er beneidet sie:
erstens um den Ruhm, zweitens um die zerrissenere Le-
bensführung, drittens um die schrankenlos romantische
Frauengunst. Trotz seines Hasses und Neides klammert er
sich an sie; er ist nicht loszuwerden.

… Als er den ersten Ärger überwunden, kam er auf Mirbach zu sprechen. Er haßt auch diesen: doch er beneidet
ihn nicht. Er sprach einiges Belanglose, während ich den
Nachtisch verschluckte. Dann erhob er sein Angesicht.
»Das Beste habt ihr damals natürlich wieder nicht gesagt –
ihr Schriftsteller!« – »Was denn?« – »Ihr hättet gleich betonen können, daß zwischen dem Kaiser und dem Freiherrn
von Mirbach ein Konflikt ausbrechen würde.« – »Wieso?« –
»Der Kaiser hat gesagt: wer nur auf Gott vertraut *und feste
um sich haut,* hat nicht auf Sand gebaut. Das ist die scherzhafte Verwandlung eines frommen Spruchs!« Wehwalt
hatte recht … Und keiner von uns war darauf gekommen.
Er triumphierte. Mir fiel ein, daß Flaubert gelegentlich an
Maupassant schreibt: »Mon Dieu! mon Dieu! mon Dieu!
que les journalistes sont bêtes!« (Ich sagte es aber nicht.
Eigentlich hatte ich Lust, es zu sagen, weil er sich ärgert,
wenn man über Flaubert spricht, von dem er nichts gelesen
hat.) Wir saßen still da. Nach einer Weile dämmerte mir
ein Gedanke. »Siegmund«, sprach ich und sah ihn uner-
schrocken an, »Siegmund-Wehwalt, das hast du nicht aus
dir! das hast du *nicht* aus dir!« Ehe zwei Minuten um waren,
gestand er. Ein Vorgesetzter hatte in vertraulichem Gespräch das Wort des Kaisers berührt und auf den Zusammenhang mit Mirbach hingewiesen … Er hatte gestanden.
Ich sprach, indem ich die Luft tief einzog: »Ich wußte ja
gleich, daß du das nicht aus dir hattest.« Ich trommelte auf
den Tisch. Er röchelte: »Kellner, zahlen!«

Hiernach weiß ich also, daß der Freiherr von Mirbach
deprimiert ist, weil ihn der Kaiser wegen seiner ganz unbe-
fugten Äußerungen zur Rechenschaft ziehen wird. Es ist
aber auch möglich, daß er nebenbei noch den Schnupfen
hat. Denn die Kälte ist riesengroß. Leben wir doch in der

trauten Weihnachtszeit, wo in allen hell erleuchteten Geschäften die Einkäufe besorgt werden, was der Himmel
durch trockenes, aber sehr kaltes Wetter begünstigt. Stehen
wir doch in den Tagen der Vorfreude, wo mit leisem Ton
»O du fröhliche, o du selige« schon in aller Herzen erklingt
und bei Wertheim die großen Diebstähle verübt werden.
Wenn der Himmel den diesmaligen Weihnachtsverkehr
streng, aber loyal fördert, sucht ihn die Berliner Straßenbahngesellschaft neckisch zu vereiteln. Sie hat in diesen Tagen eine Ausstellung ihrer Wagen veranstaltet; und zwar
ließ sie dieselben in einer Reihe auf der Leipziger und
Potsdamer Straße aufrücken und stillstehen, um dem Publikum einen Begriff von dem ihr zur Verfügung stehenden nicht rollenden Material zu geben. Das großartige Ver-
kehrshindernis erregte allgemeine Bewunderung. Um so
mehr, als es gelang, auch die vorbeifahrenden Droschken
zum Verweilen einzuladen. Der Nachweis, daß es sowohl
durch Pferdebetrieb als durch elektrischen Betrieb in gleicher Weise möglich ist, größere Stauungen zu schaffen, ist
von der allzeit rührigen und aufmerksamen Direktion zur
allgemeinen freudigen Überraschung ganz und voll erbracht worden. Da die Gesellschaft eine heftige Bekämpfe-
rin der Freizügigkeit ist, hat sie auch dort, wo der eine oder
andere Wagen durch Zufall in langsamen Gang gebracht
wird, kluge Vorkehrungen getroffen, den leichtsinnigen
Reisenden noch im letzten Augenblicke zur Umkehr zu
bewegen – ihn nochmals zur Anhänglichkeit an die Scholle
und die Hausnummer zu ermahnen. Früher war ihr bisweilen rollendes Material bloß ungeheizt; zum diesjährigen Weihnachtsfest aber hat sie auch dünnere Fußboden-
matten beschert, so daß diejenigen, welche auf der Fahrt
wagemütig bestehen, doch nach kurzer Frist zum Verlassen des Fuhrwerks zu bringen sind. Das hilft! Gegen Frostbeulen sind auch die leidenschaftlichen Vagantennaturen,
welche die Bevölkerung Berlins noch aufweist, empfindlich. Und da in diesem Dezembermonat auch die Fenster
der Wagen sehr häufig zerschlagen sind, was der Schaffner
in die abschwächenden Worte kleidet: »Es is'n bisken

frisch«, so besteht Aussicht, daß dem Wanderungsprinzip und der Sachsengängerei innerhalb der Stadtviertel endlich Einhalt getan wird. Dem Publikum aber ist es nicht zu verdenken, wenn es von der Straßenbahngesellschaft immer kurzweg »die Gesellschaft« sagt. Es liegt so ein eigentümlicher Ton darin: *die* Gesellschaft ...!

Abgesehen hiervon ist die Stimmung wundervoll. Tiefen Eindruck macht der Gedanke, daß die Läden, welche gegenwärtig im Mittelpunkt alles menschlichen Interesses stehen – es lächelt der Commis, er ladet zum Kaufe –, bald um 9 Uhr alltäglich geschlossen werden sollen. Der Reichstag hat den Ladenschluß verfügt. Es ist nichts zu wollen, im April geht's los. Wie wird, so fragt man allgemein zitternd, die Friedrichstraße dann aussehen? Sie wird so aussehen, wie sie jetzt um elf aussieht. Nicht anders. In London die City ist stockduster nach Geschäftsschluß. Eine Gänsehaut überkriecht den Wandrer. Die Häuser machen einen so verstorbenen Eindruck. So wird es in der Friedrichstraße sein. Manche glauben, daß die Sittenlosigkeit dadurch wachsen wird. Heut, wo die Geschäfte das Licht spenden, wo es gar feenhaft-lieblich und recht zaubervoll glüht und gleißt und leuchtet vor Reklame, heut sind die Gesichter der Damen deutlich zu erkennen. Das hält die Tugend noch aufrecht. Wenn aber die Damen, welche dort spazierengehen, ihre Gesichter verstecken können im Dunkel, dann steigert sich die Verführung ins Maßlose. Allerdings könnte der Magistrat abhelfen durch die Befestigung zahlreicherer Lämpchen. Und das ist Gott sei Dank anzunehmen. Ferner erwägt man allgemein (aber allgemein! es ist auffallend, wie allgemein man das erwägt), daß die Menschen künftig der Bosheit des Objekts wehrlos preisgegeben sein werden. Wenn ich auf den Ball gehen will und mir, einer alten aristokratischen Sitte folgend, einen reinen Kragen ummache, den ich am wundersam leuchtenden Oberhemd befestige, und ich bekomme ihn nicht zu: das ist die Bosheit des Objekts. Ich habe die größte Eile, eine Tischdame wartet fieberhaft erregt auf mich, das tiefste menschliche Mitleid für sie erwacht, aber ich bekomme

ihn nicht zu. Der Knopf springt entzwei. Na, man hat andere. Doch in kritischen Augenblicken verkrümeln sie
sich. Man lockt sie mit allen Mitteln, gleisnerisch lächelnd,
aber sie kommen nicht vor. Man sieht sie im Geiste grinsen, aus ihrem Versteck – man kriegt sie nicht. Jetzt entsendet man die Zofe, Wirtschafterin, Stütze, den Portier,
schlimmstenfalls die Köchin (welche nicht gerne läuft) in
ein bereitwilliges Geschäft nach Oberhemdenkragenknöp-
fen mit beweglicher Mechanik. Man entsendet sie einfach.
Künftig geht das nicht. Wenn wir uns zum Ball anziehen,
sind die Geschäfte zu. Was tun? Auf meinem Hausflur
wohnt ein Assessor. Wir hassen uns. Ich habe ihn ersuchen
lassen, nachts, wenn er sich süßen Weines vollgesogen hat,
nicht so mit der Wohnungstür zu ballern. Worauf er an einem seiner Arbeitstage fragen ließ, ob ich den Walküren-
ritt nicht lieber vor zehn Uhr spielen wolle als nach zehn
Uhr. Zu diesem Assessor müßte ich künftig hinübergehen,
ohne Kragen, und sprechen: »Ich störe Sie wohl? Verzeihung, ich wollte mir nämlich eine kleine Bitte erlauben,
haben Sie vielleicht einen Knopf mit beweglicher Mechanik?« Leser, wie werd' ich in jenem Augenblick aussehen?
Harmlos-lächelnd? Zertreten? Säuerlich? Tückisch? Seinen Feinden wünscht man das nicht; das kann ich Ihnen
sagen. Immerhin wird der Ladenschluß den Angestellten
einiges Vergnügen machen. Und darauf kommt es schließlich an.

Das und manches andere erwägt man hier allgemein.
Aber allgemein! Es ist auffallend, wie allgemein man das
erwägt. Nächstens mehr.

1900

Tief ergriffen hat alle Bewohner Berlins die Nachricht von den Schweinereien im Schlachthaus. Kein Chronist wird umhinkönnen, diesen Schlachthausfall in wilder Bewegtheit zu erörtern. Nämlich: es war nicht lange genug gepökelt worden, das finnige Fleisch. Knappemang einundzwanzig Tage war es gepökelt worden. Bekanntlich reichen einundzwanzig Tage Pökelns niemals aus, Finnen gänzlich zu vernichten und das Fleisch zu menschlichem Genuß lockend zu machen. Alle Donnerstage gibt es in Berlin, auch in Weinstuben, Erbsen, Sauerkohl und Pökelkamm. Wie Risotto das Nationalgericht der Italiener, Backhähndl das Nationalgericht der Österreicher, Pillaw das Nationalgericht der Türken: so ist Erbsen, Sauerkohl und Pökelkamm die Lieblingsspeise der deutschen Hauptstadt. Die märkische Phantasie spiegelt sich in diesem Leibgericht. Auch die Künstler, die in Berlin geboren sind und in Berlin wirken, bringen häufig Schöpfungen heraus, sei es in Ölfarben, sei es in Marmelstein, die nach Erbsen, Sauerkohl und Pökelkamm riechen, die mehr Beamtensolidität und heimatlichen Familiensinn ausdrücken als die Überspanntheit auswärtiger, schaffender Geniusse. Man kann sich, bei diesem mächtigen Einfluß von Panaché mit Pökelkamm auf das gesamte öffentliche und private Leben Berlins, mühelos vorstellen, wieviel Portionen finnigen Fleisches die Bevölkerung sich einverleibt hat. Ein Gruseln packt die Leser der Zeitungen, denn wenige gibt es in dieser Stadt, die reinen Herzens versichern können, seit Wochen und Monden vom Nationalgericht nie genascht zu haben? Zu den wenigen rechnet sich frohlockend der Chronist.

Im allgemeinen herrscht eine Stimmung wie im Egmont. Düsterkeit senkt sich auf den einzelnen. »Des

Nachts im Traume zwickt's mich an allen Gliedern; man
wird eben keine Stunde froh«, sagt Jetter. So geht es den
Pökelfleischessern. Keiner ist sicher, ob nicht etwas Furcht-
bares sich einstellen wird. Auch wer frisch, gesund und
meistens vergnügt ist, wähnt Leibschmerzen zu haben. Die
Erinnerung an den seligen Valentin steigt auf, der ein neues
Verfahren ausgesonnen hatte, Käse in dauernd frischem
Zustand zu erhalten. Und an andere eklige Fälle. Das
Andenken Valentins verblaßt aber vor den kleinen, un-
scheinbaren Finnen; sie greifen die Gesundheit ernstlich
an, während Valentins Käse nur einen phantastisch-milden
Nachgeschmack hatte. Schon lange war übrigens gemunkelt worden, die sogenannten Tartarbeefsteaks seien häufig
der finnisch-tartarischen Rasse beizurechnen. Zum Glück
hat der Vater der Stadt, Cajus Julius Kirschner, beruhi-
gende Erklärungen gegeben: es soll nie wieder vorkommen. Singer dankte ihm. Bemerkenswert scheint, daß die
finnische Angelegenheit der Polizei zur Last fällt. Denn die
Stadt hat das Pökelfleisch verpachtet, und Windheim ist
der oberste Vorgesetzte für die Hinrichtung der Finnen.
Wenn zahlreiche, ausgewachsene Verbrecher dieser Behörde ein Schnippchen schlagen – ist es menschlich nicht
begreifbar, daß die kaum sehbaren Finnen ihr lächelnd entwischen?

Man könnte jetzt in einem neuen Absatz spielend auf
den Bürgermeister Kirschner übergehen. Aus Wider-
spruchsgeist werf ich lieber einen Blick auf die in Blüte ste-
hende Gesellschaftssaison – die mit Fleischfragen ganz
oberflächlich zusammenhängt. Man erwacht spät. Der
Hahn, welcher das Herannahen des Morgens froh be-
grüßte, kann um diese Stunde bereits gerupft sein, hinrei-
chend an der Luft gehangen haben, ausgenommen sein, ge-
braten sein, kaltgestellt sein, tranchiert sein und verzehrt
sein. Man erwacht mit leisem Frösteln. Dazu spürt man etwas Prickelndes. Man glaubt nicht im Bett zu liegen, sondern durch den unendlichen Raum zu schaukeln. Wenn
die Schaffnerin Eurykleia das Teebrett mit den Briefen an
die weißschimmernden Kissen bringt und alle Vorhänge

aufzieht, erscheint sie als ein traumwandelndes Gebild' aus längst verstorbenen Zeiten. Und während dieses Gespenst nebenan, im Arbeitszimmer, den Ofen pflegt, hört man noch, flüsternd, summend, moussierend, klagend-lustig und schwermütig-jauchzend, die Musik von gestern nacht. Auch hört man das Gläserklappern und fühlt die seltsam verschwimmende, zitternde, stimmendurchtönte Luft und riecht die Veilchen, die als Mittelaufbau eines Tisches in schwerer Fülle arrangiert sind, während andere Veilchen, jedes einzeln, mit melancholisch langen Stengeln über das weiße Tischtuch gesät sind. Jeder von den Tischen hat seine besondere Blume, und auf den dunklen und den heiteren Losen steht nicht geschrieben: »Herr X. wird gebeten, Fräulein Y. zu Tisch zu führen, dritte Tafel«, sondern: die Tafel mit den Rosen, oder: Violet. Ganz melancholisch und kurz: Violet. Und während all' diese Erinnerungen wie aus der Ferne empordämmern, hört man einzelne Worte, halbe Sätze, die man in der Nacht, in der strahlenden Nacht, gehört. Das Bewußtsein schlief ein, und durch den Schlaf tönen sie weiter, zufällige Wendungen, auch absichtliche, und man sieht die ganze Haltung, die Gesichtszüge dabei, die bestimmte Bewegung, die nie mehr wiederkehrt, man fühlt das Rauschen in der zitternden Luft und atmet den Blumengeruch – mit einer hypnotischen Kraft das Bild, das ganze Bild reproduzierend, so wie es auf dieser Welt kein Künstler und kein mechanisches Verfahren reproduzieren kann. Man ist jetzt nicht bloß ein Raphael ohne Arme; sondern zugleich ein Zauberer für das Ohr und für alle Sinne, ein Schöpfer singenden, lebenden Lebens, mag es immer der Vergänglichkeit und dem zartesten aller Schattenreiche angehören. Seltsam! Holdes wie Düsteres zieht noch einmal herauf, ganz zusammengedrängt, als ob der Duft aus den Veilchen in wenigen einzelnen Tropfen weinend herniederfiele; das Holde wie das Düstere verblaßt und schwimmt in einer Sphäre, wo beides voneinander kaum noch verschieden ist. Das Bewußtsein weilt in dem fernen Bezirk, in der Weltendämmerung, welche die Fragen dieses Lebens und die Menschlichkeiten und den Duft des Seins, gemischt aus Herbheit und Süße, unter dem Gesichtspunkt eines großen Verzeihens betrachtet; und aus dem summenden Rauschen löst sich die schwermütige Lieblingsstrophe, welche die Inder vor tausend Jahren gesprochen haben, das Geleitmotiv für Elend und Seligkeit:

> Ist einer Welt Besitz für dich zerronnen,
> Sei nicht im Leid darüber; es ist nichts.
> Und hast du einer Welt Besitz gewonnen,
> Sei nicht erfreut darüber; es ist nichts.
> Vorüber ziehn die Schmerzen und die Wonnen –
> Geh' an der Welt vorüber; es ist nichts.

Einmal aber gießt man doch den Tee ein, läßt zwei Stückchen Zucker hinabsinken und reißt die Briefe auf. Das Studium dieser letztgenannten ist ein Mittel, rasch auf die Erdoberfläche zu kommen. Januar 1900. Freitag. Am Freitag ist ein Berliner Brief fällig. Ich werde schreiben über Erbsen, Sauerkohl und Pökelkamm.

Gestern abend sah ich den feinen Kopf Julius Stettenheims im Schwarm. Schnee deckt sein Haupt – »denn Winter ist es nun mal«; aber die Augen, die schönen, dunklen, beweglichen Augen, leuchten und lachen. Und siehe, auf meinem Klavier liegt neben dem »Fliegenden Holländer« ein Buch von ihm, betitelt »Der moderne Knigge«. Darunter steht, es sei ein Leitfaden durch das Jahr und die Gesellschaft. Noch halb im Traumzustand liest man darin. Wer in Berlin Gesellschaften mitmachen will, oder sonst im Reich, kann sich unbezahlbare Winke hier aneignen. Wippchens Auffassung der Winterlustbarkeiten wird nicht, gleich unserer umschleierten Jugend, von Schwermut getränkt. Und doch hat dieser liebenswerte Meister des Witzes eine eigene Art, die Dinge in Ewigkeitsperspektive zu sehen. Wenn er den Satz niederschreibt: »Ernst ist das Leben, heiter ist die Kunst, sprach der Affe, indem er einen anderen absuchte«, so ist dieses Bild eine kostbare Lebenssache von wahrhaft indischer Bedeutung. In seinem pädagogischen Werk bleibt Wippchen mehr auf der Erde. Er stellt fest, daß die Serviette häufig auf diese Erde gleitet. »Der Gast wird natürlich immer wieder dies ebenso nützliche wie untreue Wäschestück einzufangen suchen und zu diesem Zweck sich seufzend bücken und die Hand unter die Tischdecke verschwinden lassen müssen; dieser einfache, harmlose und dem Reinen absolut reine Vorgang wird aber häufig mißdeutet –.« Welche Weisheit und überlegene Kenntnis ruht in dieser einfachen Warnung. Und so hat der Verfasser in allen Situationen ein ernstes Wort an den Jüngling, der sich seiner Führung anvertraut; es kann auch eine Dame sein. Selbst das Verhalten zu den Kindern eines gastlichen Heims wird sorgsam geregelt. »Es kommt vor«, heißt es, »daß die Dame des Hauses ein ganz kleines Töchterchen in die Arena springen läßt. Man sei entzückt. Ist das Kind ein Affe, so nenne man es eine künftige Venus von Milo.« Weiterhin: »Wird das Kind dann wieder hinausgeführt, so gebe man seiner Freude durch bedauernde Worte Ausdruck.« Extreme Fälle finden Berücksichtigung, wie daß man von einem Ballgast um einen Taler angepumpt wird. Ist der Fall extrem? Er wird nicht als zufällig, vorübergehend, gelegentlich, sondern als stabil betrachtet. In tiefer Nachdenklichkeit schreibt der Verfasser seine Überzeugung hin, dieser Taler werde nicht ganz als Trinkgeld verbraucht. Er glaubt, der Taler sei von dem Ballgast entweder völlig oder bis auf eine Mark »rein verdient«. Kurzum: Niemand wird dieses grundlegende pädagogische Werk ohne Nutzen studieren. Es gelesen zu haben, ist eine Bedingung für den Eintritt in die gesellschaftliche Welt, wie Marxens Kapital für den Eintritt in den wissenschaftlichen Sozialismus. Das Berliner Gesellschaftsleben kann nicht langweilig sein, wenn es so unterhaltende Katechismen erzeugt. Den stärksten Genuß werden diejenigen haben, welche den Pädagogen auch persönlich kennen; und die sich während des Lesens vorstellen, wie er solche witzigen Bosheiten mündlich des Dienstags an seinem Teetisch improvisiert; und wie seine dunklen, seltsam schönen Augen dabei unmerklich wetterleuchten; und er tut, als hätte er nichts gesagt.

Soll ich noch vom Bürgermeister Kirschner sprechen? Ich traf ihn neulich in einem Blumengeschäft am Bahnhof Bellevue. Die Bürgermeisterin war dabei, auch der Sohn. Alle drei, monsieur, madame et bébé, bestellten einen Strauß. Ich wartete auf den meinigen. Die Bürgermeisterin sagte immer »Fräulein« zu der jungen Frau des Besitzers. Der Bürgermeister verwies ihr diese Rede; lächelnd. Er zeigte auf den Ring an ihrem Finger, das goldene Ringelein, und sagte: »Fräulein? Fräulein? Sie sind doch verheiratet!« Tief beschämt erkannte die Bürgermeisterin ihren Irrtum. Mich dagegen erkannte weder er noch sie. Sie wußten nicht, daß ich ein Publizist, ein deutscher Publizist bin. Auch ich erkannte sie anfangs nicht. Das ist ein Major, dacht' ich. Ein Major mit seiner Frau und dem Sohn, der in Straßburg studiert; denn nach Straßburg, nach Straßburg sollte das Bouquet geschickt werden. Nachdem sich die drei Familienmitglieder vergewissert, daß Blumen bis Straßburg nicht welken noch verdorren, brachen sie auf. Und die glückstrahlende Inhaberin des Blumengeschäfts sprach, während mein Arrangement vollendet wurde, leuchtend, erblühend und in die Höhe wachsend: »Kannten Sie den Herrn? Kannten Sie den Herrn? Am selben Tage, wo er bestätigt wurde, war er *auch* hier! Er hat ein paar Blumen gekauft, aber gar nichts gesagt, daß er bestätigt worden ist.« Ich weinte vor Rührung. Es fiel mir ein, daß Herr Kirschner einen fertigen Strauß mit Krepphülle nicht »hübsch« gefunden hatte, sondern »hibsch«, als mein echter schlesischer Landsmann. Ich fing wieder an zu weinen. »Adieu«, schluchzte ich, »was bin ich schuldig? Sieben Mark, o Gott, dann hat er ja vier Mark weniger angelegt als ich – und kein Kaiser hat mich bestätigt.« Zerknittert wankte ich ins Freie, fortgesetzt weinend.

Und die Erschütterung wich erst fröhlicheren Gefühlen, als ich jetzt las, wie tatkräftig er den Kreuzzug gegen die Finnen gepredigt und ihre Ausrottung verkündet und Singern beruhigt hat. Der Mann aus dem Blumenladen ist unser Fels. Und bald darf wieder sorglos ein jeglicher Erbsen, Sauerkohl und Pökelkamm essen.

8. April 1900

Ein Gewirr, ein Flimmern und auch ein Weben von politischen und unpolitischen Dingen geht durch die Straßen dieser Stadt. Der Prinz von Wales, Gönczi, die zwei
Nebenbuhler Meubrink und Brinkmann: alles schwirrt
durcheinander, und zwischendurch wehen die Lüfte.
Gönczi hat enttäuscht. Ein Mann, der aufs Ganze geht, der
zwei Weiber abmurkst, ließ fesselndere Einzelzüge erwarten. Es war nichts. Daß ein Dienstmädchen, eine Zeugin,
den Namen Singspiel führt, ist nicht sein Verdienst. Bleibt
nur die Tatsache, daß der Mörder immer »Bitt' schön!«
sagte. Endlich kommt in Betracht, daß er seinen Substitu-
ten mit dem Namen Löwy benannte. Unter allen Namen,
die er dem vorgeschobenen Mörder hätte beilegen können, verfiel er auf diesen: Löwy. In der Art des Leugnens
zeigte er sich geistlos; es war seiner nicht würdig. Hätte er
mehr Geist, so würde er gesagt haben, Löwy habe Ritual-
morde an den Frauen verübt. Das hätte man ihm wenigstens in Konitz geglaubt … Der Prinz von Wales genießt in
Berlin den Ruf, ein gut lebender, gut essender, gut trinken-
der, häufig liebender, nicht ungern hazardierender Kron-
prinz zu sein; aber niemandem hat er was Böses getan.
Und deshalb wird der dumme Junge, der auf ihn schoß,
in Restaurants und Stadtbahnzügen um so schärfer verdammt. Welches Glück, daß er nicht rein anarchistische
Beweggründe besaß, sondern ein Burenfreund war. So
wird das Geschrei nach furchtbaren Ausnahmegesetzen,
d.h. nach allgemein-europäischer Freiheitsberaubung, weniger betäubend sein. Übrigens verjüngen sich die politischen Verbrecher, wie alles in der Welt. Heut ist man,
wenn das Zigarrenrauchen noch Übelkeit erzeugt, ein
Harmodios oder Aristogeiton, die Mörosse sind noch nicht
konfirmiert, Säuglinge geben Klavierkonzerte, und der
Knabe Pöhlmann liest und schreibt und rechnet, noch eh'
er völlig ausgekrochen. Ein Feuilletonist wird nicht umhinkönnen, hierbei mitzuteilen, daß wir in einer schnellebigen
Zeit existieren … Ob Meubrink Bürgermeister wird, ob

Brinkmann, ist bei Abfassung dieser Zeilen nicht entschieden. Bekommt Meubrink die Stelle, so wird mancher freiheitlich Denkende einen »Seufzerich gehen lassen«, wie
der unbezahlbare schlesische Ausdruck lautet; in »Schluck
und Jau« ist er verewigt. Wird Brinkmann der Genosse unseres Kirschner, so lassen die Konservativen den Seufzerich
gehn. Es erhebt sich von verschiedenen Richtungen ein
sanfter Lärm, die Stadtverwaltung habe keine Politik zu
treiben. Die Stadtherren sollen sich um das Gas kümmern,
um die Müllabfuhr und die Rieselfelder und die Anstalten
für Schwachsinnige und die Bedürfnishäuschen. Diese innige Sorge möge durch keinen Zug von Parteileidenschaft
getrübt werden. Ich stelle mich auf die Seite der Gegner,
wenn sie meinen, das Rathaus habe der gesamten Bewoh-
nerschaft gerecht zu werden. Wenn das nämlich geschieht,
muß es radikaler sein, als es gegenwärtig ist. Das lehrt ein
Blick auf die Wahlzettel, die zu Berlin in die Urnen gleiten. Und solange die Landregierung gewohnheitsmäßig
konservativ ist, muß als Gegengewicht die Stadtregierung
freiheitlich sein. Sie muß heute ausgeprägt und undisku-
tierbar freiheitlich sein – wenn nicht das letzte Bollwerk
unabhängiger Tüchtigkeit in den Wassern dieser bösen
Zeit ersaufen soll. Deshalb gilt mein Seufzerich dem Meubrink, mein Ave dem Brinkmann.

Es ist Frühjahr am Donnerstag, und es ist Winter am
Freitag. Wenn es mal Frühjahr ist, auf ein paar Stunden,
sucht man seine Bekannten auf, draußen in der Villensie-
delung mit den abgezirkelten Straßen und den Spielzeug-
häusern und den numerierten Bäumchen. Die Bäumchen
führen die Straße entlang und werden alljährlich dünner.
Manchmal denk' ich: es sind Fistelbäumchen. Sie piepsen,
wie ein gerupftes Vögelein. Doch am Abend verschwindet
ihr frierender Umriß, das Abgezirkelte der Straßen gleichfalls; und wenn die Lichter angesteckt sind in den schönen,
luxusreichen Häuserchen, die der Wind umweht, und die
großen Bäume sich oben wiegen und gelegentlich auf einem
Blüthner hinter roten Seidenvorhängen edle Musik gemacht
wird: dann ist es sehr angenehm, durch die Siedelung spa-

zierenzugehen. Ja, man glaubt gewissermaßen-sozusagen, in einem verzauberten Land voller Magie zu sein. Die Bekannten sind aber ein bißchen weggereist. (Wer mit euch wanderte, wer mit euch schiffte!) Man schließt die Gartenpforte und eilt durch das Dunkel. Jetzt kommen wir an Adolf Ernst'ens Villa vorbei. Das Auge schweift hinauf und stellt sich vor, daß der Hausherr oben zwischen den Gobelins niederkauert, in die Höhe springt, ein Gesicht schneidet, wieder in die Kniebeuge springt und plötzlich beide Hände auf den Rücken legt. Über dem Dache funkelt ein Stern.

Ein Taxameter rasselt langsam nachher über die flakkernd beleuchtete Landstraße. In jäher Eingebung erklettert man ihn und sagt dem Kutscher: »Hundekehle!« Er wollte schon nach Berlin zurückfahren und dreht jetzt um. Er fährt wie ein Blödsinniger. Nach vielem Herumirren kommt er an das große Gatter. Niemand ist da. Ich springe heraus, öffne es und führe den Gaul im Dunkel durch. Nach einer Weile Chausseefahrt landen wir vor dem Wirtshaus. Es ist gottverlassen, bloß in einem Raum wird etwas gefeiert von dörflichen Honoratioren. Während ich die Mamsell aufscheuche und ein spätes Abendessen nehme, dringt der Unfug der Festgenossen herüber. Nach einer Stunde wie im Traum geht es wieder los. Nämlich der Kutscher wartet draußen; kann den Gaul kaum noch halten. Was ist denn los? Er antwortet mit einem seltsamen Ausdruck: »Er fürcht' sich man vor die Wildnis.« Und er ruft dem Braunen zu, er soll stillstehen. Hier sind die Bäume gespenstig groß, hier ist starrender Wald. Etwas Schwarzes, sich Regendes, mit allerhand Schauern ringsum. Der Taxameter wird hin und her geschleudert. Ich öffne den Schlag und springe im Fahren hinein. Jetzt geht's, wie die wilde Jagd: scharfe Nachtluft strömt zu beiden Fenstern herein. Zweimal verirrt er sich noch. Schließlich, nach einer langen Frist von seltsamer Verschollenheit, sind wir in Berlin am Zoologischen Garten, Gedächtniskirche, Asphalt, Tauentzienstraße. Es geht kaum noch jemand auf der Straße. Ich zahle; er fährt langsam nach Hause.

Am nächsten Morgen zu nachtschlafender Zeit, nämlich um halb zehn, dringt ein Maler durch das Arbeitszimmer in mein Schlafgemach. Bis ich angezogen bin, ist es elf. Er trinkt mir den Tee weg, nachher führt er mich zu meiner Zerstreuung in die freie Asphaltnatur. Er will in die Katzenausstellung. Wohin …? Jeder Sport ist herrlich – Miquel war auch da. Auf dem Weg erzählt er von Flying Fox, welches gegenwärtig das teuerste Pferd der Welt ist, man hat es für siebenmalhunderttausend Mark verkauft. Ich würde es dafür nicht gekauft haben, sag' ich; ich hätte mir was anderes gekauft. Wenn so ein Tier zum Beispiel einen Knöchel bricht, ist es weg, kann nicht mehr laufen. Laufen? fragt' er. Dieser Flying Fox kommt nie wieder auf die Rennbahn! Er dient bloß zur Fortpflanzung. Als das adligste Tier der Welt wird er dazu benutzt, Geschlechter zu gründen. Jedes Jahr finden nur zehn Gründungen statt. Jede Gründung kostet fünfzehntausend Mark, d.h., so viel bekommt der Eigentümer dafür. Macht jährlich hundertfünfzigtausend Mark: Ich frage: wie lange geht das? Alles auf der Welt ist ja begrenzt, bloß der Raum ist unbegrenzt; jeder Tenor hat nur eine bestimmte Anzahl von hohen Cs in der Kehle. Der Maler erwidert: die Einnahme von hundertfünfzigtausend Mark währt lange, lange, lange Jahre. Am Ende seines Lebens hat Flying Fox zwei Millionen über den Kaufpreis eingebracht! Und obgleich er weiß, wie ich Blumenthal und Kadelburg abgeneigt bin, fügt er zu: det Geschäft ist richtig. Ich bin starr, erstaunt, auch verblüfft und sogar perplex. Vergebens weise ich auf die lex Heinze – da sind wir schon an der Katzenausstellung im Grand Hotel. Er voraneweg. Die Gäste, welche dort logieren, müssen im fünften Stock noch die Katzenausstellung merken. Girlanden, Fahnen und Säulen brauchen die frohe Tatsache nicht anzukünden. Der ganze Alexanderplatz riecht danach. Ein großer Kater sitzt in einem Käfig, bezeichnet mit der Katalognummer zwei. Ich schlage nach und finde: Carl Julius Berger, Vorsitzender. Das muß ein Irrtum sein. Allmählich finden wir uns zurecht. Alle Katzen tragen ziervolle Bändchen um den Hals, blaue Schleifen, rote Schlei-

fen, grüne Schleifen. Auch schottische Schleifen. Manche
schlafen in einem Himmelbett. Viele sind ermüdet von der
Reise. Ich will kurz sein – es zieht in die Ferne mich mächtig hinaus. Das Hauptstück war der Kater Dodo, Nummer
104. Dieser Hauptkater stammt aus Afrika und hat fünf-
tausend Francs seinem Besitzer eingebracht, auf der Ausstellung von Paris, als ersten Preis. Ein Rechtsanwalt
in Deutschland verdient nicht soviel im Durchschnitt wie
dieser Kater. Miquel kam vielleicht seinetwegen her. Er
(Dodo) stammt aus der Angora-Züchterei Wolfrathshau-
sen in Bayern. Also auch hier der edelste Kater in Entre-
prise genommen, und er verschafft seinem Besitzer Ne-
beneinnahmen! Wenn man bedenkt., daß Nietzsche, da er
den Übermenschen züchten wollte, allen Ernstes verwandte Mittel ins Auge faßte, landwirtschaftliche Mittel!
Nach dieser Erwägung verließ ich rasch den Verein für
Katzenschutz. Eine Stunde später traf mein Freund bei
Bauer ein. Alle Gäste um ihn herum zündeten sich Zigaretten an und rückten mit den Stühlen.

Der fünfzehnte April zieht näher. Wer die große Ausstellung besuchen will, nicht die am Alexanderplatz, sondern die in Babylon, dem möcht' ich ein Buch empfehlen.
Es heißt »Paris« und ist geschrieben von Walter Gensel und
gezeichnet von Alfred Sohn-Rethel. Beide sitzen in Paris.
Den Doktor Walter Gensel lernte ich daselbst kennen und
war erfreut, zu hören, daß er ein Davidsbündler ist. Seine
Ahnenschaft hängt mit jenem edlen humorvollen Kreise
zusammen, den Robert Schumann in Leipzig um sich vereinte. Inmitten aber der wilden Zauberwelt und der dämo-
nischen Gloria von Paris hat er sich einen sächsischen Zug
zu erhalten gewußt. Där ist in diefster Seele dreu, där die
Heimat liebt wie du! Das Buch ist einfach ein Pfundbuch
für jeden, der nach Paris will. Was da drinnen steht, das hat
kein Bädeker g'schrieben, das hat kein Grieben gedicht't.
Das kann nur ein jüngerer Mann geben, der in dieser einzigen Stadt wohnt, sie kennt und einem begünstigten Leser
auf 250 Seiten alles das sagt, was er sonst in zehn Monaten
nicht erfährt. Auf Seite 153 hat der Maler Rethel sogar den

Bücherhändler vom Seine-Ufer gezeichnet, der täglich mit meinem Hauswirt vor der Tür plauderte, als ich am Quai des Grands-Augustins wohnte, über sieben steinerne Brükken wegsah, rechts die Kirche Notre-Dame, links den Louvre erblickte und ein glückseliger Mann war. Dieser Antiquar trägt seine grauen Haare in einen Zopf geflochten, den Zopf umwindet er mit schwarzem Band. Ihn fand ich Seite 153, zu meiner großen Freude. Kurz: es ist ein Buch vom intimeren Paris. Geht hin und kaufet.

Ich schließe diesen Brief. Herr Brinkmann ist indessen gewählt worden. Ich murmele: Ave! Hoffentlich entwickelt er sich nicht.

29. April 1900

Die Hungersnot in Indien ist eine schreckliche Erscheinung. Ein sehr anständiger und edler Menschenschlag leidet darunter. Wenn in Berlin eine Theatervorstellung zu Ende ist, hört man bloß den Ruf: Droschke, Droschke! In Indien aber hört man jedesmal den Ruf: Mögen alle lebenden Wesen von Schmerzen frei bleiben! Es war eine Formel. Wie schön ist das. In Berlin sollte man zweckmäßig am Beginn einer Premiere rufen: Mögen alle lebenden Wesen von Schmerzen frei bleiben. Die Anständigkeit der Gesinnung hat an diesem Volk auch Mahadö erprobt, der Herr der Erde, welcher herabstieg zum sechsten Mal und bei einer Liebesdienerin Treue fand bis in den Flammentod. In Berlin, obwohl die Bajaderen auf die große Wegstrecke eines ganzen Lebens zurückblicken und sich auf das Ende vorbereiten sollten, ist dergleichen Opfermut nicht auffindbar. Andererseits berichtet Rudyard Kipling, daß viele Indier ganz komische Liebhabereien, wie Kopfabschneiden, unter dem weiblichen Hauspersonal pflegen. Dies tun aber bloß die Fürsten, welche gemeinhin Schädlinge in Indien sind. Auf Lichtbildern sieht man das harmlose Volk in furchtbarer Weise abgemagert; lebende Gerippe, mit leidensvoll stillen Mienen, mit schmerzensreichen großen Augen in schönen Totenköpfen. Ganze

Familien liegen da, gezehrt, nicht mehr imstande, sich fort-
zubewegen.

Endlich werden wir den Indiern helfen. Der Kaiser
schwärmt für ihren Herold, Rudyard Kipling. Das Schicksal der hungernden Nation weckte Mitleid in ihm. Um seinem Altruismus tatkräftigen Ausdruck zu geben, veranlaßte er mehrere Bankiers, mit Geld einzuspringen. Herr
Koch bahnte die Wege. Unter den großen deutschen Fi-
nanzmännern überging er zwar Herrn Dasbach, welcher
als Kaplan achthundertfünfzigtausend Mark erworben hat
und von dem frommen Roeren, Oberlandesgerichtsrat, mit
Keile bedroht wurde. Doch Bleichröder, Warschauer,
Mendelssohn zog er bis zur Höhe von vierhunderttausend
Mark heran. So wird das geliebte Volk Schopenhauers
durch deutsches Kapital vor Nirwana bewahrt und in Sansara festgehalten, soweit es sich tun läßt. Wir alle begrüßen
das mit Freuden. Denn Sansara, wie es auch sein mag, ist
immer besser als Nirwana. Alles im Leben, sagt unser großer Buddhistenfreund, gibt kund, daß das irdische Glück
bestimmt ist, vereitelt oder als Illusion erkannt zu werden. Gewiß! Aber das schlimmste ist doch, diese unvergleichlichen Komödienszenen nicht mehr mitmachen zu
dürfen.

Kara Achmet, ein Türke zu Berlin, hat niemals gehun-
gert. Von allen Türken ist dieser Türke der stärkste Türke.
In der Zauberstadt Paris warf er sämtliche Ringkämpfer
der Welt. Auch Michael Hitzler hat viel gegessen. Er verbrachte seine Jugend in Bayern. Alle meine Bekannten laufen jetzt in den Wintergarten; wo die Ringkämpfe stattfinden. Es geht um sechstausend Mark, vom Ruhme ganz
zu schweigen. Der Bildhauer Begas wohnt als Ehren-
schutzherr jedem Abendkampf bei. Von unserem Hitzler
wurde der furchtbare Türke besiegt. Ich sah es. Im vorigen Jahr war am 11. Juni der grand prix in Longchamps.
Und als das französische Pferd »Perth« gewann, brüllten
auf unserer Tribüne die Herren und Damen wie Irrsinnige.
Das war aber nichts gegen den Wintergarten. Hier brauste
ein Geräusch wie Donnerhall, wie Gewittersturm, Schwert-

geklirr, Orkan, Windhose, und auch wie Wogenprall. Der
Bayer kam immer wieder vorgesprungen, während der
besiegte Türke zu weinen anfing, wie ein Schloßhund
oder wie ein Kind. Berlin ist in ein neues Stadium getreten.

In folgender Art verlief das Schauspiel. Die sechzehn
muskulösesten Männer der Welt traten an die Rampe, in
Tricots und Badehosen, eigens bestrahlt von elektrischen
Sonnen. Alle Damen beugten sich nach vorn. An diesen
prominenten Erscheinungen fesselte mancherlei den Blick.
Nach einem sechsminutigen, unbedeutenden Kampf zwischen einem Belgier und einem Berliner reichten sich der
furchtbare Muselmann und Hitzler die Hände. Das bedeutet den Anfang des Kampfes. Der Morgenländer war
so groß wie ein Goliath, Hitzler neckisch wie der junge
David. Bald wurden Griffe geklopft. Der Kleinasiate nahm
unseren Landsmann, der manches Geselchte verschluckt
hatte, mit einer schleichenden Bewegung und eisernem
Griff am Schopfe. Hitzler wehrte sich und stach, er hatte
seine Nägel nicht beschnitten; über das Gesicht des Türken strömte Blut, welches sich mit der Transpiration beider Herren vermischte. Es fielen beide auf die Erde, und
das Publikum sprang auf die Stühle. Auch auf die Tische.
Doch eilten Festordner hierhin und dorthin und brachten
die Besucher teils durch Liebenswürdigkeit, teils durch
Drohung mit Hinauswurf in normale Position. Unterdes-
sen tobte der Kampf. Es sind nicht Ringkämpfer, sondern
hauptsächlich Wälzkämpfer. Kurz nach der Eröffnung liegen sie auf der Erde und wälzen sich dort fünfundzwanzig
Minuten. Um Hitzler stand es folgendermaßen: Er lag auf
dem Bauch. Die Türkenkatze lag über ihm. Herr Hitzler
machte aufständische Bewegungen mit dem einzigen Teil
seines Körpers, den er für die Abwehr zur Verfügung
hatte. Alles Geselchte aus seiner Vergangenheit konzen-
trierte sich. Es war eine Lust, Manneskraft zu beobachten.
Aber der Ungläubige hatte noch mehr gegessen. Ein Nie-
berdingscher Normalmensch wäre vor Hitzlers Muskula-
tur bis nach Pankow geflogen, Achmed hielt fest, was er

besaß. Als der eine dann allzu stark blutete, wurde eine Pause gemacht.

Berlin tritt in ein neues Stadium. Nach kurzer Zeit lagen sie wieder auf der Erde. Nebeneinander, nicht übereinander. Beide hielten sich an den Schöpfen, jeder drückte den Kopf des anderen an den Boden. Und da sie den Rücken drehten, erblickte das Publikum zehn Minuten lang nichts als zwei furchtbare Fleischklopse. Die Erregung über die Frechheit eines Herrn im grünen Überzieher, der sich nicht setzen wollte, stieg, wuchs und schwoll, und Festordner mußten wiederum einschreiten. Noch einmal gelang es Kara Achmet, sich auf unseren Mitbürger zu wälzen; dieser machte die Beine breit und ließ sich nicht umdrehen. Der ratlose Türke, in dem richtigen Gefühl, daß der ewige Anblick seiner Nordseite auf die Dauer ermüdend wirkte, suchte sich durch Humor einzuschmeicheln, indem er ostentativ vor dem Publikum seinen Kopf kratzte. Aber nur diejenige Partie, welche ihm Hitzler noch nicht gekratzt hatte. Munterer Applaus belohnte den Einfall. Da er jedoch auf dem Gegner kniete und knien verboten ist, wurde der Kampf wieder unterbrochen.

Nun ersehnte man ein Ende. Förmliche Lachen von Schweiß hatten sich auf dem Podium gebildet und schienen in das Orchester sickern zu wollen. Die Primgeiger blickten mißtrauisch nach oben. Die Tribüne war mit Offizieren überfüllt, und die Damen unserer besten Gesellschaft scheuerten sich auf den Sitzen hin und her; die Spannung war riesengroß. Einer plötzlichen Eingebung folgend, sprang nunmehr der geniale Hitzler seinem Feind auf den Rücken. Es war ein Schachzug ersten Ranges. Wie der Löwe bei Freiligrath hinten auf der Giraffe kauert, so ließ M. Hitzler sich nicht mehr abschütteln. Dann begann er wilde Schwenkungen zu machen – oder schwenkte ihn der Riese? Wer wollte es sagen! Eine Minute sah man sie umanand' taumeln, stolpern und sinken hin. Jetzt kullerten sie über die Bühne, und hierbei geschah es, daß der Türke mit beiden Schultern den Erdboden berührte. So hatte unser Landsmann ihn geworfen.

Nun ereigneten sich die Jubelszenen. Andere starke Männer stürmten vor und hoben in hingerissener Stimmung den Triumphator Hitzler in die Luft, während der weinende Türke davonschlich. Hierauf trat von den Kampfrichtern Ewald Lomberg, Emil Borchardt und Alfred Kube, einer im schwarzen Anzug, vor (es steht nicht fest, ob es Alfred Kube oder Ewald Lomberg war) und teilte mit, daß nach dreißig Kampfminuten der Sieg Hitzlers festzustellen sei. Man kann sich denken, welche Gefühle diese frohe Meldung in uns allen entfesselte. Heloisa Titcomb, eine schöne südamerikanische Sängerin, welche hierauf zu trällern versuchte, wie eine Lerche, hörte man nicht mehr an. Wir hörten sie, sag' ich, einfach überhaupt gar nicht mehr an. Beim Verlassen des Lokals wurde Meister Begas, dem der Anblick guter Muskeln Spaß macht, von ernsten Sportfreunden umringt. Noch etwas benommen vom Glücksgefühl, fragten sie: »Hat alles gestimmt?« »Jawohl«, sagte er, »er hat richtig auf dem Kreuz gelegen.« In der Vorhalle wollte ein Gastwirt zwei Engländer verhauen. Er war blaß vor Wut und schrie immer, er sei Gastwirt. Trotzdem gelang es seinen Freunden, ihn an der Leine zu erhalten, und die Engländer gingen hinaus auf die Friedrichstraße.

Das ist das neue Stadium von Berlin. Das ernste Ringen um die Meisterschaft im Centralhotel war Gipfel und Inhalt dieser Woche. Es verblaßte davor das Jubiläum des ehemaligen Kriegsministers Verdy, der im Jahre siebzig mit Glück gegen Frankreich kämpfte und später mit dem Trauerspiel »Alarich« auch der dramatischen Muse erfolgreiche Schläge beibrachte. Es verblaßten die Reichstagsverhandlungen über den höchst mangelhaften Schutz des geistigen Eigentums, es verblaßte die Beschenkung Indiens, und es verblaßte beinah die sibirische Temperatur, die ausgebrochen ist. Nur was privatim jeder mit sich herumträgt, verblaßte nicht. Schließlich kommt es ja nicht so genau drauf an, und es ist ja alles nicht so schlimm, und jeder sehe, wo er bleibe, und jeder suche der allgemeinen notwendigen Vernichtung auf die beste Art entgegenzureifen. Der ganze Ulk dieses Lebens bleibt uns ja dunkel, aber das schlimmste wäre doch, die Komödienszenen nicht mehr mitmachen zu dürfen. Lassen wir uns keine grauen Haare wachsen und lobpreisen wir Sansara, Sansara, Sansara!

13. Mai 1900

Und die Leute gehen durch die Straßen unserer Stadt. Sie halten in der Rechten einen weißen Zweig. Der Leser vermutet: die Frauenschaft und Jungfrauenschaft trägt hier Lilienstengel. Dem ist nicht so. Sie tragen Zweige von Obstblüte, die sie verbotenerweis gepflückt. Die Pflückerinnen und Pflücker kommen aus dem Städtchen Werder an der Havel. Dort sprießt und sproßt in schwerer Fruchtbarkeit das Maiengesträuch, voll hinreißender, märkischer Magie, das ist berühmt in der ganzen Welt, und die Birnbaumblüten, Kirschbaumblüten und Apfelbaumblüten singen, zwitschern, flöten, raunen, flüstern, wispern, jauchzen und piepen melodientief. Die Apfelbaumblüten in rosa Farbe, die anderen in Weiß, sämtlich bewegt von zarter Luft ohne Müllabfuhrgeruch, ohne Rauch, ohne Asphaltbeisatz, ohne Ruß, ohne Küchendunst, denn sie hängen im Freien, über dem Wasser der dunkelgrünen Havel; sämtlich umgaukelt von schönen, verträumten Sonnenstrahlen, auch umschwebt von hellem Pleinairflimmern und sogar umschmeichelt von lieblichem Mittagswind. Das ist Werder.

Am Montag stand auf meinem hängenden Kalender (neben dem Waschtisch): »Zum eigentlichen glücklichen Leben gehört moralischer Leichtsinn.« Daraufhin beschloß ich einen leichtsinnigen Ausflug nach Werder. Schon um zu sehen, ob das eigentliche glückliche Leben auf diese Art zu erreichen sei. Alle Bedenken schlug ich nieder und löste, das Ziel ins Auge fassend, durch nichts mehr zurückgehalten und beirrt, eine Fahrkarte nach Potsdam. Wozu soll ich es verhehlen, daß sich bis Potsdam nichts Bemerkenswertes ereignete? Es sei denn, daß die Tante unseres ehemaligen Militärattachés in Paris im selben Abteil saß. Ich befand mich als Jüngster in einer Gesellschaft von fünf Personen. In Potsdam gelang es uns, ein Dampfschiff zu besteigen. Bis jetzt war das Glück nicht gekommen. Doch Werder lag ja noch vor uns. Die Fahrt des Schiffleins ging über Baumgartenbrück, Caputh, Gaisberg, und einem Herrn flog der Strohhut ins Wasser. Es gelang nicht mehr, ihn herauszufischen. Der Hut ist verlorengegangen. So ist das Leben. Wie sich ergab, war der Besitzer Mitglied eines Gesangvereins. Er deckte das Taschentuch auf den Kopf und trank eine kleine Weiße mit einem Kümmel. Phantastische Geister umwebten das Schiff. In Caputh schien die Sehnsucht selber durch die Luft zu rudern in goldenen Kähnen, in Baumgartenbrück a. d. Havel lagerten über uns einsame Dämonen und schimmernde Cherubim, und nach der Ankunft in Werder aßen wir Setzeier in einem entrückten, stillen, erinnerungstiefen Garten. Eine hundertjährige, graue Mauer schützte ihn gegen die Wasserflut. Die Setzeier blickten wie dämonische Augen gen Himmel. Es roch nach Maeterlinck. Ein Setzei am Rande war das Auge eines Kirchenschänders. Ich aß alle anderen, bis ich zu ihm kam. Das Auge schlief in eisiger Erwartung, umwittert von unsichtbaren Händen mit nächtigen Krallen, die zu Raub und Erdrosselung schattenhaft aus dem Abgrund tauchten. In totem Grausen lächelte das Auge des Schurken. Ich verschlang es geheimnisvoll.

Als wir dann auf die Höhe hinaufzogen, die schimmernde Baumblüte vom Gipfel zu übersehen, waren sowohl die Wege als auch die Stege besät mit einem großen Reichtum von Ansichtskartenhändlern. Je näher man dem Gipfel kam, desto mehr Zweige zu zehn Pfennigen das Stück wiegten sich in den Händen der Verkäufer. Schon nahten wir uns der Kuppe, da trat ein Schnellphotograph in den Weg. Er sprach zu mir, dem Jüngsten, der neben einer Dame hinschritt: »Vielleicht eine schöne Schnellphotographie für Sie und Ihre Frau Gemahlin?« Meine Frau Gemahlin! Meine Gemahlin sitzt im Monde. Meine junge Gemahlin sitzt im blauen Monde – sie hat das hellblaue Kleid an, das mit den Mondstrahlen ganz verschwimmt.

Ich kann ihren Umriß nicht so genau sehen, wie ich ihn auf Erden sah. Souple et tendre, comme une salamandre. Meine Gemahlin sitzt im Monde. Wir gingen weiter. Auf dem Kamm des lieblichen Höhenzuges war eine Kasse angebracht. Der Eintritt kostete zehn Pfennig. Hier oben erging man sich in freier Gottesnatur; und wer die Aussicht sehen wollte, konnte einen einfachen, stillen Turm besteigen, der seitwärts in die stille Frühlingsluft ragte; der Eintritt kostete zehn Pfennige. Von hier sah man die Baumblüte. Unten lag das Städtchen, halb auf einer Flußinsel, halb auf festem Land. Wohin das Auge schweifte, sah man Obstbäume, die noch nicht in Blüte standen. Ein Schurke will ich sein, wenn nicht dennoch viele bereits erblüht waren. Die Wipfelchen der halb blühenden, einer neben dem anderen, bis in die weite Ferne, sahen von oben wie Olivenbäume aus; nämlich graugrün. Es durchzog mich bei diesem Anblick der Gedanke an die mir außerordentlich sympathische Apenninen-Halbinsel. Als wir beim Abstieg an dem Photographen wiederum vorbeikamen, erwähnte er aufs neue meine Gemahlin. Ich streifte ihn mit einem Blick und dachte: »– – – – –!«

Neulich schrieb ich von der Hungersnot in Indien. Darauf wurde mir ein artiges Büchlein gesandt, verfaßt von Rudyard Kipling und betitelt: »Unser Tagewerk«. Das Büchlein trug eine Bauchbinde von Papier, mit einem Hinweis auf diese Hungersnot. Ein englischer Beamter, Herr Scott, liebt ein englisches Mädchen im indischen Land. Beide sind von großer Arbeitsfähigkeit und starkem Willen. Viele, viele, kleine, nackte, braune Kinderchen, die vor Hunger kaum mehr piepsen können, rettet Herr Scott vor dem Verhungern. Er melkt eine Ziege, er melkt zwei Ziegen. Die nackten, kleinen, braunen Würmchen werden heiterer und fetter. Auch das Mädchen waltet pflichttreu, und nachher verloben sie sich. Wünschen wir, daß Herr Scott in der eigenen Ehe gar viele fette und heitere Würmchen um sich sehe. Er verdient es.

In Moabit ist die K... Ku... Kunstausstellung eröffnet worden. Ich saß im Park und ging nicht hinein in den Ausstellungspalast. Ein Philosoph, namens Rollin, oder so ähnlich, ließ sich um 5 Uhr morgens wecken, damit er das Vergnügen spüre, noch einmal einschlafen zu dürfen. So, als raffinierter Genüßling, setzte ich mich in den Park und sah auf die Außenmauer des Bilderpalastes und sonnte mich in einem anheimelnden Gefühl. Niemand konnte mich zwingen hineinzugehen. Immer sah ich auf die Außenmauer und rieb wohlig meine Hände. Ich ging auch nicht hinein. Nach einer Weile kam Herr von Osten-Sacken vorüber, der Botschafter des Zaren in unserem Lande. Er trug einen Strohhut. Herr Osten von Sacken sieht aus wie ein uneleganter Rentier, zurückgezogener Delikateßwarenhändler, Kohlenlagerplatzinhaber, Phantasiewollartikelagenturgeschäft. Über dem Strohhut war das Gesicht seiner Gattin, welche sehr groß und dick und um einen Kopf höher ist als der russische Zarendiplomat. Sie ist eine etwa sechzigjährige Pyramide mit zwei Beinen. Die Abendwinde wehten. Nichts war zu haben an dem Platz, wo wir zu Stuhle gekommen waren, außer kaltem Schinken und Käse. Allenfalls noch Hefftersche Würstchen mit einer Scheibe Schwarzbrot und einem Klecks Mostrich auf des Tellers Rand. Alles war besetzt. Die Militärkapelle spielte Wagner. Vier Paar Würstchen mußte man schlucken, um sich ein Abendbrot vorzuspiegeln. Tiefe Verstimmung griff Platz. Der Blick auf die Außenmauer diente nicht mehr zur Erquickung, denn der Palast war jetzt sowieso geschlossen. Schlafendes Mondlicht lag über den Bäumen. Tausende von Damen schritten durch die Gänge, neckisch lächelnd, und die Elefantenfüße warfen gigantische Schatten. Die Militärkapelle blies mit vollen Backen Wagner, wie auf Akkord. Sacken von Osten kam nochmals vorbeigeschritten, und ich hegte bloß den einen Wunsch: daß er glücklich werden möge. Zuweilen, wenn man diese Berlinerinnen sieht, überkommt einen so eine Idee, als ob alle Bewohner dieser Stadt von Maurerfamilien abstammten. Von lauter Maurerfamilien. Der Park ist an der einen Seite erweitert worden, im nächsten Jahr soll er noch bedeutend erweitert werden, damit die Füße Platz finden. Gutenacht.

Herr Langerhans ist Ehrenbürger geworden; der Triumphbogen Franz Josephs gleißt noch gülden am Pariser Platz; für Gustav von Moser wird im Zoologischen Garten ein Festmahl gegeben; und meine junge Gemahlin sitzt im Monde. Im blauen Monde mit ihrem hellblauen Kleid. Ich bin höchstens ein paar tausend Meilen von ihr entfernt. Abends besonders seh' ich sie im Monde sitzen. Ob ich in Werder sein mag, ob in der K... Ku... Kunstausstellung: ich seh' sie ein paar tausend Meilen von mir entfernt. Zum eigentlichen glücklichen Leben gehört moralischer Leichtsinn. Kann sein. Aber anderes auch.

Gutenacht.

20. Mai 1900

Erstes Tagebuchblatt. Das Schwert des Damokles über unserem Totalisator hat vielen besten Deutschen den Schlummer geraubt. Die Vertreter des eigentlichen deutschen Mannesstamms haben gegen seine Besteuerung geschafft und gewirkt im Interesse der vaterländischen Pferdezucht. Wedel, ein Graf und Oberstallmeister, wurde vorgesandt. Er schilderte die unseligen Verhältnisse, die nach Besteuerung der Wettmaschine in Deutschland einbrechen würden. Wie so viele seiner Standesgenossen persönlich angenehm und bloß in der Weltanschauung unangenehm sind, macht Wedel einen sympathischen Eindruck. Er ist anderthalb Stockwerke hoch, weshalb es vielfach auffiel, daß ihn der Kaiser damals nicht zur Beerdigung von Felix Faure sandte. Auf Bällen, in Bazaren, in Logen sitzt ihm zur Seite eine unergründlich schöne Gemahlin – mit ihrem blauschwarzen Haar und dunklen süßen Augen, eine Zaubergestalt. Sie reicht ihm fast bis an die Achselhöhlen, so groß ist ihr schlanker Wuchs. Wedel also wurde vorgesandt. Der Riese bestrebte sich, in schlichten Worten seinen grünen Rasen, seine Pferdchen und seine Spielerchen zu schützen. Er zog sich den ernsten Groll keiner Partei zu. Riesen, wenn sie nicht gerade Bismarck heißen, verletzen wenig, man sieht ihnen vieles nach. Ich hätte an Wedels Stelle fol-

gendermaßen gesprochen: Meine verehrten Herren! Was
wollen Sie eigentlich? Lassen Sie uns zufrieden. Es ist doch
konsequent, in einem Lande, wo man das Fleisch teuer
macht, wenigstens die aristokratischen Vergnügungen billig
zu erhalten. Meine Herren, müssen denn *alle* Stände leiden?
Genügt es wirklich nicht, die Universitäten, Landschulen
und Museen an die Mauer zu quetschen – warum sollen
auch die Wettapparate noch geschädigt werden? Meine
Herren, der Totalisator wirft an Steuern höchstens eine Million Mark ab, dafür können Sie noch nicht das kleinste Pan-
zerchen bauen. Na also. So hätte ich gesprochen.

Zweites Tagebuchblättchen. Ein Gottesgericht fand in
diesen Tagen statt. Der Fideikommißbesitzer Herr von G.
hat sich mit einem Diplomaten geschossen. Es war zwischen Wannsee und Zehlendorf. Der Attaché bekam zu
meinem herzlichen Bedauern eine Kugel in die Schulter.
Er hatte in jeder Form einen Ausgleich gesucht. Nahm zurück, was er gesagt. Beteuerte, es sei ein Mißverständnis.
Weil er aber, wie Herr von G., ein Ehrenmann war und der
andere durchaus eine Kugel in seine Schulter senden
wollte, stellte er sich bei Zehlendorf hin. Beide Ehrenmänner hatten sich in einem Ballokal aufgehalten. Entweder in
den Amor-Sälen; oder im Eldorado mit Elite-Tanz in der
Elsasser Straße; oder auf dem Witwenball in der Komman-
dantenstraße, vom Verein Berliner Witwen allabendlich
arrangiert; oder in der Tonhalle; oder schlechtweg bei Emberg, neben dem Deutschen Theater, wo Herren in Filz-
schuhen öfters bei der Française mitwirken – sie wissen die
Filzschuhe bei »en avant« mit einer hurtigen Bewegung an
die Decke zu wirbeln; oder es war in den Cour-Sälen; oder
einfach im Ballhaus in der Joachimsstraße, wo die Ballhaus-
Anna denkwürdige Einzelheiten erlebte; oder es war
sonstwo. Dort war der Rächer, Herr von G., Stammgast.
Wie es denn häufig geschieht, daß die besten Kunden bei
diesen Embergschen Zusammenkünften zu körperlicher
Übung und zur Pflege von vaterländischem Sport und
Spiel aus edlen Geschlechtern stammen; viele blicken mit
Genugtuung auf einen längeren Aufenthalt in der Kaiser-

stadt Aachen zurück. Was aber tat der Attaché bei Emberg?
Que diable allait-il faire, sur cette galère? Ich weiß es: er
suchte verborgene Machinationen aufzudecken, doch er
hatte beschlossen, vorläufig keinen Bericht davon an seine
Regierung zu senden. Auch für diesen diplomatischen Beruf wird ja nur die geistige Elite hervorragender Geschlechter erwählt, weil er so schwierig ist. Während nun
der Attaché bei Emberg arbeitete, machte er eine Bemerkung über die Gattin des deutschen Edelmanns. Er meinte,
sie werde sich die Zeit zu vertreiben wissen. Wie? Was?
Der Stammgast war durch die bloße Möglichkeit, daß seine
Gemahlin auf eigene Faust vaterländischen Interessen
nachginge, in Zorn versetzt; so kam alles. Der Inhaber der
unpfändbaren Liegenschaften, G., hat durch seine Forderung erreicht, daß der Fall in die Öffentlichkeit drang. In
allen deutschen Blättern wird die Tatsache diskutiert, daß
Frau von G. keinen Zeitvertreib hat, während ihn der
Mann doch bei Emberg hat. Übrigens gab er dem Gegner
die Hand auf der Stätte des Gottesgerichts. Die schlimmste
Sorge wegen eines weiteren Zwistes der beiden Männer ist
von unseren Herzen genommen. Zu wieviel Monaten er
begnadigt wird, steht dahin. Der Attaché begibt sich in sein
Land und wird Kultusminister.

Drittes Tagebuchblatt. Der Spandauer Zwischenfall hat
mir viel Kopfzerbrechen gemacht. Die Abgeordneten der
Bürgerschaft schrien, als sie versammelt beieinander waren.
Ein Divisionspfarrer, W. Richter benannt, jetzt Gottes Wort
in Breslau an der Oder lehrend, hatte in der »Illustrierten
Welt« das Pflaster Spandaus nervenzerrüttend gefunden,
auch die sonstigen Annehmlichkeiten dieser Stadt gering
eingeschätzt; sogar behauptet, man treffe auf der Straße
nicht viel anständige Menschen. Anständig! Von der Stadt
Tarnopol in Galizien sagte jemand, sie enthalte nicht sieben
anständige Einwohner. Ein anderer verpflichtete sich, sofort
sieben anständige Einwohner von Tarnopol zu nennen. Es
fielen ihm aber keine ein – und mit beiden Achseln zuk-
kend, sprach er: »Müssen sie denn gerade aus Tarnopol
sein?« Richter hatte »anständig« nicht in diesem morali-

schen Sinne gemeint; sondern im Sinne von gutgekleidet
und wohlhäbig. Übrigens hatte dieser Divisionspfarrer den
Artikel geistvoller geschrieben, als die meisten Divisionspfarrer ihn würden geschrieben haben. Er machte sogar ein
freiheitliches Späßchen über die Gestalt der vielen aufrecht
stehenden Schornsteine Spandaus – als ein Feuilletonist und
ausgelassener Kollege von uns. Jetzt hat er die Bescherung.
Ob Richter gehängt oder bloß vermittelst des Fallbeils getötet wird, ist noch unentschieden. Aber die »Illustrierte
Welt« hat sich bereits verpflichtet, einen anderen, loben-
den Aufsatz über Spandau zu bringen, auch solchen mit Ab-
bildungen zu versehen, und der Delinquent hat sich ent-
schuldigt. Der Bürgermeister von Spandau ist ein Tausend-
sassa; die Spandauer Oligarchen genießen noch Respekt in
Deutschland. Wären die Berliner Stadtverordneten von so
wilder Entschlossenheit, dann würde manches anders sein.
Immerhin: die Signoria dieses Havelnestes beschränkt die
persönliche Freiheit auf ungerechte Art; sie ist ein Wellen-
kämmchen in unserer Zeitströmung. Bisher wurde man
verfolgt wegen Majestätsbeleidigung und wegen Beleidigung gewöhnlicher Menschen; jetzt gibt es auch Stadtbelei-
digungen. Man wagt es aber, gegen den Kollegen Richter
vorzugehen, weil er Divisionspfarrer ist; weil er diszipli-
niert werden kann. Die Spandauer verfolgen die Kritik –
pereant, pereant, pereant. Ich selbst weiß von dieser Stadt
nichts Übles zu sagen, als daß im Juliusturm große Geld-
summen ruhn, die man mir vorenthält.

Viertes Tagebuchblatt. Der Franzose Pons hat im Win-
tergarten-Ringkampf meinen Landsmann Eberle besiegt
und den ersten Preis endgiltig errungen. Ich gehe zwei
Tage in tiefer Trauer umher. Besonders in der Dämmerung
überfällt mich die Melancholie; durch alle möglichen Mittel suche ich sie zu verscheuchen, aber so etwas läßt sich
nicht bannen. Es ist ein herber Schlag.

Fünftes Tagebuchblatt. Am Abend des vergangenen
Mittwoch –
– –
– – – – – – – – – – – – – – – –

Sechstes Tagebuchblatt. Wir denken heute alle mit größter Spannung an den Sonnabend und grübeln, ob die Pferdebahn an diesem Tage gehen wird. Die Direktion ist so unbeliebt bei der Bevölkerung, daß man ihr jeden Reinfall gönnt. Die noch unvernarbten Frostbeulen der Winterfahrgäste schreien um Rache. Die Sensation eines Stillstandes aller Massenvehikel hat etwas Kitzelndes. Tohuwabohu, Abwechselung, Imtrübenfischen, Neuheit.

Siebentes Tagebuchblatt. Ich bin kein Freund von jenen Pinseln, die bald um ein erlitt'nes Leid in matten Mollakkorden winseln, voll süßer Jammerseligkeit. Nicht klagen will ich noch verzagen; und wenn ich Dich nicht haben kann, so werd' ich's eben auch ertragen – und kalt und still sein wie ein Mann.

Achtes Tagebuchblatt. Heut abend im Berliner Theater »Luigi Cafarelli« von Lothar Schmidt. Heiterkeit und Beifall. Autor verneigt sich, ist sehr erfreut. Cafarelli war zu Unrecht verabschiedet worden, ähnlich wie Tellheim. Cafarelli hatte zu tapfer angegriffen, ähnlich wie Homburg. Cafarelli hätte gern eine chimärisch reiche Amerikanerin geheiratet, egoistisches, raffiniertes, amerikanisches Geschöpf. Graf Rhode umwirbt sie. Cafarelli, von allen deutschen Mädchen vergöttert (er gibt italienischen Unterricht), gewinnt die Neigung der Amerikanerin. Sie will ihn lieben, den Grafen heiraten. Ein rechtzeitig eintreffendes Telegramm kündet die Rehabilitation Tellheims an, sogar Ernennung zum Hauptmann. Charaktervoll weist er die Hand der Amerikanerin jetzt zurück, da sie ihn bloß des Standes wegen nehmen will. Ganz recht hat er. Lothar Schmidt wird gewiß noch bessere Stücke schreiben als dieses. Es zeigt, daß er manchmal bestrebt war, die Wirklichkeit zu beobachten. Es ist immerhin etwas. Darum sei dies Lustspiel ihm nicht lange nachgetragen.

Neuntes Tagebuchblatt. Ich habe meine Schaffnerin Eurykleia am 18. Mai aufgefordert, den Winterüberzieher herauszugeben. Sie fügte wollene Strümpfe freiwillig hinzu. Leise zieht durch mein Gemüt liebliches Geläute.

15. Juli 1900

In der verflossenen Woche war die Witterung sehr kalt. Man konnte abends ohne Überzieher gar nicht ausgehen. Viele Berliner beklagten sich hierüber. Um so mehr, als nicht einmal in Berlin S., also im Süden, ein wesentlich wärmeres Klima herrschte. Die Gärten waren verödet; beide Sorten von Gärten, die sich hier befinden. In Berlin ist die Bezeichnung »Naturgarten« aufgetaucht, für die bessere Sorte; man liest häufig ein Schild an den Gasthäusern unserer Stadt mit der Inschrift: Naturgarten. Der Gegensatz hierzu ist wohl der Unnaturgarten; oder der transportable Park; oder die Natur zum Wegnehmen; oder der ambulante Baumschlag; oder die bewegliche Gegend; oder der bewaldete Hof; oder kurzweg der Gummibaum. In beiden Sorten von Luststätten saßen nur wenige und tranken siedenden Grog. So kalt war es.

Pilsener Bier tranken sie wohl deshalb nicht, weil der halbe Liter fünfunddreißig Pfennige kostete. Über diesen Preisaufschlag hörte man in Berlin allgemein klagen in der verflossenen Woche, und es sei mir verstattet, einige gemeinnützige Bemerkungen daran zu knüpfen. Jeder Kenner weiß, daß die Pilsener Aktienbrauerei oder die Berliner Wirte, oder beide, den kürzeren ziehen. Dies ist ein unpersönliches volkswirtschaftliches Faktum. Das konsumierende Publikum, um es fachmännisch zu bezeichnen, lehnte ab, hundertundacht Mark jährlich mehr zu zahlen. So viel beträgt nämlich, wie der bescheidene Schreiber dieser Zeilen sich auszurechnen erlaubte, der Zuschlag auf jeden Kopf des konsumierenden Publikums, wenn der einzelne auch nur sechs Glas im Lauf des Abends genießt. Sechs mal fünf Pfennig sind pro Abend dreißig Pfennig und im Jahr hundertundacht Mark praeter propter. Man kann dafür elf Mal nach Potsdam fahren und sich dort verköstigen. Oder auch sich die Hälfte eines Zweirads anschaffen. Kurzum: das Ergebnis ist schon heut für einen auch nur mittelmäßig begabten Chronisten dieses: das Pilsener Bier wird um fünf Pfennige wiederum billiger werden. Vielleicht ist, wenn diese Zeilen in Druck gehen, das Erwartete bereits zur Tatsache geworden.

Es läßt sich etwas Allgemeineres aus diesem simplen Geschehnis folgern. Einigkeit macht stark. In den gebildeten Kreisen (nur diese trinken das greuliche Pilsener Bier, das die Mitte hält zwischen rabiatem ordentlichem Ale und bitterlichem Wasser) – in den gebildeten Kreisen hat sich diesmal eine stramme Brüderlichkeit gezeigt, welche in diesen Ständen, und eine aufwieglerische Entschlossenheit, welche im deutschen Volke nicht häufig ist. Das deutsche Volk läßt sich heut beinah alles gefallen, was Taktloses in Wort und Willkürliches in Handlungen ihm geboten wird. Vielleicht würde es die Abschaffung des Reichstages oder die Unterdrückung des allgemeinen gleichen unmittelbaren Wahlrechtes schlimmstenfalls knirschend hinnehmen. Wem die gegenwärtigen Machthaber verhaßt sind, der muß nur wünschen, daß sie eine Biersteuer einführen. Dann – aber nur dann – bricht bei uns Revolution los. Bei der lex Heinze hat es zwar gegärt, doch es gab noch Parteien. Bei der Biersteuer würde es eine einzige revolutionäre Partei geben. Die Biersteuer würde das Gesamtvolk wecken. Durch die Straßen würde der dumpfe Massenschritt von Aufrührerbataillonen hallen, angeführt durch Alexander Meyer. Die Regierung wäre weggefegt, eins, zwei, drei. Es gibt Dinge, über die man nicht hinwegkommt. Einigkeit macht stark.

Während die Hundekälte stattfand und das Pilsener Bier seinen Beruf verfehlte, erklangen die Lieder, Gesänge, Weisen, Sprüche und Reime des Volkes unabhängig weiter. Bereits neulich glaube ich mitgeteilt zu haben, daß mein Onkel das Lied »Schlösser, die im Monde liegen« recht gern sang, wenn er zu gemeinnützigen Zwecken an seine Tätigkeit in der Kommunalverwaltung ging. Volkstümlich ist hiervon bloß die Melodie und die erste Zeile des Textes: Schlösser, die im Monde liegen. Sonst nichts. Dazu aber gesellt sich anderes, das nicht gesungen wird, sondern im gesprochenen Wort besteht. Ein paar entzückende Verse hat, wie Wippchen sagen würde, der Volksmund ausgebrütet. Sie gehen

von Ohr zu Ohre. Ihre Schönheit ruht weniger im Sinne als
im Klang. Es herrscht darin der ganze traurig-süße Reiz alter
Balladen, verknüpft mit dem schroffen Realismus einer
großstädtischen Welt, und das ganze ist durchdrungen von
berlinischer versöhnender Güte und Innigkeit.

> Es liegt eine Leiche im Landwehrkanal;
> Reich' sie mal her,
> Aber knautsch' sie nicht zu sehr.

Das ist alles. Ein heftiger Tiefstand sittlichen Empfindens
läßt sich hier nicht in Abrede stellen, aber einprägsam –
möcht' man sprechen – sind die Verse doch; besonders
wenn sie in stillem Ton aufgesagt werden. Die in hiesiger
Stadt ansässigen Menschen sind nun einmal so verkom-
men. Mir gerinnt das Blut in den Adern, aber als Chronist
muß ich wiedergeben, was sie frevelnd sagen und singen.
Knautschen ist soviel wie zerdrücken oder zerknittern. In
dieser Zeile liegt das einzige ethische Moment.

Dazu treten als drittes Volkslied die Sänger von Finsterwalde. Die Sänger von Finsterwalde beherrschen jetzt unsere Stadt. Die Melodie ist von einem auffallend gehackten
Rhythmus. Richard Strauss behauptet, daß die Juden, wenn
sie komponieren, schwach im Rhythmus sind. Danach muß
dieses Lied von einem Antisemiten komponiert sein; denn
es ist stark im Rhythmus. Es klingt, wie wenn ein Nußknak-
ker sich knapp ausdrückt. Die Melodie prägt sich ein, so daß
man sie nie wieder vergißt; und daß man auch nach Willens-
anstrengungen sie nimmermehr los wird. Alle Knaben auf
der Straße brüllen das und marschieren im Takt, indem sie
ununterbrochen vorspiegeln, sie seien die Sänger aus dem
Ort Finsterwalde. Der Ur- und Originaltext zeichnet sich
(wie mein vorjähriger Regenschirm, der in der Normandie
allgemein auffiel) durch »wohltuende Einfachheit« aus.

> Wir sind die Sänger von Finsterwalde,
> Und leb'n und sterben für den Gesang;
> Wir sind die Sänger von Finsterwalde,
> Wir leb'n und sterben für den Gesang.

Nun, könnte hier ein raffinierter Skeptiker einwerfen: Selbst zugegeben, daß sie die Sänger aus Finsterwalde seien: was dann? welcher allgemeinere Satz läßt sich daraus folgern? wo liegt überhaupt Finsterwalde? und was besagt es, gerade an diesem Ort ein Sänger zu sein? Das Lied hat einen erzählenden Teil, der gibt hierauf die Auskunft. Die Sänger begaben sich aus Finsterwalde auf eine Reise; und hier, nicht in dem Stammsitz, ereigneten sich die Vorfälle, die in Betracht kommen. Von einer Reise wollen sie erzählen, die ihnen viel Vergnügen bereitet; alle, welche sie dabei sahen und hörten, sollen Tränen gelacht haben. Sie sangen in einem Gasthaus, bis die Fenster schwitzten und Schwamm an den Wänden zu sehen war. Die Bevölkerung aber gab ihnen das Geleit zum nächsten Dorf. Nun kommt es. Während sie dort zechten, brach Feuer aus. Die Sänger seien nun in das Spritzenhaus gelaufen, ohne die Rechnung zu bezahlen. Der Wirt sei ihnen nachgeeilt, doch als er auf Begleichung der kontrahierten Schuld drang, antworteten sie mit dem Schlauch. Dies berichten die Sänger, und es schließt sich ein kurzes Referat über die Folgen der verübten Körperverletzung an: daß sie nach Finsterwalde gebracht wurden, dort aber Ovationen von der Bevölkerung empfingen. Soweit das Volkslied. Es läßt sich nicht bestreiten, daß hier sowohl schwere Mißhandlung als Zechprellerei durch Gesang verherrlicht werden, so daß wieder ein sittlicher Tiefstand festzustellen ist. Trotz der verübten Roheiten bleibt die Sängerlust obenauf, und »solang' wir leben«, heißt es am Schlusse –

> Solang' wir leben, wird auch gesungen,
> Die Schnauze halten wir niemals still.
> Daß wir was leisten, beweist schon eins,
> Daß uns Graf Hochberg haben will.

Es liegt etwas Gesegnetes in diesen Volksweisen, die jetzt unsere Hauptstadt beherrschen. Zur Ehre der Einwohner läßt sich annehmen, daß sie auch hier nur den Beginn des Liedes kennen, dahingehend, daß sie (jene!) die Sänger von Finsterwalde seien und für den Gesang leb'n und

sterben; daß aber die Strophen, in denen das Lied gewalttätig wird, ihnen ebenso unbekannt sind, wie es der ge-
nauere Zusammenhang des Liedes von der Hulda ohne
Stuhl war.

Viele gibt es, die hören nichts mehr von den neuen Weisen. Sie sind fern von Berlin. Im zerklüfteten wilden Ampezzotal wären die Sänger von Finsterwalde eine Stilwidrig-
keit. Auf Alpenhöhen, wo Manfreds Geist umherschwebt,
bleibt kein Raum für diese Art Flachlandpoesie. Da oben, in
firnigen Regionen, beginnt vielmehr das Schautentum des
Juchzens. Oder auch Juhuchzens. Bald wird es an unser Ohr
klingen. Indessen macht man, zur Vorübung im Naturge-
nuß, gelegentlich von Berlin einen Ausflug nach dem Spree-
wald. Um elf Uhr nachts geht man durch das schlafende
Dorf und steigt im tiefen Dunkel in einen Nachen. Sachte
gleitet man. In dunklen Windungen geht das Wasser. Ein
paar waldversteckte Häuserchen zeigen erleuchtete Fenster,
der Lichtschimmer wird umsponnen von Ästen, Ranken
und fällt durch die Nacht, durch die Einsamkeit in die ver-
lassene Flut des Waldes. So geht es eine Weile fort, wech-
selnd zwischen Finsternis, Sternenschimmer und fernem
Lichtschein. Die unergründliche Magie der Nacht umschwebt uns. Ein versunkener Friede, unvergeßlich, träumt
zwischen den Stämmen und der holden Wildnis herab-
gebeugter Blattgehänge. Man fährt mitten hinein in das
Traumreich, in das Zauberland, in das schweigende Paradies.
Die Luft webt und wittert zwischen Flut und Nachthimmel.
Seltsam! Zuweilen steigt in Nähe und Ferne etwas Zartes,
Entschwebendes, Entgleitendes, Flüchtiges, nicht Erkenn-
bares auf, es wiegt sich in der Luft, langsam, langsam, leise,
leise – oder täuscht das Auge? Gibt es so fein zerrinnende,
dämmernde Spinnweben, von denen niemand weiß, ob sie
sind oder nicht sind, sich bewegen oder nicht bewegen? Es
ist ein Hauch, ein zauberverschleierter, zarter Glast, ein
Nichts – und doch ein Wunder. Im Uferwald rechts und
links kein Ton. Doch! Aus verlorenem, fernem Dunkel in irgendeinem Seitenwasserweg das Quaken verliebter Frösche.
Wie mögen sie in der sommerlauen Feuchtigkeit sich wohl-

fühlen, die Schurken! Wir im Boot sind höher organisierte
Wesen als Frösche. Doch beinahe steigt die Sehnsucht empor, mit ihnen für den Augenblick zu tauschen und in der
seligen Nachtflut, zwischen duftigem Gerank versunken,
unter den Sternen herumzuplätschern. So ist das Leben.
Oder – wie ich mal ausnahmsweise sagen möchte – questa è
la vita.

Die stille Flutstimmung, die Berliner Kälte, das Pilsener
Bier und die neuen Volksweisen: bald hab' ich alles im Rük-
ken. Zur Erholung der Abonnenten laß' ich im Schreiben
eine Pause eintreten. Über Berg und Tal rauscht der Wasserfall! Juhu!

Holdrioh!

Lakakahüfti!!

12. August 1900

EIN BRIEF

Es wuchs vor meinem Fenster ein leuchtender
    Feigenbaum;
Ein weißes Wasser schoß an ihm vorbei.
Ein Südwind umküßte seinen grünen Flaum.
Der Feigenbaum
Neigte sich in den Zweigen kaum.
Und wuchs mir ins Fenster hinein.

Es wuchsen vor meinem Fenster zwei
    Oleanderbüsche.
Der eine brannte rot, der andere blühte weiß.
Daneben hingen Pfirsiche im wirren Gezweig,
Die weiße Etsch rauschte vorbei,
Die triefende Luft schien alles leise zu küssen,
Und die feuchte Erde duftete nach Wein.

Wo war das gewesen? Es war ... Es war im Süden. Wo die
deutsche Sprache noch herrscht. Wo sie reicher, ursprüng-
licher und wundersamer blüht als im dünnen Tieflande.
Das lag hinter mir.

… Dann saß ich unten in einer Stadt am Adriatischen Meer. In der alten Sirenenstadt. In der verfallenen Wunderstadt mit der nächtlich unsterblichen Schönheit; mit der zerbröckelnden Trauer, schwermütig leuchtend. In der Stadt des Lebens und Sterbens. Es geschah zum dritten Mal, daß ich hinkam. Fünf Wochen hatt' ich dort gelebt; zuletzt mit Dir, lieber Luz. Nächtlich strahlte sie nun, einsamer, tiefer, prachtreicher, verstorbener und unvergänglicher als je. Der Löwe aus Erz brüllte im Traum von der Säule über die dunklen Wasser und schlug mit den Flügeln. Die schwarzen Särge zogen durch die Flutgassen, an den verschollenen Häusern vorbei – ihre alten Marmorstufen führten hinunter in die friedvolle Finsternis, und alte Marmorköpfe sahen von tiefen, umspülten Gesteinsimsen hart in die Flut.

Ich glaube, daß belebte Landschaft wertvoller ist als unbelebte; und daß menschliche Dinge uns stärker fesseln als sachliche Schilderungen. So will ich der Wahrheit gemäß berichten, was mir diesmal in Venedig zustieß. Es ist ein Geschehnis ohne Merkwürdigkeit. Und vielleicht hat es nur Wert für den Mann, der es erlebte: nicht für die anderen, die es erzählen hören. Für diesen Fall bestände die Entschuldigung des Chronisten bloß darin: daß wir noch am ehesten solche Dinge erzählen können, an denen wir inneren Anteil genommen. Und daß es am anständigsten ist, keine anderen Dinge zu erzählen als eben solche. Es kommt nicht darauf an, daß *ich* die Dinge erlebt habe. Sondern darauf allein: daß jemand Dinge erzählt, die er erlebt hat. Zudem ist nichts an den paar Tatsachen geeignet, den Erzähler in romantisches Licht oder in heldenhaftes Licht zu setzen. Vielmehr besteht die Vermutung, daß von dem Erzählten die meiste Helligkeit auf die Stadt selbst und auf den seelischen Luftkreis dieser Stadt fallen werde.

In einer Tasche des alten Reisebuchs steckten Gasthofs-Rechnungen aus dem Jahr 1894, ein großer Plan von Venedig, drei Notizblätter, ein Ausschnitt vom Vendramin-Palast und zwei Briefe. Die Briefe waren von einer venezianischen Bürgerstochter 1895 nach Berlin gerichtet und

dort hineingeschoben worden. Der eine begann: Gentile
Signor Alfredo! und schloß fröhlich: cordiali saluti di Lei
devotissima R. Es stand darin folgendes: Die kleine Base
der Schreiberin sei heute zu ihr gekommen und habe versichert, den Adressaten auf dem Markusplatz gesehen zu
haben; ob es wahr sei, daß er in Venedig weile, oder ob er
in Berlin sitze. Der Brief, als ich ihn während der Reise in
dem Buch fand, weckte seltsam holde Erinnerungen. Dieses entzückende Mädchen aus einer Kleinbürgerfamilie
hatte mich damals venezianisch sprechen gelehrt. An vielen Abenden trafen wir uns, und sie brachte – sei es als
Schutzwehr, sei es, weil sie auf andere Art nicht hätte fortgehen dürfen – die achtjährige Base immer mit, bei deren
Mutter sie wohnte. Das Kind besorgte, an der Markuskir-
che am Nachmittag wartend, auch unsere Zettelchen mit
Verabredungen. Es war eine wundersam lustige Zeit; aber
doch mit jenem Strahl von Schwermut, von dem in dieser
merkwürdigen Stadt noch auf die herrlichste der Herrlichkeiten ein Abglanz fällt. Rakéele, venezianisch Rakéel',
hatte blauschwarzes Haar, ein Elfenbeingesicht und war
ein großes, zartes Mädchen mit sehr dunklen Augen. Ihr
Körper erinnerte, wenn sie sich streckte oder mit ge-
schmeidigem Liebreiz das dunkle, lange Schultertuch der
Venezianerinnen halb in Gedanken zurechtschob, an eine
feine Gerte. Sie war melancholisch und lustig. Noch seh'
ich ihre Gestalt im Dunkel, als wir einmal bei Regen rasch
im abendlich finsteren Torgang einer ausgestorbenen
Kirchgasse Unterschlupf suchten. Sie stand im Dunkel neben mir, die Kleine aß abseits still an ihrem Kuchen. Auch
seh' ich sie, wie wir draußen bei einem Weinwirt einkehr-
ten, in einem kaum beleuchteten, entlegenen Stadtteil –
unter freiem Himmel saßen wir an einem Tisch, der auf
die alten Quadern hinausgeschoben war, und vor uns stieg
aus dem weiten Wasser eine seltsam versteinerte Insel mit
Zypressen: der Kirchhof. Auch damals saß sie neben mir.
Und noch oft.

Das war sechs Jahre her. Es trieb mich nun, eines Abends,
das Haus zu suchen, welches sie am Schluß jenes Schrei-

bens genannt. Ich wollte fragen, ob vielleicht jemand wisse, was aus einem Mädchen, namens Soundso, geworden, die vor sechs Jahren dort bei ihren Verwandten gewohnt. Von der Abendmusik ging ich aus dem Gewühl des Markusplatzes kreuz und quer, durch stille Gäßchen, über steinerne Stege, am Wasser entlang, durch schweigende Torgänge, über mattfarbige Plätze mit alten Brunnen, über Marmorbrückchen, Steintreppen, durch umgitterte Ufergänge, an schlafenden Kapellen und erleuchteten Weinschänken vorbei und fand die Gasse, nicht weit von der Kirche zur heiligen schönen Maria oder Santa Maria Formosa. Als ich klingelte (diese schmalen alten Häuser werden von oben geöffnet), fragte eine fünfzigjährige Frau, die außen neben dem ehernen Türchen gestanden, was ich wolle; sie rief, wie zu ihrer Unterstützung: »Rakéel', vien' a basso!« Und als Rakéele in dem dunklen Haustor erschien, wo ihr Gesicht nicht erkennbar war und das meine auch nicht, sprach ich mit leiser Stimme: »Ich glaube nicht zu irren …« Sie nannte meinen Namen.

Nach einer Weile brachte sie Licht und hieß mich hinaufkommen; die Tante stieg hinter mir die steinernen Stufen empor. Wir saßen zu dritt in Rakéeles Zimmer, dem einzig bewohnten dieses mittleren Stockwerks. Bloß die Kerze brannte. Das Zimmer war geräumig, ein Fenster stand offen, das Gesumm' aus den abendlichen Nachbarstraßen drang herein. Die Tante, nach den verblüffenden ersten Erkundigungen, schlug die Tür zu und stieg in ihre Wohnung. Rakéele saß neben mir.

Sie war kaum verändert. Sie hatte den alten, unsagbaren Liebreiz. Den lustigen Mund unter den melancholischen Augen. Nur daß sie damals achtzehn war und heut vierundzwanzig.

Ein Kind von weniger als einem Jahr schlief im eisernen Wiegengestell an dem zweiten, geschlossenen Fenster; ein rundes kleines Mädchen. Auf meine Frage, wem das gehöre, erwiderte sie schlicht: è mia – es ist meins. Als ich sie anblickte, wie sie jetzt dastand, gleich einer Madonna bei dem Kinde, und als ich die Stimme hörte, mit der sie die

Worte sprach, die Stimme, die mir so wohlvertraut war, da ergriff ich ihre linke Hand, welche dem Herzen am nächsten ist, und küßte sie bis zur Handwurzel. Wir traten ans Fenster, ich blies das Licht aus, und indem wir uns über die Brüstung lehnten und in die stiller werdende Gasse hinabsahen, redeten wir von der Vergänglichkeit der Zeit und von unseren einstigen Zusammenkünften vor sechs Jahren. Die Base war ein großes Mädel geworden und zu Besuch in Chioggia. Jedes Wort wußte Rakéele, das wir damals gesprochen. In ihrer alten lustigen und sanften Art holte sie das hervor. Fein wie eine Prinzessin, lustig wie Colombine, schön wie eine Heilige und still wie eine Venezianerin. Sie fragte nach meinem Leben in Berlin, nach den Daseinsgewohnheiten dieser Stadt. Dann, als wir vom Fenster in das Zimmer zurückgetreten waren und im Dunkel nebeneinanderstanden, erzählte sie vom Vater des Kindes, einem Sizilianer, den sie drei Jahre kannte – Schiffsingenieur auf der Strecke nach Alessandria in Ägypten. Sie hoffte, daß er sie heiraten würde. Die Verwandten waren bitterböse, als das Kind kam. Am meisten die Mutter, die anderwärts beim Bruder wohnte. Sie plauderte fort. Sie gehe täglich zur Messe, komme sonst nicht aus dem Haus, wegen der Kleinen, und stehe manchmal bis nachts um zwölf an diesem Fenster und schaue so auf die Gassen. Einmal im Monat kam er zurück. Zuweilen ging sie mit dem Kinde gern in den Markusdom – die Kleine sei noch kein Jahr, könne aber schon richtig das Kreuz schlagen. Das erzählte sie, lächelnd und ernst, wie damals. Ich fragte, ob sie ihn lieb habe. Sie hatte ihn sehr gern gehabt und sogar für ihn die »Krankheit« durchgemacht, die Eifersucht. Jetzt nicht mehr. Sie hatte seine Fehler kennengelernt; das sagte sie mit ernsterer Stimme. Sie war Weib geworden.

Am nächsten Abend ging ich im Dunkel wieder zu ihr. Rakéele wartete. Das Licht brannte. Sie saß auf dem Sofa, angetan mit ihrem schönsten Kleid, an einer schmalen Glaskette hing der Fächer, den sie langsam gegen ihr Gesicht bewegte. Dies war der vorletzte Abend meines Aufenthalts in Venedig.

Am letzten Abend um halb elf stiegen wir leise und
fröhlich die Treppe hinunter. Sie war in ihrer alten, süßen
Tracht, in das lange dunkle Schultertuch geschmiegt, ohne
Hut. Auf den kleinen Plätzen und Gassen lag etwas Kühle.
Am Halteplatz der heiligen schönen Maria gingen die Stufen ins Wasser; wir riefen und stiegen ein. Der Mensch fragte, wohin. Sie antwortete wie ehemals, mit feiner Stimme:
ein biss'l Luft schöpfen – per respirar' un po' d'aria! Es ging
zuerst unter Marmorbrückchen und durch Seitenwege in
die große, dunkle Flutgasse mit den Palästen, dann aber
hinaus in die schwermutsvolle, ferne Lagune. Bei der lang-
gestreckten, braunen Häuserinsel der ganz Armen, der
Giudecca, sahen wir noch Gestalten ins Wasser springen
und baden. Gegen Mitternacht näherten wir uns dem um-
mauerten Klostereiland, wo die armenischen Mönche hausen und ihre Bibeln drucken; nur ein Fenster war hell. Um
halb eins legten wir weit draußen bei den stillen Moloqua-
dern an, der Gondelführer lief in das verschlafene Wirtshaus mit den wenigen späten Gästen unter freiem Himmel
und holte ein Eisgetränk von Granatsaft sowie einen weißen, moussierenden, kalten Wein. Gegen halb zwei fuhren
wir langsam zurück. Rakéele saß neben mir. Sie berührte
wieder entlegene Worte, die wir vor Jahren gesprochen
hatten. Meine eigenen waren mir entfallen, doch ich
wußte jedes, das sie gesagt, und die Orte, wo sie es gesagt.
Die Milchstraße über uns trat klar hervor; ich zeigte auf
das Sternbild des Wagens und sagte, ich werde an Rakéele
sicherlich denken, wenn ich in der Ferne dieses Sternbild
sehe. Der Gondelführer erlaubte sich den Zweifel, ob es
z.B. in Deutschland möglich sei, dieses Sternbild zu erblik-
ken. Rakéele wußte nicht, ob sie ihrem Landsmann beistimmen solle; doch sie legte still ihre Hand auf die meine
und ließ sie drei-, viermal sacht niederfallen. Als wir durch
das letzte Brückchen vor Santa Maria Formosa glitten, sagten wir lächelnd: es sei unsere Seufzerbrücke. An ihrem
Haus umschlang sie mich noch einmal und wünschte mir
mit leiser Stimme Glück. Es war sehr spät. Sie blickte zum
Fenster empor, als dächte sie jetzt an die Kleine. Das Later-

nenlicht fiel auf ihre dunklen Augen. Dann schlüpfte sie
still ins Haus.

… Verborgen in einer Wasserstadt am adriatischen Meer,
in einem Gäßchen, vom Weltgeschehen abseits, leben Geschöpfe, glutvoll und fein, schwermütig und lustig, königlich und sanft, mit einem Wort: venezianisch. Sehen die
Welt, wenn sie einmal auf den Markusplatz kommen.
Oder wenn sie am Fenster bis zwölf in die Nachbargasse
blicken. Das Leben rauscht vorbei; wir wissen nichts von
ihnen – bis zufällig ein einzelner irgendwohin zurück-
kehrt, wo er vor Jahren in einer schicksalsholden Stunde
ausging. Kränze schwimmen den Fluß hinunter. Sommerliche Gesänge verhallen in Höhen und Tiefen. Sterne
leuchten und sinken durch den Weltenraum. Und der süße
Schmerz bleibt, das alles nicht in sich fassen zu können, es
ans Herz zu drücken und es verweilen zu lassen.

So ist das Leben. Questa è la vita. Such is life. C'est la vie,
c'est la vie, c'est la vie.

Geschrieben in Toblach, im Schwarzen Adler.

19. August 1900

Toblacher Brief

In Toblach im Schwarzen Adler stoß' ich morgens die grünen Fensterladen auf. Oben ist was Blaues, Klares, Leuch-
tendes; der gute Tiroler Himmel. Unten ein grünes, weites
Gefild, helle, trostvolle Matten. Zwei Arten von Gipfeln
hart daran auffahrend: die grünen, freundlicheren (welche
zum Pustertal gehören); hinten aber, jäh sich reckend,
wilde, zerklüftete, freche, nackte Hochfelsen, schneebe-
deckt – die wahnsinnigen Dolomiten; sie führen in das steinerne Ampezzotal. Also streift von diesem Dorfgasthaus
der Blick zwei Einschnitte im Hochgebirge: das dunkelgrüne, stille, hohe, deutsche Tal; und den wüsten Höllen-
schlund des italienischen Bereichs.

Die Sonne scheint; die dünne Luft steht klar und kühl; in

Höhen und Tiefen ist es ruhig … ruhig … ruhig. Dicht vor dem Schwarzen Adler liegt der Toblacher Kirchhof um den grünlichen Glockenturm herum; aus tausend Wunden blutet der gekrümmte dürre Leib des gekreuzigten Heilands, rot und schwärzlich rinnt das Blut hernieder, die großen Augen zerren sich in Todesqual, die Füße aber sind mit leuchtenden, frischen, roten Blumen umwunden. Die Grabinschriften klingen fort, die man gestern gelesen. Christliches Andenken an das unschuldige Kind Kaspar Strobl. … Christliches Andenken an die vier unschuldigen Kinder des Johann Waldhauser. … Crescentia Stauder. … Hier ruht Josefa Ueberbacher, Kreuzwirtstochter. … Christliches Andenken an den geachteten Georg Rainer, Schmied dahier. … An der Mauer die Grabstätte des Anton Mutschlechner – »gestorben zu Torbole am Gardasee«. Manchmal läßt sich ein Tür'l öffnen, und drin ist die Bäuerin kniend gemalt, neben dem Heiland am Kreuz. Eine ist von ihren sieben Kindern umgeben, darunter Drillinge auf einem Kissen. Die Toten ruhen hier in gesunder Luft, hoch, ruhig, gegenüber dem Eingang ins Ampezzotal.

… Ein paar Wegstunden höher hinauf. Man zieht durch das schweigende, düstere Val Popena. Aufwärts, aufwärts. Es wird stiller. Die Rosse, die man vereinzelt hinanklimmen sieht, geben keinen Laut von sich. Sie steigen, steigen und zittern. Ein Schauer kommt aus der Tiefe. Von oben aber lockt die große Stille. Die feierlich-singende Stille der Ewigkeit. Ein verlorener See liegt zwischen Lärchenbäumen auf dem Hochfeld unter dem Himmel. Der See Miturina. Weiter geht es nicht. Doch … allmächtiger Vater … da steigen Gletscher empor hinter dem See. Aus der Tiefe ragen sie herauf, die Ampezzoriesen, furchtbar, das Grauen umhüllt sie, vereiste Steingefilde in entsetzlicher Einsamkeit, vergessene Denkmäler eines davongegangenen, dunklen Meisters. So wird die Erde einstens erstorben sein – wenn Seelen nicht mehr fühlen und Herzen nicht mehr schlagen und wenn die Kälte nach tausend Jahrtausenden auf dieser ganzen absonderlichen, herumschweifenden Kugel lagert. Aus den Schlünden und Hängen des Sorapiß lugt das Eis, weite Schneefelder dehnen sich in verlassener Höhe, das Gestein starrt zackig und irr in die Wolken. Hier wohnt der Tod. Wieder steigt das Grauen empor. Das schreckliche, alte Judengebet scheint durch die Luft zu summen, das sie im Anblick des Sterbens aufsagen; das in seinen gurgelnden Lauten furchtbarer und erhabener ist als die geglätteten christlichen Idiome; das von Millionen schlotternder Lippen ernst gesprochen wird: »– – – – – – – –!«

Hier wohnt der Tod.

Wenn man sie dann in anderer Beleuchtung sieht, diese stummen Gipfel, vom Licht und Hauch des Nachmittags umwittert: dann geht ein Zug von hoher Gloria friedvoller aus ihnen. Immer feierlicher wird es, immer himmlischer singt die große Stille, immer tiefer tönt das Nichts, immer seltsamer braust und klingt das Blut in den Ohren – die letzten Menschen schreiten da oben entlang, Irene und Rubek ziehen Arm in Arm über die Gipfel, der Schein der großen Heiligen umschwebt freudenvoll ihre Häupter, und auf der letzten dunklen Zinne steht ein Mann, er redet in fester Sprache mit Gott, ich erkenn' ihn, es ist Halvard Sol-neß, der nicht mehr abstürzt – Beethovensche Symphonien schallen jetzt durch die Lüfte, die Neunte mischt sich mit der Heldensymphonie, die Gipfel schweigen nicht län-ger, vom Tale klingt Gesang aus allen Schädelstätten, das weiße, bläuliche Kristall fängt an zu pfeifen, und die Ewig-keit tanzt einen langsamen, unsichtbaren, hoffnungslosen Schwebetanz. Mittlerweile bricht das Dunkel ein. Gute Nacht. »Es sei, wie es wolle, es war doch so schön. ...«

In Toblach, unweit vom Schwarzen Adler, wird man von der Frau Kugler rasiert. Ihr Mann ist auswärts – sie seift ein, zieht das Messer ab, nimmt das Haupt des Kunden zwi-schen die Hände und barbiert auf Deubel komm' raus. Als ich beim ersten Mal erstaunte Augen machte, sagte sie schlicht: »Es ischt keine Kunscht.« Am Abend erzählte ich's einem österreichischen Herrn. Er mißbilligte das Rasieren durch Frauen im allgemeinen. »Denn«, sagte er, »wenn's eine Alte ist, graust's einem; und für eine Junge g'hört sich's nicht.« Die Frau Kugler rasiert mich aber besser, als ich in

Berlin rasiert werde. Ein weiterer Zweig ist für den Frau-
enerwerb gewonnen. Die Unterhaltung ist auch fesselnder
als die stumpfsinnigen Wettergespräche der berlinischen
Bartpfleger. Nachdem die Frau Kugler mir mitgeteilt, daß
sie neun Kinder gehabt, wovon fünf am Leben seien, fragte
ich unmotiviert unter dem Rasiermesser, um die Sitten des
Landes zu erforschen: »Wird hier viel gefensterlt?« Nach
einer Weile, während sie mein Kinn hochhielt und die
rechte Backe beschabte, sagte sie, das Fensterln sei abge-
kommen. Ich drückte durch eine kurze, gewandte Mimik
mein Erstaunen aus. Die Burschen, sprach sie da, indem sie
meinen Hals hintenüber drückte, gingen jetzt lieber durch
die Tür ins Zimmer der Mädchen, statt durch das Fenster,
»weil's kommoder ist«. Ich war beruhigt, sie warf sich auf
die linke Backe. So hab' ich über viele irdische und geistliche Dinge mit der Frau Kugler in diesen unvergeßlichen
Rasiersitzungen geredet. Selbst über das Leben nach dem
Tode, wie es meine Gewohnheit ist, und sie neigte zu der
Ansicht, daß es wohl doch eine Fortexistenz, ein Paradies
und eine Hölle, gebe, denn wozu wäre sonst der ganze
Aufwand von Geistlichkeit, Beichte, Sakrament, Kirchen-
gesang, Messe vorhanden, wenn das *nicht* wäre. Auch über
die wünschenswerte Dauer des Erdenlebens ließen wir uns
wechselseitig aus – einmal, als sie gerade den Seitenbart
kürzer machte –, doch sie erklärte meinen Entschluß, so
lange wie möglich leben zu bleiben, mit freundlichem Lächeln für irrig. Wenn man älter wird, denkt man anders
darüber! Wird schon kommen, wird schon kommen! Passen's auf! Für einen Mann sei das Dasein vielleicht noch erträglich, für eine Frau aber bloß Plage und Arbeit. Sie
wischte das Messer ab. Sie riet mir, ein lediger Junggesell'
zu bleiben. Ich wusch mir gedankenvoll die Backen.
    In Toblach, gegenüber dem Schwarzen Adler, liegt der
Goldne Stern. Dort wohnt der Baron Nathaniel Rothschild
aus Wien. Er hat alle Zimmer dieses ländlichen Gasthofs
seit zwei Sommern gemietet. Seine Begleitung sind einundzwanzig Personen. Darunter ein Leibarzt, ein Pianist,
ein Gesellschafter, Reitknechte, Kammerdiener, andere.

Aber keine Dame; er ist ein lediger Junggesell'. Doch! zwei
Köchinnen. Alles erzählte uns die Wirtin am ersten Abend.
Täglich kommen aus Wien Delikatessen, sagte sie. Er wird
aber nicht viel davon genießen, denn er ist ein kranker
Mann. Deshalb würd' ich auch nicht mit ihm tauschen.
Alle Tage seh' ich ihn; er geht für sich spazieren; meist aber
sitzt er im Wagen, gezogen von seinen wunderbaren, über
alle Maßen himmlischen Pferdeln. Er ist ein älterer
Mensch, Edelweiß am grünen Lodenhut, ein totblasses,
müdes Gesicht mit kleiner Stumpfnase. Sieht ganz österreichisch aus. Zola, in »L'argent«, hat den Pariser Rothschild
unter dem Namen Gundermann dargestellt, wie er von
Milch leben muß und keinen Genuß auf der Welt hat. Das
ist fast gemeinplätzig, so etwa wie der Ausspruch: Reichtum macht nicht glücklich. Aber an selbigen Gundermann
erinnert der Toblacher Nathaniel. Und es bleibt eine
Wahrheit, daß er jeden italienischen Arbeiter im Stein-
bruch auf der Straße nach Landro von Herzen beneidet.
Die sind jung, vertragen Polenta und haben ein Weib lieb.
Der blasse Nathaniel zeigt ein gütiges, ganz feines Antlitz,
die Haut wie von einem jungen Mädchen. Es ist die Zartheit der Rassenausläufer; der letzten, späten Prinzen, deren
müde Geschlechter in steter Inzucht einer verwöhnten
Sphäre ihre Nachkommen zeugten. Er geht armselig matt
zwischen den Bauernhäusern die unebenen Dorfwege.
Die Toblacher Bauernhäuser sind reizvoll: urväterische Al-
tanen aus Holz an weißgetünchten Mauern, Erkerlein, und
hinter quervergitterten Fenstern rote, leuchtende Blumen
in Töpfen. Die Flucht Josephs und der Maria mit dem kleinen Jesus ist gern auf der getünchten Vorderwand in bunten Farben gemalt, die Brunnenpfähle haben geschnitzte,
farbige Gesichter. Da schleppt er sich hin. Kapellen, rund
und klein und fromm, schimmern in naher Ferne auf den
Wegen; von oben sehen die Gebirge still herab. Kleine Bu-
ben und blonde Mädelchen mit rundherumgelegten Zöpfen, Geschwisterskinder, dreikäsehoch, stehen Hand in
Hand vor der Tür. Einmal, ein bißchen weiter oben, fällt er
um und bleibt hilflos liegen. Der Sohn der Frau Theres

Uebler findet ihn, packt ihn auf den Rücken und trägt ihn
nach Haus.

Als die Frau Uebler mir diesen Vorfall umständlich erzählte, obwohl er mir gleichgiltiger war als ihr, zeigte sie
zugleich die vielen Briefe, die Defregger an sie gerichtet.
Sie macht aus Enzianwurzeln Schnaps, im Dorfe Wahlen,
eine Viertelstunde von Toblach. In ihrer Jugend kam sie
mit dem Tiroler Franz Defregger oft zusammen. Er zeichnete seine Landsmännin, als er noch ein Lausbub war, und
sie verkaufte das Bild um fünf Gulden. Heut ist sie sechzig.
Von Zeit zu Zeit schickt sie ihm Enzianschnaps nach München. Durch all' die Jahre schrieb er an sie. »Liebes
Thresl!« beginnen die Briefe. Im Jahre 1883 schreibt er die
Hauptwörter noch klein, wie ich feststellen konnte. Dann
bessert sich die Orthographie. Schließlich unterzeichnet
er »Franz von Defregger«; der schlichte, freundschaftliche
Ton aber bleibt. Was er zum Dank an die Jugendfreundin
schickte, ist einmal Magdalenerwein, öfter Bildnisse seiner
Familie – sein ältester Junge ist nun verheiratet und Arzt –,
er besucht sie auch mehrfach mit Sack und Pack, und er
zeichnet ihren vorhin erwähnten Sohn; sie besitzt das Bild.
Es ist in klaren, sparsamen Linien, von ruhiger Meister-
technik. Ihren Enzian hab' ich in zwei Gläschen gekostet.
Er scheint sehr gut, innerhalb seiner Gattung. Nur die
Gattung selbst, erdig, ölig und herb, bleibt in aeternum
von allen Reizen einer höheren Bildung, Gesittung, Errungenschaft, Technik und Humanität ausgeschlossen.
Hbmpf – uah – brrrr!

Am Tage, wenn man die Dorfstraße hinabgeht, klingen
die Telegraphendrähte wie Äolsharfen. Die Luft ist klar
und dünn und erquicksam. Am Abend, wenn das holde,
tiefe Dunkel in dieses hohe Tal sinkt, heben sich bloß die
weißen, frommen Kapellen von der Finsternis ab, unter
den verschwimmenden Bergriesen. Am Bahnhof, eine
Viertelstunde außerhalb des Dorfs, zünden die Luxuspen-
sionate und Kurhäuser, auf einem Platze zusammenge-
pfercht, ihre fernen Lichter an. Dort geht die Wiener Fi-
nanz, geputzt mit rosinenfarbener Seide, behängt mit

Straußfedern, besteckt mit goldenen Ringelein, spazieren im Felsgebirge. Der Eingang ins Ampezzotal führt über sie.

So haben die Götter vor die Erreichung jeglichen Ziels Mühsal und Selbstüberwindung gesetzt.

... Holdrioh, Leser.

11. November 1900

Der Schriftsteller L. Fulda hat vor vielen Jahren einen Einakter abgefaßt, dessen Titel mir heut im Kopfe rumgeht. Seltsam, seltsam. Das Werk hieß: »Frühling im Winter«. Was wir jetzt haben, ist Frühling im Herbst. Inmitten dieses Herbstes, Leser, ist ein Frühling ausgebrochen. Meine Feinde sollen über mich triumphieren, wenn ich nicht die Wahrheit sage. Er ist ausgebrochen. Berlin war kalt, Berlin war sturmvoll, Berlin war rauh. Noch einmal steigst du empor, holder Knabe. Nach so langem, frostigem, nordischem Elend ein mittäglicher Hauch. Ach, lieber Südwind, blas noch mehr! Der Asphalt ist getaut – nicht gesprengt der starre Druck durch Wintersnahen, wie es im November geziemend wäre. Sondern gelöst ist er durch holde Sanftmut, durch ein schmalziges Lächeln der Frühlingsnatur.

Winterstrümpfe riechen im Wonnemond – Verzeihung: so singt Herr Sylva den Vers im Opernhaus. Winterstürme wichen dem Wonnemond – es ward Frühling im Herbst. Wie ein Aff' im Purpurkleide ist er noch einmal auf den Thron gestiegen, widerrechtlich, zur Unzeit, mit blasseren Wangen als einst im Mai, ein usurpierender, gespenstigschöner Spätling. Was liegt an der Blässe seiner Wangen! Ist doch auf den Thron gestiegen und herrscht für eine kurze, usurpierte Spanne Zeit und bezaubert die Seelen und vertreibt den Spätherbst. Meine liebe Bettelheim, meine liebe Gabillon-Bettelheim in Wien, Sie haben neulich in der »Nation«, wo ich Kritiken schreibe, eine stille, entsagende Weise auf des Herbstes wohltuende Herrlichkeit gesungen. Und aus aller angeblichen Zufriedenheit,

aus aller vermeintlichen Zufriedenheit klang doch eins
heraus: daß Sie als Glück ansahen, was nur Gefaßtheit ist;
und daß Sie den Herbst priesen, weil Sie vielleicht nie einen Sommer gekannt. Meine Liebe, ich kenne Sie nicht,
aber Sie sind im Irrtum. Einen Sommer haben Sie vielleicht
nicht gekannt, einen Frühling haben Sie vielleicht vergessen. Das Leben hat Sie belogen, oder Sie belügen sich – so
wahr meine Feinde nicht über mich triumphieren sollen.
Jetzt ist Herbst, wir können ihn ertragen, wie wir imstande
sind, in diesem Leben alles, mit Lindwurmblut gesalbt, zu
ertragen – aber nur zu ertragen. Da er jedoch plötzlich
noch einmal ausbricht in dieser Jahreszeit, der Lenz, so hu-
sten wir auf allen Friedhofsfrieden, mit dem man sich ab-
findet, wie die Alten sich mit dem Schwarzen Meer abfan-
den, welches sie »gastlich« tauften, weil es so ekelhaft
ungastlich war. Was glauben Sie, liebe Bettelheim. Die ste-
hengebliebenen Bäume in der Potsdamer Straße fühlen
den Urdrang, sich zu verjüngen, noch einmal auszuschla-
gen, noch einmal hellgrün zu jauchzen, zu zwitschern, zu
lachen, zu dalbern, zu singen, die Greise werden tänzerig,
ein süßer Traum kommt in die Köpfe der Stadtverordneten, die Geschäftsmädchen bei Tietz werden vor Seligkeit
zu ziervollen Huldgöttinnen in der Art des verstorbenen
Malers Botticelli aus Italien, speziell aus Oberitalien oder
Mittelitalien, wo am Arno die etwa zweimalhundert-
tausend Einwohner zählende Stadt Florenz gelegen ist, und
alles singt das Schumannsche Lied: »Jauchzen möcht'
ich, möchte weinen«, auch wenn sie nicht wissen, daß sie es
singen. Am Abend geht man noch einmal über die Felder
von Wilmersdorf, umküßt von verschollenen Lüften voll
himmlischer Weichheit, mit Friedrich Nietzsche begeistert
man sich jetzt für das Unzeitgemäße, und wenn man in
eine Gesellschaft fährt, wandelt man die letzte Viertelstunde zuvor mit dem wilden Engel spazieren, Anna,
Anna, Anna, welche den wirklichen Frühling einsang, zu
Potsdam über eine Balustrade gelehnt, mit wehendem,
jungem Haar – die um sechs Monde älter und um drei
Himmelreiche schöner geworden ist. Man wandelt in Ga-

latracht und hört ihre Stimme: »Du, solche tief ausge-
schnittenen Westen sind reizend.« Man nimmt zu abendlichen Festen einen Hauch des Spätfrühlings mit; die
Erinnerung an die letzte Viertelstunde macht, daß man wie
ein Bräutigam schreitet; unter den winkenden, blinkenden
Gläsern und den Blumen klingt dieser Abendgang wundersam nach, man ist gefeit gegen die kaltgeherzte Tücke
lieblicher Geheimratstöchter; und die Geheimratstöchter
feien uns gegen den übermenschlichen Liebreiz und die
singende Jugend dieser einzigen Anna. So ist das Leben. So
ist es, wenn die meteorologischen Verhältnisse im Luftbezirk Berlins und der Mark Brandenburg einen november-
lichen Lenz heraufzaubern, berückend und gesangvoll und
von leuchtender Magie und umwittert vom Duft der
Blume Jelängerjelieber. So ist es.

Nachdem ich jetzt einen Teil der Leser geärgert, kann
ich mit Beruhigung zu Yvette Guilbert übergehen. Diese
war hier, ließ sich von Berliner Professoren behandeln, und
gestern frühstückten wir zusammen; sie, ihr Gemahl und
Dr. Paul Goldmann, der mein Freund ist und mit mir während des Sommers mehrere lebensgefährliche Gletscher-
touren schwierigster Ordnung in den furchtbaren Eis-
wüsten des verlassenen, schneestarrenden Hochgebirges
unternommen, wobei wir wie durch ein Wunder dem sicheren Absturz entrannen. Vor drei Jahren, als er in Paris
lebte, hatte mir die Yvette einen Brief von ihm und einen
eigenen Brief geschickt, sobald sie in Berlin ankam; damals
hatten wir uns kennengelernt. Jetzt saß ich ihr wieder gegenüber, sie trug ein graues Kleid, ein Vormittagskleid, bequem um den Hals, ohne Kragen, und ihre guten, ein-
drucksvollen, französischen Augen funkelten freundlich in
der Zwölfuhrsonne. Die Heilung war bei den deutschen
Ärzten gut vonstatten gegangen. Bald wird sie wieder in
Frankreich singen, mit der alten Dämonie ihrer wundersamen Darstellerkraft. Beim Frühstück war die Brettl-Zau-
berin von entzückender, liebreicher Anmut; entfaltete die
schlichte Grazie eines Pariser Volkskindes; war die häus-
liche Yvette, nicht die statuarisch große Yvette. Sie hatte

soeben einen Morgengang hinter sich und schwärmte von
dem Frühling dieses Novembers, wie ich soeben. Noch tragen ihre Wangen einige Blässe, doch ist ihr von der Krankheit keine Mattigkeit geblieben, sondern bloß die reizende
Dankbarkeitsstimmung einer Genesenen. Ich erzählte ihr,
daß ich in einem Buch einen Aufsatz über sie schreiben
werde; und sie versprach, Unveröffentlichtes aus eigenen
Dichtungen mir dafür zu geben. Das erfreute mich sehr.
Vor einiger Zeit nämlich begann sie zu dichten. Sie teilte
etliches mit, in Umrissen; es scheint danach sehr schel-
misch zu sein. Es handelt sich um folgendes: Aber ich sag'
es lieber nicht. Jeder Leser meines heutigen Briefs hat die
Genehmigung, ein Exemplar des Buchs unter Vorweisung
dieses Zeitungsblatts für den üblichen Ladenpreis zu kaufen. Auch vom sonstigen Inhalt des Tischgesprächs erzähl'
ich nichts; höchstens, daß es allerhand Lebenssachen be-
traf. Über die Möglichkeit menschlichen Glücks, über die
innere und äußere Gestaltung dieses Daseins, über die
hoffnungsarmen Temperamente, über die begehrenden
und über die Grunderkenntnis: daß der Schlüssel zum
Glück in der Illusionsfähigkeit liege, darüber sprachen wir,
jeder aus seiner Natur heraus, und wir kamen sehr in Zug.
Wohltuend und achtenswert berührte die Offenheit, mit
welcher Yvette und ihr Mann an alle Fragen des menschlichen Zusammenlebens herangingen, ohne die germani-
sche Verecundia oder Ehrfürchtiglichkeit, wohinter so oft
Nebel und Heuchelei stecken. Als wir uns trennten, hatten
wir in aller Heiterkeit ernster gesprochen als zwölf gründ-
liche Berliner Oberlehrer an siebzehn Stammtischabenden. In aller Heiterkeit. Vielleicht sogar ernster als dreizehn Oberlehrer an achtzehn Stammtischabenden. O
Frankreich, du bist noch immer nicht für die Katze! Du
wirst zerfallen, deine Söhne werden eines Tages die Rolle
der Gräculi oder Griechlein spielen, die vor der militärischen Weltmacht Rom, nach dem Absterben des eigenen
Landes, zu höhern Spaßmachern, Erziehern, Kulturpara-
digmen aufrückten. Du wirst zerfallen, wie Griechenland
zerfallen ist; du wirst ausgebrannt sein, wie Spanien ausge-

brannt ist; du wirst geteilt werden, wie Polen geteilt ist: aber du bist noch immer nicht für die Katze. Ave – Gallia, morituram te salutamus.

Dies vorausgeschickt, geh' ich nun endgiltig zu dem Fall Sternberg über. Vielleicht ist es übertrieben – aber der Mann soll dreizehn Millionen Mark besitzen. Herr von Hüllessem hat versichert, bei Sternberg wiederholt »Personen aus der ersten Gesellschaft« getroffen zu haben. Und wie zur Entschuldigung für den eigenen Verkehr bemerkte er, Herr Sternberg habe die Tochter eines Obersten zur Frau. Verkehrt hat Herr von Hüllessem mit Sternberg lediglich aus Freundschaft. Von 93 bis 96 verkehrte v. Hüllessem nicht mit seinem Freunde, weil er höchst schmutziger Verbrechen beschuldigt war. Nach 96, als die Untersuchung ergebnislos verlief, blühte die auf menschlicher Basis ruhende Freundschaft wieder auf. So fest war Meerscheidt offenbar von der Unschuld seines Freundes Sternberg überzeugt, daß er in ruhiger Sachlichkeit ihn sogar wiederholt anzupumpen hiernach kein Bedenken trug. Ein Häuschen wurde beliehen, ein Häuschen wurde erbaut, kleinere Sümmchen wurden vorgestreckt, Schuldscheinchen wurden ausgestellt, auch auszustellen unterlassen. Und hätte nicht Stierstädter, ein übrigens liebenswerter Zeitgenosse, den bestimmten Wunsch gehabt, so lange zu arbeiten, bis »der Jude drinliegt«: dann hätten wir misera contribuens plebs noch heute keine Ahnung von der freundschaftlichen Zugetanheit zwischen Meerscheidt und Sternberg, zwischen Sternberg und Meerscheidt. Stierstädter muß es an den Tag bringen ... Das scheint mir mit vielen andern der hervorstechendste Punkt dieses Prozesses. Wichtiger als der Fall des kleinen Kommissars Thiel. Und wichtiger als die Psychologie des liebenswürdigen Kindes Frieda Woyda, die heut keine Ahnung mehr hat, was mit ihr vorgenommen wurde; ob sie die Wahrheit sagt oder schwindelt. Friedas Seele ist ja nur ein kleiner, früh entwickelter Rekrut in dem großen Heer weiblicher Hysterie. Kennt Ihr die Gattung nicht, wenn sie ausgewachsen ist? Und wenn man sie totschlägt, sie lügen; müssen lügen. Schön und reizvoll wie die

Maiennacht können sie sein und zauberisch wie ein Zypressensee und duftreich wie die Blume Jelängerjelieber: aber die Wahrheit enthüllt man nicht. Sie schwindeln, bis sie sterben. Und wenn sie sterben, wissen sie nicht, ob sie geschwindelt haben. Daudet hat so eine Gestalt gezeichnet; jeder von uns könnte eine andere zeichnen; jeder mindestens eine. Du, liebe Frieda, bist nur ein Häkchen; holdere Geschöpfe als du Fratz haben tieferen Menschen größere Kopfzerbrechen bereitet. Immerhin: du hast eine Zukunft.

Mit diesem langsamen Übergang vom Novemberfrühling bis zu dem Rekrutenmädchen Woyda bin ich entschlossen, meinen Brief zu enden. Sollte mir Frieda einen Streich spielen und vor Erscheinen des Feuilletons ein Geständnis ablegen, so halt' ich dennoch alles aufrecht, was ich zu ihrer Psychologie gesagt. Ein unberechenbarer Augenblick würde just zu dieser Psychologie gehören. Auch nachher wüßte man bloß nicht, wann sie gelogen hat. In summa: Niemand wird es wissen. Möge sie glücklich werden und viele Männer glücklich machen.

Adieu, Abonnent.

Anhang

Kerrs Berlin, Kerrs Welt

Von Günther Rühle

»Warum fließt der Rhein nicht durch Berlin?« So fragte der junge Alfred Kerr, als er, sich erinnernd an Paris, bemerkte, daß die großen Hauptstädte Europas an großen berühmten Flüssen liegen. An der Seine, an der Themse, an der Donau; selbst der Tiber war ihm ein ehrenwerter Strom, der aus der Antike herüberfloß. Aber wo lag Berlin? Was war ihm die Spree? Was die Havel? Hätte die neue Reichshauptstadt nicht Anspruch auf den Rhein gehabt? »Er wird sich hüten«, meinte Kerr. Wenn Kerr Berlin lokalisieren wollte, sagte er: »Berlin liegt an der Panke.« Und als Gegenstück dazu hielt er den Satz bereit: »Berlin, am Fuße des Kreuzbergs gelegen«. Er liebte Berlin, aber opulentere Lokalisierungen gönnte er seiner Stadt nicht, die ihm doch zur zweiten Heimat wurde. Die Sätze waren auf heitere Weise boshaft. Er sagte damit: Was ihr in Berlin Großstadt nennt, kann sich mit den Weltstädten doch nicht messen; zuviel Provinz in allen Ecken. Zugleich polemisierte er damit gegen die Ambitionen des Kaisers, der seine neue Hauptstadt nicht nur schnell zur Weltstadt, sondern auch »zur schönsten Stadt der Welt« machen wollte.

Wir kennen solche charmanten Frechheiten Kerrs schon aus jenem Teil der lange verschollenen »Berliner Briefe«, den wir 1997 unter dem Titel »Wo liegt Berlin?« veröffentlichen konnten. Als der junge Journalist sie 1895 für seine »Breslauer Zeitung« zu schreiben begann, konnte er nicht ahnen, daß sie hundert Jahre später seinen Ruf und Ruhm als eines exzellenten Beobachters und Schreibers neu begründen würden. Es schien nun, als seien diese Briefe in die heutige neue Hauptstadt geschrieben, die wieder – wie vor hundert Jahren – nach ihrer neuen Bestimmung sucht. Kerr hat der Stadt in die Seele gesehen.

Vier Jahre war er alt, als 1871 das neue Deutsche Reich gegründet wurde. Der junge, heranwachsende und bald mächtig werdende Staat hat ihn geprägt; der junge Kerr versteht sich als sein Bürger. Verwundert und neugierig nimmt er wahr, wie dieses von Bismarck geeinte Land sich in seiner Hauptstadt und unter der Herrschaft der Hohenzollernschen Kaiser darzustellen beginnt. Der Breslauer Student gerät – wie viele Schlesier damals – in den Sog Berlins. Erst verläßt er die heimische Universität und geht zum Studium in die Hauptstadt, dann findet er hier seinen Beruf, dann hält die Stadt ihn fest; mehr als vierzig Jahre. Zehnmal wechselt er in ihr seine Wohnung, bis er sich im Grunewald, Douglasstraße 10, dauerhaft festsetzt. In Berlin ist Zukunft. Er sieht, wie die Stadt aus ihren alten Ordnungen ausbricht. Wie sich ein neues, wirtschaftlich starkes Bürgertum bildet, das Reichtum und Aufstieg aus dem technischen Wandel und den wirtschaftlichen Erfolgen der Gründerzeit bezieht; stolz stellt es ihn aus. Macht- und anspruchsvoller präsentiert sich auch das monarchische System, das – wie die neue großbürgerliche Schicht – vor den freigesetzten Kräften dieser großen gesellschaftlichen Verwandlung erschrickt; beide werden mit den neuen sozialen Forderungen und Gegebenheiten konfrontiert. Sie zu bestehen wird das politische Problem.

Der junge Kerr ist ein Chronist dieser prosperierenden Jahre; es sind Jahre in einem ungewohnten Frieden. Im kargen Preußen wächst die Lust am Luxus; in die Hauptstadt kommen Züge des frivolen Lebens, in die politische Schaustellung dringen Pomp und Imponiergebärden, der Machtzuwachs ist groß. Der Kaiser wird zum ersten Akteur. Er erscheint in immer neuer Kostüm(Uniform)ierung. Wirklichkeit und Theater gehen eng zusammen. Auch in den »Berliner Briefen« geht eins ins andere. »Stadttheater« wird ein weiter Begriff. Kerr sieht das Leben in der Stadt und sitzt abends in den sich mehrenden Theatern. Er sieht das Schauspiel eines erfolgreichen Autors, »Drohnen« ist der Titel; er beschreibt es ausführlich (mit dem Bericht darüber beginnt unser Buch). Denn er weiß, daß auch in den trivialen Texten des Theaters viel von der Wirklichkeit steckt, in der er selber lebt. Als »Halbdrohne« bezeichnet er sich selbst: als Nutznießer dessen, was um ihn ist und was die Wirklichkeit ihm zuliefert an Stoff.

In ihr eine Rolle zu spielen, Zeichen zu setzen, Wertungen zu bestimmen wird ihm Lust und Probe auf sich selbst. Man spürt es auch in diesen Briefen. Mit welcher Eindringlichkeit, welch beteiligter Ausführlichkeit stellt er zum Beispiel den jungen Georg Hirschfeld vor, wie hebt er den jungen Dramatiker Josef Ruederer hervor: Es sind Erlebniswerte, die er zu Zukunftswerten erklären will – wichtig für das Kunstleben in der Stadt. Elitär gibt sich sein Bericht von dem Fest im Landhaus eines bekannten Künstlers, dessen Namen er verschweigt. Er prüft die Stimmungen in der Stadt und ihren Wechsel; er registriert, was in ihr gedacht wird, und stellt sich selbst als Mitdenker vor. Bismarck stirbt. In der »Breslauer Zeitung« vom 4. August 1898 (BB I, S. 407f.) berichtet er von der Wirkung der Nachricht in der Stadt und beschäftigt sich mit Bismarcks selbstverschuldetem politischem Schicksal. Er setzt das Gedankenspiel fort in dem (inzwischen neu entdeckten) Brief vom 7. August 1898, der – aus politischen Gründen? – nur in der »Neuen Hamburger Zeitung« erscheint. Er reflektiert die Ambivalenzen, die sich mit der Erinnerung an Bismarck verbinden.

Nie hat Kerr ja vergessen, wie er 1894 – siebenundzwanzig Jahre war er alt – dem Fürsten in Friedrichsruh gegenüberstand und inmitten einer Gruppe von Journalisten dem entlassenen und grollenden Kanzler von einst die Hand drückte. Er hat Bismarcks Briefe an Gerlach gelesen und zitiert sie gern, weil der Briefschreiber ihm imponiert. Immer wieder hebt er gegenüber dem pompösen Versuch Wilhelms II., seinen Großvater Wilhelm I. zum Gründer des Reichs zu machen, hervor, daß der Kanzler der wahre Täter zur Einheit war; Ehrfurcht und Skepsis, Abneigung und Verehrung mischen sich in ihm. Aber in der Analyse von Bismarcks monarchistischem Dienertum steckt auch deutliche Kritik an solchem Verhalten; in der Betrachtung von Statur und Auftreten des Kanzlers Reflexion über Erscheinung und Wirkung im öffentlichen Feld. Er beschreibt das Faktische und stiftet an zu kritischem Weiterdenken. Er fühlt, daß diese Stadt, die ihn gefangennimmt, die deutsche Schicksalsstadt wird.

Man spürt an dem Neuling im Berliner Journalismus, woher er Impuls und Intention des Schreibens bezieht. Von Heinrich Heine wie von Ludwig Börne übernimmt er die Form der berichtenden Briefe, aber auch ihren kritischen Auftrag. Kerrs wacher Geist übt das Erkennen, um sagen zu können, was zu sagen ist. Seine journalistische Arbeit strebt über den Tag hinaus und gewinnt schnell an schriftstellerischer Kraft; der kritische Impuls wird zum Verlangen nach Unabhängigkeit, Freiheit und Gerechtigkeit. Die jüdische Herkunft, die er nie wie andere verrät, treibt ihn an, seine eigene Emanzipation zu erproben und im Gelingen stolz, eitel und herausfordernd zu genießen; dies in einem Staat, in dem starke antisemitische Kräfte am Werk sind und jüdischer Intellekt sich seine Positionen erst erringen muß.

Schon in den Anfangsjahren Kerrs werden, wie die Briefe aus Berlin zeigen, spätere Konfrontationen spürbar. Noch kann er sich in diesem jungen Deutschland entfalten, weil er die Spielregeln gesellschaftlicher Normen und majestätischer Achtung beherrscht und sie nur mit listigen Sätzen überschreitet. Er zeigt Lust, mit dem Feuer zu spielen. Noch zwingt ihn nichts – wie Heine und Börne –, in die Emigration zu gehen. Aber knapp vierzig Jahre nach Beginn der »Berliner Briefe«, nach dem Scheitern der Monarchie wie der ersten Republik, wird auch ihm die Emigration ein bitteres Schicksal.

Diese wachsende Stadt ist ein Kampfplatz. Er ist geprägt von Konflikten, von Freund- und Feindschaften, von alten Positionen und neuen Strategien. Die Stadt brodelt von Energien, von Selbstbehauptungen, von Karrieren, Katastrophen und Selbstvernichtungen. Menschen erscheinen, die wahrzunehmen, zu verehren, hervorzuheben sind, die versuchen, Spuren zu legen, Kräfte um sich zu sammeln, Gedanken weiterzugeben. Andere schließen sich willentlich aus der diffusen Gesellschaft aus. Die einen gewinnen, andere gehen verloren. Anpassung erscheint vielen als Daseinssicherung. Selbstbehauptung, Lebensgewinn ist die Sinngebung für alle, die spüren, wie diese Stadt mit ihrem ständigen Kommen und Gehen auch alle vereinzelt und vereinsamt. Überlieferte Werte erodieren und werden trotzdem verteidigt, und neue werden im Widerstreit zu setzen versucht. Im neuen Reichstag hat man das Streitfeld vor Augen. Die Agrarier gegen die Industriellen, die Monarchisten und ihr bürgerlicher Troß gegen die aufstrebenden Sozialdemokraten, diese gegen das Zentrum. Der Kaiser verficht noch den klassischen Idealismus in der Kunst und bereitet doch die Kriegsmaschine vor, die Millionen seiner Untertanen vernichten wird. In dieser zur Hauptstadt erhobenen preußischen Kommune tobt der Kampf um eine zu ordnende, eine geordnete Zukunft für alle.

Die Woche um Woche zu liefernden Briefe des jungen Dr. phil. fügen sich zum Panorama einer Stadt, die in die Weltgeschichte eintritt. Es wimmelt in ihr von Menschen. Kerr sieht ihr Glück, ihre Not. Aus den schnell wechselnden Einzelheiten wächst ein Ganzes. Ort und Zeit sind die Konstanten. Es gibt nur eine einzige durchgehende Handlung. Das ist die Stadt. Sie ist das umfassende Wesen, das alle prägt, das Schicksale macht und das doch selbst von denen, die es prägt, wieder bestimmt wird. Ein magisches Feld irrationaler Kräfte, in dem so viele aus Wünschen und Begierden, Maximen und Erfahrungen, aus Verlangen nach Rollen und Aufstiegen oder gar aus Vernunft zu handeln versuchen. Schönheiten, Erfüllungen, auch Rettungen – »Heilande« – werden gesucht und das Chaos doch nicht beseitigt. Kerr sieht schon in eine andere Welt.

Als der junge Schriftsteller Ende Dezember 1894 seinen ersten Brief aus Berlin schrieb (BB I, S. 5), huldigte er einem ehrwürdigen Dichter, dem er selbst viel verdankte. Er rühmte Theodor Fontane, der sich einst »hinsetzte und in ›Irrungen und Wirrungen‹ flugs den besten Berliner Roman schrieb«. Fontane kam noch aus dem alten, nur langsam wachsenden, ganz und gar preußischen Berlin. Ihm

war die Stadt in ihrem Kern so vertraut wie die Menschen,
und in ihren Menschen erkannte er die Stadt; so, daß er sie
in ihren Einzelschicksalen spiegeln konnte. Mit deren
Schilderung machte er die Stadt erlebbar.

Fontanes Berlin, das Kerr noch berührte, blieb immer
weniger Kerrs Berlin. Ein Stab ward übergeben, und Kerr
hat diese symbolische Handlung in jenem ersten Berliner
Brief auch vermerkt. Für Kerr verlagert sich aber nicht nur
das Zentrum seiner Beobachtung aus der Stadtmitte nach
Westen, in die neue Luxusstadt zwischen Kurfürstendamm
und Tiergarten, »in welcher alle Leute wohnen, die etwas
können, etwas sind und etwas haben, und sich dreimal
soviel einbilden, als sie können, sind und haben« (BB I,
1. 1. 1895). Er nimmt die Stadt auch anders wahr. Nämlich als
ein fluktuierendes, unüberschaubares, sich in eine kaum zu
ahnende Zukunft fortwälzendes, in sich ruheloses Gebilde.
Einzelschicksale zählen nichts mehr, Menschen treten oft
nur für Sekunden oder kurze Tage in Erscheinung, bekommen Geltung als Sensations- oder Informationswert und
beleuchten die Verhältnisse durch das, was sie tun.

Indem er die Stadt so sieht, schreibt er an mehr als an ihrem Tagebuch: er schreibt an dem Roman der neuen, der
gegenwärtigen als der künftigen Stadt. Die Stadt tritt in die
Rolle des einstigen Helden. Sie bestimmt nicht nur Schicksale. Sie ist selbst Schicksal. Erst in Alfred Döblins Roman
vom »Alexanderplatz« sehen wir – dreißig Jahre später –
wieder in das abgründige, lebensbestimmende Getriebe,
zu dem die Stadt geworden ist.

Kerrs Bild von Berlin ist also nicht das eines Chronisten,
als den er sich gern bezeichnet. Alles ist bestimmt vom aus-
wählenden und deutenden Subjekt. Es ist seine Perspek-
tive, die sich in allem zeigt. Wer die alten Zeitungen liest,
denen er oft seinen Stoff entnimmt, das »Berliner Tageblatt«, die »Vossische Zeitung«, den »Lokal-Anzeiger«,
»Das kleine Journal«, sieht in ein planes Geschiebe von
Nachrichten, öde im ganzen, vergangen mit dem Tag des
Erscheinens, nur den forschenden Historiker noch interes-
sierend: Beton fürs Auge. Aktiviert wird es durch den Er-

wecker. Kerr wählt aus, was seine Erlebnis-, Gedanken-
und Formulierungslust anspricht. Er hebt auf. Sein Instru-
ment ist die Sprache. Schreiben ist für ihn: Sprechen (er
diktiert darum am liebsten seine Texte). Aber auch: Reflek-
tieren. Sein Ziel: Erkennen und Sagen. Und wohl auch:
Sich selbst am Gekonnten erkennen.

Sein wunderbares Talent des unterhaltenden, lustvollen
Schreibens wird bald in der Zeitungswelt mit Staunen
wahrgenommen. Wäre es nicht so, die neugegründete
»Neue Hamburger Zeitung«, die »Königsberger Allgemeine« hätten sich um die Beteiligung an Kerrs »Berliner
Briefen« nicht bemüht. Unter den Briefen dieses Bandes
gibt es einige, in denen die gewonnene Virtuosität des
Schreibens pur hervortritt; in Situationen nämlich, die keinem Journalisten fremd sind, die gleichwohl bestanden
werden wollen; wenn es einem an dringlichem oder wir-
kungsvollem Stoff fehlt und die Referentenpflicht gegenüber der Zeitung doch zu erfüllen ist, weil der »Berliner
Brief« zum Termin in der Redaktion sein muß. Dann zeigt
Kerr, wie er aus nichts etwas machen kann, das Witz und
Anmut doch nicht entbehrt, Leselust und Neugier nicht
hindert. Etwa, wenn Berlin leer ist im Sommer, »in Berlin
nichts los ist«, die Hitze ihn plagt, die Unlust oder gar ein
Liebeskummer ihn packt und also die Einfallskraft den
Ausfall an Ereignissen besiegen muß. Sich mühend genießt
sich dann das erfinderische Ich.

Aus dem Chronisten Kerr treten sehr unterschiedliche
Erscheinungsformen des Ich hervor, das da schreibt. Das
Jubelstück zu Goethes hundertfünfzigstem Geburtstag –
das die berlinische Bindung der Briefe so vehement durch-
schlägt – bringt es rein vor Augen. So singe nur ich! Mit allen seinen Texten definiert sich der Autor auch selbst: dies
sind die Empfindungen, dies die Gedanken eines, der jetzt
in Berlin lebt, der die wirre Stadt liebt, weil sie sein Leben
bestimmt. Sie hält Erlebnisse bereit, die so (und so darge-
boten) derzeit nirgends zu haben sind.

Wie aber erträgt ein forcierter Geist diese Stadt? Diese
dauernde Überschwemmung mit Eindrücken, Ereignissen,

Kruditäten, die einen oft nichts angehen? Schon in den Berliner Briefen, die sich im Band »Wo liegt Berlin?« streng auf die Stadt konzentrierten, war Ungeduld zu spüren: wenn der Winter zu lange dauerte, die Saison sich erschöpfte. Und immer waren schwärmerische Töne zu hören, wenn der Frühling kam, wenn er in die Natur gehen konnte, wenn er das »Verlaß Berlin!« anstimmte und sein anderes Leben begann. Denn was war ihm des Lebens Sinn? Mancher beantwortet die Frage, wenn sie sich ihm stellt, mit: Arbeiten, Für-andere-Dasein oder Pflichterfüllen. Kerr hat eine heiter provokante Antwort parat. In einem Staat, in dem Dienen, Arbeiten, Sich-Unterordnen, Pflichterfüllen zu den höheren Werten gehören, schreibt er wie beiläufig hin: »Der schönste Zweck des Lebens wäre doch, spazierengehn«; das hohe Wort vom »Sinn« ist durch den sachlichen »Zweck« ersetzt, und die Lakonie seines Satzes wird noch dadurch verstärkt, daß Spazierengehen und Flanieren ja (halbdrohnenhaftes) genüßliches Nichtstun meint.

Kerr ist aber auch in seinen jungen Jahren schon ein rastloser Arbeiter. Schreiben in seiner ausgefeilten Art ist Verarbeitung, ist Stoffsuchen, Ordnen, Formulieren, Benennen, Unterscheiden, Schreiben und Korrigieren. Es dient der Sicherung seiner materiellen Existenz und den Anstrengungen, eine öffentliche Rolle zu gewinnen. Der Arbeit setzt er dann seine eigene Utopie vom Freisein entgegen. Der Staatsbürger in ihm will mehr Freiheit im Alltag, keine Zensur, keine gesellschaftlichen Zwänge; der Privatmann gewinnt sich seine Freiheit am schönsten im Spazierengehen. Das Ich ist dann ganz bei sich selbst. Er genießt dieses Bei-sich-selbst-Sein sozusagen in heiliger Nüchternheit.

Denn Kerr lebt nicht in Illusionen. Daß das Leben nur um des Lebens willen da ist, daß es kein anderes gibt als dieses, davon ist er überzeugt. Also muß es gut und stark und freudig gelebt sein. Lebenserweiterung setzt die Erweiterung des Erlebens voraus. So dringt das Verlangen in seine Texte, die Fesseln des Schreibtischs endlich ablegen zu können. »Hol' der Deibel die Zeitungsschreiberei. Heut ist wundervolles Wetter.« Ein Schwärmen für die Schönheiten, die der Körper empfindet, beginnt. Die Frische der Luft, die Weite des Himmels, der Duft der Blüten, die Kühle des Wassers, die Stattlichkeit der Bäume: »Meine lieben und verwitterten Bäume«, ruft er und trauert ihrem Sterben nach. Er schwärmt vom Frühling in Werder, er geht an den Müggelsee, Bootspartien gehören zu den Instrumenten des Ausstiegs. Die Regungen des Eros sind nicht zu vergessen. Denn junger Mädchenblüte spürt er nach und huldigt ihr oft in diesen Briefen. Es breitet seine Seele weit ihre Schwingen aus. Doch nie verliert er sich im Schwelgen von Stimmungen. Bestimmungen sind das Prinzip seines Erlebens und Schreibens.

In Kerr, dem Groß- und Hauptstadtbewohner, lebt ein Ausbrecher. Einer, der Jahr für Jahr andere Freiheiten sucht, als die Stadt sie bereithält. Die Umgebung Berlins, die bis nach Heringsdorf an der Ostsee reicht, genügt auf die Dauer nicht. Die erste Journalistenreise ist ihm unvergeßbar. Sie führt zum Schriftstellerkongreß nach Hamburg, 1894, zu Bismarck (siehe oben) und nach Helgoland. Er zitiert sie immer wieder, obwohl oder weil er noch keinen Bericht darüber zu schreiben hat. Die Schriftstellertage in Heidelberg im Sommer 1895 werden ein Schreibfest. Er durchlebt sie – wie man beim Lesen spürt – in voller Genüßlichkeit. 1896 ist er in London (s. BB I), und während der Heimkehr vom Sozialistenkongreß verweilt er in Ostende, dem Seebad der großen Welt, einem Traumort für Berliner. Noch einmal macht er eine Journalistenreise mit: als er nach Wien zum Kaiserjubiläum fährt und über die Ausstellung berichten muß. Aber da ist der Enthusiasmus schon gebrochen; andere Erlebnisse sind stärker. Die Folge der Briefe spiegelt das deutlich.

Denn früh spürt er den Ruf nach Italien. Sätze wie »Ich hätte Lust, Ostern nach Rom zu reisen« zeigen – eingefügt in ganz andere Texte –, was ihn bewegt und wegzieht aus Berlin. Venedig, Florenz, Rom, wochenlang treibt er sich 1898 durch das Land, besingt das Chioggia der Duse und

begibt sich, nahe Florenz, in die »Villa des Dekamerone«,
um auch dort auf literaturdurchtränktem Boden zu stehen.
Er ruht sich aus in Südtirol, das er liebt. Früh verlangt er
nach Paris, als müsse er dort Welt erfahren, seine Bildung
vertiefen, den Lebenskreis weiten. Kerr spürt, daß die Welt
sich verändert. Noch hat Paris für ihn etwas Athenisches,
aber schon spricht er von der kommenden Amerikanisierung. »Und ehe diese Welt scheidet, grüßen wir sie noch
einmal.« Bald kennt er sich in Paris so gut aus wie in Berlin.
Seine Briefe aus Paris, die er 1899 als Berliner nach Breslau
schreibt, werden Erlebnisberichte aus einer anderen Welt.
Wie er 1896 »London und Berlin« gegenüberstellt, so entdeckt er sich Paris gegen Berlin; der Besuch auf den Pariser
Friedhöfen wird im Gedenken an die dort ruhenden Großen ein Erlebnis- und Erinnerungsstück, und er besingt das
Land, in dem »doch der einzelne sich weit glücklicher fühlt
als der einzelne in anderen geordneten positiven und straff
regierten Ländern, die auf der Höhe der Situation stehen«.
Das ist Börnescher Nachklang, verhaltene Polemik gegen
den Ordnungsstaat Preußen, denn dieses Frankreich hat
seine Könige längst abgeschafft und ist »von oben bis unten
durchtränkt von Literatur«. Er schreibt Berliner Briefe aus
der Normandie.

In dem Reisenden Kerr steckt ein bildungs- und kultur-
hungriger Mensch, der sich auch im Fremden selber sucht
und erkennt. Noch seine Stimmungen benennt er literarisch. »Heut vormittag ist meine Stimmung sehr Alfred de
Mussetsch«. Wo er ins Schwärmen kommt, genießt er
nicht naiv, weil er überall Bezüge sieht, Assoziationen
spürt, Erinnerungen und Unterscheidungen sich aufdrän-
gen. Kerr beginnt in diesen Briefen, sein Welterleben zu
beschreiben, das Erlebnis eines Hauptstädters, das er zu-
rückträgt nach Deutschland. Er setzt auch damit ein bemerkenswertes Zeichen. Welches?

In den neunziger Jahren beginnen die Deutschen das
Reisen in die Ferien. Sie fahren nicht mehr nur in die nah
gelegene Sommerfrische, die Reisen gehen – wie der Aufstieg Ostendes zu einem Pilgerort für die deutsche »Hot-

wollee« zeigt – nach draußen. In den Zeitungen, vor allem
in denen der Hauptstadt, wachsen mit den Anzeigenteilen
die Reiseannoncen, die Lockrufe ins Fremde. Die Groß-
städter sind die ersten Ausbrecher; dort sitzt das Geld, dort
lebt man meist in den Etagen der Mietshäuser; sie sind –
auch wenn sie den neuesten Luxus und sechs bis acht Zimmer vorzuweisen haben – doch Beengung und das immer
gleiche Gehäuse. Kerrs Aufbrüche aus Berlin verraten
deutlich die Unruhe, die ein forcierter Geist in der Stadt
verspürt: die wachsende Begierde, die Stadt abzuschütteln,
in andere Räume und Zeiten, unter andere Menschen sich
zu begeben. Er gehört auch da zu den Vorläufern einer immer größer werdenden Bewegung, die – den »globetrot-
ter« hervorbringend – von England herüberkommt. Als
Kerr ein paar Jahre später, 1903, das Leben Byrons betrachtet, notiert er, »daß derselbe Wanderdrang viele von uns
heutigen umtreibt, die wir mit Byron das Lesen nicht für so
wichtig halten wie das Reisen«.

Das »Verlaß Berlin!« ist in seinen Texten also ein ebenso
bezeichnender Indikator für das, was vor sich geht, wie die
draußen immer wieder verspürte Bindung an die Stadt: Sie
fesselt mit ihrer bedrängenden Lebendigkeit und ihrer Zu-
kunftskraft. Die Liebeserklärungen an Berlin kommen aus
dem Erlebnis des Fremden und anderen. Der absolute Ru-
hepunkt ist, auch für den Juden, das christliche Weihnachten. Weihnachten ist er immer daheim. Dann erscheint
ihm selbst die Großstadt innig und heimelig. Das Fest gehört zu den Wonnen in diesem Roman der Stadt.

Alles in diesen Briefen Berichtete ist längst Geschichte
geworden. Aber es ist in Kerrs Sehen, Schreiben und Sprechen so geborgen, daß es durch Lesen sein Leben zurück-
erhält. So gewinnt sich journalistische Arbeit den Rang von
Literatur: indem sie dem vergänglichen Tag zu Dauer ver-
hilft.

Zu dieser Ausgabe

Der vorliegende Band enthält 62 bisher ungedruckte Texte aus der Reihe der »Berliner Briefe«, die Alfred Kerr zwischen Januar 1895 und November 1900 schrieb. Sie erschienen – bis auf wenige Ausnahmen – in der »Breslauer Zeitung«, dem freisinnigen, das heißt liberalen Blatt seiner Heimatstadt. Wie die neuere Spurensuche ergab, übernahm vom September 1897 an die erst kurz zuvor gegründete »Neue Hamburger Zeitung« die Texte Kerrs. Die Veröffentlichungen sind in beiden Zeitungen im wesentlichen parallel zu denselben Daten. Im Vergleich der gedruckten Texte sind mitunter Eingriffe der Redaktionen wahrzunehmen, die meist – im einzelnen nicht aufgeführte – Kürzungen betreffen. Drei der hier gedruckten Briefe hat nur die »Neue Hamburger Zeitung« veröffentlicht. Die Gründe sind – wenigstens was den Brief zu Bismarcks Tod betrifft – vermutlich politischer Natur.

Die Texte des vorliegenden Bandes ergänzen und komplettieren die Folge jener 134 Berliner Briefe, die der Aufbau-Verlag 1997 unter dem Titel »Wo liegt Berlin?« veröffentlicht hat. Diese Schilderungen des jungen Alfred Kerr aus dem kaiserlichen Berlin fanden gleich nach ihrem Erscheinen eine so hohe Aufmerksamkeit und Beachtung, daß der Wunsch nach Vorlage aller in diesem Zeitraum entstandenen Texte sich wie von selbst begründete.

Die vorliegende Edition folgt denselben Prinzipien wie der Band »Wo liegt Berlin?«. Textgrundlage sind die entsprechenden Nummern der „Breslauer Zeitung", die im Zeitungsarchiv der Universitätsbibliothek Wrocław (Breslau) aufbewahrt werden. Bei der Wiedergabe wurde die Orthographie unter Wahrung des Lautstandes und Beibehaltung charakteristischer Besonderheiten modernisiert.

Zu letzteren gehören zahlreiche französische Wörter wie Accent, Ballet, Bouquet, die ebenso wie ältere deutsche Formen (gleichgiltig, Entwickelung) erhalten blieben. Zitate erscheinen so, wie Kerr sie diktiert hat; den Nachweis findet der Leser in den Anmerkungen. Auch die Interpunktion wurde dem heutigen Gebrauch angepaßt, allerdings unter Berücksichtigung des Kerrschen Satzrhythmus und seiner Eigenheit, viele Satzglieder als Einschübe zu verstehen und in Kommas einzuschließen. Der Titel »Warum fließt der Rhein nicht durch Berlin« ist dem Brief vom 30. Juli 1899 entnommen.

Wie im vorhergehenden Band erläutern die Anmerkungen Namen und Zusammenhänge. Vor allem aber war dem Herausgeber daran gelegen, Kerrs Anspielungen auf Personen und Ereignisse anhand der damaligen Zeitungen zu erhellen. Wiederholte Verweise auf Briefe und Anmerkungen von »Wo liegt Berlin?« ergeben sich aus dem Schreib- und Lesezusammenhang wie aus dem Gefüge der Berliner Briefe insgesamt. Einige Daten und Zitate konnten nicht ermittelt werden. In diesen Fällen fühlte sich der Herausgeber jenem Theaterdirektor nahe, von dem Kerr im Brief vom 22. Mai 1898 den Satz zitiert: »Ich stehe einfach vor einer Nymphe.«

Der Herausgeber hofft, die »Berliner Briefe« Alfred Kerrs im angegebenen Zeitraum insgesamt erfaßt zu haben; ganz sicher kann er wegen der lückenhaften Überlieferung der alten Blätter nicht sein. Der Abdruck der »Berliner Briefe« endet in beiden Zeitungen im November 1900. In der »Königsberger Allgemeinen Zeitung« hat Kerr diese Berichte wohl bis 1922 fortgesetzt; dies belegen, wie schon in BB I angemerkt, die sporadisch erhaltenen Bruchstücke aus dieser Zeitung, von der in deutschen Archiven nur Restbestände erhalten sind.

Die Herstellung des schwierigen Manuskripts und des Registers für beide Bände ist meiner Frau, Margarete Rühle, zu danken, die sorgsame Kontrolle Magdalena Frank vom Aufbau-Verlag.

g. r.

Anmerkungen

Abkürzungen

BB	=	Berliner Brief
BB I	=	»Wo liegt Berlin?«, Aufbau-Verlag, Berlin 1997
BB II	=	»Warum fließt der Rhein nicht durch Berlin?«, Aufbau-Verlag, Berlin 1999
GS	=	Alfred Kerr, Gesammelte Schriften, S. Fischer Verlag, Berlin: Die Welt im Drama, 1917; Die Welt im Licht, 1920
WE	=	Alfred Kerr, Werke in 8 Bänden, S. Fischer Verlag, Frankfurt am Main 1998 ff.
BT	=	Berliner Tageblatt
DE	=	Deutsche Erstaufführung
DspE	=	Deutschsprachige Erstaufführung
DN	=	Die Nation
DT	=	Deutsches Theater
KSCH	=	Königliches Schauspielhaus
MdR	=	Mitglied des Reichstags
MFL	=	Magazin für Literatur
NDR	=	Neue deutsche Rundschau
NR	=	Neue Rundschau (späterer Titel der NDR)
U	=	Uraufführung
VZ	=	Vossische Zeitung

1895

23. März 1895 (Nr. 211)
Friedrich Haase (1825–1911): Berühmter Charakterspieler seiner Zeit; Theaterdirektor in Leipzig 1871–1876, dann Gastspielreisen in Deutschland und USA. Haase, sehr beliebt in Berlin, gab zu seinem 50jährigen Bühnenjubiläum eine seiner Glanzrollen, den »Königsleutnant«, im KSCH und verabschiedete sich dort am 3. 1. 1896 vom Publikum; gro-

ßes Bankett für ihn am 15. 1. 1896 im Hotel Kaiserhof. – *Ahasverus:* Name des »Ewigen Juden«; meint hier den ruhelos durchs Land ziehenden Schauspielervirtuosen. – *»Am Spieltisch des Lebens«:* Schauspiel von Klaus Arsen, U Lessing-Theater 16. 3. 1895. – *Rudolf Stratz (1864–1936):* Autor vielgelesener Unterhaltungsromane; »Drohnen«, U DT 16. 3. 1895; Kerr in seiner Rezension im MFL (Nr. 12 1895): »Stratz ist im Verhältnis zu der neueren psychologischen Kunst, mit einer seiner Gestalten zu sprechen, ein etwas veralteter Zeitgenosse.« – *Tattersall-Abenteurerin:* Aus den damals populären Hippodromen, in denen sich Frauen als Reiterinnen präsentierten. – *»Der fliegende Holländer«:* Oper von Richard Wagner, U Dresden 2. 1. 1843. – *aus des Bezirk …:* Shakespeare, »Hamlet«, III,2. – *alte indische Veden:* Älteste religiöse Schriften der Inder. – *Im Schopenhauer:* In »Zur Theorie des Lächerlichen«; dort zitiert als »dem Persischen Gedichte Anwari Soheili entnommene Verse«. – *ein Juvenälchen:* D. Junius Juvenalis (um 60–127 n.Chr.): römischer Satirendichter, verspottete die Sitten der höheren römischen Gesellschaft. – *»Sodoms Ende«:* Drama von Hermann Sudermann, U Lessing-Theater 5. 11. 1890; entfachte damals heftige Auseinandersetzungen. – *Blumenthal, Schönthan, Kadelburg:* Erfolgreiche Lustspielautoren. – *après moi le déluge:* nach mir die Sintflut. – *Carpe diem – carpe noctem:* Nutze den Tag – genieße die Nacht; carpe diem: aus Horaz, Oden I,11,8. – *Barrison-Walzer:* Die fünf Schwestern Barrison hatten im »Wintergarten« den Schlager populär gemacht. – *Sweetcorn:* Maiskolben. – *Tingeltangel des Centralhotels:* Der »Wintergarten«, der sich damals internationalen Ruf zu erwerben begann. – *chambre séparée:* »Komm mit mir ins chambre séparée«: Duett aus der Operette »Der Opernball« von Richard Heuberger (1850–1914).

19. Mai 1895 (Nr. 349)

Otto Brahm (1856–1912): Kritiker, Mitbegründer der »Freien Bühne« in Berlin, wurde 1894 nach Adolf L'Arronge neuer Direktor des Deutschen Theaters; mußte sich für sein naturalistisches Programm ein neues Ensemble aufbauen. – *Ernst von Wolzogen (1855–1934):* Von 1882 ab Verlagsredakteur in Berlin, 1893–1899 in München, gründete dort in Analogie zur 1890 in Berlin gegründeten Freien Literarischen Gesellschaft eine Gesellschaft gleichen Namens. – *Maurice Maeterlinck (1862–1949):* Symbolistischer Lyriker und Dramatiker; »L'Intruse« (Der Eindringling), U Théâtre d'Art Paris 21. 5. 1891; DspE Theater in der Josefstadt Wien 2. 5. 1892. – *Guy de Maupassant (1850–1893):* Französischer Romancier; sein Drama »Musotte«, DE Residenztheater Berlin 29. 1. 1892. – *Georg Hirschfeld (1873–1942):* Dramatiker, wurde durch Gerhart Hauptmann mit Otto Brahm und durch diesen mit Kerr bekannt. »Zu Hause«, U Akademisch-dramatischer Verein München 1. 3. 1894; »Steinträger Luise«: MFL 1891; »Dämon Kleist«: 1895; »Die Mütter«, U Freie

Bühne Berlin 21. 5. 1895. – *Emanuel Reicher (1849–1924):* S. BBI, S. 667
u. a. – *»Die Mütter! Mütter! …«:* Goethe, Faust II, Finstere Galerie.

16. Juni 1895 (Nr. 415)
bei Stettenheims: Bei dem Journalisten Julius Stettenheim in Bernau,
dessen »Wippchen«-Kommentare Kerr sehr schätzte. – *Baronin von
Borch (1853–1895):* Übersetzte für Julius Hofforys bei S. Fischer herausgegebene »Nordische Bibliothek« »Comödie der Liebe«, »Die
Wildente«, »Rosmersholm«, »Ein Puppenheim«, »Ein Volksfeind«
von Henrik Ibsen und »Hunger« von Knut Hamsun; für Reclam Ibsens »Gespenster« und »Nora«, Jens Peter Jacobsens Roman »Niels
Lyhne« und »Sechs Novellen«, für den Verlag Langen-Müller Knut
Hamsuns »Pan«, »Mysterien« u. a. Der Nachruf in der »Neuen Rundschau« (Juni 1895) würdigt sie als »erste Übersetzerin nordischer Literatur« und »wichtiges Vermittlungsglied in dieser für die deutsche
Dichtung so fruchtbar gewordenen Bewegung«. – *Fall Friedmann:* Eines angesehenen, aber betrügerischen Rechtsanwalts (s. Anm. BB I,
S. 667). – *Alexianerbrüder:* Katholische Kongregation, die in ihrem Klo-
ster Mariaberg bei Aachen mißbräuchlich Irrenpflege betrieb (s. Anm.
BB I, S. 675); die Anstalt wurde am 12. 6. 1895 durch die Landesre-
gierung geschlossen. – *Katholizismus in Berlin:* Die Stadt hatte 1885
972 209 protestantische, 79 647 katholische (7 Prozent) und 53 916 (5 Prozent) jüdische Einwohner. – *Fécamp:* Benediktinerabtei in der Normandie, Ursprungsort des heute dort noch hergestellten Benedikti-
nerlikörs. – *Pansymphonikon:* Pater Singer (1810–1882), Franziskaner-
mönch in Salzburg, konstruierte 1839 ein mechanisches Musikwerk
mit Zungenstimmen, eine Art Orchestrion, das er Pansymphonikon
nannte; sein Denkmal steht in Salzburg. – *San Lazzaro, wo einst Byron:*
Lord Byron lebte 1816/17 auf der Insel San Lazzaro bei Venedig und
lernte in dem 1717 von Petrus Mechitar dort gegründeten armenischen
Mechitaristenkonvent Armenisch (s. Byrons Brief an Thomas Moore,
24. 12. 1816). – *typographische Betriebsamkeit:* Die Mönche druckten ihre
Bibeln auf der Insel (s. Brief vom 12. 8. 1900). – *Akzidenzien:* Vorfälle.

23. Juni 1895 (Nr. 451)
Torcello: Laguneninsel bei Venedig. – *Hans Herrmann (1858–1942):* Mitglied der »Gruppe der Elf«, die in Berlin die Abkehr von der akademischen Malerei betrieben und die Sezession vorbereiteten. Herrmann hatte mit seinen holländischen Motiven schon Erfolg gehabt,
malte wie Lesser Ury Bilder aus dem städtischen Leben Berlins, hatte
auch den »Fischmarkt in Chioggia« gemalt. – *Pleinairist:* Freiluftma-
ler. – *Jean Paul über die Holländer:* In »Hesperus«, 10. Hundposttag. –
der »ewige Jude des Ozeans«: Der fliegende Holländer; aus Heines »Memoiren des Herren von Schnabelewopski«, Kap. VII. – *Wagner über den*

»Fliegenden Holländer«: In »Eine Mitteilung an meine Freunde«, 1851. – *Bismarck – Leopold von Gerlach:* Brief Bismarcks aus Amsterdam vom 24. 8. 1853; beider Briefwechsel erschien 1893. – *Rembrandtmann:* »Rembrandt als Erzieher. Von einem Deutschen«; anonymer Verfasser. – *Diebskomödie:* »Der Biberpelz«, U DT 21. 9. 1893. – *Holländer in Berlin:* Im Juni war die »Nederlandsche Tooneelvereeniging« im DT; spielte »Anne Mie« von Rosier Faaßen (ein holländisches Sittenbild) und »Freund Fritz«. – *»Freund Fritz«:* Lustspiel von Emil Erckmann (1822–1899) und Alexandre Chatrian (1826–1890); 1875. – *»Einsame Menschen«:* U Freie Bühne, im Residenz-Theater Berlin, 11. 1. 1891. – *Berthold Auerbach (1812–1882):* Verfasser von Schwarzwälder Dorfgeschichten, dem Trauerspiel »Andreas Hofer«. – *André Antoine (1858–1943):* Regisseur, Schauspieler, Gründer des »Théâtre libre« in Paris (s. BB I, S. 231, 696). – *Menschen nach seinem Ebenbilde:* Nach Goethes Hymne »Prometheus«: »forme Menschen nach meinem Bilde«. – *einem berühmten Berliner Bühnenleiter:* Otto Brahm.

14. Juli 1895 (Nr. 487)

Ahlwardts liebste Freunde: Die reichen Juden; Hermann Ahlwardt war Gründer der antisemitischen Volkspartei (s. BB I, S. 675). – *das Los des Schönen auf der Erde:* Friedrich Schiller, »Wallensteins Tod«, IV,12. – *Witwe Pittelkow:* In Fontanes Roman »Stine«. – *Das Neue Theater:* Das 1892 eröffnete Theater am Schiffbauerdamm, Direktion Felix Saltenburg, spielte Unterhaltungsstücke; im Spielplan: »Die geschiedene Frau«, Schauspiel von V. Jannet; »Liebe von heute« von R. Misch; »Das liebe Geld« von E. v. Schabelski; »Demi-Monde« von Alexandre Dumas d. J. – *»Tata-Toto«:* Vaudeville von Bilhaud und Barré; Premiere am 18. 5. 1895; über 200mal gespielt. – *das gräßliche Schiller-Theater:* Das alte Wallner-Theater in der Wallnertheater-Straße im Osten Berlins, das am 30. 8. 1894 als Schiller-Theater unter der Direktion von Dr. Raphael Löwenfeld mit Schillers »Die Räuber« neu eröffnet worden war; es gab erst von 1907 an eine Dependance im Westen der Stadt mit dem Namen Schiller-Theater. – *und diejenigen Kunstinstitute:* Berlin hatte einige Bühnen, die ganzjährig spielten (z.B. das Belle-Alliance- und das Alexanderplatz-Theater), daneben reine Sommertheater wie Puhlmanns Sommer-Theater in der Schönhauser Allee oder das Prater-Theater in der Kastanien-Allee. – *»Das Geheimnis der alten Mamsell«:* Dramatisierung nach dem Erfolgsroman der Marlitt. – *»Im Irrenhause«:* Sensations-Schauspiel von H. B. Morgen; National-Theater Berlin 18. 6. 1895. – *Seeschlacht bei Wei-hai-wei:* Eisfreier Seehafen im Nordosten der chinesischen Provinz Chantung; im Februar 1895 war dort die chinesische Flotte von der japanischen vernichtet worden im Zuge der Öffnung Chinas für die imperialistischen Interessen der westeuropäischen Großmächte; Wei-hai-wei wurde 1898 an England

verpachtet. – *mit dem lieben Felix:* Wohl Felix Hollaender, der, gleich-
altrig mit Kerr und aus Oberschlesien stammend, ebenfalls bei Erich
Schmidt an der Universität Berlin Literatur studiert hatte, schon als
Schriftsteller hervorgetreten war (»Jesus und Judas«, 1891; »Sturmwind
im Westen«, 1895) und 1896 zusammen mit anderen die »Welt am
Montag« gründete, in der Kerr Theaterkritik schreiben sollte. – *Ein
berühmter Bildhauer:* Wohl Reinhold Begas, der vom Kaiser gefördert
und bevorzugt wurde (s. BB I, S. 667). – *Kuponschneider:* Aktienbesit-
zer. – *Ein Künstler lud uns auf seine Villa:* Vermutlich Reinhold Begas;
der Löwe auf dem Rasen dürfte eine frühe Arbeit von August Gaul
gewesen sein, die für das Nationaldenkmal für Kaiser Wilhelm I. verwendet wurde. Begas' war damals mit der Arbeit an diesem 1897 ein-
geweihten großen Denkmal beschäftigt; der erwähnte August Gaul
arbeitete damals in Begas Atelier und war Schüler von Paul Meyerheim; Gaul, Meyerheim, Lesser Ury, alle Erwähnten gehörten zu der
Gruppe von Künstlern, die bald die Berliner Sezession bildeten. – *en
petit comité:* ein kleiner Ausschuß. – *Paul Meyerheim (1842–1915):* Seit
1887 Professor der Akademie, Landschafts- und Tiermaler. – *Emil
Döpler (1855–1922):* Sohn des Malers und Kostümzeichners Karl Emil
Döpler (1824–1905), wurde durch Wappenzeichnungen bekannt. –
Lesser Ury (1861–1931): Maler mythischer Bilder und – als Impressionist – von Berliner Straßenszenen, Interieurs und Landschaften; später
Mitglied der Sezession. – *Oskar Lassar (1894–1907):* Berühmter Der-
matologe. – *Du bist die Ruh:* Gedicht von Friedrich Rückert, vertont
von Schubert, op. 59, Nr. 3.

23. Juli 1895 (Nr. 508)

Schriftstellertag: Der IV. Allgemeine deutsche Journalisten- und
Schriftstellertag vom 18. bis 21. 7. in Heidelberg. – *Halbverblaßte Erinnerungen:* Kerr war »vor zehn Jahren«, als Student, schon einmal in
Heidelberg gewesen. – *zwei Schwestern:* S. den Brief vom 24. 7. 1895.–
wie der Hirsch in der Bibel: Psalm 42,2. – *Perkeo, der Kleine:* Holzstand-
bild neben dem großen Heidelberger Faß im Schloßkeller, den
zwerghaften Klemens Perkeo, Hofnarr des Kurfürsten Karl Philipp
von der Pfalz (um 1720), darstellend. – *Alfred Friedmann (1845–1923):*
Schriftsteller, seit 1886 in Berlin; erfolgreicher Erzähler und Dramatiker. – *Johannes Fastenrath (1839–1908):* Schriftsteller, Übersetzer aus
dem Spanischen; dichtete selbst im Stil der spanischen Poesie Ro-
manzen und Balladen. – *Julius Wolff (1834–1910):* Fabrikant, Verleger,
freier Schriftsteller; sehr beliebt und erfolgreich durch seine »Butzen-
scheibenlyrik« und seine meist farbigen historischen Erzählungen;
galt als Nachfolger Victor von Scheffels. – *Leo Königsberger (1837 bis
1921):* Professor der Mathematik, seit 1884 an der Universität Heidelberg, war 1895 Prorektor; Mitglied der Akademien der Wissenschaf-

ten in Göttingen, München und Berlin. – *Adolf Koch (1855–1922):* Professor der Geschichte an der Universität Heidelberg 1884–1913. – *»Hat sich der Landmann . . .«:* Schiller, »Wilhelm Tell«, IV,2. – *August Eisenlohr (1833–1916):* Badischer Innenminister 1893–1900. – *Karl Wilckens (1851–1914):* Seit 1885 Oberbürgermeister in Heidelberg, nationalliberal. – *des Elisabetans:* Das Gymnasium in Breslau, das Kerr besuchte. – *Monsignore Josef Knab (1846–1899):* Vorkämpfer der katholischen Arbeiterbewegung in Bayern und Süddeutschland; in Österreich Leiter der österreichischen Regierungspresse; seit 1890 in München. – *Eduard von Grützner (1846–1925):* Malte gern trinkfrohe Mönche und historisch kostümierte Zecher. – *Thomascher Bilder:* Hans Thoma (1839–1924): Bilder von Bauern, Landschaften aus dem Schwarzwald und vom Oberrhein. – *»Lange lieb ich dich schon, möchte dich, mir zur Lust . . .«:* Kerr zitiert »wie zur Lust«; 1. Strophe der Ode »Heidelberg« von Friedrich Hölderlin.

26. Juli 1895 (Nr. 517)

ins Theaterchen: Das Heidelberger Stadttheater war 1853 eröffnet worden, hatte 780 Plätze. – *Aloys Prasch (1859–1907):* Seit 1892 Intendant des großherzoglichen Hof-Nationaltheaters in Mannheim; dies war sein letzter Auftritt in Heidelberg; Prasch war schon auf dem Weg nach Berlin, wo er im Herbst 1895 als Nachfolger Ludwig Barnays das »Berliner Theater« übernahm und bis Sommer 1900 leitete. – *Auguste Prasch-Grevenberg (1862–1945):* Begann in Meiningen, freie Schauspielerin, ging 1895 mit ihrem Mann ans »Berliner Theater«. – *Kuno Fischer (1824–1907):* Philosoph, 1872–1906 Professor in Heidelberg, Mitbegründer des Neukantianismus. – *seine Frau:* Christiane Louise Stilling (1832–1903). – *Philinens »frevelhafte Reize«:* Goethe, »Wilhelm Meister«, 2. Buch, 5. Kapitel, Absatz 4. – *Echegaray y Eizaguirre (1832–1916):* Erfolg- und effektreicher spanischer Dramatiker; »Galeotto«, 1881 (dt. 1901); »Mariana«, 1892; Nobelpreis für Literatur 1904. – *verhängnisvolle Gabel:* Anspielung auf Platens parodistisches Lustspiel »Die verhängnisvolle Gabel«, 1826. – *schlesische Abkunft:* Kuno Fischer stammt aus Sandewalde in Schlesien. – *mit einem Ordensstern:* Er hatte 1895 das Großkreuz des Herzoglich-Sächsischen Hausordens vom Weißen Falken verliehen bekommen. – *Reptilienpresse:* Die kriecherische, gleichwohl gefährlich-unberechenbare Presse.

28. Juli 1895 (Nr. 523)

Ruprechtsbau: Ältestes, aus der Zeit König Ruprechts stammendes Wohngebäude des 1689 und 1693 von den Franzosen zerstörten Schlosses. – *Ottheinrichsbau:* Renaissancepalast des Kurfürsten Ottheinrich, gilt als Meisterwerk der Baukunst des 16. Jhdts. – *unten das große Faß:* 222000 Liter Wein fassend, aufgestellt z.Zt. des Kurfürsten

Karl Theodor (1742–1799) im Faßbau des Schlosses. – *Perkeo:* S. Anm.
23. 7. 1895. – *Kalabreser:* Breitrandiger Filzhut mit spitzem oder run-
dem Kopfteil. – *nach Couleuren geschieden:* Nach den Farben der stu-
dentischen Korporationen. – *Stürmer:* Aus der Jakobinermütze der
Französischen Revolution entwickelte studentische Kopfbedeckung. –
Perkeo-Lied: Lied von Victor von Scheffel auf Klemens Perkeo (s. o.),
der für seinen großen Durst bekannt war; in Scheffels Gedichtzyklus
»Gaudeamus«. – *»Alt-Heidelberg, du Feine!«:* Gedicht von Victor von
Scheffel, vertont von Simon Anton Zimmermann; populärer in der
Vertonung von Vinzenz Lachner. – *Dr. Max Oberbreyer (1851–1918):*
Schriftsteller, damals berühmter Übersetzer von Homer bis Tacitus,
Cicero und Sallust; lebte 1884–1904 in Leipzig, später in Dresden. –
Ludwig Büchner (1824–1899): Arzt, Naturwissenschaftler, Materialist
und Darwinist, Bruder von Georg Büchner; bedeutendstes Buch:
»Kraft und Stoff« (1855). – *Adalbert von Hanstein (1861–1904):* Lyriker,
Erzähler und Dramatiker des Naturalismus; Erinnerungsbuch »Das
jüngste Deutschland« (1900). – *Viel rüstige Gesellen . . .:* Aus Eichen-
dorffs Gedicht »Sängerfahrt«. – *nil-admirari-Leute:* Die nichts bewundern wollen. – *Houston Steward Chamberlain (1855–1927):* Englischer
Schriftsteller, »Wahldeutscher«, Kulturphilosoph; begann damals mit
der Arbeit an seinem einflußreichen Werk »Die Grundlagen des
19. Jahrhunderts« (1899) und an seinen Kant-Studien; nach 1908
Schwiegersohn Richard Wagners. – Aus diesen drei Briefen vom Heidelberger Schriftstellertag komponierte Kerr für seine »Gesammelten
Schriften« 1918 den Beitrag »Heidelberger Schloß«, der – zum Feuilleton verselbständigt – vom Anlaß nichts mehr ahnen läßt (auch in
WE, Bd. 1, S. 452 ff.); charakteristisch für den Umgang Kerrs mit seinen Texten bei späterer Verwendung.

18. August 1895 (Nr. 577)
Paula Conrad (1862–1932): Wiener Schauspielerin, die von Auguste
Baudius in Brünn entdeckt, ans KSCH Berlin vermittelt und beim
Debüt am 25. 5. 1880 als jugendliche Naive sofort ein Publikumslieb-
ling wurde. Fontane war entzückt von ihr (s. BB I, S. 671); Paula Conrad war Hauptmanns erstes Hannele (U KSCH 14. 11. 1893); kehrte am
16. 8. 1895 auf die Bühne zurück in Molières »Schule der Frauen« und
»Der eingebildete Kranke«; die Toinette in diesem Stück war neben
der Dorine im »Tartuffe« und dem Puck im »Sommernachtstraum«
ihre berühmteste Rolle; heiratete Paul Schlenther und ging mit ihm
1900 ans Burgtheater. – *Clara Meyer (1848–1922):* Kam von Dessau 1871
ans KSCH als jugendliche Liebhaberin (Gretchen, Klärchen, Minna
u. a.), später berühmt-beliebte Lustspiel-Witwe; seit 1891 Ehrenmit-
glied des KSCH; spielte auch nach ihrem Abschied 1891 als »unver-
wüstliche Jugendliche« noch immer Gastrollen; 1895 die Anna-Liese

in »Wie die Alten sungen«. – *die hohe Wonne ganz:* Aus dem »Kaiser-lied« (nach der Melodie »God save the king« von H. Carey 1740 und dem umgedichteten Text von Heinrich Harries): »Heil dir im Sieger-kranz, Herrscher des Vaterlands! Heil, Kaiser, dir! Fühl' in des Thrones Glanz die hohe Wonne ganz: Liebling des Volks zu sein! Heil, Kaiser dir!«; oft verballhornt zu »die Wonnegans«. – *Eleonora Duse (1858 bis 1924):* Neben Sarah Bernhard berühmteste Schauspielerin der Epoche; von Kerr viel gerühmt; kam seit 1893 immer wieder zu Gastspielen nach Berlin. – *Lublinerscher Abkunft:* Aus den Lustspielen von Hugo Lubliner (1846–1911). – *»wo täglich mehr und mehr die Bessern schwinden«:* Aus Heinrich Heine, »Buch der Lieder«, Nr. 65. – *Josef Kainz:* Star-schauspieler des DT; Don Carlos war eine Dauerrolle von Kainz seit 1883. Neuinszenierung DT 15. 8. 1895. – *früher einmal:* Kainz hatte nach dem Spielverbot (s. Anm. 6. 9. 1896) seine Rückkehr ans DT am 13. 4. 1892 mit dem Don Carlos begonnen. – *o wären wir weiter:* Aus Goethes Ballade »Der getreue Eckart«. – *Margarethe von Lazar* (auch: Margit La-zar)*:* Debütierte 1892 auf der Versuchsbühne für junge Talente in Graf Nicolaus Esterhazys Schloßtheater in Totis (Ungarn), wechselte 1894 an das deutschsprachige Irving-Place Theater in New York, war in den Spielzeiten 1894–1896 am DT, spielte ab Herbst 1896 am Berliner Theater, danach nicht mehr nachweisbar. – *des sagenreichen Freiherrn v. Mikosch:* Erfundene, schnell populär gewordene Witzfigur aus der k. u. k.-Welt; »Baron Mikosch, der ungarische Witzbold«, Drei Teile in einem Band: erschien im Verlag Neufeld & Henius Berlin. – *Ernst Pitt-schau (1859–1916):* Kam 1887 vom Lobe-Theater in Breslau ans DT, wechselte dann ans Berliner Theater; von 1907 ab am Burgtheater. – *Brahm:* Seine Schiller-Biographie, 1894. – *Hermann Müller (1860–1899):* 1885–1889 am KSCH, 1890–1894 Burgtheater; von 1894 bis zu seinem Freitod wegen Krankheit einer der beliebtesten Schauspieler am DT. – *Ferdinand Gregori (1870–1928):* Marquis Posa war seine Antrittsrolle am DT; bis 1898 am DT, dann Schiller-Theater, ab 1901 Burgtheater, 1910 Intendant in Mannheim, Rückkehr ans DT als Schauspieler und Regis-seur; wurde berühmt als Schauspiellehrer.

1896

26. Januar 1896 (Nr. 64)
Die goldene Hundertzehn: Aktuelle Reklamegedichte für das Beklei-dungshaus Leipziger Straße 110. – *»Florian-Geyer«-Aufführung:* Ger-hart Hauptmanns neues Schauspiel war am 4. 1. 1896 im DT uraufge-führt worden; die Proteste bezeugten die allgemeine Enttäuschung. – *»Lebenswende«:* U von Max Halbes Komödie DT 21. 1. 1896. – *neueste Wildenbruch-Vorstellung:* U des 1. Teils von Ernst von Wildenbruchs

Tragödie »Heinrich und Heinrichs Geschlecht«, »König Heinrich«, Berliner Theater 22. 1. 1896. – »*Fräulein Witwe*« von Ludwig Fulda und »*Untreu*« von R. Bracco: Lessing-Theater 24. 1. 1896.

24. Mai 1896 (Nr. 361)

Blumenkorso: Auffahrt blumengeschmückter Wagen des Adels und reicher Geschäftsleute durch die Stadt zur Versammlung auf der Trabrennbahn; durch Regen empfindlich gestört. – *Break:* Vierrädriger Wagen mit zwei Längssitzen, Art des Kremsers. – *Ausstellung:* Die am 1. Mai eröffnete große Gewerbeausstellung im Treptower Park, die unter schlechtem Wetter litt (s. Kerrs Eröffnungsbericht BB I, S. 145 ff.). – *bei Frederich:* Berühmte Weinstube an der Potsdamer Straße; Adolph Menzel aß dort (s. BB I, S. 99 ff.). – *des Neuen Sees:* Im Treptower Park war ein großer künstlicher See angelegt worden. – *Kairo:* Ägypten simulierende Ausstellung auf dem Treptower Gelände. – *Café Bauer, Dressel:* Zweigbetriebe der berühmten Lokale aus der Innenstadt. – *Theater Alt-Berlin:* Von dem Architekten Bernhard Sehring erbautes großes Theater auf dem Ausstellungsgelände; blieb glücklos und ging in Konkurs (s. Kerrs Bericht BB I, S. 177). – *Karl Bleibtreu (1859–1928):* Kritiker, Erzähler, Dramatiker meist historischer Stoffe, Vorkämpfer des Naturalismus; »Wendentaufe« U Theater Alt-Berlin 16. 5. 1896. – *Conrad Alberti (1862–1918):* Journalist, Kultur- und Literaturkritiker, mit Bleibtreu Begründer der »Deutschen Bühne«; Romancier und Dramatiker. »Die Büßerin« U Theater Alt-Berlin 16. 5. 1896. – *Doch das Unglück . . .:* »Und das Unglück schreitet schnell«, Schiller, »Das Lied von der Glocke«. – *In meinem letzten Brief:* Vom 10. 5. 1896 (s. BB I, S. 158). – *Kolonial-Ausstellung:* Auf dem Treptower Gelände, über die neuen deutschen Kolonien. – *Einfuhr tuberkulösen Fleisches:* Die Gaststätte »Zur Volksernährung«, die vom 1. bis 12. Mai 150000 Portionen ausgab, hatte am 13. und 16. 5. wiederholt »Ausschnittfleisch« bezogen, dessen Einfuhr in Berlin verboten war, und an der Untersuchung vorbeigelenkt. Das Fleisch wurde auf dem Güterbahnhof entdeckt. – *Helgoland:* Kerr war 1894 auf Helgoland; er hatte eine leidenschaftliche Neigung zu Seehunden (s. »Der Seehund Naemi« in »Gruß an Tiere« (GS, »Die Welt im Licht«, Bd. 2).

16. August 1896 (Nr. 574)

zwischen einem Sozialistenkongreß: Kerr war vom 27. bis 31. Juli beim Sozialistenkongreß in London (4. Kongreß der 2. Internationale); s. seine Berichte in BB I, S. 181 ff. – *Ostende:* War damals das große und teure Modebad, vor allem für Deutsche. – *weil noch das Lämpchen glüht:* Aus dem Lied »Freut euch des Lebens«. – *Bourgetschen Helden:* In den Romanen von Paul Bourget, den Kerr immer wieder zitiert. – *Kanal La Manche:* Französischer Name für den Ärmelkanal. – *hieße*

Cato: Marcus Porcius Cato (95–46 v.Chr.): Urenkel des berühmteren gleichnamigen Großvaters, der durch seine altrömische Sittenstrenge bekannt war; der Enkel war nach Ausbruch des Bürgerkriegs nach Utica geflohen, als Gegner der Cäsarschen Alleinherrschaft doch ein reaktionärer Aristokrat; stürzte sich nach Cäsars Sieg in sein Schwert. – *baraque multiple:* Eine Art Billardspiel. – *Truc:* Trick, Dreh, Pfiff. – *Digue:* Deich. – *Massenetsche Musik:* Jules Massenet (1842–1912), berühmter französischer Opernkomponist, schrieb auch Konzertstücke und Lieder. – *»Eh bien …«:* Also Liebling, du amüsierst dich gut, indem du das Meer betrachtest. – *Kabinenwagen:* Hölzerne Kabinen auf Rädern zum Umkleiden. – *Bonnen:* Kinder-, Dienstmädchen. – *Cercle des étrangers:* Kreis der Fremden, der Ausländer. – *Lohses und Pinauds:* Lohse: Hersteller von »Uralt Lavendel«; Edouard Pinaud in Paris: Hersteller von Parfüms und Kopfwasser. – *Das ist gewiß nicht wohlgetan:* Schiller, »Wallensteins Tod«, III,16. – *soirée dansante:* Abendgesellschaft mit Tanz. – *distractions de la vie élégante:* Zerstreuungen des eleganten Lebens. – *batailles de fleurs:* Blumenschlachten. – *Ernest van Dyck (1861–1923):* Belgischer Heldentenor, debütierte 1887 in Paris, sang 1888 in Bayreuth den Parsifal, 1888–1898 an der Wiener Hofoper, danach Met in New York. – *Fräulein Bonnefoy:* Nicht ermittelt. – *»rund für sich, ein kleiner König«:* Goethe, »Egmont«, 4. Aufzug, Egmont zu Alba. – Der Text wurde von Kerr aufgenommen in GS, »Die Welt im Licht«, Bd. 2, Titel »Ostende« und »Brüssel«.

23. August 1896 (Nr. 574)

Krähwinkel: Dorfname, populär durch Kotzebues Schauspiel »Die deutschen Kleinstädter« und Nestroys Posse »Die Freiheit in Krähwinkel«, Begriff für provinzielle Beschränktheit. – *Racket:* Tennisschläger. – *Die Gerichtsvollzieher … Berliner Nordpol:* In der Großen Gewerbeausstellung gab es Konkurse: den größten beim Ausstellungstheater »Alt Berlin« (s. Kerrs Ausstellungsberichte in BB I, vom 3. 5. 1896 ab). – *die Nansensche Expedition:* Fritjof Nansen (1861–1930), norwegischer Polarforscher; suchte auf seiner Polarreise 1893–1896 den Nordpol zu erreichen, kehrte im August 1896 zurück. – *Salomon Andrée (1854–1897):* Schwedischer Ingenieur und Polarforscher; suchte mit einem Ballon den Nordpol zu erreichen; die Expedition scheiterte 1897. – *Lokal-Anzeiger:* 1883 von August Scherl gegründet, »Centralorgan für die Reichshauptstadt«, parteilos, aber national, ca. 200 000 Auflage; zählte seit 1885 zu den wichtigen Berliner Zeitungen. – *August Scherl (1849–1921):* Gründer des Zeitungs- und Zeitschriftenverlages August Scherl; gründete nach dem »Berliner Lokal-Anzeiger« 1900 die Tageszeitung »Der Tag«, an der Kerr mit dem Erscheinen 1901 seine erste feste Position als Theaterkritiker erhielt. – *O Schilda, mein Vaterland!:* Heinrich Heine in »Ludwig Börne, eine Denkschrift«,

3. Buch. – *Handwerker:* Der Schriftsetzer Schmalz aus Burg bei Magdeburg hatte das große Los der Ausstellungslotterie gewonnen, kam nach Berlin, aber die Ziehung wurde am 17. 8. wegen fehlender Gewinnummern für ungültig erklärt; der Gewinn bestand aus Prachtmöbeln im Wert von 25 000 Mark, was Kommentatoren zu der Frage veranlaßte, was kleine Leute mit solchem Gewinn anfangen sollten. – *zu des Lebens schönster Feier:* Schiller, »Das Lied von der Glocke«. – *David Kalisch (1820–1872):* Autor berühmter Possen und Couplets (»Einmalhunderttausend Taler«, »Berlin bei Nacht«, »Berlin wird Weltstadt«). – *in Treptow:* Auf der großen Gewerbeausstellung. – *Deutsches Herz, verzage nicht:* Gedicht von Ernst Moritz Arndt, 1813: »Deutsches Herz, verzage nicht, tu, was dein Gewissen spricht, dieser Strahl des Himmelslichts: tue recht und fürchte nichts!«; vertont von F. W. Berner. – *»So steigst du denn ...«:* Aus Goethes »Iphigenie«, III,1. – *que voulez-vous ...:* was wollen Sie, so ist das Leben. – *Barrison-Ekels:* Kerr schmähte oft den Berliner Erfolg der fünf neckischen, singenden Schwestern Barrison, die die Attraktion im »Wintergarten« waren und nun in den Reichshallen auftraten (s. BB I, S. 24 ff.). – *»der Mann muß hinaus«:* Schiller, »Das Lied von der Glocke«.

6. September 1896 (Nr. 628)
wird gemunkelt: Die Berliner Zeitungen berichteten ausführlich über den Besuch des Zaren Nikolaus II. und seiner Frau und die festlichen »Kaisertage« im üppig geschmückten Breslau vom 5. bis 7. 9. 1896 (die Triumphpforte stand gegenüber dem Kerrschen Wohnhaus in der Schweidnitzer Straße); Kaiser Wilhelm II. verband den Besuch mit der Einladung zu den Manövern und zur Parade auf den Gandauer Feldern, um den jungen Herrscher nicht in Berlin empfangen zu müssen. Nach Ende des Besuchs kommentierten die Zeitungen, daß »die Zeit des Argwohns und des Mißtrauens zwischen Deutschland und Rußland endgültig vorüber sei«; der Zar reiste weiter nach Kopenhagen, London und Paris. – *die russischen Majestäten:* Nikolaus II. Alexandrowitsch (1868–1918) war 1894 auf den Zarenthron gekommen; seine deutsche Frau, Prinzessin Alix von Hessen (Darmstadt), war als Alexandra Fjodorowna Zarin seit 1894; Abdankung 1917, beide mit ihren Kindern in der Nacht zum 17. 7. 1918 von Bolschewisten erschossen. – *Magnaten:* Großgrundbesitzer. – *ein alter Freund:* Nicht ermittelt. – *equipieren:* ausstatten. – *Graf Raimund Montecuccoli (1609–1680):* Österreichischer General, Feldmarschall, ausgezeichnet im Dreißigjährigen, im schwedisch-polnischen, im Türken-Krieg und im Holländischen Krieg gegen Ludwig XIV. – *Gustav Freytag (1818–1895):* In »Politische Schriften: Neues und altes Kaiserzeremoniell«, letzter Absatz. – *unterliegt keinem Zweifel:* Kerrs Spott über die Repräsentationssucht des Kaisers und die Verschwendung wuchs von Jahr zu Jahr. – *fe-*

tard pérpetuel: Ewiger Lebemann. – *Bismarck an seine Schwester:* Briefe vom 12. und 26. 11. 1856; Fußnote von Kerr. – *die Hohenstaufen:* Dramenzyklus von Christian Dietrich Grabbe. – *Max Samst (1860–1932):* Schauspieler, Direktor und Oberregisseur des National-Theaters in der Großen Frankfurter Straße 132 und des Alexanderplatz-Theaters; gab 1896 das National-Theater auf und übernahm das 1883 gegründete Friedrich-Wilhelmstädtische-Theater in der Chausseestraße 25/26 (1250 Plätze). – *Scharfrichter von Berlin:* In dem Stück »Der Henker von Berlin«. – *Josef Kainz:* Kainz hatte Spielverbot an allen deutschen Bühnen wegen Vertragsbruchs am Berliner Theater, das 1889 von Ludwig Barnay gegründet worden war; konnte nur spielen an Bühnen, die nicht dem Bühnen-Verein angehörten (Samst lud ihn mit seinen Paraderollen ans Ostend-Theater ein); nach Austritt L'Arronges aus dem Bühnen-Verein erschien Kainz von 1892 ab wieder im DT. – *Elisabeth Werner:* Pseudonym für Elisabeth Bürstenbinder (1838–1918), Romanschriftstellerin, veröffentlichte in der »Gartenlaube«. – *Karl Pander (1844–1905):* Kam als Charakterdarsteller und Regisseur von Reichenberg (Böhmen) ans Residenz-Theater Berlin; im Alexanderplatz-Theater spielte er die Rolle des Hirsch in dem Schauspiel von August Mels »Heines junge Leiden« (Heinrich Heine) 500mal; Autor von Theaterstücken (»Die Herren Ärzte«, »Der weiße Hirsch« u. a.). – *Paul Lindau (1839–1919):* Bühnenschriftsteller, Dramaturg; Theaterdirektor in Meiningen 1895–1899; Nachfolger Ludwig Chronegks; später in Berlin (DT, KSCH); war stolz auf seine »Ausgrabungen« »Don Juan und Faust« (8. 3. 1896), »Julius von Tarent« von Leisewitz, »Trauerspiel in Tirol« von Immermann u. a. – *»Kaiser Heinrich«:* 2. Teil von »Heinrich und Heinrichs Geschlecht«, Schauspiel von Ernst von Wildenbruch; U Berliner Theater und viele andere dt. Bühnen gleichzeitig 1. 12. 1896 (s. Anm. 21. 1. 1896). – *»O Heinrich, Leu ...«:* In Grabbes Schauspiel »Barbarossa«, V,1; Auftritt Ofterdingens, IV,1. – *»Der Hüttenbesitzer«:* Schauspiel nach einem Erfolgsroman des französischen Autors Georges Ohnet (1848–1918). – *Oscar Blumenthal (1852–1917):* Kritiker, Autor erfolgreicher Schwänke, gründete 1888 das Lessing-Theater und war dessen Direktor bis 1897. – *»Ein Freund der Frauen«:* Lustspiel nach Alexandre Dumas d. J., Lessing-Theater 22. 8. 1896. – *Dora Duncker:* Übersetzerin und Dramaturgin. – *Fedor von Zobeltitz (1857–1934):* Autor von Romanen aus dem Offiziers- und Adelsleben, Schauspiel »Das eigene Blut«, U Lobe-Theater Breslau 5. 4. 1896; Lessing-Theater 29. 8. 1896. – *eines in Bernau ansässigen Schriftstellers:* Julius Stettenheim.

29. November 1896 (Nr. 841)
»Die Fahnenweihe«: Komödie von Josef Ruederer, U 29. 11. 1896 in der Dramatischen Gesellschaft, Berlin (s. BB I, S. 232). Ruederer (1861 bis

1915): naturalistischer Dramatiker und Erzähler aus dem Bauernleben, oft satirisch; 1896 Mitbegründer des Intimen Theaters in München. – *Er wünscht sich . . .*: Goethe, »Faust I«, Vorspiel auf dem Theater. – *Guy de Maupassant (1850–1893):* Seine Novelle »Boule de Suif« (dt. »Fettklößchen«) erschien 1880 in den »Soirées de Médan«; von Kerr oft zitiert. – *Flaubert an Maupassant:* »Es drängt mich, Ihnen zu sagen, daß ich Boule de Suif für ein Meisterwerk halte. Jawohl, junger Mann! Nicht mehr, nicht weniger, das ist von einem Meister!« (Brief vom 1. 2. 1880). – *Er berief sich:* Ruederer nannte im Vorwort zur Ausgabe das, was er seit dem Einreichen der Komödie erlebt habe, »eine neue Komödie für sich, in der Theaterdirektoren, Polizei und ein gut Teil jener Menschheit, die man gemeinhin unter den Begriff ›Publikum‹ zusammenfassen mag, ganz hervorragende Rollen spielen«. Er meinte damit die der Aufführung vorangegangene »Sittlichkeitsdebatte« und führte viele Beispiele aus der Geschichte der Komödie zum Thema »Unsittlichkeit« an. – *»Pseudolus«:* »Der Lügner«, von Plautus (251 bis 184) für die römische Bühne bearbeitete griechische Komödie; U 191 v. Chr. – *»Bilde, Künstler . . .«:* Goethe, Gedichte: Kunst. – *die Moral von der Geschicht':* Aus Wilhelm Buschs Bildgeschichte »Das Bad am Samstag abend«. – *»die Menschen, im Ganzen genommen . . .«:* Schopenhauer in »Parerga und Paralipomena«, Paränesen und Maximen. – *des jüngsten Shakespearebiographen:* Georg Brandes' »Shakespeare« erschien 1896 (s. BB I, S. 714). – *»Derweilen auf dem Lotterbette . . .«:* Heine, »Schnapphahn und Schnapphenne«. – *»Diese süddeutschen Naturkinder . . .«:* Bismarck an Gerlach, 26. 11. 1851. – *Haberfeldtreiben:* Volkstümliches Rügegericht in Oberbayern, das noch nach dem 2. Weltkrieg ausgeübt wurde. Vermummte Angehörige des streng organisierten Geheimbundes der Haberer bestraften Übergriffe von Beamten, Unsittlichkeit, Ehebruch mit nächtlicher öffentlicher Anklage und Katzenmusik. – *Gottfried Kellersches Prinzip:* Des distanzierten, ironischen Erzählens.

25. Dezember 1896 (Nr. 907)
In den letzten Tagen dieses Sommers: Auf der Rückreise vom Sozialistenkongreß in London war Kerr in Ostende (s. BB 16. 8. 1896) und reiste über Brüssel und Brügge zurück. – *Flaubert an George Sand:* Flauberts Briefwechsel mit George Sand war 1889 neu in Paris erschienen. Kerr erwarb ihn wohl bei seinem ersten Besuch in Paris. – *Palais des Beaux-Arts:* Das Palais der schönen Künste in Brüssel. – *Gottfried von Bouillon (um 1060–1100):* Herzog von Niederlothringen, Führer des 1. Kreuzzugs, Eroberer von Jerusalem; Standbild in der Stadtmitte. – *Peter Paul Rubens (1577–1640):* Flämischer Maler, Bilder aus dem religiösen und weltlich-sinnlichen Leben. – *Cornelis Dusart (1660–1704):* Holländischer Maler lebensvoller Bauernszenen in bunten Farben. – *Ludwig*

Knaus (1829–1910): Maler beliebter Genrebilder, war Akademieprofessor in Berlin 1874–1883. – *Arnold Böcklin (1827–1901):* Schweizer Maler mit vorwiegend mythologischen Themen; »Susanna im Bade«, 1888. – *Jakob Jordaens (1593–1678):* Bedeutender flämischer Maler des 17. Jhdts. – *Klärchen:* Geliebte Egmonts in Goethes »Egmont«; Kerr projiziert hier Vorgänge aus dem Goetheschen Schauspiel in die Wirklichkeit. – *der wahre Egmont:* Lamoral Graf von Egmont (1522–1568), Feldherr im spanischen Dienst, Statthalter der Provinz Flandern, führend mit dem Prinzen von Oranien in der Adelsopposition gegen die spanische Verwaltung; wurde am 5. 6. 1568 auf dem Marktplatz in Brüssel hingerichtet. – *»Die Trommel gerührt ...«:* Lied Klärchens in Goethes Schauspiel. – *Antoine Wiertz (1806–1865):* Belgischer Maler theatralisch-dramatischer Bilder mit oft grauenhaften Sujets. – *Hector Berlioz (1803–1869):* Französischer Komponist; in seinen Opern »Beatrice und Benedict«, »Die Eroberung Trojas«, »Die Trojaner in Karthago« und »Fausts Verdammnis« pompös-dramatische Instrumentierung. – *Stentorsänger:* Sänger mit gewaltiger Stimmkraft; nach Stentor, Gestalt aus Homers »Ilias«, ein Grieche, der so laut rufen konnte wie fünfzig Männer zusammen. – *Fêtez Marie!:* Feiert den Marientag. – *Bruges la morte:* Roman von Georges Rodenbach (1855–1898); dt. »Das tote Brügge«, 1903.

1897

7. März 1897 (Nr. 166)

»Brekekekex ...«: Rautendelein in Gerhart Hauptmanns »Die versunkene Glocke«, den Wassergreis Nickelmann nachäffend (1. Akt). – *Panke:* Rechter Nebenfluß der Spree, entspringt in Bernau, mündet in Berlin; Kerr spricht oft von »Berlin an der Panke«, um das provinzielle, kleinkarierte Element Berlins zu kennzeichnen. – *Tiergartentöchter:* Die Töchter der reichen Familien des Tiergartenviertels. – *Taen Arr Hee:* Tee-Importgeschäft, Leipziger Straße 119/20. – *Literarische Gesellschaft:* S. Anm. BB I, S. 677. – *Alexander Meyer (1832–1908):* Juristischer Schriftsteller, MdR (s. a. BB I, S. 27 u. a.). – *Friedrich Spielhagen (1829–1911):* Erzähler, Dramatiker, Theoretiker des Romans (s. BB I, S. 16 u. a.; BB II, Anm. 7. 8. 1898). – *Jahrhundertfeier:* Zum 100. Geburtstag Kaiser Wilhelms I. (s. BB I, 21. 3. 1897). – *Schloßfreiheit:* Platz vor dem Berliner Schloß, auf dem das große Kaiser-Wilhelm-Denkmal gebaut wurde. – *weggelassene Wahlurne:* Das einzuweihende Kaiser-Wilhelm-Denkmal (Kerr: Einheitsdenkmal) vor dem Schloß enthielt im Entwurf als Symbol eine Wahlurne. – *weggelassene Inschrift:* »Dem deutschen Volke« am neuen Reichstag. – *eine Kirche:* Die einzuweihende Kaiser-Wilhelm-Gedächtniskirche (s. BB I, S. 66 ff.). – *Adolf Wagner:* Finanz- und Sozialwissenschaftler an der Berliner Uni-

versität (s. BB I, S. 82, 676). – *Heinrich Brunner (1840–1915):* Bedeutender konservativer Jurist, seit 1873 an der Universität Berlin. – *in den kretischen Wirren:* Entstanden aus dem Aufstand griechischer Christen gegen die türkische Herrschaft; Intervention Griechenlands durch Landung eigener Truppen am 12. 2. 1897 zur Besetzung des Landes; auf Betreiben des deutschen Kaisers Konvention der europäischen Mächte zur Zurückweisung des griechischen Vorgehens. Deutschland entsendet den Kreuzer »Kaiserin Augusta«, scheitert aber mit seinem dringenden Vorschlag einer Blockade, da sich einige Mächte aus Sympathie für die Griechen der deutschen Absicht widersetzen, Kreta dem Herrschaftsbereich des Sultans, der »Pforte«, zu erhalten. – *bis zum Zweiundzwanzigsten:* Tag der großen Centenarfeier (s. BB I, 21. 3. 1897). – *»Hairan«:* U Berliner Theater 4. 3. 1897. – *Michael von Munkacsy (eigtl. Lieb, 1844–1900):* Bewunderter ungarischer Maler religiöser und historischer Themen, lebte seit 1872 in Paris.

2. Mai 1897 (Nr. 304)

Kurfürstenstraße: Kerr wohnte noch Kurfürstenstraße 142. – *Simplizissimus:* Kerr gehörte zu den ersten Beziehern der 1896 in München von Albert Langen und Th. Th. Heine gegründeten satirischen Wochenschrift; er lobt sie immer wieder. – *Raptus:* Wutanfall, jähe Erregung. – *Kein schönerer Tod . . .:* Ironische Anspielung auf »Kein schön'rer Tod auf dieser Welt, als wer auf grüner Heide fällt!«, Kriegslied von Karl Göttling. – *Nebbichewitsch:* Phantasiename Kerrs, abgeleitet vom jiddischen Nebbich. – *blauen Schein:* Hundertmarkschein. – *bei Bullier:* Vergnügungslokal in Paris; Kerr besuchte es gern. – *George Du Maurier (1834–1896):* Französischer Schriftsteller; sein Roman *»Trilby«* erschien 1894. – *längst besprochenen Machwerk:* Kerr hatte in der »Breslauer Zeitung« vom 25. 1. 1897 die »Trilby«-Aufführung des Thalia-Theaters (24. 1. 1897) besprochen: »Eine Sensationsarbeit [...] für die Unterhaltung lachlustiger Biederleute.« »Trilby« war in jeweils anderer Übersetzung noch zu sehen im Belle-Alliance-Theater (7. 2. 1897) und im Neuen Theater (3. 4. 1897). – *Svengali:* Der in Du Mauriers Roman vorkommende brotlose ungarische Musiker. – *»Die Brüder«:* Lessing-Theater 30. 4. 1897.

30. Mai 1897 (Nr. 373)

in Moabit: Im Gefängnis; der Angeklagte v. Tausch saß dort. – *Tausch-Prozeß:* Beginn der 2. Runde im Januar 1897. Der Kriminalkommissar Eugen von Tausch war am Ende des ersten Prozesses, der konspirative Intrigen gegen den Kaiser, den Kanzler Caprivi und Beamte des Auswärtigen Amtes zum Gegenstand hatte (s. BB I, 13. 12. 1896 und Anm. S. 659, 680, 685, 697), wegen Meineids verhaftet worden. – *Rittmeister von Kotze:* Sein Vetter Eugen von Kotze hatte im Duell den Zeremonienmeister des Hofes, Herrn von Schrader, tödlich verwundet (s. BB I, S. 144 f.). – *der Vorsitzende:* Landgerichtsdirektor Rösler. – *Jean Jaurès (1859–1914):* Professor der Philosophie, engagierter Sozialist, forderte die Revision des Dreyfus-Prozesses, bedeutender Redner mit humanitärer Leidenschaft; starb 1914 durch ein Attentat. – *pectus est ...:* Es ist das Herz, das den Redner macht; Quintilian, »Über die Redekunst«. – *Christian von Lützow:* War mitangeklagt der Konspiration. – *jesuitisch ist ...:* Die Angeklagten hatten heimlich konspiriert, um den Polizeipräsidenten zu schonen. – *unter Richthofen:* Bernhard Frhr. von Richthofen (1833–1905) war 1885–1895 Berliner Polizeipräsident. – *Wilhelm Busch (1832–1908):* Maler, Zeichner, Verfasser humoristischer Bildgeschichten; Zitat aus »Balduin Bählamm« (1883), 1. Kap. – *»Herr Krüger«:* Der Kunstschütze Krüger hatte am 23. Mai bei einer Schaustellung in Schloß Weißensee – statt den Apfel auf dem Kopf seiner Braut, der 23 Jahre alten Berta Witte (»Miß Cryger«), Kleiststraße 37, zu treffen – diese selbst tödlich getroffen. – *fait divers:* beliebiges Detail. – *im berühmtesten der Marlittschen Romane:* »Das Geheimnis der alten Mamsell« (1867) von Eugenie Marlitt, Autorin von Trivialromanen, war ein Sensationserfolg in der »Gartenlaube«. – *Mignon:* Anmutig-rätselhafte Mädchengestalt aus Goethes »Wilhelm Meister«. – *Edmond de Goncourt:* Sein Zirkusroman »Les frères Zemganno« (1879, dt. 1893). – *Herman Bang:* »Vier Teufel«, dt. 1897 bei S. Fischer; Bang wurde im selben Jahr in der NR als »der größte lebende Erzähler im modernen Stil« vorgestellt. – *Holger Drachmann (1846–1906):* Dänischer Erzähler und Dramatiker; Autor des Eröffnungsstücks für das neue »Theater des Westens« (s. BB I, S. 205 ff.). – *Karl Niemann (1854–1917):* Lehrer, dann freier Schriftsteller in Berlin, Bühnenautor; erfolgreichstes Stück »Wie die Alten sungen«; Erzähler, »Cœur As, Geschichte einer Leidenschaft« erschien 1888. – *Brentanos »Lustige Musikanten«:* Singspiel von 1803; Refrain im 6. Auftritt. – *Victor Hugo:* »Le roi s'amuse« (»Der König amüsiert sich«), Versdrama U Paris 1832. – *»Sportplatz des Westens«:* Am Zoo; nach dem in den achtziger und neunziger Jahren populär gewordenen Radfahren (Eröffnung der Radrennbahn am Kurfürstendamm am 16. 5. 1897) wurde jetzt Tennis der Modesport der reichen Westberliner. – *das falsche Venedig:* Die Ausstellung »Venedig in Berlin« am Zoo, ein illusionärer Nachbau charakteristischer Züge der Stadt; Ausstellungen dieser Art waren damals als Erlebnisräume in Mode. – *des Jahrhunderts, in welchem ...:* Ironische Anspielung auf eine Äußerung des Kaisers. – *»es lösen sich ...«:* Aus Schillers »Lied von der Glocke«.

27. Juni 1897 (Nr. 442)

Eisschrank: Alter Name für Kühlschrank, weil damals noch mit großen Eisstücken gekühlt wurde. – *»Was ist der Mensch? Nicht viel, nicht viel«:* Hirsch Hyazinth in Heinrich Heines »Die Bäder von Lucca«. –

Ausstellung Transvaal: Seit 3. 6.; Sympathieausstellung für den Buren-
staat (s. Anm. BB I, S. 703). – *Tivoli:* Anlage auf dem Kreuzberg. –
»Das Meer erglänzte weit hinaus«: Aus Heines »Buch der Lieder«: »Die
Heimkehr« (14); vertont von Franz Schubert. – *Trulle:* Merkwürdige,
alt, dick, komisch oder aufdringlich gewordene Frau. – *einen Schnitt:*
Halbgefülltes Glas Bier. – *Gartenatelier:* Wohl von Reinhold Begas.

15. August 1897 (Nr. 568)

Kalmücken: Westmongolisches Volk, an der unteren Wolga siedelnd,
mit besonders malerischer Tracht; eine Gruppe von Kalmücken stellte
sich und ihre Lebensweise im Zoo aus (s. BB I, S. 305). – *»Dobranotz!«:*
Für polnisch Gute Nacht. – *Shirtingmütze:* Mütze, die zum Oberhemd
paßt. – *Müggelberge:* Bergzug südöstlich von Berlin, bis 115 Meter hoch,
dem Müggelsee vorgelagert. – *Hirsch Hyazinthos:* Gestalt aus Heines
»Die Bäder von Lucca« (s. Anm. 27. 6. 1897). – *Dahme-Fluß:* Linker
Nebenfluß der Spree. – *Ich weiß ein Herz, für das ich bete . . .:* Lied von
Eugen Rodominsky, Text A. Kunert. – *»Es war ein Sonntag . . .«:* Aus
dem Lied von Carl Götze »O schöne Zeit, o sel'ge Zeit«.

26. September 1897 (Nr. 676)

Schachkongreß: Von Anfang September bis 4. Oktober; 19 Runden; Sie-
ger wurde der ungarische Meister Charousek; 2. Platz der deutsche
Meister Walbrodt. – *Ringsum tobt die Welt:* Spannungen in Südafrika
vor dem 2. Burenkrieg; japanisch-chinesischer Krieg mit Beteiligung
der Großmächte (auch Deutschlands); Beginn des amerikanisch-spa-
nischen Krieges. – *soziale Kämpfe:* Vom Dreyfus-Prozeß bis zur Ver-
bannung Lenins nach Sibirien wegen revolutionärer Tätigkeit. – *politische Konstellation:* Etwa das Verhältnis Rußlands zu Deutschland und
Frankreich (s. Anm. 6. 9. 1896). – *Walbrodt:* Der deutsche Schachmei-
ster hatte in der Oranienburger Straße eine »Schachakademie«. – *Unser Kaiser . . . in Ungarn:* Vom 12. bis 22. 9.; Treffen mit Kaiser Franz Joseph I. in Buda. – *zu den letzten russischen:* Das Treffen Wilhelms II.
mit Nikolaus II. in Breslau (s. BB 6. 9. 1896 und Anm.). – *Diese Fähigkeit:* Ironisches Lob Kerrs auf die Repräsentationssucht des Kaisers. –
Max Samst: S. Anm. 6. 9. 1896. – *»Das Tschaperl«:* Lessing-Theater 25. 9.
1897; erster größerer Theatererfolg Bahrs.

10. Oktober 1897 (Nr. 712)

Wenn man am Morgen: Kerr wohnt jetzt bei dem Bildhauer Gustav
Eberlein am Lützowufer 29 (s. BB I, S. 417 ff. und 458 ff.). – *meistens in
der Tiergartenstraße:* Dort stehen die Villen der reichgewordenen Ber-
liner. – *Miß Katharina Grant:* Nicht ermittelt. – *Tabouretchen:* Hocker. –
»Der letzte Centaur«: Novelle von Paul Heyse, 1871. – *Lotte!:* Lotte in
Goethes »Die Leiden des jungen Werthers«. – *Palme-Garte:* Frankfur-

terisch für den Palmen-Garten in Frankfurt a. M. – *Amtmann Buff:* Vater der Charlotte Buff (1753–1828), des Vorbilds für Werthers Lotte. – *Spiritismus:* Lehre, daß die Geister von Toten wiederbeschworen werden können. – *Hitzigstraße:* Straße der Reichen im Tiergartenviertel. – *Matrose Bernhard:* Trat mit seinem Manager Thienemann auf Empfehlung des Spiritistenkönigs Dr. Egbert Müller in Berlin auf. Als der Verdacht auf Taschenspielertricks mit Hilfe der neu entdeckten Röntgenstrahlen überprüft werden sollte, verschwanden beide aus Berlin. – *Hochherziger Jüngling, fahre wohl!:* Schiller, »Der Taucher«. – *Maison de Santé:* Heilanstalt. – *Zounds!! Goddam!!* Verdammt nochmal! – *Paula Wirth:* Salondame, Liebhaberin und Soubrette; kam 1894 vom Gärterplatz-Theater München ans Berliner Residenz-Theater zu Lautenburg, wechselte 1895 ans Raimund-Theater Wien, kam 1896 zurück nach Berlin ans Lessing-Theater, dann zum Wintergarten und ging 1898 an die Vereinigten deutschen Theater in Milwaukee (USA). – *rachsüchtige Elvira:* In »Don Giovanni« von Mozart. – *Anton (1868–1916) und Donat (1866–1925) Herrnfeld:* Brüder, Schauspieler und Schriftsteller; kamen aus Budapest nach Berlin, gründeten und leiteten hier das »1. Original Budapester Possen- und Operetten-Theater«; spielten zuerst in Quargs Vaudeville-Theater im Grandhotel am Alexanderplatz, ab 1897 in Kaufmanns Varieté in den Königskolonnaden, Königstraße 32; wurden 1898 Eigentümer des Hauses, begannen in dem »umgebauten und prachtvoll gemachten Hause« am 20. 8. 1898 ihre siebte Berliner Spielzeit, firmierten ab 1900 als »Gebrüder Herrnfeld-Theater«; sehr beliebt in Berlin (s. a. BB I, S. 272). – *»Der Verwandlungskünstler …«:* Burleske von Emil und Arnold Golz. – *»Endlich allein«:* »Das populäre, berühmte Donat Herrnfeldsche Originallustspiel«; das Stück, das Kerr sehr erheiterte, war Gegenstand heftiger Angriffe moralkonservativer Kreise (s. BB I, 23. 5. 1897 und Anm., S. 702).

31. Oktober 1897 (Nr. 766)
Oswald Alving: Hauptfigur in Ibsens Stück »Gespenster«. – *»Spettri«:* Italienischer Titel für »Gespenster«. – *Ermete Zacconi (1857–1948):* Bedeutender italienischer Schauspieler für klassische wie die neuen realistisch-psychologischen Stücke von Ibsen, Hauptmann; von Einfluß auf die italienische effektstarke Schauspielkunst. Die Passage über Zacconi verwendete Kerr für das Zacconi-Porträt in seinem Buch »Schauspielkunst«. – *André Antoine als Oswald:* Im Théâtre libre, Paris 30. 5. 1890. – *Emmerich Robert:* Freie Bühne Berlin 29. 9. 1889. – *Rudolf Rittner:* DT 27. 11. 1894. – *troppo zu machen:* zu übertreiben. – *Paul Bourgets Kosmopolitanroman:* »Cosmopolis«, 1893. – *Aphasie:* Sprachverlust. – *atavismo:* Wiederauftauchen alter Eigenschaften. – *David Garrick (1716–1778):* Berühmtester englischer Schauspieler, Direktor des Drury Lane Theatre in London 1774–1776, bedeutend als Shake-

speare-Darsteller, beispielhaft als Hamlet. – *Karl Theodor Reinhold (1849–1901):* Unabhängiger Sozialist, kam als Amtsgerichtsrat aus einem nassauischen Amtsgericht mit großen Vorschußlorbeeren nach Berlin; wurde Mitte Juni 1897 zum außerplanmäßigen Professor ernannt; seine Antrittsvorlesung in der Universität am 27. 10. galt als Sensation: »Der Sozialismus ist nicht nur populär, sondern bis zu einem gewissen Grade gesellschafts-, sogar hoffähig geworden« (Rede im Wortlaut BT vom 28. 10., Morgenblatt). Kerrs Beurteilung entspricht die Hardens: »Die Fülle des methodisch vorgetragenen Unsinns [...]. Die Herren Wagner, Schmoller und Sering, deren Einfluß auf die akademische Jugend er (Reinhold) mildern sollte, blicken ganz sicher in ungetrübter Heiterkeit auf das hohe Beginnen dieses Kollegen.« (»Die Zukunft«, 6. 11. 1897, S. 280) Reinhold faßte seine Auffassungen zusammen in »Die bewegenden Kräfte der Volkswirtschaft« (Leipzig 1898). – *auf Nicolaus ernstlich böse:* Er besuchte nur seine Schwiegereltern in Darmstadt, nicht aber das badische Fürstenhaus, was Unmut auslöste. – *Edewacht:* Eduard; Kerrs Lautschrift für die Schwierigkeiten der Berliner, rt zu sprechen. – *Quidquid delirant reges, plectuntur Achivi:* Horaz, Episteln; in der Übersetzung von Seume: Wenn sich Könige raufen, müssen die Bauern Haare lassen. – *den bösen Spiekermann:* G. Spiekermann, Premier-Leutnant a. D., Alexanderufer 3 (?). – *im Zeitalter Ahlwardts:* Hermann Ahlwardt führte die Antisemitische Volkspartei (s. BB I, S. 675). – *Franz Freiherr von Dingelstedt (1814–1881):* Theaterleiter, Schriftsteller, Intendant in München, Weimar und Wien, wo er das Burgtheater 1870–1881 leitete; bekannt durch seine Mustervorstellungen und Werk-Zyklen. – *Moritz Gottlieb (Moses) Saphir (1795–1858):* Journalist, Literatur- und Theaterkritiker in Berlin, später in Wien, wegen seines Witzes sehr beliebt. – *Rogasen:* Stadt im preußischen Regierungsbezirk Posen. – *Agnes Sorma:* Von Kerr immer gerühmte Schauspielerin. – *Rautendelein:* In »Die versunkene Glocke« von Gerhart Hauptmann.

21. November 1897 (Nr. 814)

Wolzogens »Unjamwewe«: Komödie, im Lessing-Theater am 10. 9. 1897 aufgeführt, war auf Dr. Karl Peters zu beziehen. Ewers im Stück = Peters; die Aufführung löste einen Prozeß aus. Wolzogen kannte Peters aus dem Berliner »Ethischen Club«, schätzte ihn wegen seines politischen Engagements und seiner offenen Sprache. »Solche Leute waren in dem offiziellen Deutschland Wilhelms II. niemals beliebt. So mußten wir es erleben, daß die Regierung diesen prachtvollen Tatmenschen, diesen weitblickenden Politiker, diesen kraftvollen Mehrer des Reiches schnöde fallenließ, als der Stumpfsinn des liberalen Bürgertums im Reichstag gegen ihn Sturm lief, weil er sich gegen europäische Moralbegriffe schwer vergangen hatte, indem er seinen Boy, der

sich an seiner ›Bibi‹ (Geliebte) vergriffen hatte, kurzerhand aufknüp-
fen ließ. Unseren besten Kenner Englands stellte man kalt, weil er
unbequeme Wahrheiten sagte [...]. Im Jahre 1897 schrieb ich eine Komödie ›Unjamwewe‹, die am Lessingtheater mit leidlichem Erfolg zur
Uraufführung kam. Man erkannte in dem Helden meinen verehrten
Carl Peters –, und die ganze deutsche Bühnenwelt verschloß sich meinem Werke, sobald es ruchbar wurde, daß jener den Demokraten so
verhaßte Herrenmensch darin verherrlicht wurde.« (E. v. Wolzogen
in seinen Erinnerungen »Wie ich mich ums Leben brachte«) – *Dr.
Karl Peters (1856–1918):* Der »hervorragende Prügler«, 1. Reichskom-
missar in der Kolonie Deutsch-Ostafrika, war wegen der rüden Me-
thoden des Landerwerbs, der Behandlung der Eingeborenen und wegen Hinrichtungen in die Kritik geraten und nach einem deswegen
geführten Prozeß 1897 aus dem Reichsdienst entlassen worden, was
seine Popularität als »Kolonialheld« nicht schmälerte (s. a. BB I, 12. 1.
1896 u. a.). – *der Lessingschen »Rettungen«:* Lessings Bemühungen um
die Ehrenrettung verkannter Schriftsteller und eine vorurteilsfreie
Kritik; am bekanntesten seine »Rettungen des Horaz« vor der Verleumdung seines Privatlebens (1754). – *»Edler Mann ...«:* Schlußworte
in Goethes »Götz von Berlichingen«. – *Jagodjo und Mabruk:* Die auf
Veranlassung von Peters hingerichteten Eingeborenen, Peters Geliebte
und sein Diener. – *Literarische Gesellschaft:* 1890 in Analogie zur
»Freien Bühne« gegründetes Forum für moderne Dichtung; Ehren-
vorsitzender Theodor Fontane, 1. Vorsitzender Julius Hart. – *Freiherr
von Hammerstein:* Chefredakteur der »Kreuzzeitung«, der wegen Un-
terschlagung zu Zuchthaus *(chambres séparées)* verurteilt wurde (s. BB
I, Anm. S. 675 und 681). – *der Fall Mittenzweig:* Ein Verfahren gegen
den Sanitätsrat Dr. Mittenzweig wegen des Vorwurfs, er habe gesunde
Personen für irrsinnig erklärt, war von der Strafkammer des Landgerichts I Berlin zuungunsten des Beschuldigers, des Redakteurs Knorr
von den Charlottenburger Nachrichten, entschieden worden. Zur
Verhandlung stand nun der Vorwurf, er habe unerlaubte Beziehungen
zu Patientinnen. – *von Mephistopheles:* Goethe, »Faust I«, Studier-
zimmer. – *des Lessingschen Eremiten:* Empfängt die Frauen Berlins, die
mit ihm ihre Männer betrügen. – *der ernste Sonntag:* Totensonntag. –
»Agnes Jordan«: U DT 9. 10. 1897. Das BT zum Verbot: »[...] rein äußerlich genommen ist der letzte Akt, in dem die Titelheldin ihren Besuch
auf dem Friedhof schildert, gerade wohl geeignet, die Gedanken der
Zuschauer auf den Grundton des Totensonntags zu stimmen: es ist
also unerfindlich, was die Behörde veranlaßt haben kann, hier ihren
Widerspruch geltend zu machen«, und fährt fort, vom Standpunkt der
Polizei aus wäre die heidnische Tendenz »in Gerhart Hauptmanns
›Versunkener Glocke‹, die das Deutsche Theater anstelle des Hirsch-
feldschen Fünfakters aufführen ›darf‹«, eher »als störend anzusehen«.

Das Verbot war ein Beispiel für die Willkür der Ämter. – *kein Lied,
kein Heldenbuch:* Aus Ludwig Uhlands Ballade »Des Sängers Fluch«. –
Hans Huckebein: Lustspiel von Oscar Blumenthal und Gustav Kadelburg U Lessing-Theater 16. 10. 1897. – *ignoramus:* wir wissen es nicht. –
die Rede des Kaisers: Am 18. 11. 1897 bei der Vereidigung der Rekruten.
»Wer kein braver Christ ist, der ist kein braver Mann und auch kein
braver preußischer Soldat und kann unter keinen Umständen das erfüllen, was in der preußischen Armee von einem Soldaten verlangt
wird. Leicht ist Eure Pflicht nicht; sie verlangt von Euch Selbstzucht
und Selbstverleugnung, die beiden höchsten Eigenschaften des Christen, ferner unbedingten Gehorsam und Unterordnung unter den
Willen Eurer Vorgesetzten. Auf Euch herab blicken meine ruhmrei-
chen Vorfahren aus dem Himmelszelt, blicken die Standbilder der Könige und vor allem das Standbild des großen Kaisers. Stehet fest in Eu-
rem unerschütterlichen Glauben und Vertrauen auf Gott, der uns nie
verläßt.« Die Rede löste heftige Diskussionen aus, weil unter den Rekruten auch neunzig jüdischen Glaubens waren und als antisemitische
Tendenz herauszulesen war, daß Juden schlechtere Soldaten seien. Offizielle Abschwächung des Eindrucks, sie sei als »eine von Begeisterung getragene Mahnung zur Frömmigkeit aufzufassen« (s. a. BB I,
S. 713). – *Liebknechts Strafantritt:* Wilhelm Liebknecht (1826–1900), neben Bebel führender Sozialdemokrat, war wegen Majestätsbeleidigung zu vier Monaten Haft verurteilt; Entlassung am 19. 3. 1898.

1898

1. Januar 1898 (Nr. 1)
die duftenden Reseden: »Stell auf den Tisch die duftenden Reseden ...
Wie einst im Mai«, Gedicht von Hermann von Gilm, vertont von Richard Strauss. – *in der Sprache des kleinen Plötz:* Damals populäres
Lehrbuch der französischen Sprache: Dr. Gustav Ploetz, »Kurzer
Lehrgang der französischen Sprache«, F. A. Herbig, Berlin. – *Ah, c'est
bien ...:* Ah, er ist's; gebt ihn mir zurück! Ich habe seine Liebe, er hat
meinen Glauben. – *nach Frankreich zwei Grenadier':* »Die Grenadiere«,
Gedicht von Heinrich Heine, Musik von Robert Schumann. – *William
Schönlank (1813–1897):* Kaufmann und Generalkonsul, Chef des In-
digo- und Farbwarenhauses, mit großen Verdiensten um den deutschen Handelsverkehr (»eine der bekanntesten und markantesten Erscheinungen der Reichshauptstadt«, BT 24. 12. 1897); Mäzen des
Berliner Zoologischen Gartens, stiftete 100000 Mark für Nordensk-
jölds Nordpolexpedition. – *Bruno Schönlank (1859–1901):* Sozialdemo-
kratischer Publizist, erst Stellvertreter Bebels am »Vorwärts«, seit 1893
Chefredakteur der »Leipziger Volkszeitung« (s. a. BB I, 17. 10. 1897). –

der greise Liebknecht: Wilhelm Liebknecht, Vater von Karl Liebknecht
(s. o.). – *Nebukadnezar (605–562 v. Chr.):* König von Babylon, schuf ein
Großreich und machte Babylon zur prächtigsten Großstadt seiner
Zeit. – *Friedrich Spielhagen (1829–1911):* Bedeutender Romancier, Dra-
matiker und Lyriker des bürgerlichen Liberalismus, Theoretiker des
Romans, beliebt und vielgelesen. – *Hans Hopfen (1835–1904):* Erzähler,
Lyriker und Dramatiker, lebte in Groß-Lichterfelde bei Berlin. – *P. D.
Fischer (1836–1920):* Postrat, Mitarbeiter von Generalpostmeister Rudi
Stephan, Unterstaatssekretär im Reichspostministerium (s. a. BB I,
S. 286 f.). – *Johann Friedrich Overbeck (1789–1869):* Maler, maßgebend in
der Schule der Nazarener. – *Lockford, Wanda de Bry:* Artisten in Berlins
berühmtem Varieté »Wintergarten«. – *Der Mensch ist frei geschaffen:*
Aus Schillers Gedicht »Die Worte des Glaubens«, 1797. – *»Das weiße
Rößl«:* Schwank von Oscar Blumenthal und Gustav Kadelburg, U Les-
sing-Theater 30. 12. 1897. – *unseres großen Historikers:* Theodor Momm-
sen, der am 30. 11. 1897 achtzig Jahre alt geworden war.

27. Februar 1898 (Nr. 145)
Otto Ludwigs Novelle: »Zwischen Himmel und Erde«, 1856; dramati-
siert von O. F. Gensichen; U Theater des Westens 5. 12. 1896. – *Zolas
»L'Assommoir«:* Dt. »Der Totschläger«, 1877. – *Pellieux, Boisdeffre etc.:*
Militärs im Dreyfus-Prozeß (vgl. BB I, Anm. S. 725). Am 13. 1. 1898 war
in der Pariser Tageszeitung »L'Aurore« Zolas offener »Brief an Felix
Faure, Präsidenten der Republik« erschienen, in dem er Anklage erhob (*J'accuse*) gegen die Militärs, die den Hauptmann Dreyfus des
Hochverrats (Spionage für Deutschland) bezichtigten und seine Ver-
bannung auf die Teufelsinsel betrieben hatten. Durch Zolas Anklage
wurde der Fall Dreyfus zu einer Affäre, die in ganz Europa Aufmerksamkeit und Erregung auslöste und die Revision des Dreyfus-Prozesses einleitete. Zola wurde alsbald selbst angeklagt, verurteilt und floh
nach England, wo er sich bis 1899 aufhielt. – *Aufstand der Hausknechte:*
Kerr benutzt hier zum erstenmal einen Begriff, den er später auf Hit-
ler und seine Gefolgsleute anwendet. Titel seines ersten Buches im
Exil: »Die Diktatur des Hausknechts«. – *»Was will das werden?«:* Roman von Friedrich Spielhagen, 1887. – *Lesser Ury:* S. Anm. 14. 7. 1895. –
Ludwig von Falkenhausen (1844–1936): Generaloberst und Militär-
schriftsteller, wiederholt erwähnt, aber Abbildung nicht bekannt (s. a.
BB I, 23. 2. 1896). – *hat ein Bild geschaffen:* Wohl »Abend im Café
Bauer«, 1898.

22. Mai 1898 (Nr. 352)
noch kein Denkmal: Auftrag für das Wagner-Denkmal an Gustav Eberlein 1901, Vollendung und Aufstellung 1903 in der Tiergartenstraße. –
Hermann Ganswindt (1856–1934): Erfinder, entwarf u. a. ein »Welten-

fahrzeug« (1881) und ein lenkbares Luftschiff (1883). – *Nibelungenauf-führungen:* Die erste vollständige Aufführung von Richard Wagners »Der Ring des Nibelungen« in Berlin 1881 im Victoria-Theater in der Münzstraße. – *Musikausstellung:* Eröffnung am 7. Mai in der Messe-halle, Alexandrinenstraße 110; zur Förderung eines Richard-Wagner-Denkmals; der Zentralhof war ganz auf Wagners Werk hin gestaltet mit den großen Figuren aus seinen Opern. – *»der Glaube lebt ...«:* »Parsifal«, 1. Aufzug. – *»Ihn hatte herbes Elend ausgemergelt«:* Shake-speare, »Romeo und Julia«, V,1. – *Amfortas, Gurnemanz, Kundry:* Figu-ren in »Parsifal«. – *Carl Loewe (1796–1869):* Komponist, Schöpfer der modernen Balladenform, vertonte Byron, Rückert, Freiligrath, Goe-the, Uhland. – *Angelica Catalani (1780–1849):* Italienische Koloratursop-pranistin mit internationaler Karriere (London, Paris u. a. O.). – *Hector Berlioz:* S. Anm. 25. 12. 1896. – *Hans von Bülow (1830–1894):* Pianist, Di-rigent, leitete 1887–1892 in Berlin die Philharmonischen Konzerte. – *»Komm', holder Knabe«:* »Parsifal«, 2. Aufzug. – *Ich stehe vor einer Nym-phe:* S. BB I, 20. 9. 1896. – *»Cyrano de Bergerac«:* Erfolgsstück von Ed-mond Rostand, U Théâtre de la Port-Saint-Martin in Paris, 28. 12. 1897; wurde 1898 von Ludwig Fulda übersetzt und kam am 14. 9. 1898 im DT heraus; Rezensionen Kerrs in der »Breslauer Zeitung« (15. 9. 1898) und in der NR, Oktober 1898 (s. WE, Kritiken I, S. 59). – *»Mon cœur ...«:* Fulda übersetzt: »Mein ganzes Herz ist auch im Tode Dein / Und alle Glut, die liebend ich Dir zolle / Flammt noch in meiner Augen letz-tem Strahl ...« – *»N'importe ...«:* Fulda übersetzt: »Dreimal schlag ich in die Hand, beim dritten Mal wirst Du verduften ...« – *der neueröffnete Presseklub:* Am 8. 5. 1898 wurde im Haus Unter den Linden 33 (Ecke Friedrich- und Charlottenstraße) der »Berliner Presseclub« mit einer Rede Schmollers gegen den Materialismus der Zeit und für die Samm-lung aller geistigen Kräfte eröffnet; 1. Vorsitzender des Clubs, der den Kontakt zwischen den Berliner Journalisten fördern sollte, wurde Hermann Sudermann. Nicht zu verwechseln mit dem »Verein Berli-ner Presse«, dem Friedrich Spielhagen vorstand. Der Club mußte im Oktober 1903 schließen; dazu Verse Kerrs im Gedicht »Presseclub«: »Nach wenig Gutem, vielem Bösen / Beschloß der Club, sich aufzu-lösen. / Der Fahrstuhl stockt. Leer ist das Haus / Ein braves Institut stirbt aus. / Die Wechsel werden eingestampft – / Er ruhe samft! samft! samft!« (Der Tag, 23. 10. 1903) – *Gustav von Schmoller (1838 bis 1917):* Seit 1882 Professor in Berlin, vertrat die historische Schule der Volkswirtschaftslehre, Kathedersozialist, Mitglied des preußischen Staatsrats. – *gewisse Professoren:* Der Rektor der Universität hatte u. a. einen Vortrag von Helene Lange im Sozialwissenschaftlichen Studen-tenverein und das Auslegen sozialistischer Zeitschriften in der Akade-mischen Lesehalle verboten. – *Julius Robert Bosse (1832–1901):* Preußi-scher Kultusminister 1892–1899. – *Hermann Sudermann (1857–1928):*

Sehr erfolgreicher Dramatiker und Romancier, einflußreich in Berlin; kämpfte u. a. gegen die »Lex Heinze« und engagierte sich für die Gründung des »Goethe-Bundes« als eines Kampfbundes gegen jenes Gesetz; als Dramatiker immer wieder angegriffen von Kerr.

29. Mai 1898 (Nr. 370)

am Lützow-Ufer: Kerr wohnte jetzt bei dem Bildhauer Gustav Eberlein, der am Lützowufer 29 sein Atelier hatte. – *nach den Zelten:* Teil des Berliner Tiergartens. – *Constantin, der Herzog von Sparta:* Konstantin I. (1868–1923), 1913 erster König der Hellenen, verheiratet mit der Schwester Kaiser Wilhelms II., Sophie (1870–1932). – *Knobländer:* Wurstsorte aus Schweine- und Rindfleisch. – *Frau Friedrich Leopold (geb. 1865):* Luise Sophie von Schleswig-Holstein-Augustenburg war verheiratet mit Friedrich Leopold (1865–1931). – *Illumination:* Feiern zu Gedenken und Ehrung der Märzgefallenen von 1848 durch eine Illumination der Fenster standen unter Aufruhr-Verdacht und bedurften, da unerwünscht, der schwer zu erreichenden Genehmigung. – *Friedrich Wilhelm der Vierte:* Preußischer König seit 1840; hatte gegen die Revolutionäre in Berlin 1848 Truppen aufgeboten und Schießbefehl erlassen; die Toten vom März 1848, in Friedrichshain begraben, waren immer wieder Ziel von – politisch zu interpretierenden – Trauerzügen (s. BB I, 10. 4. 1898).

12. Juni 1898 (Nr. 403)

Kerr war am 28. Mai in die Ferien abgereist, zunächst nach Österreich, besuchte Wien und Graz; in Wien traf er am 30. Mai und am 1. und 2. Juni Schnitzler, der ihm gewiß von der gerade besuchten, neu eröffneten Jubiläumsausstellung (s. Brief vom 14. 8. 1898 u. Anm.) erzählte. Am 4. Juni erreichte Kerr Venedig; Beginn eines fünfwöchigen Italienaufenthalts; vom 6. Juni ab verbrachte er einige Tage in Chioggia; erlebte dort das Fest des Schutzheiligen der Insel. – *Fürst Hohenlohe:* Chlodwig Fürst von Hohenlohe-Schillingsfürst (1819–1901), deutscher Reichskanzler und preußischer Ministerpräsident 1894–1900; man rechnete mit seinem Rücktritt wegen der sich verschärfenden Gegensätze zu den konservativen Agrariern, deren extreme Ansprüche er nicht erfüllen und deren Anschauungen er nicht in seine Politik aufnehmen wollte; sie arbeiteten auf den Sturz Hohenlohes hin und wollten einen General an seiner Stelle. – *non si ritira:* Er zieht sich nicht zurück. – *komm heran, komm heran, Tod:* Lied des Narren in Shakespeares Komödie »Was ihr wollt«. – *den Idealisten Kant:* Den deutschen Philosophen Immanuel Kant (1724–1804). – *Auguste Comte (1798–1857):* Französischer Philosoph, Begründer des Positivismus und der Soziologie als Wissenschaft. – *Gabriele D'Annunzio (1863–1938):* Italienischer Schriftsteller, Symbolist, extravagant und abenteuernd, zeitweise liiert mit Eleonora Duse, schrieb nach modisch-berühmten Gedichten und Romanen sein damals erfolgreiches Schauspiel »La Gioconda«. – *Porca:* Schwein. – *Lacerten:* Eidechsen. – *Schon Goethe:* »Italienische Reise«, 9. Oktober 1786. – *Eleonora Duse (1859–1924):* International berühmte italienische Schauspielerin mit starker Empfindungs- und Ausdruckskraft; spielte vor allem Stücke von Goldoni, Sardou, Dumas, Ibsen, Maeterlinck und D'Annunzio. Kerr verehrte und rühmte sie sehr (s. seine Theaterkritiken). – *auf dieser Insel ... geboren:* Irrtum Kerrs, die Duse ist in Vigevano geboren, einer Gemeinde in der Provinz Pavia; sie wuchs in Chioggia auf, dort steht noch heute das Duse-Haus. – *fazzoletto:* Kopftuch. – Kerr übernahm diesen Text – leicht verändert und geteilt – 1920 in seine Reiseberichte »Die Welt im Licht«, Bd. 2: »Chioggia bei Venedig« und »Abermals Chioggia«.

19. Juni 1898 (Nr. 421)

Die Wahlen sind vorüber: Am 16. Juni wurde in Deutschland der neue Reichstag gewählt; Stimmenzuwachs der Sozialdemokraten. – *So viel Löwen:* Der geflügelte Löwe als Symboltier der Republik Venedig, deren große Zeit – Mittelpunkt der Renaissance, Ausdehnung der Herrschaft im östlichen Mittelmeer – vom 11. bis ins 17. Jahrhundert dauerte; von 1814–1866 waren Venedig und die Provinz Venetien österreichisch, dann Vereinigung mit dem neuen Königreich Italien. – *Piazzetta:* Platz, der an den Markusplatz anschließt. – *meiner Großmama:* Amalie Calè; Kerr erzählt wiederholt von ihr (s. BB I, S. 538 ff. und GS, »Die Welt im Licht«, Bd. 1, S. 227; die Lieder der Großmutter waren unvergeßlich). – *»Hektors Abschied«:* Text von Friedrich Schiller; Lied der Amalia in den »Räubern«. – *O Maler, o mal' mir mein Liebchen:* Nicht ermittelt. – *Onorate la memoria ...:* Ehret das Gedächtnis von ...: *Felice Cavallotti (1842–1898):* Italienischer Schriftsteller und Journalist, um 1880 Führer der radikalen Arbeiterpartei in Mailand; wurde »der Barde« und die Symbolfigur des italienischen Radikalismus; 1898 im Duell mit einem Abgeordneten der Rechten, Macola, getötet; Autor des Dramas »Il Cantico dei Cantici«. – *»Göttliche Komödie«:* Versepos von Dante Alighieri, verfaßt etwa 1306–1321; ein Hauptwerk des christlichen Mittelalters. – *Menelik II. (1844–1913):* Kaiser von Äthiopien 1889–1913; schlug am 1. 3. 1896 bei Adua die italienischen Expeditionstruppen vernichtend. – *Cavallotti con Macòla ...:* »Cavalotti kreuzte mit Macòla seinen Degen; aber die Spitze drang durch den Mund in die Kehle. Das Blut floß in Strömen, die Seele und das Atmen hörten auf: eine so schreckliche Szene muß alle entsetzen. So endete der letzte Tag des tapferen und stolzen Barden von Italien.« – *Maledetto ...:* Verflucht sei das Duell. – *Ich habe ... gekauft:* Er brachte von seinen Reisen immer Erinnerungsstücke mit. – Kerr übernahm diesen Text 1920 in seine Reiseberichte »Die Welt im Licht«, Bd. 2, »Wieder Lagunensturm«.

26. Juni 1898 (Nr. 439)

Am 16. Juni war Kerr über Padua und Bologna nach Florenz gekommen, blieb dort längere Zeit, reiste nach Rom und ging vor Mitte Juli
über Venedig nach Berlin zurück; schrieb dort gleich für den 17. 7. den
neuen »Berliner Brief«: »So sitzt man denn wieder in Berlin, hat Rom
und Florenz und Venedig den Rücken gekehrt und ist wahrhaftig imstande, einiges über den Wasserfall im Victoriapark zu schreiben.« (s.
BB I, S. 394) – *Tamarinde:* Dattel. – *Botticellischer Engel:* Engel auf den
Bildern des italienischen Renaissancemalers Sandro Botticelli (1444 bis
1510). – *Ernst Günther von Schleswig-Holstein (1863–1921):* Schwager
Kaiser Wilhelms II. durch dessen Ehe mit Ernst Günthers Schwester
Auguste Victoria, 1881. – *die kleine Coburgerin:* Prinzessin Dorothea
von Coburg – katholisch – heiratete am 30. Juli den protestantischen
Herzog Ernst Günther von Schleswig-Holstein; die Mischheirat erregte das Mißfallen des Papstes. – *Signoria der Mediceer:* Herrschaftssitz
der Medici. – *Uffizien:* Berühmte Gemäldegalerie, im 16. Jhdt. gegründet von Francesco I. de Medici in den von Vasari errichteten Verwal-
tungsgebäuden (Ufficii) zwischen Palazzo Vecchio und dem Arno. –
August Wilhelm Ambros (1816–1876): Berühmter Musikhistoriker, von
Kerr öfter zitiert (s. BB I). – *Elbflorenz:* Dresden. – *Rede des Kaisers an
die Schauspieler:* Am Tag nach dem 10. Regierungsjubiläum (15. 6. 1898)
an die Mitglieder der Königlichen Bühnen im Opernhause: »Als ich
vor zehn Jahren zur Regierung kam, da trat ich aus der Schule des
Idealismus, in welchem mich mein Vater erzogen hatte. Ich war der
Ansicht, daß das Königliche Theater vor allem dazu berufen sei, den
Idealismus in unserem Volke zu pflegen, an welchem es, Gott sei
Dank, noch so reich ist und dessen warme Wellen noch in seinem
Herzen reichlich quellen. Ich war der Überzeugung und hatte mir fest
vorgenommen, daß das Königliche Theater ein Werkzeug des Monarchen sein sollte, gleich der Schule und der Universität, welche die
Aufgabe haben, das heranwachsende Geschlecht heranzubilden und
vorzubereiten zur Arbeit für die Erhaltung der höchsten geistigen Güter unseres lieben deutschen Vaterlandes. Ebenso soll das Theater bei-
tragen zu Bildung des Geistes und des Charakters und zur Veredelung
der sittlichen Anschauung. Das Theater ist auch eine meiner Waffen
[...]« (Folgt Dank an die Schauspieler, daß sie »meinen Erwartungen
entsprochen haben«.) »Es ist die Pflicht eines Monarchen, sich um das
Theater zu kümmern, wie ich es an den Beispielen meines hochseli-
gen Vaters und Großvaters gesehen habe, eben weil es eine ungeheure
Macht in seiner Hand sein kann, und ich danke Ihnen, daß Sie unsere
herrliche schöne Sprache, daß Sie die Schöpfung unserer Geistes-
heroen und derjenigen anderer Nationen in so hervorragender Weise
zu pflegen und zu interpretieren imstande sind [...]. Ich bitte Sie nur,
daß Sie mir fernerhin beistehen, um dem Geiste des Idealismus zu

dienen und den Kampf gegen den Materialismus und das undeutsche
Wesen fortzuführen, dem schon leider manche deutsche Bühne ver-
fallen ist. Und so wollen Sie in diesem Kampfe fest bestehen und in
treuem Streben ausharren [...]« (BT 21. 6. 1898) – *Histrionen:* Lat.
Schauspieler. – *Hebbel, Lauff:* Vom Kaiser bevorzugte Dichter (zu
Lauff s. BB I, S. 307 ff. und 709).

7. August 1898 (Neue Hamburger Zeitung, Nr. 365)
Den ersten Reflex auf Bismarcks Tod gab Kerr im Berliner Brief vom
4. 8. 1898 (s. BB I, S. 407 ff.). Der hier gedruckte Brief erschien nicht in
der »Breslauer Zeitung«, sondern nur in der »Neuen Hamburger Zeitung«, vermutlich aus politischen Gründen. Der von Kerr am Schluß
angekündigte Brief über Bismarck und Nietzsche war nicht zu finden. –
Jetzt ist er ... tot: Otto Fürst von Bismarck (1815–1898), preußischer Ministerpräsident 1862–1890, Gründer des Deutschen Reiches 1871, erster
deutscher Reichskanzler 1871–1890, war am 30. 7. 1898 gestorben; am 3. 8.
Trauerfeier für Bismarck in der Kaiser-Wilhelm-Gedächtniskirche. –
Ludwig Windthorst (1812–1891): Führer der katholischen Zentrumspar-
tei, MdR 1871–1891. – *Friedrich Wilhelm IV. (1795–1861):* Preußischer König 1840–1861 (»der Romantiker auf dem Thron«), war 1857 geisteskrank
geworden; nicht er hatte Bismarck berufen, sondern sein Bruder Wilhelm (später als Wilhelm I. Preußischer König und Deutscher Kaiser),
der als Regent von 1857 an die Regierung führte und am 23. 9. 1862 Bismarck zum preußischen Ministerpräsidenten ernannte. – *»Malte«:* So in
Spielhagens Roman »Problematische Naturen«. – *Graf von Trast:* In Sudermanns Drama »Die Ehre«. – *Junker Röcknitz:* Freiherr von Röcknitz
in Sudermanns Drama »Das Glück im Winkel«. – *Leo von Sellenthin:*
Aus dem Roman »Es war« von Hermann Sudermann. – *Herr von Fink:*
Gestalt in Gustav Freytags Roman »Soll und Haben«. – *dem schreibgewandten Unternehmer:* Maximilian Harden; nannte sich »Apostata«. –
Friedrich Spielhagen (1829–1911): Sohn eines Regierungsbeamten, studierte Jura, wurde Gymnasiallehrer, bevor er zum Journalismus (Chefredakteur, später Herausgeber von »Westermanns Monatsheften«) und
zum Romanschreiben überwechselte; behielt die Beamteneitelkeit als
Habitus (s. BB I, S. 132 u. a.; BB II, 5. 3. 1899). – *Junker:* Typus des adligen
Landwirts mit großen Besitzungen in Ost-Deutschland, politisch an-
spruchsvoll und einflußreich. – *Alkibiades (um 450–404 v. Chr.):* Atheni-
scher Politiker und Feldherr (Neffe des Perikles) mit abenteuerlichem
Schicksal.

14. August 1898 (Nr. 565)
Immer noch ein Heimgekehrter: Auch im August war die Reise nach
Wien und Italien noch in Kerr lebendig. Aus der Erinnerung an die
Tage in Wien (s. Anm. 12. 6.) schreibt er über die Jubiläumsausstel-

lung. – *Les pieds ici, les yeux ailleurs:* Die Füße hier, die Augen anderswo. – *l'âme ailleurs:* die Seele anderswo. – *Victor Hugo (1802–1885):* Französischer Romancier (»Der Glöckner von Notre-Dame« u. a.), Wortführer der Hochromantik. – *der gemeine Vorwand:* Für die lustvolle Reise, die Kerr privat nach Italien fortsetzte. – *Franz Joseph I. (1830–1916):* Kaiser von Österreich (1848–1916), König in Ungarn (1867–1916); hatte 1848 die Regierung übernommen; Gründer der österreich-ungarischen Donaumonarchie; 1898 Regierungsjubiläum mit großen Festveranstaltungen (Aufmarsch von 70 000 Kindern u. a.). Die über das Jahr sich hinziehenden Feierlichkeiten wurden erschüttert durch die Ermordung der Frau des Kaisers, Elisabeth (Sissi), am 10. 9. 1898 durch den italienischen Anarchisten Luccheni. Das eigentliche Hoffest zum Jubiläumstag am 2. Dezember 1898 wurde abgesagt. – *Jubiläumsausstellung:* War am 7. 5. in Rotunde und Park des Praters eröffnet worden. – *déjeuners dinatoires:* Kräftiges Mittagessen (mit Diner-Charakter). – *Nassau:* Der Herzog von Nassau hatte für seine studierenden Landsleute Freitische eingerichtet; seitdem steht das Wort »Nassau« (»nassauern«) für essen, ohne zu zahlen. – *Symbolismus:* Kunstrichtung zwischen 1880 und 1905, gleichzeitig zum (abgelehnten) Naturalismus; phantasie-, form- und farbstarke Visualisierung der Innenwelten; in Deutschland: Max Klinger, Arnold Böcklin, Hans von Marées, Franz Stuck; in Österreich der frühe Gustav Klimt, der in der von ihm mitbegründeten »Wiener Sezession« seit 1897 – zeitgleich mit den Arbeiten Freuds, Schnitzlers – die triebhaft-sinnliche Welt des Eros und Sexus darzustellen beginnt. – *René Reinicke (1860–1928):* Maler, Genrebilder, Graphiker, Mitarbeiter der »Fliegenden Blätter«. – *Raphael Kirchner (1870–1917):* Maler der eleganten Wiener Welt und Halbwelt; ging 1900 nach Paris. – *Th. Th. Heine (1867–1948):* Zeichner, Karikaturist, Schriftsteller, Mitbegründer des »Simplizissimus« (s. BB I, S. 445 u. a.). – *Franz Stuck (1863–1928):* Symbolistisch-mythologischer Maler in München; Mitbegründer der Münchner Sezession (1892), starke ornamentale Kraft des phantastischen Jugendstils. – *Berliner Gewerbe-Ausstellung:* 1896; s. Kerrs Berichte in BB I, S. 145 ff. – *Leopold Stefan Horovitz (1838–1917):* Ungarischer Maler, vor allem Porträts, seit 1893 in Wien. – *Eduard Kasparides (1858–1926):* Begann mit Genrebildern und religiösen Historien, später impressionistische Landschaften. – *Anton Kaiser (1863–1895):* Radierer in Wien. – *Alphonse Bertillon (1853–1914):* Chef des polizeilichen Identifizierungsamtes in Paris; entwickelte ein »anthropometrisches« System von Beschreibungen und genormten Eigenschaften, um Verbrecher wiedererkennen zu können. Später wurde sein System durch die Daktyloskopie ersetzt. Im Dreyfus-Prozeß von 1894 hatte er als Sachverständiger beim Schriftvergleich Dreyfus-Esterhazy behauptet, der inkriminierte Brief (das sog. Bordereau) sei von Dreyfus unter Nachahmung der Schrift Esterhazys angefertigt worden. Sein Gutachten trug wesentlich zur Verurteilung von Dreyfus bei. Im Prozeß gegen Emile Zola (s. Anm. 27. 2. 1898) war er Zeuge gegen Zolas Anklage. Noch im Dreyfus-Revisionsprozeß von 1899 vor dem Militärgericht in Rennes wiederholte er am 25. und 26. 8. seine Argumente, denn »die Ähnlichkeit (der Schrift) ist zu groß, um natürlich zu sein«: »Und nun erkläre ich unter meinem Zeugeneide, daß ich heute wie 1894 überzeugt bin, daß der Verfasser des Begleitschreibens der Angeklagte ist« – obwohl Esterhazy inzwischen die Fälschung zugegeben hatte und andere Schriftsachverständige Bertillon überzeugend widersprachen. – *Johann Lichtenstadt (1840–1921):* Wiener Journalist; betreute die »kleine Schar« deutscher Journalisten, die offiziell zur Berichterstattung über die Ausstellung eingeladen war. Kerr, 31 Jahre alt, rechnete sich zu den »jüngsten Füchsen«. Die Ausstellung blieb bis Oktober geöffnet. – *ein Dichter:* Arthur Schnitzler am 2. 6. 1898.

18. August 1898 (Nr. 574)

Kerr hatte das Haus während seines Aufenthaltes in Florenz Ende Juni besucht. – *Das Dekameron:* »Il decamerone«, Novellensammlung von Giovanni Boccaccio (1313–1375), entstanden zwischen 1349 und 1353; Boccaccios hundert Novellen umfassender Zyklus ist ein Hauptwerk der italienischen Renaissance-Literatur. – *Madonna von Cimabue:* Auf dem Altar in der Kapelle der Rucellai in Santa Maria Novella stand seit dem 17. Jhdt. ein großes Tafelbild »Madonna auf dem Thron«, das als ein Hauptwerk des italienischen Malers Cimabue (1240–1302) galt (s. dazu Giorgio Vasari: Künstler der Renaissance, 1. Kap. über Giovanni Cimabue). Die Tafel wird jetzt dem italienischen Maler Duccio di Buoninsegna (1289) zugeschrieben; diese »Madonna Rucellai« ist freilich in Motiv und Bildanlage ähnlich Cimabues Madonnenbild von Santa Trinità. Beide Bilder heute in den Uffizien von Florenz. – *»se paradiso …«:* »sie wüßten sich nicht vorzustellen, daß ein irdisches Paradies, wenn das möglich wäre, anders aussehen könnte als dieser Garten« (Decamerone, Der dritte Tag). – Von Kerr aufgenommen in GS, »Die Welt im Licht«, Bd. 2, »Bei Boccaccio«.

2. Oktober 1898 (Nr. 691)

Drei Wochen: Kerrs letzter Berliner Brief stammte vom 11. 9. (s. BB I, S. 420 ff.); jetzt nahm er die regelmäßige Arbeit wieder auf. – *Uhrenausstellung:* War am 25. 9. geschlossen worden; 60 000 Besucher. – *Krönung von Hollands Königin:* Wilhelmine von Holland war am 31. August 18 Jahre alt und wenige Tage später inthronisiert (nicht: gekrönt) worden; heiratete den deutschen Prinzen Bernhard von Weimar. – *Paul Singer:* Am 16. September wurde Singer wegen seiner Zugehörigkeit zur Sozialdemokratischen Partei die Bestätigung versagt; Begründung der Aufsichtsbehörde: Man könne unmöglich jemanden zur Ausübung staatlicher Funktionen berufen, der ein entschiedener Gegner der Staatsverfassung sei. Kommentar im BT vom 18. 9.: »Das scheint weniger eine staatsmännische Politik zu sein als eine Politik des Polizeigeistes.« – *Stettiner Kaiserrede:* Am 23. 9. zur Eröffnung des Stettiner Hafens: »Es freut mich, daß der alte pommersche Geist in Ihnen lebendig geworden ist und Sie von dem Lande aufs Wasser getrieben hat. Unsere Zukunft liegt auf dem Wasser«; dieser letzte, fast sprichwörtlich gewordene Satz meinte den vom Kaiser betriebenen Aufbau einer Seemacht. – *Ludwig Goldberger (1848–1913):* Einflußreicher Berliner Bankier (s. a. BB I). – *Mit einem Dichter:* Arthur Schnitzler am 2. 6. 1898. – *Der Abend wiegte . . .:* Aus Goethes Gedicht »Willkommen und Abschied«. – *»Venedig in Wien«:* Illusionsausstellung auf dem Prater; ähnliche gab es auch in Berlin. – *Victoriapark:* Neu eingerichtet, am Fuß des Kreuzbergdenkmals. – *Faschoda:* Auseinandersetzung zwischen Frankreich und England um den Handelsplatz Faschoda (seit 1905 Kodok) am oberen Nil im Sudan, den Frankreich am 10. 7. 1898 okkupiert hatte, im November aber schon an England abtreten mußte, das durch Lord Kitchener das obere Nilgebiet für sich beanspruchte. – *Donat und Anton Herrnfeld:* S. Anm. 10. 10. 1897 und BB I, S. 272. – *Martin Bendix:* Sehr populärer Schauspieler im American-Theater, Liedermacher, genannt »der Urkomische« (s. BB I, S. 322 ff., 709); trat auch bei den Brüdern Herrnfeld auf. – *Isidor Blumentopf:* Held in dem Schwank »Endlich allein« (s. BB I, S. 272 und Anm., sowie BB II, 10. 10. 1897). – *vertobakt:* verhauen. – *Schibboleth:* Erkennungszeichen. – *»Hier können Kaffern . . .«:* Verballhornung von »Hier können Familien Kaffee kochen«, bekanntes Schild an den meisten Berliner Ausflugslokalen.

11. Dezember 1898 (Nr. 868)

Rentier Düsterbeck: Hatte am 19. 6. 1897 aus Eifersucht auf seine Ehefrau eingestochen und sie schwer verletzt; Urteil des Landgerichts Potsdam: 4 Monate Gefängnis und 100 Mark Geldstrafe (»vermindert zurechnungsfähig im Augenblick der Tat«); »ein weißer Othello«: BT vom 8. 12. 1898. – *Fall Desdemona:* In Shakespeares Drama »Othello«. – *Eifersucht bei Strindberg:* In »Der Vater«, »Mit dem Feuer spielen«. – *Paul Bourget (1852–1935):* Französischer Essayist und Romancier, Vertreter des psychologischen Realismus (»Anti-Zola«); erfolgreich mit »André Cornélis«(1887), »Le disciple«(1889) und »Cosmopolis« (1890), Roman vom Gelobten Land. – *Fjodor Michailowitsch Dostojewski (1821 bis 1881):* Wahrscheinlich Anspielung auf die Erzählung »Der ewige Gatte«. – *Martin Kirschner (1842–1912):* Oberbürgermeister von Berlin, der eineinhalb Jahre lang auf seine Bestätigung durch den Kaiser wartete; gewählt im Juni 1898, Bestätigung am 23. 12. 1899 (s. a. BB I, S. 395

u. a.). – *Kaisers Rückkehr:* Von seiner im Oktober begonnenen Reise in den Orient (Palästina, Türkei, s. a. BB I, S. 427 ff. und 446 ff.). – *Wittenberg:* Luther war 1508 in das 1502 errichtete Augustinerkloster versetzt worden, hielt als Doktor der Theologie Vorlesungen; Anschlag seiner schließlich zur Reformation führenden 95 Thesen am 31. 10. 1517 am Portal der Schloßkirche; am 13. 6. 1525 heiratete er die ehemalige Nonne Katharina von Bora. – *Auch Hamlet:* Laut Bericht des dänischen Chronisten Saxo in seiner »Historia danica«; s. a. Gerhart Hauptmanns Drama »Hamlet in Wittenberg« (1935). – *»Menelai Hausfrau«:* Frau des Menelaos, Königs von Sparta, die Paris nach Troja entführt hatte. – *Gehenna:* Hebr. Tal der Söhne Hinnom, im Neuen Testament Bezeichnung für Hölle. – *Philipp Melanchthon (1497–1560):* Theologe, Humanist, engster Mitarbeiter Luthers.

18. Dezember 1898 (Nr. 886)

»Das Kleine Journal«: »Zeitung für alle Gesellschaftsklassen. Betont das Pikante«; gegründet 1878 (erschien bis März 1935), Redaktion Friedrichstraße 239, Chefredakteur Dr. Leo Leipziger; am 9. 12. erschien folgende gegen Kerr gerichtete Notiz: »Mit durchgefallenen Stücken wird in Berlin bekanntlich seit einiger Zeit ein Götzendienst getrieben, der zwar von Urteilslosigkeit und Verblendung zeugt, aber doch auch zugleich seine unvergleichliche Drolerie besitzt. So heißt es in einem Aufsatz über ›Fuhrmann Henschel‹ in dem neuesten Heft der Neuen Deutschen Rundschau (Berlin S. Fischer) über Hauptmanns ›Florian Geyer‹: ›Das einzige Beethovensche Werk unserer Tage ist der „Florian Geyer". Zuerst wieder, nach den Irrtümern eines Jahrhunderts, klingt es hier stark und wild und aus der Tiefe.‹ Die Wahrheit ist, daß ›Florian Geyer‹ im Deutschen Theater kaum zu Ende gespielt werden konnte und daß das Publikum in einer Szene, in welcher die Bauern von den Junkern gepeitscht werden, nach dem Vorhang schrie. Selbst viele Verehrer Hauptmanns erklärten den ›Florian Geyer‹ für ein verfehltes Drama: dies ›einzige Beethovensche Werk unserer Tage‹.« – *Hans Land (Hugo Landsberger, geb. 1861):* Schriftsteller, Romane, Novellen, Schauspiele (»Die heilige Ehe«, »Um das Weib«, »Schlagende Wetter«; s. a. BB I, S. 264); die von ihm herausgegebene Wochenschrift »Das neue Jahrhundert« (Beiträger Paul Ernst, Bertha von Suttner, Conrad Alberti, Karl Bleibtreu, Georg Brandes u. a.) erschien von Oktober 1898 bis 1902. – *Börsen-Asra:* Börsen-Freund; Asra bei Heinrich Heine für Odhra, einen arabischen Stamm; bekannt durch Liebesgeschichten von »Leuten, welche sterben, wenn sie lieben«. – *Dr. Rudolph Steiner (1861–1925):* Hatte von 1889 bis 1896 die Naturwissenschaftlichen Schriften in der Weimarer Goethe-Ausgabe bearbeitet, seit 1897 (bis September 1900) mit O. E. Hartleben Herausgeber des »Magazins für Literatur« in Berlin, an dem Kerr bis

1895 mitgearbeitet hatte. Steiner wurde später der Begründer der Anthroposophie; »Goethes Weltanschauung«, 1897; »Philosophie der Freiheit«, 1894. – *Gabrielle Réjane (1859–1920):* Gefeierte französische Schauspielerin (s. BB I, S. 319). – *Jane Hading (1861–1933):* Französische, international auftretende Schauspielerin; »Frou Frou«, »Thérèse Raquin«; ihr Gastspiel vom 15. bis 23. 12. 1898 begann mit ihrer Glanzrolle, der Kameliendame; es folgten »Der Hüttenbesitzer«, »Die Prinzessin von Bagdad«, »Adrienne Lecouvreur« und »Frou Frou«. Fritz Mauthner im BT am 16. 12: »Sie ist eine Nachahmerin der Duse.« Maximilian Harden stellte sie über die Duse (in »Die Zukunft«). – *Als die Duse ... Kameliendame:* Im Lessing-Theater im Januar 1893. – *Adolf Stoecker (1835–1909):* Theologe, Hof- und Domprediger in Berlin 1874–1890; antisemitischer Politiker, einflußreich, MdR 1881–1893 und 1898–1909. – *»Das Volk«:* Von Stoecker herausgegebene Zeitschrift. – *unser Isidor:* Maximilian Harden, der sich hatte taufen lassen. – *Hans Delbrück (1848–1929):* Historiker, Nachfolger Treitschkes an der Berliner Universität 1883–1919, Herausgeber der »Preußischen Jahrbücher«. – *Angriff Hardens auf Delbrück:* In »Die Zukunft«, 30/1898, S. 450 ff. Harden hatte in seiner Zeitschrift die »Deutsche Geschichte« von Karl Lamprecht sehr gerühmt; Delbrück warf Lamprecht (Preußische Jahrbücher, Dezember 1897) Plagiierung vor, sprach von »Humbug«, der Arbeit sei kein wissenschaftlicher Wert zuzuerkennen, Lamprecht solle seine Professur niederlegen. Auch Harden wurde in die Polemik einbezogen. Er gab Lamprecht Raum für seinen »Epilog« und kommentierte anschließend selbst: »Der von Treitschke mit dem Namen Hans Taps – und mit anderen noch weniger angenehmen Spitznamen – gezierte Herr ist wütend darüber, daß die Deutsche Geschichte mehr Käufer findet als seine Werke [...] ich hatte schon früher Herrn Delbrück, obgleich ich ihn als Politiker damals bereits für eine kläglich-komische Figur hielt, zur Mitarbeit aufgefordert, weil ich meinen persönlichen Geschmack nicht zur Norm dessen mache, was ich einem großen Leserkreis zu bieten und zu versagen habe, und weil man, wie mir scheint, bekannten Persönlichkeiten nicht die Gelegenheit nehmen darf, sich auch einmal im hellsten Licht zu blamieren. Über Anstandspflichten kann ich mich mit Herrn Delbrück nicht unterhalten.« (Delbrück hatte Harden vorgeworfen, er habe die Anstandspflichten eines Redakteurs verletzt.) Es folgen Vorwürfe gegen Delbrücks polenfreundliche Politik in den »Preußischen Jahrbüchern«, u.a.: »der Unwille über das Treiben der Clique Delbrück–Lenz hat einen Grad erreicht, der selbst Ministerialdirektoren nicht mehr lange verborgen bleiben kann«. Kerr, gegen Harden in einem zunehmend polemisch-diffamierenden Verhältnis, nahm den Professorenstreit zum Anlaß neuer Angriffe auf Harden. Der Streit Harden–Delbrück eskalierte zu gegenseitiger gerichtlicher Klage we-

gen Beleidigung. Verhandlung vor dem Schöffengericht am 6. 12. 1898
(s. Anm. 29. 1. 1899). – *Rudolf Virchow (1821–1902):* Pathologe, bedeutender Gelehrter, Begründer der Zellularpathologie, politisch engagiert als Liberaler im Preußischen Abgeordnetenhaus.

1899

1. Januar 1899 (Nr. 1)
Alfred de Musset (1810–1857): Romantischer, von Kerr sehr verehrter
französischer Dichter. Kerr übersetzt und zitiert sein »Lied«. – *Christoph Moritz von Egidy (1847–1899):* Oberstleutnant; gründete 1891 in
Berlin die Monatsschrift »Versöhnung«; Leitwort: »Die Religion nicht
mehr neben unserem Leben – unser Leben selbst Religion«; im Alter
von 52 Jahren am 29. 12. 1898 gestorben; Nachruf im BT: »Eine wirklich reine Seele ist von uns geschieden.« – *»edel sei der Mensch . . .«:*
Goethe, »Das Göttliche«. – *Hans Joachim von Ziethen (1699–1786):*
Preußischer Reitergeneral, zeichnete sich, nachdem er Chef der Leib-
husaren Friedrichs des Großen geworden war, im 2. Schlesischen
Krieg und im Siebenjährigen Krieg durch heldenhafte Taten aus. –
Wilhelm von Polenz (1861–1903): Realistischer Erzähler und Dramatiker, Stoffe aus der bäuerlichen Welt der Gründerzeit; seine Tragödie
»Andreas Bockholdt« erschien 1898. – *Buchhändler, der Sohn eines be-
rühmten Gelehrten:* Nicht ermittelt. – *Umkrempelung des Tiergartens:*
Auf Wunsch des Kaisers Abholzung der Bellevue-Allee und der Lui-
seninsel, um »Schmuckplätze und Blumenparketts« anzulegen. – *Gräfin Melanie:* »Nur für Natur hegte sie Sympathie, unter Bäumen süßes
Träumen liebte Gräfin Melanie«; Walzer des Marchese aus der Operette »Der lustige Krieg« von Johann Strauß. – *»Ich sprach zu meinem
Herzen . . .«:* Von Musset (s. o.). – *»de consolatione philosophiae«:* Über
die Tröstung der Philosophie; Schrift des spätrömischen Philosophen
Anicius Manlius Severinus Boethius (um 480–524); das im Gefängnis –
vor seiner Hinrichtung – geschriebene Werk war eines der am meisten
gelesenen Bücher des Mittelalters. – *Tod Friedrichs III.:* Am 15. 6. 1888.

29. Januar 1899 (Nr. 73)
Christoph von Tiedemann (1836–1907): Leiter der Neuen Reichskanzlei
1878–1881, Regierungsrat in Bromberg 1881–1893, MdR 1898–1906, Publizist. – *Hakatisten:* Bezeichnung für die Mitglieder des am 3. 11. 1894
von Hansemann, Kennemann und Tiedemann gegründeten Ostmar-
kenvereins zur Förderung des Deutschtums in der Ostmark (West-
preußen) und der deutschen Siedlungspolitik in den ehemals polnischen Gebieten. – *Ferdinand von Hansemann (1861–1900):* Besitzer der
Herrschaft Pempowo-Posen; betrieb die Germanisierung des preußi-

schen Ostens; von Polen sehr angefeindet. – *Hermann Kennemann (1815–1910):* Mehrfacher Rittergutsbesitzer, bekämpfte das Anwachsen der polnischen Bevölkerung durch Ansiedlung Deutscher im Bezirk Posen. – *Prozeß Harden–Delbrück:* Endete mit der Rücknahme der gegenseitigen Klagen. Kerr zu dem Prozeß in der »Frankfurter Zeitung« vom 24. 1. 1899: »Den Gegnern ist Recht geschehen. Wozu der Aufwand? Als ob es einer Gerichtsverhandlung bedürfte, um das Unwahrhaftige dieser Erscheinung [Harden] darzutun. Sie ist eine der unehrlichsten der Gegenwart und hat wirklich vor Jahr und Tag schon ihren letzten Betrug verübt. Schade! Der Mann würde Besseres geleistet haben, wenn man ihm in der Jugend das Lügen abgewöhnt hätte. Oder vielleicht liegt grade darin seine Individualität? Er lieh dem Schwindel den sittlichen Ernst.« – *Joseph Theodor Stanislaus von Kosciol-Koscielski (1845–1911):* Rittergutsbesitzer, lyrisch-dramatischer Dichter, polnisches MdR 1884–1894, lebte in Berlin (s. BB I, S. 84). – *Justizrat Sello:* Angesehener Strafverteidiger in Berlin; sollte Harden verteidigen, hatte aber schon Delbrücks Verteidigung übernommen; Sello verfaßte die Anklageschrift gegen Harden; trat auch als Lyriker hervor; Kerr besprach seine Gedichte »Ein später Strauß« in »Der Tag« 29. 12. 1904. – *zur Zeit Caprivis:* Leo Graf von Caprivi war vom 20. 3. 1890 bis 26. 10. 1894 Reichskanzler. – *Borschtsch:* Russische Gemüsesuppe mit Roterüben. – *Kapuschniak:* Kohlsuppe. – *Piroggen:* Russische Pastete aus Hefeteig mit Fleisch-, Fisch- oder Pilzfüllung. – *Schlachzize:* Schlachtschitzen: Polnische adlige Gutsbesitzer, die für die nationale Unabhängigkeit Polens kämpften. – *der Apostat:* Harden. – *mit Herrn Mehring:* Franz Mehring hatte 1890 (noch vor Hardens Gründung der »Zukunft«, Nr.1: 1. 10. 1892) den aufstrebenden Harden um einen polemischen Beitrag gegen Paul Lindau gebeten für die »Volkszeitung«, deren Redakteur Mehring war; der Aufsatz erschien dort anonym (s. dazu »Die Zukunft«, 28. 5. 1898: »Eine Infamie«, S. 379–381). – *Otto Erich Hartleben (1864–1905):* Erfolgreicher realistischer Dramatiker und Lyriker. – *Deroute:* Zusammenbruch, Preisgabe. – *emporgekommene Gestalt:* Kerrs Neigung, den von vielen geachteten Harden in der Öffentlichkeit denunzierend zu verhöhnen, fand in diesem eher beiläufigen Prozeß reichlich Stoff. – *ein Fritz Friedmann:* Ein glänzender, aber nicht integrer Advokat (s. BB I, S. 55 f. u. a.). – *Wronker:* Warenhausbetreiber in Berlin. – *die vierzehn Tage in München:* Harden war am 28. 4. 1898 vom Schöffengericht des Königlichen Amtsgerichts München I »wegen groben Unfugs« zu einer Haftstrafe von vierzehn Tagen verurteilt worden. Gegenstand des Verfahrens war Hardens Artikel »König Otto« über den (geisteskranken) bayerischen König in Nr. 29/1898 der »Zukunft«. – *sechsmonatige Festungshaft:* Im Oktober 1898 wurde Harden vom Kammergericht in Moabit wegen vierfacher Majestätsbeleidigung (Beispiel: »Großvaters

Uhr« in »Die Zukunft«) zu sechs Monaten Festungshaft verurteilt.
Harden hatte am 25. 6. 1898 in einem langen Brief »An den Kaiser« die
Anklagen kommentiert und dann geschrieben: »Sie werden, Herr
Kaiser, schmählich seit Jahren belogen. Die Stimmung ist nicht so, wie
sie Ihnen geschildert wird«; Harden beschwört den Kaiser, jenseits der
Höflingsschmeichelei die Wirklichkeit zu erkennen. Kommentar
Hardens nach der Verurteilung: »Auf der Anklagebank« in »Die Zu-
kunft«, 12. 11. 1898: »Wenn das gegen mich verhängte Urteil in Leipzig
bestätigt wird und Rechtskraft erlangt, ist für einen ernsten politischen
Publizisten im Deutschen Reich künftig kein Raum.« – *Julius Robert
Bosse (1832–1901):* Preußischer Kultusminister 1892–1899. – *Johannes
von Miquel (1828–1901):* Preußischer Finanzminister 1890–1901 (s. BB I,
S. 237 ff., 698). – *Ernst Matthias von Köller (1841–1918):* Preußischer In-
nenminister 1894–1895, Vertreter der »Umsturzvorlage«, Gegner der
Sozialdemokratie (s. BB I, S. 27 ff.). – *bei der kohlensauren Marie:* »Bü-
lows Mariechen« betrieb an der Potsdamer Brücke einen Kiosk (s. BB
I, S. 295 u. a.).

12. Februar 1899 (Nr. 109)
Amalie Joachim (1837–1899): gen. Weiß, geb. Schneeweiß, Konzert- und
Opernsängerin, verheiratet mit Joseph Joachim; jahrzehntelang glanz-
volle Konzert-, Lieder- und Oratoriensängerin. – *Joseph Joachim
(1831–1904):* Violinvirtuose und Komponist von Violinkonzerten, Ou-
vertüren und Orchestermärschen. – *Klara Schumann geb. Wieck
(1819–1896):* Virtuose Pianistin, Lehrerin am Hochschen Konservato-
rium in Frankfurt. – *Robert Schumann (1810–1856):* Komponist und Mu-
sikschriftsteller; von Kerr sehr geschätzt, der sich – nach Schumann – als
»Davidsbündler« bezeichnete; s. Schumanns Gesammelte Schriften
über Musik und Musiker. – *Callot-Hoffmann:* S. E. T. A. Hoffmanns
»Fantasiestücke in Callots Manier«, 1814. – *»O du Ent– –«:* »O du Ent-
riß'ne mir und meinem Kusse«; Schlußzeilen: »Ich halte dich in dieses
Arms Umschlusse / Sei mir gegrüßt, sei mir geküßt.« – *Herr von Kröcher
und Herr von Kayser:* Junge Offiziere, denen wegen gewerbsmäßigen
Glücksspiels der Prozeß gemacht wurde (s. BB I, S. 520 ff., 729). – *Dios-
kuren:* Gemeint sind die beiden unzertrennlichen Zeus-Söhne Kastor
und Pollux. – *tarpejischer Fels:* Fels in der Nähe Roms, von dem die ver-
urteilten Verbrecher in den Tod gestürzt wurden. – *Gustav Freytag:*
Über die wirtschaftlichen Fähigkeiten des Adels in »Soll und Haben«. –
Otto Fuchs-Talab (geb. 1892): Sekretär des österreichischen Lloyd, schrieb
Novellen und Schauspiele (»Schönheit«, 1892; »Edelfäule«, 1901).

19. Februar 1899 (Nr. 127)
Liebermann, Skarbina, Leistikow: Diese Maler hatten am 2. 5. 1898 aus
Protest gegen die engen ästhetischen Maßstäbe der Akademie für die

jährliche große Kunstausstellung die »Sezession« gegründet (Präsident Max Liebermann; 1. Sekretär Walter Leistikow; Franz Skarbina kam 1900 in den Vorstand). Anfang 1899 suchte der Vorstand nach einem eigenen Ausstellungsgelände und verhandelte wegen der Gartenparzelle neben dem neuerbauten Theater des Westens. – *Dieses Bühnenhaus:* S. dazu Kerrs Eröffnungsbericht in BB I, S. 205 ff.; dort sah er schon den »Pleitegeier« über dem Haus. – *Freilichtmalerei:* Die moderne Kunstbewegung brach aus den Ateliers aus in die Natur, »Freilichtmalerei« war ein Sammel- wie ein Kampfbegriff. – *Provinz Posen:* 1815–1919 preußisch, ihre Bevölkerung zu zwei Dritteln polnisch; im deutschen Reichstag hatte sie eine eigene Vertretung. – *je reçois tous les mardis:* Ich empfange jeden Dienstag. – *se non è Verdi …:* Wenn es nicht Verdi ist, ist es wohl der Troubadour. – *Tante aus Polzin u. a.:* Schlager, die Kerr in seinem Berliner Brief vom 31. 7. 1898 schilderte (s. BB I, S. 404 ff.). – *das rote Haus in der Königsstraße:* Das Rote Rathaus in Berlin, Haus der Abgeordnetenversammlung. – *Wilhelm Hermann Stockmann:* Konsistorialpräsident von Wiesbaden, MdR Juni 1898 bis September 1905. – *der ein Stockmann wäre:* Kerr meint den mutigen, kämpferischen Badearzt Dr. Stockmann aus Ibsens »Ein Volksfeind«.

5. März 1899 (Nr. 163)
Papst: Leo XIII., d. i. Vicenzo Gioacchino Pecci, geb. 1810; Papst 1878–1903; schrieb formvollendete lateinische Enzykliken und Hymnen, imponierte durch majestätisches Auftreten und geistige Interessen. – *Zentrumpf-Partei:* Kerrsche Ironie; die 1870 gegründete katholische Zentrums-Partei hatte seit 1890 mit etwa 100 Sitzen die Mehrheit im Reichstag; sie wurde 1898 durch die Wahlen bestätigt. – *Sang an Aegir:* Komposition des deutschen Kaisers, 1896. – *Gigantenbau:* Das Kolosseum in Rom. – *L'Avanti:* Der Vorwärts; italienische offizielle Tageszeitung der sozialistischen Partei in Mailand, gegründet 1897. Kerr im Notizbuch seiner Italienreise: »Auf den Stufen des Vatikan sitzend; nachher kaufe ich mir Avanti, Avanti!, das sozialistische Blatt. Hier ist die Zukunft.« – *die vierte Macht:* Die sozialistische Bewegung. – *die dritte Macht:* Die bürgerliche Republik. – *Kanossagänger Heinrich … einem deutschen Dichter:* Der Gang Heinrichs IV. nach Canossa in Heines Gedicht »Heinrich«; »der die Schlange …« sind die letzten beiden Verszeilen. – *Don Davide Albertario:* Wurde in Rom verhaftet im Zusammenhang mit den Tumulten von 1898 gegen den Anstieg der Brotpreise in Mailand und Florenz, die die Regierung als Gefahr eines sozialistischen Umsturzes wertete. – *»Teutones in pace«:* Friede den Deutschen. – *homines in pace:* Friede den Menschen. – *Friedrich Spielhagen:* S. BB I, S. 132 f., sowie Anm. 7. 8. 1898. – *Ein Vierundsiebzigjähriger:* Ludwig Pietsch (s. BB I, S. 5 ff.). – *letzte Nummer der »Zukunft«:* Nr. 27/1898, S. 395–407; Franz Mehring (inzwischen mit Harden ent-

zweit, s. Anm 29. 1. 1899) hatte die Flugschrift »Herrn Hardens Fabeln« veröffentlicht; Harden korrigiert in seiner Rubrik »Notizbuch«
darin enthaltene Behauptungen und kommentiert seine Sicht auf den
Prozeß mit Delbrück. – *»Cobdenismus«:* Richard Cobden (1804–1865)
vertrat den Gedanken des wirtschaftspolitischen Liberalismus. – *in
Weichselmünde:* Harden im Rückblick auf seine lange Haft: »Sechs
Monate und einen halben war ich fort gewesen, verschickt, in die
feuchte Kaserne 11 der königlich preußischen Festung Weichselmünde eingesperrt« (Bericht über seine Rückkehr in »Die Zukunft«,
9. 12. 1899).

2. April 1899 (Nr. 232)

Familie Rosengart: Der Mord an dem Gutsherrn Rosengart, der in Gegenwart seiner Frau von einem Schuß durchs offene Fenster getötet
wurde, schien ein Mord auf Bestellung zu sein. Die Angeklagte wurde
freigesprochen (s. a. BB I, S. 555 und 731). – *Sudermann im jüngsten
Drama:* »Die drei Reiherfedern«, 1898; Knecht Lorbaß, Figur im
Stück. – *Becker und Stantien:* Die Firma Stantien und Becker besaß das
Bernsteinmonopol in Preußen. – *Prinz Witte:* Figur im Stück. – *gum-
binnisch:* Gumbinnen: Regierungsbezirk im ehemaligen Ostpreußen. – *Immanuel Kant:* Geboren in Königsberg, hat Ostpreußen nie
verlassen. – *diable boiteux:* hinkender Teufel. – *Alain-René Lesage
(1668–1747):* Französischer Dichter; veröffentlichte 1707 nach der spanischen Vorlage »El diabolo conjuelo« von Luis Vélez Guevara y Due-
ñas seinen Roman »Le diable boiteux«. – *die züchtige Hausfrau:* Aus
Schillers »Lied von der Glocke«. – *Lassalles Breslauer Knabentagebuch:*
Herausgegeben von Paul Lindau unter dem Titel »Tagbuch«, Breslau
1891. – *O lieb', solang …:* Gedicht von Ferdinand Freiligrath »Der
Liebe Dauer«, vertont von Franz Liszt. – *schöne Männer sind schwach:*
Fontane in »Irrungen, Wirrungen«, 5. Kapitel: »Alle schönen Männer
sind schwach, und der Stärkre beherrscht sie.« – *femme à hommes:* Frau
für Männer. – *Sonnenaufgangsstück:* »Vor Sonnenaufgang«, U Freie
Bühne, Berlin 20. 10. 1889. – *Séverin:* Theodor Wolff, Korrespondent
des BT in Paris, hatte am 17. 12. 1898 auf ihn aufmerksam gemacht:
»Eine der merkwürdigsten künstlerischen Erscheinungen in Paris.
Sein Gebiet ist die Pantomime […] ein außerordentlicher Künstler
[…]. Ich glaube, daß ›Chand d'habits‹ (Der Kleiderhändler) auch in
Berlin einen starken Eindruck machen würde.« Zwei Tage später mel-
dete das BT, daß Séverin und seine Truppe zu einem Gastspiel ins
Apollo-Theater verpflichtet sind. – *Leo Hirschfeld (1869–1924):* Schrift-
steller und Dramaturg; »Die Lumpen«, U Carl-Theater Wien 4. 12.
1898; Lessing-Theater 30. 3. 1899. – *fou lunaire:* mondsüchtig. – *Ruggiero
Leoncavallo (1857–1919):* Errang 1892 mit seiner Oper »Der Bajazzo«
(Pagliacci) einen Welterfolg. – *Trappisten:* Reformierte Zisterzienser

mit strengen Lebensregeln, darunter Schweigepflicht. – *wo Treitschkes Brief sei:* Frage aus dem Prozeß Delbrück–Harden; s. BB, 18. 12. 1898. Harden dazu: »Treitschke hat die Mitarbeit an der ›Zukunft‹ nicht rundweg abgelehnt, sondern [...] von Fall zu Fall in höflichen Briefen erklärt, weshalb er im Augenblick nicht den gewünschten Beitrag geben könne – und die Herrn Schiemann und Delbrück haben nicht den Schatten eines Beweises dafür vorgebracht, daß ich den Lesern der ›Zukunft‹ Unwahres mitgeteilt habe.« (Nr. 27/99, S. 398). – *Skowronnek, Hirschfeld, Ernst Wichert:* Von Kerr wiederholt kritisierte Dramatiker; s. BB I. – *Rudolf Stratz:* S. Anm. 24. 3. 1895. – *Richard Voß (1851–1918):* Schrieb anfangs vor allem erfolgreiche, jedoch bedeutungslose Schauspiele: »Unfehlbar«, 1874; »Regula Brandt«, 1883; »Schuldig!«, 1892 u. a. – *Auch ich war in Breslavien geboren:* Paraphrase auf »Auch ich war in Arkadien geboren« aus Schillers Gedicht »Resignation«. – *Ellenmalche:* Breslauer Original; Kerr erinnert sich an sie im Brief vom 29. 8. 1897 (BB I, S. 303).

7. Mai 1899 (Nr. 319)

»En te perdant ...«: Indem ich dich verliere, fühle ich, daß ich dich geliebt habe. – *drei neue Stücke von Schnitzler:* »Die Gefährtin«, »Der grüne Kakadu« und »Paracelsus«; im DT 29. 4. 1899; kurze Rezension Kerrs in der »Breslauer Zeitung« vom 1. 5. 1899. – *Was vor wenig Monden:* Kerr hatte sich in ein junges Mädchen namens Julia verliebt, spürte wohl schon den nahenden Abschied, der auf seiner bevorstehenden Reise nach Frankreich auch vollzogen wurde (s. u.). – *Brentano: »Was ist Scheiden ...«:* In »Godwi«, 1. Bd. – *En te trouvant ...:* Wenn ich dich wiederfinde, werde ich dich immer noch lieben. – *Racker:* Schelm, Spitzbube. – *Mit Satire, Ironie, tieferer Bedeutung:* Anspielung auf Grabbes Komödie »Scherz, Satire, Ironie und tiefere Bedeutung«. – *Herrmann:* Der Schuhmacher Franz Herrmann hatte im August 1885 seine Frau umgebracht, die Leiche im Keller seines Hauses eingemauert, die bei Umbauarbeiten im Januar 1899 entdeckt und identifiziert wurde. Der Prozeß begann am 27. 4.; Schuldspruch wegen Totschlags am 2. 5.: 15 Jahre Zuchthaus. – *Busse:* Der Barbier Friedrich Wilhelm Busse hatte die Kellnerin Sidonie Hermann umgebracht. Wegen räuberischen Diebstahls und Totschlags wurde er am 3. 5. zu lebenslänglichem Zuchthaus verurteilt. – *Rosengart:* S. Anm. 2. 4. 1899. – *Guthmann:* Der Schneider Hugo Guthmann war des Mordes an einem Fräulein Singer angeklagt. Der Prozeß endete am 26. 4. 1899 mit Freispruch (s. BB I, S. 486–488). – *»Unterm Birnbaum«:* Klassische Kriminalerzählung, 1885. – *Auch die Sandrock:* Adele Sandrock (1863–1935) war 1898 aus dem Burgtheater in Wien ausgeschieden und ging – bis zum neuen Engagement 1903 ans Deutsche Volkstheater Wien – auf Tournee. – *In vierzehn Tagen:* Kerr begann seine neue Reise nach Paris Ende Mai.

11. Juni 1899 (Neue Hamburger Zeitung, Nr. 269)
Brief aus der Normandie: Kerr war Ende Mai von Berlin zur Frankreich-Reise aufgebrochen, anscheinend zu Schiff von Hamburg oder Bremerhaven aus. Halt auf der Insel Wight. Von dort am 2. Juni zu Schiff nach Cherbourg. – *dies Land, dies England:* Shakespeare, »Richard der Zweite«, II,1. – *die Neigung unseres Kaisers:* Wilhelm II., Enkel der Queen Victoria, kreuzte beim Besuch der Großmutter gern mit seiner Yacht in diesen Gewässern. – *»Auguste Victoria«:* Das neue Schiff der Hamburg-Amerika-Linie war auf den Namen der jungen Kaiserin getauft und galt als einer der »größten, schnellsten und komfortabelsten Dampfer der Welt«. – *Schluß der beiden Grenadiere:* Heine, »Die Grenadiere«: »Dann steig ich gewaffnet empor aus dem Grab – / Den Kaiser, den Kaiser zu schützen!« – *allons enfants . . . :* Refrain der Marseillaise. – *herumgestrolcht:* Kerr und sein Freund besuchten Sainte-Adresse, kamen nach Trouville (4. 6.); erst am 7. 6. fuhren sie auf der Seine von Havre nach Rouen und erreichten abends Paris. – *»Maupassant«:* In den Novellen und Romanen erzählt Guy de Maupassant (1850–1893) gern von Fischern und Bauern der Normandie. – *calembourgs:* Wortspiele, Witzchen, auch Kalauer. – *der kleinen Festungsstadt:* Cherbourg. – *die Bastille erstürmt:* Das Gefängnis in Paris am Beginn der Revolution von 1789. – *Il soupire«:* Er seufzt. – *»l' n' cherchent . . .«:* »Sie suchen nicht die Schönheit, sie suchen die Frauen!« – *von Zola wußte sie bloß:* S. Anm. 3. 9. 1899. – *»Germinal«:* Roman Zolas über die Bergarbeiter, 1885. – *ça n'finira jamais:* Das wird niemals enden. – *bateau:* Boot. – *Cœur de Jésus, sauve la France!«:* Herz Jesu, rette Frankreich!

25. Juni 1899
Am 25. 6. veröffentlichte die »Breslauer Zeitung«, da die Briefe aus Berlin ausblieben, eine »Skizze« von Alfred Kerr: »Sie saß auf einem Steine«: ein Amtsrichter, der eben seine Frau verloren hat, sieht sie wieder vor sich in dem Moment, in dem er sich in sie verliebte: auf einem Stein im Wasser sitzend. Einer der wenigen Versuche Kerrs in poetischer Prosa. – Auf Abdruck verzichtet.

2. Juli 1899 (Nr. 457)
begrub ich ihr Angedenken: Das Notizbuch Kerrs von der Frankreich-reise gibt Aufschluß über die Leidenschaft Kerrs für eine junge Frau namens Julia, von der er – eifersüchtig – befürchtete, daß sie ihn belüge. Er glaubte ihren Telegrammen nicht, die das Gegenteil versicherten. »Sie lügt. Von da ab entsetzliche Qual. Paris ganz verleidet, obgleich es so schön ist.« Am 20. Juni: »Die schlimmste Qual seit langer Zeit. Ich trenne mich von ihr, das habe ich heut Nacht beschlossen.« – *Henri Becque (1837–1899):* Französischer Dramatiker, Vorkämpfer des Naturalismus, Stücke mit scharfer Gesellschaftskritik; rief

durch »Les corbeaux« einen Theaterskandal hervor. Seine Gedichte
warmherzig, aber auch sarkastisch. Becque war am 12. Mai gestorben.
Kerrs Übersetzung schon im Notizbuch. – *Dr. A. E.*: Arthur Eloesser
(1870–1938): hatte zeitgleich mit Kerr in Berlin Germanistik und Ro-
manistik studiert und 1893 promoviert. Begann 1890 als Theaterkriti-
ker bei der »Vossischen Zeitung«; dort Nachfolger Paul Schlenthers,
als dieser 1898 Direktor des Burgtheaters wurde; veröffentlichte 1904
»Literarische Porträts aus dem modernen Frankreich«; Kerr über ihn:
»Eloesser ist der Typ des gebildeten Außenseiters, ein Bürgersohn vom
Stamme derer, die fähig sind, Zureichendes zu sagen und niemals das
Letzte« (»Der Tag«, 5. 6. 1904). – *Catulle Mendès (1841–1909):* Kritiker,
Autor von formvollendeten leichten Gedichten und Salonromanen,
Anhänger Wagners in Paris. Hatte z.B. die schaurig-schöne Panto-
mime »Der Kleiderhändler« nach einer Novelle Théophile Gautiers
für Séverin (s. Anm. 2. 4. 1899) geschrieben. – *Cherubim:* Mischgestalt
aus Tier und Mensch in den altorientalischen Religionen; in der christlichen Tradition als Engel angesehen. – *Harpyien:* Im griechischen
Mythos weibliche Unheildämonen mit Flügeln und Vogelkrallen, die
Menschen entführen. – *Eines liegt unten:* Grab Napoleons im Invalidendom in Paris. – *Constant Coquelin (1841–1909):* Führender französischer Schauspieler, vor allem in der klassischen Komödie. – *»Plus
que reine«:* Schauspiel von Auguste Émile Bergerat, Paris 1899. – *Bühne
am Sankt-Martins-Tor:* Théâtre de la Porte Saint-Martin in Paris. –
Ferdinand Suske (1857–1907): Kam 1891 vom Deutschen Hoftheater in
St. Petersburg nach Berlin ans KSCH; 1895–1899 am Lessing-Theater
engagiert, ging dann ans Hoftheater in München. – *»Madame Sans-
Gêne«:* Lustspiel von Victorien Sardou. DE Lessing-Theater 13. 1.
1894. – *Horace Vernet (1789–1863):* Französischer Maler und Graphiker,
Militär- und Kriegsbilder. – *Helmuth Graf von Moltke (1800–1891):*
Preußischer Generalfeldmarschall; gab im Krieg 1866 und im Deutsch-
Französischen Krieg 1870/71 alle Weisungen für die Heeresführung. –
Hippolyte Taine (1828–1893): Französischer Historiker und Geschichts-
philosoph; von großem Einfluß in der Dritten Republik. – *die neueren
Memoiren:* »Studien zur Kritik und Geschichte«, hrsg. von Georg Brandes, 1898. – *Josephine Beauharnais (1743–1814):* Erste Frau Napoleons
(1796–1809), Kaiserin der Franzosen. – *Marie Louise (1791–1847):* Toch-
ter von Kaiser Franz II., geb. in Wien; seit 1810 zweite Frau Napoleons. – *Cherbourg:* An der Küste der Normandie, wurde von Napoleon als Kriegshafen ausgebaut und planmäßig befestigt. – *Alfred de
Musset:* S. Anm. 1. 1. 1898. Kerr zitiert Mussets »Grablied«: »Ihr lieben
Freunde, wenn ich sterbe, / Pflanzt auf das Grab mir eine Weide. / Ich
lieb ihr Laub, das tränenherbe, / So sanft ist sie in bleichem Leide. / Ihr
Schatten wird sehr leicht der Erde, / In der ich ewig schlafen werde.«
(Nachdichtung von Alfred Neumann) – *Ludwig Börne (1786–1837):*

Politisch und sozial engagierter Schriftsteller des »Jungen Deutschland«, Kritiker und Publizist, war 1830 endgültig nach Paris übergesiedelt und dort am 12. 2. 1837 gestorben. Seine »Briefe aus Paris« waren Vorbilder für Kerrs Briefe aus Berlin. – *Spanien als ein Muster:* In »Menzel der Franzosenfresser« (1836), Börnes letztem Werk. – *Pierre-Jean David d'Angers (1788–1856):* Französischer Bildhauer des Klassizismus. – *Frédéric Chopin:* Polnischer Komponist, 1810 geboren, am 17. 10. 1849 in Paris gestorben. – *Pierre-Jean de Béranger:* Der populärste französische Liederdichter, 1780 geboren, am 16. 7. 1857 in Paris gestorben. – *Molière:* Starb am 17. 2. 1673 in Paris. – *Jean de La Fontaine:* Schriftsteller, berühmt durch seine Fabeln, 1621 geboren, starb am 14. 4. 1695 in Paris. – *Jean-Baptiste Racine:* Mit Corneille Schöpfer der französischen Tragödie, 1639 geboren, am 21. 4. 1699 in Paris gestorben. – *Pierre-Augustin Caron de Beaumarchais:* Französischer Dramatiker (»Die Hochzeit des Figaro«), 1732 geboren, starb in Paris am 18. 5. 1799. – *Honoré de Balzac:* Der große Romancier der französischen Gesellschaft um 1830, geboren 1799, am 18. 8. 1850 in Paris gestorben. – *Rachel:* Eigtl. Elisa Rachel Félix (1820–1858), bedeutendste französische Tragödin, Mitglied des Théâtre français, belebte durch ihr hinreißendes Spiel die klassische französische Tragödie neu; sie starb am 3. 1. 1858 in Canet (bei Cannes). – *Abälard und Heloise:* Bekanntestes Liebespaar des Mittelalters, berühmt durch seinen Briefwechsel. – *Heinrich Heine:* Am 17. 2. 1856 in Paris gestorben. – *moulin rouge:* »Rote Mühle«, berühmtes Tanzkabarett in Paris, das vielen ähnlichen Etablissements seinen Namen gab.

30. Juli 1899 (Nr. 529)

die Lagunen; Canal grande: In Venedig. – *ces misérables:* diese Elenden. – *Wenn einer mir . . .:* Goethe, Faust II, 4. Akt, Vers 10331. – *vor hundert Jahren:* Als während der Französischen Revolution mit der Hinrichtung Ludwigs XVI. am 21. 1. 1793 das Königtum endete. – *»Oh, mais . . .«:* Oh, aber das, das ist nicht französisch. – *»Vous n'êtes pas gentil«:* Sie sind nicht liebenswürdig. – *Aristoteles . . . Anodynon:* Aristoteles (384–322 v. Chr.) in »Über die Dichtkunst«, Betrachtungen zur Komödie, die eine Nachahmung der gemeineren Züge des Menschen sei, aber die Schande auf eine lächerliche Weise zeige, »die nicht schmerzt«; Anodynon: schmerzstillendes Mittel. – *Jutta von Mecklenburg:* Heiratete – nach Übertritt in die griechisch-katholische Kirche – am 27. 7. 1899 in Cetinje den Erbprinzen Danilo von Montenegro. – *Wo ist ein Pol . . .:* »Sucht den ruhenden Pol in der Erscheinungen Flucht«; aus Schillers Elegie »Der Spaziergang«. – *Baron Erlanger (1868–1943):* Komponist von Opern und Instrumentalmusik, geboren in Paris, lebte in London. – *Madame Heine:* Anselma (Selma) Heine (1855–1930), schrieb unter dem Pseudonym Anselm Heine; bekannt geworden durch »Drei

Novellen« (1896) und »Unterwegs«, Novellen (1897); der von Kerr an-
geführte Text »Berlins Physiognomie« erschien in »Ich weiß Bescheid
in Berlin: Illustrierter systematischer Führer durch Groß-Berlin für
Fremde und Einheimische, für Vergnügungs- und Studienreisende«. –
Ola Hansson (1860–1925): Schwedischer Schriftsteller; impressionisti-
scher Lyriker, Gegner des Naturalismus, Vertreter der Neuromantik. –
Laura Marholm (1854–1905): Schwedische Schriftstellerin, Frau von Ola
Hansson, gehörte zu dem Kreis um Bruno Wille in Friedrichshagen,
Gegnerin der Frauenbewegung; nach ihrem Übertritt zum Katholizismus Aufruf, beide zu unterstützen, da die Verleger die Verbindung
mit ihnen abbrachen. – *Leo Arons (1869–1919):* Privatdozent für Physik
an der Berliner Universität; war wegen seiner Mitgliedschaft in der
SPD vom Lehramt ausgeschlossen worden (s. BB I, S. 536 und Anm.
S. 730); sein Schwiegervater war Julius Bleichröder; der einflußrei-
chere Gerson Bleichröder war ebenfalls Bankier und Vermögensver-
walter Bismarcks.

20. August 1899 (Nr. 583)
»Das Recht der Feder«: Zeitschrift des Deutschen Schriftstellerverban-
des Berlin; Auflage 800. – *Hugo Ernst Schmidt (1863–1899):* Der
»Schmeo« in Gerhart Hauptmanns Tagebüchern; die Vorgänge um
den unerwarteten Tod des Freundes, der am 25. 7. 1899 in der Wohnung seiner Freundin gestorben war, spiegelte Hauptmann in »Ga-
briel Schillings Flucht«; die Erstausgabe von »Michael Kramer« trägt
die Widmung: »Dem Andenken meines lieben Freundes Hugo Ernst
Schmidt«. S. dazu die Erläuterungen Martin Machatzkes in Gerhart
Hauptmann, Tagebücher 1897–1905, S. 570. – *Wochenschrift in Zeitungsgestalt:* »Die Welt am Montag«; gegründet 1895 (s. dazu BB I, S. 104,
679; dort auch zu Dr. Alfred Ploetz und Felix Hollaender). Ging bald
in andere Hände über, firmierte dann als »Unabhängige Zeitung für
Politik und Literatur«; Auflage 25000; Kerr gibt an, für sie anfangs
Theaterkritiken geschrieben zu haben; die ersten Jahrgänge der Zeitung scheinen nirgends erhalten zu sein. – *Christian Ludwig Schunke
(1810–1834):* Jugendlich-genialer Pianist und Komponist, Gastspiele in
Prag und Wien, guter Freund Schumanns, starb an Schwindsucht. –
Emil Breslaur (1836–1899): Religionslehrer, übersiedelte 1863 der Musik wegen von Cottbus nach Berlin, wurde Klavierlehrer an der Kul-
lakschen Akademie, Chordirektor an der Reformsynagoge, gründete
den Verein der Musiklehrer, schrieb eine »Klavierschule« (3 Bde.) und
eine »Melodiebildungslehre«; am 26. 7. 1899 in Berlin gestorben. –
Wilhelm Tappert: Kerr prozessierte mit dem Musikkritiker des »Kleinen Journals« wegen Bestechlichkeit (s. BB I, S. 345, 712). – *Die Unruhen in der Straße Chabrol:* Während des Revisionsprozesses für Dreyfus; der Führer der Antisemitenliga, Jules Guérin, hatte sich Mitte

August mit vierzig seiner Anhänger in seinem Hause in der Rue Chabrol 51 (im Zentrum, nahe der Rue Lafayette) verschanzt; seine Partei-
gänger waren meist Metzgerburschen. Im Zusammenhang mit dem
gleichzeitigen Attentat auf Dreyfus' Verteidiger Maitre Labori und der
Verbindung der Antisemiten zu den Patrioten und Royalisten sprach
man von einem »Komplott gegen die Republik«. Das Haus wurde von
Truppen belagert, die Versorgung blockiert; es kam zu Straßen-
schlachten durch Aufmärsche der Anarchisten und Sozialisten gegen
Guérin, der später wegen »monarchistischer Verschwörung« vor Gericht gestellt wurde.

27. August 1899 (Nr. 601)

Kerrs Beitrag zu Goethes 150. Geburtstag am 28. August 1899 erschien
in der »Breslauer Zeitung« und in der »Frankfurter Zeitung« am 27. 8.
1899. In der »Breslauer Zeitung« ersetzte er den »Berliner Brief«. – *auf
dem Sockel in Weimar:* Dem Goethe-Schiller-Denkmal vor dem Natio-
naltheater. – *die vier grauen Weiber:* In Faust II,V: »Mitternacht«. –
Deine Frau Mutter: Elisabeth, geb. Textor, die »Frau Rath«, galt als
»Frohnatur«. – *Uns leuchten die Entgötterer:* Schopenhauer, Nietzsche
(»Gott ist tot«). – *Henrik Ibsens »Klein Eyolf«:* Von Kerr sehr geschätz-
tes Schauspiel. – *es sei wie es wolle ...:* Aus dem Lied des Türmers in
Faust II,V: »Tiefe Nacht«; Kerr wählte das Zitat als Titel seiner 1928
gesammelten Feuilletons. – *des guten Menschen:* »Ein guter Mensch in
seinem dunklen Drange / Ist sich des rechten Weges wohl bewußt«,
Faust I, Prolog im Himmel. – *nach Gewittern lechztest:* S. Goethes
Hymnus »Prometheus«. – *der Becher Sekt:* Beliebtes Bild Bismarcks;
z.B. Brief an Gerlach vom 28. 4. 1854: »Majestät müssen durchaus darauf halten, daß Allerhöchstihre Minister mehr Sekt trinken; ohne eine
halbe Flasche im Leibe dürfte mir keiner der Herren in das conseil
kommen. Dann würde unsere Politik bald eine respektablere Farbe
annehmen.« – *Ein treuer Diener seines Herrn:* Titel eines Schauspiels
von Grillparzer (1830). – *Karlsbader Szene:* Nach Bettina von Arnim
hätten Goethe und Beethoven im Jahre 1812 auf der Kurpromenade
die kaiserlichen Herrschaften getroffen; Goethe sei, ehrerbietig Reve-
renz erweisend, beiseite getreten, Beethoven dagegen mitten durch
die höfische Gesellschaft hindurchgegangen; Beethoven später in einem Brief an seinen Verleger: Goethe behage die Luft des Hofes wohl
mehr, als einem Dichter zieme. – *vom alten schönen Ungeheuer:* Wie-
land in seinem Aufsatz zu »Götz von Berlichingen«. – *Vieles Imperativische:* Sentenzen Goethes haben oft Befehlscharakter: »Edel sei der
Mensch, hilfreich und gut!«; »Kultiviere deine Eigenschaften!« »Behaupte, wo du stehst!« – *kommunistische Erwägungen:* In den Ideen der
Turmgesellschaft, im Auswandererbund, auch in der Pädagogischen
Provinz Vorstellungen von Gemeinschaft und straffer Ordnung; in

den ersten Deutungen der »Wanderjahre« im 19. Jhdt. wurden die frühsozialistischen Aspekte stark hervorgehoben. – *Chorag:* Chorführer. – *Clärchen:* In »Egmont«. – *Philine:* In »Wilhelm Meisters Lehrjahre«. – *Lotte ... und der einzige Freund:* In »Die Leiden des jungen Werthers«. – *(Bosse! Bosse!!):* Zwischenruf Kerrs, den preußischen Kultusminister Bosse wegen seines Moralismus zitierend. – *Heiß' mich nicht reden ...:* Mignon in »Wilhelm Meisters Lehrjahre«. – *Leonore Sanvitale:* In »Tasso«. – *Una poenitentium:* »Faust II«, letzte Szene. – *dem samaritanischen Weib:* Mulier Samaritana, Maria Aegyptica, selige Knaben: Figuren in »Faust II«, letzte Szene.

3. September 1899 (Neue Hamburger Zeitung, Nr. 413)
Dieser »Berliner Brief« nur in der »Neuen Hamburger Zeitung«; in der »Breslauer Zeitung« wohl aus politischen Gründen nicht erschienen. Kerr war zum erstenmal auf die Dreyfus-Affäre 1897 eingegangen (s. BB I, 28. 11. 1897 und Anm. dazu, S. 710). – *Prozeß Dreyfus:* Der großes internationales Aufsehen erregende Prozeß gegen den jüdischen Hauptmann Alfred Dreyfus (1859–1935), der mit gefälschten Dokumenten wegen Landesverrats zugunsten Deutschlands angeklagt und am 22. 12. 1894 zur Deportation verurteilt worden war; 1899 fand auf Grund des offenen Briefes von Emile Zola, »J'accuse« (13. 1. 1898), und anderer Bemühungen die Revision statt, die Dreyfus zu zehn Jahren Gefängnis verurteilte. (Erst 1906 Freispruch und Rehabilitierung.) – *Hauptmann Maximilian von Schwartzkoppen (1850–1917):* Militärattaché bei der Deutschen Botschaft in Paris 1891–1897. In seinem Papierkorb sollte das Dreyfus belastende, Spionage für Deutschland beweisende Dokument, das ›Bordereau‹, von einer im französischen Spionagedienst stehenden Putzfrau gefunden worden sein; auch beim nachgeschobenen »Geheimdokument« war Schwartzkoppens Person im Spiel; es wurde ein Brief Schwartzkoppens an seinen italienischen Kollegen Panizzardi vorgelegt, in dem er von »dieser Kanaille D« berichtet, der ihm die Pläne für die Verteidigung von Nizza für den Italiener übergeben habe. Dieser »D« wurde als Dreyfus angesehen und ausgegeben (später aber als Angestellter Dubois in der kartographischen Abteilung des Heeres erkannt). Dreyfus wurde auf Grund dieser gefälschten Dokumente 1894 (s. o.) verurteilt. Als 1897 Beweise und Zeugen für Dreyfus' Unschuld auftauchten, wurde ein neues gefälschtes Dokument vorgelegt, ein Brief Panizzardis an Schwartzkoppen, in dem der Name Dreyfus (für D) ausgeschrieben war. Als der Verdacht der Intrige und Brieffälschung sich auf den Major Esterhazy richtete und ihm der Prozeß gemacht wurde (der mit Freispruch endete), war Schwartzkoppen abermals betroffen. Im November 1897 gab er der französischen Regierung eine ehrenwörtliche Versicherung, daß er zu Dreyfus weder unmittelbar noch mittelbar in Beziehung gestanden habe; erkannte dann, daß

Dreyfus für Esterhazy verurteilt worden war. Als Kerr seinen Berliner
Brief schreibt, ist inzwischen auch Zola wegen übler Nachrede und Beleidigung der Prozeß gemacht (wegen »J'accuse« s. o.) und am 23. 2. 1898
zu einem Jahr Gefängnis verurteilt worden; er floh daraufhin nach England. Als Esterhazy gesteht, daß er das »Bordereau« geschrieben habe,
wird im Juni 1898 der Revision des Dreyfus-Prozesses stattgegeben, der
im August 1899 seine dramatischste Phase hat (s. Anm. Bertillon, 14. 8.
1898). Schwartzkoppen bekennt, mit Esterhazy in spionageträchtiger
Beziehung gestanden zu haben. Zola kehrt zurück; Dreyfus wird im
Revisionsprozeß am 9. 9. 1898 trotz aller Entlastungen zu zehn Jahren
Gefängnis verurteilt, kurz darauf aber begnadigt. Der ganze Fall, der
Frankreich in zwei Lager spaltete, und die noch anstehenden Prozesse
(Zolas Revision) werden im Herbst 1899 durch eine Amnestie aufzuheben versucht. Die Dreyfus-Affäre hat in Deutschland ein Nachspiel,
weil Schwartzkoppens Tätigkeit in Paris als eine konspirative erkannt
ist. Esterhazy bekam für seine »Lieferungen« von Schwartzkoppen monatlich 2000 Franc. Am 6. 1. 1900 ließ der Präsident der französischen
Republik erklären, daß Dreyfus keine verräterischen Beziehungen zu
Deutschland gehabt habe. Von Schwartzkoppen, der 1900 zum General
der Infanterie befördert wurde, erschien aus seinem Nachlaß 1930
postum »Die Wahrheit über Dreyfus«. – *Zeuge Lebrun-Renault:* Hatte
im Prozeß von 1894 von einem angeblichen Geständnis von Dreyfus berichtet, sich nach dessen Degradation aber korrigiert und in seiner Vernehmung am 31. 8. 1899 erklärt, daß das angebliche Geständnis auf
einem Mißverständnis beruhe. – *Erklärung des Grafen Bülow:* Im Reichstag am 7. 9. 1899: »daß zwischen Dreyfus und irgendwelchen ähnlichen
Organen Beziehungen oder Verbindungen irgendwelcher Art niemals
bestanden haben«. Das gleiche sagte der deutsche Botschafter, Graf
Münster, in Paris im Namen des Kaisers. – *Paul Bourget:* »Le disciple«
(dt. Der Schüler) erschien 1889. – *A. Hamon:* »Psychologie des Berufssoldaten«, dt. Bern 1895. – *Abstrafung der Verwaltungsbeamten:* Vorgehen
gegen Beamte (2 Regierungspräsidenten, 20 Landräte), die als Reichs-
tagsabgeordnete gegen die Pläne des Mittellandkanals (»Kanalvorha-
ben«) stimmten und damit das Projekt vorerst verhinderten; wurde als
feindliche Parteinahme gegen die Regierung ausgelegt, der Beamte verpflichtet seien; die meisten der Betroffenen wurden in den Ruhestand
versetzt, eine Verfügung über die politische Dienstpflicht der Beamten
erlassen. Der Kaiser erklärte, »im Interesse der Landeswohlfahrt an dem
Vorhaben« festhalten zu wollen.

29. Oktober 1899 (Nr. 763)

die Bilderstürmer, der Marmorfrevel: Einigen Statuen in der vom Kaiser
entworfenen, noch nicht vollendeten Siegesallee waren Nasen oder
Insignien abgeschlagen worden; u. a. dem Wendenfürsten Prybislaw

und dem Markgrafen Otto I. von Brandenburg (Berliner Volkshumor: Invalidenallee); s.a. BB I. – *Ikonoklast:* Bildersturm. – *»Deutsch sein heißt . . .«:* Richard Wagner in seinem Aufsatz »Deutsche Kunst und deutsche Politik«. – *der Große Kurfürst:* Reiterdenkmal von Andreas Schlüter für die Lange Brücke in Berlin, 1700 gegossen. – *Berolina:* Standbild von Emil Hundrieser (1846–1911) auf dem Alexanderplatz, Berlin (neulat. Berolina) verkörpernd. – *Burenkrieg:* Krieg zwischen England und den Burenstaaten in Südafrika 1899–1902; ausgelöst durch die Bestrebungen Englands, ein zusammenhängendes Kolonialreich von Kapstadt bis Kairo zu schaffen. Kriegserklärung der Burenrepublik Transvaal an England am 11. 10. 1899. Als Kerr diesen Brief schrieb, schienen die Buren den Konflikt zu gewinnen. – *Alldeutscher Verband:* 1891 gegründet zur Belebung des Nationalbewußtseins, zur Unterstützung des Deutschtums und der deutschen Interessen im Ausland und zur Förderung der Kolonial- und Flotten- sowie einer starken Außenpolitik. – *Wippchen:* S. Anm. 21. 1. 1900. – *Edmond de Nevers (1862–1906):* Ökonom und Politologe, Rechtsanwalt; studierte 1889/90 in Berlin, 1892–1900 Redakteur und Ibsen-Übersetzer in Paris; Essays »L'Avenir du peuple canadien-français«, 1896; »L'Ame américaine«, 1900; lebte später in Quebec.

17. Dezember 1899 (Nr. 886)

Freiherr von Mirbach (1844–1925): Oberhofmeister der Kaiserin, war beauftragt, Geld für den Kirchenbau in Berlin zu sammeln; er ist immer wieder Gegenstand der ironischen Polemik Kerrs (s. BB I, S. 25 u.a.). – *Heinefeier:* Zum 102. Geburtstag; Heine war am 13. 12. 1797 geboren. – *aus Paris, cimetière:* Vom Friedhof auf dem Montmartre, auf dem Heine begraben liegt (s. 2. 7. 1899, Besuch an Heines Grab). – *Mathilde Mirat:* Ehefrau Heines seit dem 31. 8. 1841. – *»Voyons, Henri . . .«:* Schau, Heinrich, das geht mir auf die Nerven. – *Wer nur auf Gott vertraut . . .:* Ironische Paraphrase zu »Wer Gott dem Allerhöchsten traut, / Der hat auf keinen Sand gebaut«; Schluß der ersten Strophe des geistlichen Liedes von Georg Neumark (1621–1681): »Wer nur den lieben Gott läßt walten«. – *»Mon Dieu! . . . que les journalistes . . .«:* »Mein Gott, sind die Journalisten dumm!« Flaubert an Maupassant, 31. 12. 1878. – *Stillstand der Straßenbahnwagen:* Verkehrsstockung durch heftigen Schneefall und mangelhafte Reinigung der Straßenbahngeleise. – *es lächelt der Commis . . .:* Travestie auf Schillers »Es lächelt der See, er ladet zum Bade«, Beginn von »Wilhelm Tell«. – *Regelung der Ladenschlußzeiten:* Von 9 Uhr abends bis 5 Uhr morgens, Gesetz am 6. 12. 1899 vom Reichstag angenommen.

1900

21. Januar 1900 (Nr. 51)

Schweinereien im Schlachthaus: Auf dem Schlachthof war, wie die »All-gemeine Fleischerzeitung« berichtete, Anfang Januar wieder tuberku-löses und finniges Fleisch angeliefert, verkauft und für den Verzehr vorbereitet worden, trotz Aufsicht der Veterinärpolizei. Anklage ge-gen zwei Metzger und einen Polizisten wegen Betrugs. – *Panaché:* Helmbusch; meint militärischen Glanz. – *»Des Nachts im Traume ...«:* Goethe, »Egmont«, 2. Aufzug. – *Cajus Julius Kirschner:* Martin Kirsch-ner, seit Juni 1898 Oberbürgermeister Berlins; ironische Anspielung auf Gajus Julius Cäsar; im Brief vom 17. 7. 1898 (BB I, S. 395) nennt ihn Kerr »Imperator«; Kirschner war erst am 23. 12. 1899 vom Kaiser im Amt bestätigt worden; blieb OB bis 1912. – *Paul Singer:* Vorsitzender der Reichstagsfraktion der SPD (s. BB I). – *Ludwig von Windheim:* Po-lizeipräsident von Berlin 1894–1902. – *Schaffnerin Eurykleia:* Kerr nennt seine Zugehfrau nach der Amme des Odysseus. – *Ist einer Welt Besitz ...:* Zitat aus Schopenhauers »Paränesen und Maximen«, Verse des indischen Dichters Anwari Soheili (s. a. Anm. 23. 3. 1895). – *Julius Stettenheim (1831–1916):* Humoristisch-satirischer Autor, Mitarbeiter im »Kleinen Journal«, Erfinder des komischen Kriegsberichterstatters Wippchen (»Wippchens russisch-japanischer Krieg«); Herausgeber der satirischen Wochenschrift »Berliner Wespen«; über Berlin hinaus bekannt; Kerr war oft Gast beim »Dienstags-Jour« Stettenheims in der Lützowstraße; »Der moderne Knigge« erschien 1899 (s. a. BB I).

8. April 1900 (Nr. 249)

Gönczi: Mordfall, den Kerr in seinem BB vom 8. 8. 1897 ausführlich schildert (s. BB I, S. 301 ff. und 707). Der flüchtige Mörder wurde im November 1899 nach Berlin zurückgebracht. Urteil vom 7. 4. 1900: Gönczis Frau freigesprochen, Gönczi zum Tode verurteilt: Hinrichtung am 7. 12. 1900. – *Meubrink und Brinkmann:* Bewerber um den Posten eines Bürgermeisters von Berlin; Brinkmann, für den Kerr votierte, siegte am 5. 4. mit 69 gegen 66 Stimmen (s. BB I, S. 577 und 734). – *Prinz von Wales:* Onkel des deutschen Kaisers, auf ihn war am 4. 4. auf der Reise nach Kopenhagen auf dem Nordbahnhof in Brüssel von einem jungen Anarchisten, dem 16jährigen Klempner Sipido, geschos-sen worden, um eine Wette zu gewinnen. Der Prinz blieb unverletzt. – *Harmodios und Aristogeiton:* Verschwörer gegen die Peisistratiden Hip-pias und Hipparchos in Athen 514 v. Chr.; Harmodios wurde von der Leibwache getötet, Aristogeiton gefangengenommen, gefoltert und hingerichtet; gelten seitdem als Tyrannenmörder und Freiheitskämp-fer. – *Mörosse:* Die jungen Tyrannenmörder wie Möros in Schillers Ballade »Die Bürgschaft«: »Zu Dionys, dem Tyrannen, schlich / Mö-

ros, den Dolch im Gewande«. – »*Schluck und Jau*«: Schauspiel von Gerhart Hauptmann, U DT 3. 2. 1900. – *Rieselfelder*: Felder oder Wiesen,
die mit städtischen Abwässern nach dem Absetzen der festen Stoffe
berieselt werden. – *Wer mit euch wanderte, wer mit euch schiffte*: In
Achim von Arnims Roman »Armut und Reichtum, Schuld und Buße
der Gräfin Dolores« (1810), 2. Abteilung, »Reichtum«, 5. Kapitel. –
Adolf Ernst: Ehemaliger Direktor des Adolf-Ernst-Theaters in der
Dresdener Straße, das bis 1899 seinen Namen trug; ab 1900 »Thalia-
Theater« unter neuer Direktion. – *Hundekehle*: Restaurant im Grunewald. – *Katzenausstellung*: Erste internationale Katzenausstellung im
Grandhotel am Alexanderplatz vom 4. bis 9. 4. 1900, veranstaltet vom
Verein für Katzenzucht. – *Johannes von Miquel*: Preußischer Finanzminister, den Kerr gern ironisch betrachtet (s. BB I, S. 698). – *det Geschäft
ist richtig*: Aus Blumenthal/Kadelburgs Schwank »Das weiße Rößl«,
4. Szene: »Na, das Jeschäft ist richtig!« – *lex Heinze*: Gesetz gegen Ver-
letzung des Scham- und Anstandsgefühls, das heftige Proteste auslöste,
weil es gegen die neue Kunst benutzt werden konnte. (s. BB I, 12. 3.
1899). – *Die Ausstellung in Babylon*: Die Weltausstellung in Paris, die
am Ostersamstag, 14. 4. 1900, eröffnet wurde. – *»Paris«*: Von Walter
Gensel, »Studien und Eindrücke mit 17 Vollbildern und zahlreichen
Skizzen von Alfred Sohn-Rethel«, Leipzig 1900 bei Dieterich. – *Alfred
Sohn-Rethel (geb. 1875)*: Maler, Enkel des Malers Alfred Rethel. – *Davidsbündler*: S. Anm. 12. 2. 1899. – *Där ist in diefster Seele dreu . . .*: Sächsische Ironisierung von »Der ist in tiefster Seele treu, / Wer die Heimat liebt wie du«: aus »Archibald Douglas«, Ballade von Theodor
Fontane. – *Baedeker, Grieben*: Bekannte Reisehandbücher.

29. April 1900 (Nr. 297)

Hungersnot in Indien: Die englischen Zeitungen berichteten nur spärlich; in Deutschland Aktion zur Linderung der Hungersnot. – *Mahadö*: Mahadewa, Großer Gott, Beiname des Schiwa, eines Hauptgotts
der Hindus. – *Rudyard Kipling (1865–1936)*: Englischer Schriftsteller
und Journalist; guter Kenner Indiens; hervorragende Kurzgeschich-
ten. In seinen Dschungelbüchern und dem Roman »Kim« das geheimnisvolle Indien lebendig. 1907 Nobelpreis für Literatur. – *Dasbach*: Der Kaplan hatte es durch zweifelhafte Manipulationen zum
Zeitungsbesitzer und zum Reichstags- und Landtagsabgeordneten gebracht. Im darauf bezogenen Beleidigungsprozeß Dasbachs gegen den
Redakteur Haubrich, in dem der Oberlandesgerichtsrat Roeren als
Zeuge Dasbach ein glänzendes Zeugnis ausstellte, aber auch zugab,
ihm einmal Ohrfeigen angedroht zu haben, ergab sich, daß Dasbach
ein Jahresgehalt von 52000 Mark und ein Vermögen von 850000 Mark
hatte. – *Bleichroeder*: Bankhaus in Berlin. – *Warschauer & Co.*: Alt-
renommierte größere Privatbank in Berlin. – *Franz von Mendelssohn*

(1829–1889): Privatbankier in Berlin. – *Nirwana:* Im Buddhismus: Erlöschen des Lebenstriebs, das schon bewußt durch Unterdrückung der Kardinallaster Gier, Haß und Wahn erreicht werden kann. – *Sansara:* Der volle Lebenstrieb (Gegensatz zu Nirwana). – *unser großer Buddhistenfreund:* Arthur Schopenhauer. – *Michael Hitzler:* Populärer deutscher Ringkämpfer, Star in den Ringkampf-(Catcher-)Turnieren. – *Wintergarten:* International bekanntes Varieté im Central-Hotel. – *Reinhold Begas (1831–1911):* Bekanntester Bildhauer in Berlin; vom Kaiser bevorzugt (s. BB I, S. 384 u.a.). – *wie Donnerhall:* Ironisches Zitat aus dem patriotischen Lied »Die Wacht am Rhein« von Max Schneckenburger und Carl Wilhelm: »Es braust ein Ruf wie Donnerhall, / Wie Schwertgeklirr und Wogenprall«. – *Niederdingscher Normalmensch:* Rudolf Arnold Nieberding (1838–1912) war als Staatssekretär des Reichsjustizamtes (1898–1909) maßgebend an Erarbeitung und Einführung des Reichsgesetzbuches beteiligt, das die Vorstellung vom Normalverhalten eines Bürgers enthielt. Das Bürgerliche Gesetzbuch trat am 1. 1. 1900 in Kraft. – *Löwe bei Freiligrath:* In Ferdinand Freiligraths Gedicht »Löwenritt«. – *»Alarich, König der Westgoten«:* Trauerspiel von Julius Verdy du Vernois, U Stadttheater Straßburg 19. 10. 1894. – *Schutz des geistigen Eigentums:* Der Reichstag begann am 24. 4. mit der Beratung über ein Abkommen zwischen Deutschland und Österreich-Ungarn.

13. Mai 1900 (Nr. 333)

Werder: Fruchtbares landwirtschaftliches Gebiet nahe Berlin, berühmt für sein Obst und Gemüse; Attraktion ist die Baumblüte. – *unseres ehemaligen Militärattachés:* M. v. Schwartzkoppen; s. Brief vom 3. 9. 1899. – *roch nach Maeterlinck:* Nach den geheimnisvollen Vorgängen in Maeterlincks Schauspielen. – *Souple et tendre . . . :* Geschmeidig und zärtlich wie ein Salamander. – *Neulich schrieb ich:* Brief vom 29. 4. 1900. – *»Unser Tagewerk«:* The days work, 1898, dt. 1900. – *Kunstausstellung in Moabit:* Die jährliche große Kunstausstellung von Berliner (nicht in die Sezession aufgenommenen) Künstlern am Lehrter Bahnhof; die Ausstellung der Sezession lief gleichzeitig. – *Charles Rollin (1661–1741):* Philosoph, Pädagoge, Direktor der Universität von Paris, Rhetoriklehrer am Collège Royal; die gleiche Geschichte wird vom Grafen von Saint-Simon erzählt. – *Nikolai Dimitrijewitsch Graf von Osten-Sacken (1832–1912):* Russischer Botschafter in Berlin 1895–1912. – *Paul Langerhans (1820–1909):* Stadtverordnetenvorsteher in Berlin, MdR 1881 bis 1903. – *Triumphbogen Franz Josephs:* Kaiser Franz Joseph war im Mai 1900 in Berlin festlich empfangen worden, um mit dem Kaiser den Zweibund zu bekräftigen (s. BB I, 15. 4. 1900). – *Gustav von Moser (1825–1903):* Lustspieldichter; »Die Generalin«; »Die Zofe« u.a. – *meine junge Gemahlin:* Eine Traumgestalt; Kerr heiratete erst 1918.

20. Mai 1900 (Nr. 351)
Das Schwert des Damokles: Dionysius I., Tyrann von Syrakus, ließ beim
Festmahl über dem Platz seines Günstlings und Neiders Damokles ein
Schwert an einem Roßhaar aufhängen, um ihm zu bedeuten, wie nah
die Gefahr im Glück sei. – *Totalisator:* Wettbüro bei Pferderennen. –
Ernst August Graf von Wedel (1838–1913): Oberstallmeister und Ober-
truchseß am Kaiserlichen Hof. – *Felix Faure (1841–1899):* 6. Präsident der
französischen Republik. – *wenn sie nicht gerade Bismarck:* S. Brief vom
7. 8. 1898. – *Française:* Gesellschaftstanz in Frankreich und in Deutschland. – *»Die Ballhaus-Anna«:* Berliner Sittenroman von Leon Leipziger,
1895 (s. BB I, S. 104). – *in der Kaiserstadt Aachen:* Anspielung auf den Fall
Kröcher/Kayser (s. BB I, S. 520 ff.). – *Que diable allait-il faire …:* Was,
zum Teufel, suchte er auf dieser Galeere? – *vaterländischen Interessen:*
Sottise Kerrs nach der Art »hoch das Bein, der Kaiser braucht Soldaten«.
Kerr polemisierte oft gegen die barbarische Unsitte des Duells (s. BB I,
23. 7. 1899 u. a.). – *Der Spandauer Zwischenfall:* Am 12. 5 erschien in Nr. 17
der »Illustrierten Welt« (Leipzig und Stuttgart) ein Artikel über die mi-
litärisch-fiskalische Kolonie Haselhorst mit folgender Schilderung
Spandaus: »Spandau! Welchen gebildeten Mitteleuropäer überliefe
nicht Gänsehaut bei der bloßen Nennung dieses Namens! Ein nerven-
erschütterndes Pflaster, Armut, Schmutz, enge Straßen, wenig anständige Menschen darauf, ›Schlote‹ in delphinischer Zweideutigkeit und
über allem der ewig verdüstere Himmel durch die enorme Rauchent-
wicklung der großen militärischen Waffenwerkstätten.« Die Stadtver-
ordnetenversammlung forderte am 12. 5. den Magistrat auf, gegen den
Verfasser, den Garnisonspfarrer, geeignete Schritte zu unternehmen. –
Juliusturm: Festungsturm in Spandau, in dem bis 1914 die 120 Millionen Goldmark aus den französischen Reparationszahlungen nach 1871
(Reichskriegskasse) lagerten. – *unvernarbte Frostbeulen:* S. auch 17. 12.
1899. – *Ich bin kein Freund …:* Wohl Verse Kerrs zu einer Liebesenttäu-
schung. – *»Luigi Casarelli« von Lothar Schmidt:* Berliner Theater 18. 5.
1900. – *»Leise zieht durch mein Gemüt …«:* Aus Heines »Neuen Gedichten«, vertont von Felix Mendelssohn Bartholdy.

15. Juli 1900 (Nr. 489)
Alexander Meyer (1832–1908): Juristischer Schriftsteller, MdR, Mitglied
des Allgemeinen Deutschen Arbeitervereins. – *»Schlösser, die im
Monde liegen«:* Aus der Operette »Frau Luna« von Paul Lincke
(1899). – *Daß uns Graf Hochberg …:* Bolko Graf von Hochberg
(1843–1917) war 1868–1903 Generalintendant der Königlichen Schau-
spiele in Berlin. – *»Ist denn kein Stuhl da …«:* Lied von Wilhelm Wolf,
Sänger, Autor und Komponist. – *Manfreds Geist:* Aus Lord Byrons
Drama »Manfred«. – *bald hab' ich alles im Rücken:* Kerr bereitete seine
Ferienreise vor: nach Venedig und Südtirol; s. die beiden folgenden

Briefe. – *Über Berg und Tal* . . .: Aus dem Lied »Wozu ist die Straße da? Zum Marschieren«.

12. August 1900 (Nr. 561)

Kerr war nun zum vierten Mal in Venedig; erinnert sich an eine Begegnung beim ersten Aufenthalt. Der Brief ist von seinem zweiten Feriensitz, in Toblach (Südtirol), geschrieben. Kerr eröffnete mit diesem Text, dem er den Titel »Rakéel« gab, 1920 den zweiten Band seiner Reisefeuilletons »Die Welt im Licht« (GS, Zweite Reihe, Bd. 2, S. 2 ff.). – *Es wuchs vor meinem Fenster* . . .: Anfang des Kerrschen Gedichts »Deutscher Süden«. – *Der Löwe aus Erz:* Auf der Säule am Markusplatz. – *Die schwarzen Särge:* Die Gondeln auf den Kanälen. – *Gentile Signor* . . .: Lieber Herr Alfred ... Herzliche Grüße von Ihrer sehr ergebenen R. – *Rakéel:* Rachel. – *»Rakéel', vien' a basso!«:* »Rachel, komm herunter!«

19. August 1900 (Nr. 579)

Das schreckliche, alte Judengebet: Das am Versöhnungstag (Jom Kippur) gesprochene Gebet, jetzt auf eine Einzelperson bezogen. – *Irene und Rubek:* Figuren aus Henrik Ibsens Schauspiel »Wenn wir Toten erwachen«. – *Halvard Solneß:* Hauptfigur aus Ibsens »Baumeister Solneß«. – *den Seitenbart kürzer machte:* Kerr trug damals einen sehr gepflegten Backen- und Kinnbart, s. die Zeichnung von Hermann Struck. – *Nathaniel Mayer Rothschild (1836–1905):* Kunstsammler, hatte ein Palais in der Theresianergasse in Wien. – *»L'argent«:* Das Geld, Roman von Emile Zola, 1891; im Zyklus Rougon-Macquart. – *Zartheit der Rassenausläufer:* Die große Zeit der Rothschilds und ihrer Bankhäuser dauerte von 1800 bis 1870. Das Frankfurter Stammhaus erlosch 1901, das von Salomon Rothschild in Wien gegründete 1931. – *Franz von Defregger (1835–1921):* Akademieprofessor in München, malte Bilder aus dem Tiroler Bauernleben.

11. November 1900 (Nr. 795)

»Frühling im Winter«: Einakter von 1887. – *Winterstrümpfe* . . .: Verballhornung von »Winterstürme wichen dem Wonnemond«; aus dem Duett Siegmund–Sieglinde in Richard Wagners Oper »Die Walküre« (1870). – *Eloi Sylva:* Kammersänger; seit etwa 1890 an der Königlichen Oper in Berlin. – *Helene Gabillon-Bettelheim:* Geboren 1857. – *»Die Nation«:* »Wochenschrift für Politik, Volkswirtschaft und Literatur«; Kerr schrieb für sie von Oktober 1897 bis Januar 1903 Theaterkritiken. – *»Jauchzen möcht' ich* . . .«: Eichendorffs Gedicht »Frühlingsnacht«. – *Friedrich Nietzsche:* »Unzeitgemäße Betrachtungen«, 1873–1876. – *Anna, Anna:* Kerrs Schwarm von der Balustrade, s. BB I, 10. 6. 1900. – *Yvette Guilbert (1866–1944):* Von Kerr sehr verehrte französische Chansonsän-

gerin. – *Dr. Paul Goldmann (1865–1935):* Freund Kerrs, wahrscheinlich schon aus den gemeinsamen Jugendtagen in Breslau, Journalist, Übersetzer von Musset; 1892–1902 Korrespondent für die »Frankfurter Zeitung« in Brüssel, dann Theaterkritiker für die Wiener »Neue Freie Presse« in Berlin und Paris. – *Ave – Gallia . . .:* Sei gegrüßt, Gallien, du wirst sterben, und wir grüßen dich. – *Sternberg:* Der Bankier August Sternberg, seit Januar 1900 in Untersuchungshaft, wurde – nach zwei vorhergehenden Verfahren, die beide mit Freispruch endeten – im November erneut vor Gericht gestellt in einem Sittlichkeitsverfahren wegen Kuppelei und Mißbrauch Minderjähriger, vollzogen an der dreizehnjährigen Frieda Woyda. Verwickelt in den Fall war der Kriminalschutzmann Stierstädter, der von Frieda Woyda in der ersten Vernehmung ein Geständnis erhalten hatte; nachdem das Mädchen ihre erste Aussage im Gerichtssaal widerrufen hatte, geriet er in den Verdacht polizeilichen Übereifers. Der Kommissar Thiel galt als Gelegenheitsmacher. Der Polizeidirektor Meerscheidt-Hüllessem, der als Zeuge vernommen wurde, hatte von dem Angeklagten eine Hypothek von 50000 Mark erhalten, die während des Prozesses getilgt wurde, und war anscheinend von Sternberg abhängig: er hatte die vor dem ersten Sternberg-Prozeß abgebrochenen Beziehungen 1896 wieder aufgenommen. Sternberg hatte ihm für die Einrichtung seiner neuen Villa Möbel geschenkt. In dem aufsehenerregenden Prozeß waren bekannte Berliner Rechtsanwälte in den Verdacht geraten, Bestechungsgelder zugunsten Sternbergs angeboten zu haben. Das Gericht erkannte auf vollzogenen Mißbrauch. Sternberg wurde wegen Verbrechens gegen die Sittlichkeit zu zweieinhalb Jahren Zuchthaus und fünf Jahren Ehrverlust verurteilt. – *Alphonse Daudet (1840–1897):* Sehr erfolgreicher französischer Schriftsteller, besonders geschätzt seine »Briefe aus meiner Mühle« und »Tartarin de Tarascon«; intensive Charakterschilderungen in Erzählungen aus dem Bürgertum; »La petite Paroisse«, 1895; »Soutien de famille«, 1898.

Personenregister

Bei Seitenzahlen mit hochgestelltem Stern ist der Name über die Anmerkungen zu erschließen.

416 Personenregister

Inhalt

Anhang